总主编
王利明

21世纪
民商法学
系列教材

知识产权法总论

李扬 著

中国人民大学出版社
·北京·

"21世纪民商法学系列教材"
学术委员会

总主编 王利明

委 员（按姓氏笔画排序）

马俊驹	马新彦	尹 田	王卫国	王 军
王利明	王学政	王胜明	王家福	田土城
刘士国	刘凯湘	刘保玉	孙华璞	孙宪忠
江 平	余能斌	吴汉东	张广兴	张新宝
李开国	李国光	杨 震	杨立新	陈小君
周贤奇	孟勤国	屈茂辉	姚 红	费安玲
赵万一	赵中孚	唐德华	徐国栋	郭明瑞
钱明星	高在敏	崔建远	梁慧星	黄松有
傅鼎生	温世扬	魏振瀛		

作者简介

李扬　男，湖南省邵阳市隆回县人。

1990 年毕业于中南政法学院，获学士学位。

1996 年毕业于北京大学法律系，获硕士学位。

2003 年毕业于北京大学法学院，获博士学位。

1996—2004 年，任职于中南财经政法大学法学院，先后担任讲师、副教授。

2004—2006 年，武汉大学法学院博士后研究。

2005—2006 年，日本北海道大学法学研究科 COE 中心研究员、副教授。

2006 年至今，担任华中科技大学法学院教授，知识产权法方向学科带头人。

电子邮箱：limuyang2000@126.com

内容简介

　　本书自始至终坚持知识产权法是一项以激励和自由为核心的公共政策的观点，贯彻民法—反不正当竞争法—知识产权特别法这样一种整体性知识产权法的观念，区别立法论和解释论的不同视角，界分知识产权①权利和知识产权利益的不同位阶，以及在此基础上的物权性请求权和债权性请求权的不同意义。纵观全书，总体思路明确、问题意识强烈，明显呈现出体系新颖别致、解释独到细腻、理论紧密联系实际三个特征。本书既是知识产权理论研究工作者进一步探讨问题的起点，也是知识产权实务工作者解决实际问题的有益帮手。

---

① 本书使用的知识产权相当于英文的 Intellectual Property，即知识财产，因此知识产权权利的意思就是知识财产权利，知识产权利益的意思就是知识财产利益。本书之所以没有使用知识财产的用语，而使用知识产权的术语，一是因为知识产权是一个约定俗成的概念，二是为了尊重出版社的意见。特此说明。

序

　　众所周知，民商法是市场经济的基本法，它以民事主体制度、物权制度、债与合同制度、知识产权制度以及各项商事特别制度等勾勒出市场交易的基本脉络。这也正是民商法与市场经济体制之间存在密切的内在联系的原因所在。民商法是私法，它调整平等主体之间的财产关系和人身关系，强调意思自治原则的指导地位；民商法是权利法，它以权利为基本的逻辑起点，又通过权利制度确认当事人的行为规则。

　　我国民商事立法虽然起步较晚，但自改革开放以来却取得了长足的进步，不仅有了起着民商事基本法作用的《民法通则》，而且还制定了大量的单行法、特别法，如《婚姻法》、《继承法》、《合同法》、《著作权法》、《商标法》、《专利法》、《公司法》、《证券法》、《信托法》、《保险法》、《票据法》、《海商法》、《企业破产法》，尤其是经过13年的努力，《物权法》今年已获通过并即将实施。另外，《侵权责任法》、《人格权法》也已纳入立法规划。可以说，有中国特色的社会主义市场经济的民商法律框架已经初步形成，而民法典在未来的出台更将为这一框架奠定坚实的核心。

　　如同国外的成熟经验一样，立法的每一步进展都离不开理论研究的支撑。二十多年来，我国民商法学研究在不断探索中，逐渐走出了计划经济时代的低迷，市场经济的不断发展和完善为我国民商法学者提供了广阔的历史舞台。如今，大量民商法学者参与国家立法、司法实践，为社会主义法治建设事业作出了重要贡献。更为可喜的是，越来越多的青年才俊投身于民商法事业，新一代的青年民法学者如雨后春笋般涌现出来，他们既有扎实的民商法功底、良好的学术素养，又有较高的外语水平，对国外的经验和最新发展动态比较了解，他们的许多研究成果令人耳目一新。从他们身上，我们看到了我国民商法学未来的希望。

中国法学会民法学研究会自成立以来，一直倡导严谨求实的学风，营造宽松的氛围，提倡百家争鸣的风气，并注重培养新人、提携后进。中国人民大学出版社立足于高等教育，以繁荣学术、服务教学为己任，是我国人文社会科学教材的出版中心。由此，这两家机构决定合作推出全部由崭露头角的青年学者所撰写的"21世纪民商法学系列教材"。我们坚信，这一合作在推动我国民商法学的发展方面将是一次有益的尝试。

这套教材具有以下特点：第一，选题全面，规模宏大。不仅细分了传统民商法的各个部门，也包括了许多边缘学科，如民法哲学、民法的经济分析等，共计六十余种，可供不同层次、不同需要的读者选用。第二，体例新颖，结构完整。不仅打破传统教材的编写体例，而且还大胆引进英美法教材的编撰模式。每本教材除了体系化地讲授本门课程的基本内容之外，还穿插引用资料、案例或事例加以评析，每章之后还列出推荐学生进一步阅读的著述，并以本章的重点难点为主，采取各种题型考查学生对本章知识的掌握程度。第三，理论与实践相结合。不仅全面反映了最新的理论发展，而且深入讨论了实务中的热点、疑点、难点问题。教材中选取理论界和实务界的争议问题，列举各派观点，论证自己的主张。

应当注意的是，撰写一部好的教材绝非易事，其难度之大不亚于一部优秀的专著！虽然入选本系列的教材均是相关青年学者的精品之作，但其中的缺点在所难免。我们欢迎广大读者不吝指正，这也有助于这些青年学者的学术思想更趋成熟。

衷心祝愿我们早日完成建设社会主义法治国家的宏伟蓝图！在这一过程中，我们有充分理由期待青年学者们取得的更大成就。

是为序！

2007年9月

前　言

　　一直想比较系统地表达自己对知识产权法的看法，这个愿望现在终于初步完成了。

　　本书自始至终坚持知识产权法实乃一项以激励和自由为核心的公共政策的观点，贯彻民法——反不正当竞争法——知识产权特别法这样一种整体性知识产权法的观念，区别立法论和解释论的不同视角，界分知识产权权利和知识产权利益的不同位阶，以及在此基础上的物权性请求权和债权性请求权的不同意义。由于总体思路明确，因而本书明显呈现出体系新颖别致、解释独到细腻、理论紧密联系实际三个巨大特征。

　　然而，与其说本书解决了我国知识产权法领域一大堆悬而未决的、极富挑战性的问题，还不如说本书提出了我国知识产权法领域一系列一直被忽略的、值得认真探讨的方向性问题，并提供了一系列富有启发意义的思考和解决问题的方法。正是因为如此，本书的某些结论可能并非问题本身准确的答案。但如果因此而带给各位同人问题意识，则正中下怀也。

　　追求完美是人善良的天性，但上帝总是远远地站在前方微笑不语。由于时间等各种因素的限制，本书未能纳入知识产权国际保护部分，也未能抓取尽可能多的典型案例。这为本书留下了深深的遗憾。好在漫长还有很长，永远尚有很远，日后定有机会修补这些缺憾。

　　生活是慷慨的。它除了烙人以芳香的苦痛，也用智慧将人鞭打，并用雪白的友谊撒下漫天的欢乐。在此，我要对华中科技大学法学院易继明教授、湖南大学法学院徐涤宇教授、中国人民大学出版社表达由衷的谢意。没有他们的帮助、督促，本书是难以完成的。也真诚感谢华中科技大学法学院李雅琴女士，她阅读了本书主要部分章节，并提出了不少宝贵意见和建议。

李 扬

2008 年 5 月 16 日

目　录

第二编　标识法

序章
知识产权法总论

第一节　知识产权、知识产权权利、知识产权利益

一、知识产权

知识产权，是以知识形式表现的财产权益。相对于具有长宽高等实体形态表现的物质财产，知识产权没有具体的物质形态，只能通过抽象的理性思维才能加以把握。人们经常接触到的作品和商标自不待言。作为专利主题的发明创造更是如此。虽然发明创造通常必须通过人们可以感知的具体物质形式表现出来，但作为发明创造本身，即包含在具体物质形式中的技术思想则是人们无法直接感知的，必须通过一系列复杂的推理、判断才能加以把握。植物新品种、集成电路布图设计等亦是如此。

由于知识产权没有具体的物质形态，其创造者不能像对待有形的物质财产那样，可以通过物理力量进行控制，其创造者为了实现其经济价值而将其公之于众之后，就意味着知识产权随时面临被他人侵犯的可能。这个特征决定了知识产权权利的创设和保护相对有形物质财产权利而言，更多地依赖成文的制定法，也决定了知识产权权利的最大特征不是直接控制和支配知识产权本身，而是控制和支配他人的行为，其法律形态表现为知识产权拥有者享有的禁止权。

二、知识产权权利、知识产权利益

知识产权，包括知识产权权利和知识产权利益。英文中与知识产权对应的词为"intellectual property"，国内学者一般把它翻译为"知识产权"。但是，英美学者在谈

到知识产权权利时，一般使用"intellectual property rights"一词。可见，在英美学者的概念当中，"intellectual property"和"intellectual property rights"并不是一个概念。理由在于"intellectual property"不但包括"intellectual property rights"，即知识产权权利，而且包括"intellectual property interests"，即知识产权利益。所谓知识产权权利，是指被知识产权制定法明文类型化的权利，包括著作权、专利权、商标权、植物新品种权、集成电路布图设计权等。所谓知识产权利益，是指尚未被知识产权制定法明文类型化的、知识产权权利以外应受保护的利益，包括尚未被现有知识产权法明文类型化为权利的利益和按照现有知识产权法无法解释为某种权利但又应当受到保护的某种利益。前者如域名，后者如没有独创性的数据库。域名尚未被现有知识产权法明文类型化为一种一般的权利，因此只能作为知识产权利益加以保护。没有独创性的数据库虽然不能按照著作权法给予其著作权保护，但由于制作者付出了大量的投资，因此不能任由他人"搭便车"以损害制作者的投资积极性，因而应当作为一般性知识产权利益，通过反不正当竞争法和民法进行一般的保护。

知识产权权利和知识产权利益的区分不只是形式意义上的，而且具有实质性的意义。由于权利和利益的位阶不同，因此赋予权利和利益享有者私法上的请求权也应当有所不同。知识产权权利的享有者不但应当被赋予债权性请求权，而且应当被赋予物权性请求权。而知识产权利益的享有者只应当被赋予债权性请求权，除非法律有特别规定可以赋予物权性请求权的除外。这种区分最为典型的就是日本的知识产权法。按照日本的做法，当某种知识产权不能作为知识产权特别法上的权利进行保护时，则只能作为一般性的知识产权利益通过反不正当竞争法或者民法典进行保护。受反不正当竞争法保护的利益（周知表示、著名表示、商品形态、商业秘密）拥有者虽然同时被赋予了债权性请求权和物权性请求权，但如果该种利益无法通过反不正当竞争法进行保护时，则只能通过民法典进行保护。而按照日本民法典第709条的规定，因为故意或者过失侵害他人权利或者受法律保护的利益，应当负损害赔偿责任。从受法律保护的利益的受害者的角度看，显然，该条只赋予了其损害赔偿请求权，即债权性请求权。

知识产权的范围非常宽泛。1967年《成立世界知识产权组织公约》和1994年《与贸易有关的知识产权协议》（TRIPs协议）的规定最有代表性。按照《成立世界知识产权组织公约》第2条第9项的规定，知识产权主要包括以下类型：与文学、艺术和科学作品有关的权利；与表演艺术家、录音和广播节目有关的权利；与在人类一切活动领域中的发明有关的权利；与科学发现有关的权利；与工业品外观设计有关的权利；与商标、服务标记以及商号名称和标志有关的权利；反不正当竞争；在工业、科学、文学或者艺术领域内由于智力活动而产生的一切其他权利。按照《与贸易有关的知识产权协议》第二部分的规定，知识产权包括：著作权及其相关的权利；商标权；地理标记权；工业品外观设计权；专利权；集成电路布图设计权；未公开的信息；对许可合同中限制竞争行为的限制。我国知识产权法规定的知识产权包括：著作权、专利权、商标权、植物新品种权、集成电路布图设计权、反不正当竞争法保护的知识产权权益。可见，只要是以知识形式表示的财产，不管是知识产权权利还是知识产权利益，都应当受到保护。

可用图0—1表示知识产权的范围：

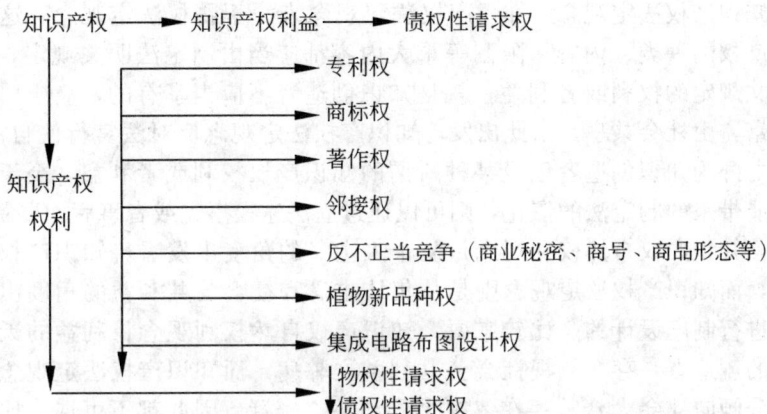

图0—1

上述知识产权大致可以分为因申请授权或者登记而发生的知识产权和因创作本身或者其他事实行为而发生的知识产权两大类。专利权、商标权、植物新品种权、集成电路布图设计权必须通过向主管机关申请、审查、批准或者登记和公告等一系列复杂的程序才能获得，因此属于因申请授权或者登记而发生的知识产权。著作权则是因作者事实上的创作行为而发生的权利，无须申请、审查、登记和公告等复杂程序，因此属于因创作本身而发生的权利。商业秘密也是基于创造或者其他事实行为而发生的权利，因此也属于因创作本身或者其他事实行为而发生的知识产权。

第二节　知识产权的观念及其应用

一、知识产权的观念

关于知识产权的观念，即知识产权的创造者为什么能够对自己的创造物主张权利或者利益，国内外大体存在以下两种观点。

一是知识产权自然权利观念。[①]该种观念认为，知识产权和有形财产权一样，来

---

① 参见易继明：《知识产权的观念：类型化及其不足》，载《法学研究》，2005（2）。

源于劳动，并且是一种自然权利。既然知识产权来源于劳动，就和制定法没有必然的联系，制定法类型化了的知识产权属于知识产权自不用说，即使制定法由于立法者的理性认识能力有限没有类型化为知识产权的知识创造物，由于是创造者劳动的产物，因此也应当允许法官行使自由裁量权，在制定法明文规定之外为知识创造者创设某种知识产权。

二是知识产权法定观念。知识产权法定观念来源于物权法定观念。这种观念认为，知识产权的种类、内容、限制等重大内容都应当由制定法明文规定，凡是制定法没有明文规定的权利或者利益，就是知识创造者不应当享有的，应当属于公共领域中的财富，由社会共享。由此出发，知识产权法定观念反对法官行使自由裁量权，在制定法之外为知识创造者创设某种所谓的知识产权权利或者利益。至于严格的法定主义可能带来的制定法的僵化，则可以通过立法途径事先或者事后加以解决。

显然，知识产权自然权利观念是从个人主义的角度出发看待知识产权并进行制度设计的，而知识产权法定观念则是从集体主义和社会公共利益的角度出发看待知识产权并进行制度设计的。比较来看，知识产权自然权利观念将利益的天平过分倾向于知识的创造者，存在忽视社会公共利益之弊病，而知识产权法定观念则将利益的天平过分倾向社会大众，存在忽视个人利益之嫌疑，因此都不可取。比较可取的做法是走折中主义的道路。

按照折中主义的观念，知识产权权利应该坚持法定主义的观念，凡是制定法没有规定的权利，都不能作为权利加以对待和保护，因此也不允许法官行使自由裁量权在制定法之外为知识创造者创设某种知识产权权利，以给社会公共利益留下必要的自由空间。而知识产权利益则应该坚持自然权利观念，允许法官行使自由裁量权，在制定法明文规定的权利之外为知识创造者的利益提供一定程度的保护，以解决制定法理性认识能力不足的问题，并为创造者提供一定的激励。但是，由于权利和利益的位阶不同，因此对于知识产权利益的享有者只能赋予其债权性的请求权，而不能像知识产权权利那样，同时赋予其物权性的请求权。这样，通过请求权配置的不同，就可以解决自然权利观念和严格的法定主义观念的不足，同时兼顾个人利益和社会公共利益，使二者达到动态的平衡。

二、知识产权观念的应用

可以通过两个案例形象地说明上述三种观念在审判实践中的应用及差别。案例之一是 2005 年发生在日本的一个关于简短的新闻标题的侵害案件。在这个案件中，被告没有经过原告的同意，直接大量复制原告的新闻标题在网络上进行滚动式发布，并且通过广告赚取一定金钱收益。由于日本反不正当竞争法采取限定列举立法模式，没有基本原则的规定，因此原告只能依据日本著作权法和日本民法典第 709 条关于不法行为的规定起诉。日本东京地方裁判所在否定了原告标题的著作物性之后认为，既然作为特别法的著作权法认为简短的新闻标题没有独创性，不构成作品，不受著作权法保护，说明原告没有受法律保护的法益，作为一般法的民法典就不应当再提供保护。据此，日本东京地方裁判所判决原告败诉。显然，日本东京地方裁判所坚持的是严格的知识产权法定主义观念。但在上诉审中，负责审案的日本东京知识产权高等裁判所认为，尽管作为特别法的著作权法认为由于简短新闻标题欠缺独创性不能作为作品受著作权法保护，但由于上诉人付出了足够的投资，而且通过广告方式赚取收益，被上诉人又没有合法理由搭了便车，如果不对其行为加以规制，上诉人投资信息产品的积极性势必受到伤害，因此上诉人对自己的劳动成果理应享有民法上的合法利益，被上诉人未经许可直接复制和使用的行为侵害了上诉人的合法利益，构成民法典第709条所规定的侵害他人应受法律保护的合法利益的不法行为。据此，日本东京知识产权高等裁判所撤销了原审判决，改判被上诉人应承担损害赔偿责任。显然，日本东京知识产权高等裁判所坚持的是知识产权折中主义的观念。①

案件之二则是20世纪90年代发生在我国的广西广播电视报诉广西煤矿工人报一案。该案件中，被告没有经过原告同意，擅自复制其广播电视节目时间表出版发行。原告以侵害著作权和合法的民事权益为由起诉。一审法院否认了广播电视节目时间表的独创性，认为原告不享有著作权和民法上一般的民事权益，并以此判决原告败诉。在二审中，法院认为虽然广播电视节目时间表没有独创性，不受著作权法保护，但因上诉人付出了劳动，所以上诉人应当享有合法的民事权益。基于这种推理，二审部分撤销了一审判决，改判被上诉人赔偿损失，停止侵害。显然，在这个案件中，一审法院坚持的是严格的知识产权法定主义观念，而二审法院坚持的是知识产权自然权利观念。之所以说二审坚持的是自然权利观念，关键在于二审赋予了上诉人物权性的请求权，从而使上诉人受保护的利益物权化了。②

由上述两个案例可以看出，知识产权观念不同，案件的判决结果也迥然不同。所以在实践中坚持何种知识产权观念具有非常重要的意义。

我国民法通则第5条规定："公民、法人的合法的民事权益受法律保护，任何组织和个人不得侵犯。"显然，我国民法通则将保护的对象进行了权利和利益的区分，知识产权特别法没有类型化为权利的知识产权利益也应当在民法通则的保护范围内。问题在于，对这些知识产权利益的保护，是否也能够像知识产权特别法规定的权利一样，既赋予被侵害者请求损害赔偿的债权性请求权，也赋予被侵害者请求停止侵权行为的物权性请求权？这个问题如果不加以区分，就会使知识产权利益的保护演变为知识产权权利的保护。从逻辑上分析，从我国民法通则第5条的规定中当然得不出请求权不加区分的结论，否则我国民法通则第5条就没有必要对权利和利益进

---

① 参见日本 H17.10.6知财高裁平成17（ネ）10049著作权民事诉讼案件。
② 详细案情参见上海星韵律师事务所网（http://www.sh-lawyer.com）。

行区分。问题在于，我国民法通则第 5 条虽然规定了受民法保护的对象包括权利和利益，但是在第六章规定民事责任时，却明确使用"侵权"的概念，没有能够将侵害他人合法利益的行为包括进去。同时，从责任形式上看，由于忽略了侵害他人利益的不法行为，因此也只规定了侵权行为承担责任的方式（按照民法通则第 134 条的规定，包括停止侵害、排除妨碍、消除危险、返还财产、恢复原状、赔偿损失、消除影响、恢复名誉、赔礼道歉等等），而没有规定侵害利益的行为应当承担责任的方式，这样就使得合法利益的保护落了空，或者使得利益的保护权利化了。当然，也许会有人认为，既然我国民法通则第 5 条规定了合法利益应当受到保护，那么在发生知识产权特别法没有规定或者不能适用知识产权特别法规定的利益侵害时，就可以直接通过选择适用民法通则第 134 条的规定，追究行为人的损害赔偿责任。但是，由于民事责任方式的选择权在原告而不是法院，既然民法通则规定了停止侵害、赔偿损失等责任方式，而且这些责任方式可以合并使用，原告自然会既选择要求赔偿损失，又选择要求停止侵害。这样的话，利益的享有者事实上就会享有和权利的享有者一样的请求人的地位，从而使知识产权利益转化为知识产权权利。由此从立法技术上看，我国未来的民法典在规定不法行为的责任时，应当像日本民法典第 5 章第 709 条的规定那样，创设一个既保护权利又保护利益的明确的一般性条款。这也是目前在制定过程中的侵权行为法的任务之一。

第三节　知识产权法的体系和分类

一、知识产权法的体系及其应用

国内知识产权法学者通常都从狭义的意义上界定知识产权法体系，认为知识产权法体系只是包含专利法、商标法、著作权法、植物新品种法、集成电路布图设计保护法、反不正当竞争法在内的一个孤立的系统。这种观点不但瓦解了知识产权法的完整体系，而且分割了知识产权特别法、反不正当竞争法、民法之间的关系，忽视了民法在整个知识产权法中的基础性作用。

从广义上讲，知识产权法是包含宪法、法律、行政法规、地方性法规、国际条约在内的一个完整的体系。但是，从适用法律、解决案件的角度出发，只要完整地把握以下几个关系就足够了：

1. 反不正当竞争法和专利法、商标法、著作权法、植物新品种保护法、集成电路布图设计保护法等知识产权法之间形成一般法和特别法的关系。在一般的知识产权案件中，特别法有规定的，首先应当适用专利法等特别法的规定。特别法没有规定的或者规定不明确的，则适用作为一般法的反不正当竞争法的规定。当然，在这种情况下，如果原告以专利法等特别法作为起诉依据的同时，还将反不正当竞争法作为起诉的依据，法院也应当进行审理。不过，在这种情况下，由于专利法等特别法保护知识产权的力度最强，原告增加将反不正当竞争法作为起诉的依据并不能给其带来更多的利益，实际后果只不过是增加了自己证明的负担和法院审判工作的负担罢了。比如，抄袭他人作品的行为，由于构成著作权侵权行为，因此通过适用著作权法就足以保护原告的权益了。但如果原告在诉被告侵害著作权的同时，还诉其行为构成不正当竞争行为，法院仍然应当审理。不过即使法院同时认定被告的行为构成不正当竞争行为，其承担的责任仍然为停止抄袭行为和赔偿原告损失，原告也不会因此就同时获得著作权法上和反不正当竞争法上的两个损害赔偿。

从原告诉讼的角度看，何时利用反不正当竞争法作为诉讼根据比较恰当呢？有两种情况：一是当实践中出现某种新型的知识财产形式，但现有知识产权特别法中都没有将其类型化因而找不到合适位置时，就应当首先想到利用反不正当竞争法保护自己的合法利益。比如，域名、虚构形象等商品化利益的保护就是如此。二是虽然现有知识产权法将某类知识财产形式通过权利形态类型化了，但是实践中出现的某种知识财产形式（新型的或者非新型的）却不符合该权利形态的条件，或者是否符合该权利形态存在争论时，就必须首先想到利用反不正当竞争法作为起诉的依据。比如，上文所述的简短的新闻标题、电视节目预告时间表、在材料的选择和编排方面都非常普通的数据库、超过核定使用的商品范围使用的注册商标等的保护，莫不是如此。简短的新闻标题、电视节目预告时间表、在材料的选择和编排方面都是很普通的数据库等表达形式，虽然著作权法已经将思想的具有独创性的表达形式类型化为著作权，但是这些表达形式很可能由于欠缺最低限度的独创性而受不到著作权法的保护，此时，原告就应当想到选择反不正当竞争法作为诉讼的依据。超过核定使用的商品范围使用的注册商标，按照商标法的规定在其实际使用的商品类别上不享有专用权。此时，如果有人在其实际使用的相同商品或者类似商品上使用和其注册商标相同或者近似的商标，除非是驰名商标，否则注册商标权人就难以商标法为依据，控告行为人的行为侵犯其注册商标专用权。在这种情况下，注册商标权人就应当想到以反不正当竞争法作为依据进行起诉，因为行为人的行为虽然不构成注册商标专用权的侵害，但该注册商标作为一般的商标进行使用时，使用者仍然应当享有一定的合法利益，行为人的行为也很可能构成不正当竞争行为。不过，在这种情况下，原告应当证明被告的行为客观上存在混淆的可能，因而要承担更多的证明责任。

2. 民法和反不正当竞争法在保护知识产权方面，形成一般法和特别法的关系。在保护知识产权方面，虽然反不正当竞争法属于专利法等特别法的一般法，但和民法比较起来，又属于特别法。反不正当竞争法最初诞生于 19 世纪的欧洲，当时法国法官为了保护诚实的商人，创造性地将 1804 年拿破仑民法典第 1382 条和第 1383 条中关于侵权法的一般规定用于制止经济生活中的不正当行为，并逐渐发展成为一项独立的法律制度，即反不正当竞争法律制度。① 可见，反不正当竞争法本身就来源于民法。

以我国为例，之所以说在保护知识产权方面反不正当竞争法是民法的特别法，是因为反不正当竞争法在某种程度上将民法通则关于知识产权保护的一般规定具体化了，主要表现为反不正当竞争法第 5 条对注册商标，知名商品特有的名称、包装、装潢，企业名称，原产地标记，商业秘密等的保护。此外，反不正当竞争法第 2 条的基本原则和关于什么是不正当竞争行为的概括性规定也对民法通则关于知识产权保护的一般规定提供了抽象的原则性保护，从而赋予法官自由裁量权以保护反不正当竞争法没有列举但又包含在民法通则的一般性规定中的某些知识产权利益。之所以说民法在保护知识产权方面是反不正当竞争法的一般法，不但是因为民法对知识产权作出了最一般的原则性规定，为反不正当竞争法保护某些知识产权利益提供了基础，而且是因为反不正当竞争法自身由于竞争关系的限制，因而难以规制那些没有直接竞争关系而发生的知识产权利益侵害行为，在这样的情形下，就只能通过民法的基本原则和关于不法行为的最一般规定对这些知识产权利益提供保护。比如，将作者在作品中虚构的著名形象作为商标使用的行为，由于作者和商标使用者之间没有直接竞争关系，因此难以通过反不正当竞争法进行保护，而只能作为知识产权利益通过民法的基本原则进行保护。从这里可以看出，我国知识产权法学界流行的所谓反不正当竞争法是知识产权的兜底保护法的观点是站不住脚的。正确的认识应该是，只有民法才是知识产权的兜底保护法。

3. 民法和专利法等知识产权特别法之间形成一般法和特别法的关系，专利法等特别法有规定的，适用专利法等特别法的规定。专利法等特别法没有规定的，除了适用反不正当竞争法之外，还可以同时适用民法进行保护。更为重要的是，如上所述，当专利法等特别法没有规定而无法适用反不正当竞争法时，就只有适用真正作为兜底手段的民法了。可以这样说，在保护知识产权方面，不管在何种性质的案件中，民法都可以作为诉讼的依据。所以说，如果不学好民法总论、物权法、债权法、不法行为法、人格权法，要想学好知识产权法几乎是不可能的。

总之，从适用法律、解决案件的角度出发，必须将民法—反不正当竞争法—知识产权特别法作为一个整体，牢固树立一种整体性知识产权法的观念。

但要特别指出的是，本书中所使用的知识产权法，如果没有特别指出，是指狭

---

① 参见韦之：《论不正当竞争法与知识产权法的关系》，载《北京大学学报（哲学社会科学版）》，1999（6）。

义上的知识产权特别法。

二、知识产权法的分类

为了加深对知识产权法的理解，可以根据不同标准对知识产权法进行如下两个方面的分类。

（一）创作法和标识法

从是否创作出新信息的角度，可以将知识产权法分为创作法和标识法。著作权法、专利法、植物新品种保护法、集成电路布图设计法都是关于创作出的新信息有关归属、利用、限制和保护等方面的法律，因此属于创作法。商标法不是保护具有独创性或者新颖性的信息的法律，而是关于保护表示不同商品或者服务来源的标识的法律，因此属于标识法。

反不正当竞争法对于商业秘密的保护带有创作法的特征，而对未注册商标，商号，域名，知名商品特有名称、包装、装潢的保护等则具有标识法的特征，因此具有创作法和标识法的双重性格。

（二）行为规制法和权利赋予法

所谓行为规制法，是指规制侵害行为，但并不特别关注被侵害的主体拥有的是具有确定内容的财产权利还是一般性利益的法律。反不正当竞争法属于典型的行为规制法。反不正当竞争法考查的是市场竞争行为的正当与否，至于被该行为侵害的主体究竟是否拥有具有特定内容的财产权利，在所不问。

所谓权利赋予法，是指赋予知识产权创造者具有特定内容的财产权利的法律。专利法、商标法、著作权法、植物新品种法、集成电路布图设计法都是典型的权利赋予法。

可以用表0—1表示知识产权法的分类：

表0—1

专利法	申请授权或者登记而产生权利	创作法	权利赋予法
植物新品种保护法			
集成电路布图设计法			
商标法		标识法	
著作权法	因创作等事实而产生权利	创作法	
反不正当竞争法		创作法和标识法	行为规制法

第四节　侵害知识产权的归责原则

侵害知识产权的归责原则，包括侵害知识产权行为的归责原则和侵害知识产权损害赔偿的归责原则，解决的是行为人侵害他人知识产权承担法律责任时是否需要主观过错的问题。我国知识产权鉴于立法水平和立法技术的限制，在各具体知识产权立法中未能明确这一问题，因而出现解释论和立法论两个不同角度的理解。

一、解释论上的侵害知识产权的归责原则

所谓解释论上的侵害知识产权的归责原则，是指根据现有知识产权立法的规定，从实然的角度解释出的侵害知识产权的归责原则。

考察我国现有知识产权立法，很容易就发现，还没有哪一个具体的知识产权立法对侵害知识产权的归责原则明确作出一般性的规定。根据特别法和一般法的关系原理，特别法没有规定的，适用一般法的规定。由于知识产权特别法都没有对侵害知识产权的归责原则作出一般性规定（仅仅规定了侵害产品使用者或者销售者或者出版者、制作者、出租者的无过错责任。专利法第63条第2款——为生产经营目的的使用或者销售不知道是未经专利权人许可而制造并售出的专利产品或者依照专利方法直接获得的产品，能证明其合法来源的，不承担赔偿责任。商标法第56条第3款——销售不知道是侵犯注册商标专用权的商品，能证明该商品是自己合法取得的并说明提供者的，不承当赔偿责任。著作权法第52条——复制品的出版者、制作者不能证明其出版、制作有合法授权的，复制品的发行者或者电影作品或者以类似摄制电影的方法创作的作品、计算机软件、录音录像制品的复制品的出租者不能证明其发行、出租的复制品有合法来源的，应当承担法律责任），因此只能适用作为一般法的民法关于侵害行为归责原则的规定。按照民法通则第106条第2款、第3款的规定，公民、法人由于过错侵害国家的、集体的财产，侵害他人财产、人身的，应当承担民事责任。没有过错，但法律规定应当承担民事责任的，应当承担民事责任。可见，民法通则对一般的民事权益侵害行为采取的是过错责任原则，只有在法律有明确规定的情况下，民事权益侵害行为才适用无过错责任原则。据此推理，从解释论的角度看，在我国，侵害知识产权，包括侵害知识产权行为的归责原则和侵害知识产权损害赔偿的归责原则，原则上适用的应当是过错责任原则。除了上述专利法、商标法、著作权法的规定外，任何侵害行为，不管是承担停止侵害还是赔偿损失的责任，都应当适用过错责任原则。

或许有人认为，从专利法第11条、第57条的规定，从商标法第52条的规定，从著作权法第46条、第47条的规定可以推导出侵害知识产权行为的无过错责任原则。理由在于根据这些条文的规定可以推导出这样的结论，即只要没有经过知识产

权人许可，实施、使用其知识产权的行为，就是侵害知识产权的行为，应当承担停止侵害、赔偿损失等责任。这样推理并没有错。问题在于这样推导出的结论违背了有过错才赔偿、无过错不赔偿的民法基本原理。再者，这样推理也会明显导致专利法第 11 条、第 57 条和专利法第 63 条第 2 款之间，商标法第 52 条和商标法第 56 条第 3 款之间，著作权法第 46 条、第 47 条和著作权法第 52 条之间的矛盾。原因在于，既然从专利法第 11 条、第 57 条的规定，从商标法第 52 条的规定，从著作权法第 46 条、第 47 条的规定可以推导出侵害知识产权行为的无过错责任原则，则不管是侵害产品的制作者、销售者还是营利性的使用者、出租者，不管是停止侵害还是赔偿损失，都应当承担无过错责任，而不得有所例外。但专利法、商标法、著作权法明显只对侵害产品的销售者等的停止侵害责任采取了无过错责任，而对赔偿损失仍然采取了过错责任原则。结论只能是，从专利法第 11 条、第 57 条的规定，从商标法第 52 条的规定，从著作权法第 46 条、第 47 条的规定难以推导出侵害知识产权行为的无过错责任原则，即使能够推导出来，和其他条款也存在很大矛盾。

总之，从解释论的角度看，目前我国知识产权法对侵害知识产权原则上采取的是过错责任原则，例外情况下采取的是无过错责任原则。我国知识产权理论界无视这样的事实，抽象地认为我国知识产权法对侵害知识产权采取的是无过错责任原则的观点是成问题的。

我国知识产权法虽然没有规定侵害知识产权的归责原则，TRIPs 协议第 45 条第 1 款倒是明确规定了侵害知识产权损害赔偿的归责原则："司法机关有权责令侵权者向权利所有人支付适当的损害赔偿费，以便补偿由于侵犯知识产权而给权利所有人造成的损害，其条件是侵权者知道或者应当知道他从事了侵权活动。"显然，按照 TRIPs 协议该条款的规定，侵害知识产权损害赔偿采取的是过错责任原则。

二、立法论上的侵害知识产权的归责原则

从立法论的角度看，上述的解释论，即我国知识产权特别法对侵害知识产权归责原则的粗糙处理至少存在以下问题：

1. 针对不同的行为人适用不同的归责原则，不但对行为人不公平，而且会引起很大的混乱，使行为人失去最起码的行为预期。比如按照商标法第 56 条第 3 款的规定，侵害注册商标专用权产品的销售者在不知道销售的是侵害注册商标专用权产品的情况下，只要能够证明该产品是自己合法获得并且能够说明提供者的，虽然应当停止销售，但是无须承当赔偿责任。但是对于侵权产品的生产者来说，按照商标法第 52 条的规定，如果采取的是无过错责任的话，则不但要停止生产，而且必须赔偿损失。显然，在这种情况下，侵害产品销售者和生产者在赔偿损失方面适用的就是不同的归责原则，前者为过错责任原则，后者为无过错责任原则。现实生活中，生产者同时就是最初的销售者，此时，究竟应该适用哪种归责原则呢？在这种情况下，作为销售者的生产者显然知道自己销售的是侵权产品，因而其责任的承担不能再适

用商标法第 56 条第 3 款的规定，而只能适用民法通则规定的过错责任。这样，作为销售者的生产者适用的，就将由商标法第 52 条暗含的"无过错责任"转化为过错责任。这样绕来绕去，只是徒增混乱，让行为人无所适从。

2. 针对不同的行为人适用不同的归责原则，将违背"有过错才赔偿，无过错不赔偿"的民法基本原理。比如，按照知识产权法学界诸多学者的解释，如果专利法第 11 条、第 57 条规定了行为人的无过错责任的话，则不管行为人主观上是否有过错，都必须停止侵害、赔偿损失。要一个主观上没有任何过错的人为自己的行为承担赔偿责任，显然已经违背了早已成为定论的"有过错才赔偿，无过错不赔偿"的民法基本原理。

3. 按照上述解释，对保护知识产权人也是不利的。按照上述解释，除了销售者等法律明确规定的行为人承担停止侵害的责任适用无过错责任外，其他行为人承担停止侵害必须适用民法通则的过错责任，这对于保护知识产权人是非常不利的。比如，侵害知识产权的生产者不实际销售侵害产品，虽然不至于使知识产权人发生现实的危害，却使其面临随时被侵害的危险，因为生产者随时可能将侵害产品投放市场。按照过错责任原则，如果某一生产者举证证明自己没有过错，则可以不必停止生产，知识产权人将无法请求其停止生产以排除危险行为。可见，仅仅针对不同的行为人规定不同的归责原则，不从一般角度明确规定行为人的归责原则，很多情况下，将造成知识产权人无法排除危险行为或者状态的严重后果。

4. 专利法、商标法、著作权法之间的规定极端不统一，给人以立法者之间缺乏沟通，没有整体把握的强烈印象。比如，专利法第 63 条第 2 款规定的承担无过错责任的主体为使用者、销售者，商标法第 56 条第 3 款规定的承担无过错责任的主体为销售者，而著作权法第 52 条规定的承担无过错责任的主体为出版者、制作者、发行者、出租者，范围比专利法和商标法的规定宽泛得多。

基于知识产权的类物权性质和世界知识产权立法的普遍经验，鉴于从解释论的角度出发引发的我国知识产权特别法在侵害知识产权行为归责原则上存在的上述问题，为了正确处理行为人的行动自由、行为预期和知识产权人权益之间的关系，也为了正确处理好作为特别法的知识产权法和作为一般法的民法之间的关系，从立法论的角度看，我国知识产权特别法有必要统一明确规定行为人侵害知识产权行为的归责原则。就具体立法技术而言，可以借鉴日本的立法经验。

以日本特许法（发明专利法）的规定为例加以说明。日本特许法第 100 条规定，对于侵害自己特许权或者专用实施权的行为人，特许权人或者专用实施权人可以请求停止侵害或者请求预防侵害。从这一条的规定可以看出，不管行为人是否存在主观过错，只要行为人实施了侵害行为，就必须承担停止侵害或者预防侵害的责任。也就是说，在停止侵害或者预防侵害方面，日本特许法采取的是无过错责任原则。而在赔偿损失方面，日本特许法第 102 条第 1、2、3 款在规定赔偿的标准时，都明确规定，特许权人或者专用实施权人只有对"故意或者过失侵害自己的特许权或者专用实施权"的行为人才能请求损害赔偿，适用的显然是过错责任原则。通过不同的条文和明确的立法，日本特许法就将侵害特许权的归责原则进行了区分，在停止侵害或者预防侵害方面适用无过错责任，在赔偿损失方面适用过错责任。

日本知识产权法的这种立法模式没有烦琐地对行为人进行区分，避免了不公平的嫌疑和操作上的不便，不但承继了日本民法典第709条规定的承担损害赔偿的过错责任原则，而且对承担停止侵害或者预防侵害的责任规定了特殊归责原则，既有继承，又有超越，非常值得我国学习。

三、不当得利的问题

根据上述的立法论，行为人只有在主观上存在故意或者过失的情况下才承担损害赔偿责任，如果行为人主观上不存在故意或者过失，则不应当承担损害赔偿责任。问题是，在此情况下，知识产权人是否可以主张不当得利？

我国民法通则第92条规定，没有合法根据，取得不当利益，造成他人损失的，应当将取得的不当利益返还受损失的人。可见，承担不当得利之债需要具备以下几个要件：（1）没有合法根据；（2）取得不当利益，并因此造成他人损失，即一方取得不当利益和造成他人损失之间存在因果关系。只要符合上述两个要件，即使行为人主观上没有故意或者过失，取得不当利益的一方也应当将此利益返还给受损失的一方。

在行为人没有故意或者过失的情况下，知识产权人是否可以主张不当得利返还呢？关键看是否符合不当得利的要件。

1. 主观上没有过错的行为人获利是否存在合法根据？按照专利法、著作权法、商标法等知识产权法的规定，虽然没有主观过错的销售者等行为人不用承担损害赔偿责任，但仍然应当承担停止侵害或者预防侵害的责任。也就是说，其行为本身仍然属于侵害行为，其行为性质不会因为不承担赔偿责任而变得合法。这说明，销售者等行为人的销售行为以及因此而获得利益的事实在专利法等知识产权法上并没有合法根据，不当得利的第一个要件因此而成就。

2. 行为人是否取得不当利益，并因此而给他人造成损失？如上述第一点所述，由于主观上没有过错的行为人在进行销售等行为时并没有合法的根据，因此获得的利益逻辑上也当属不当。那么行为人取得不当利益是否给知识产权权益人造成了损失呢？由于行为人的行为，使得本应当由知识产权人享有的市场交易机会丧失了，减少了知识产权人利益还流的可能性，不当得利的第二个要件也因此而成就。

结论是，虽然主观上没有过错的行为人不应当承担侵害知识产权的赔偿责任，但是知识产权人仍然可以根据民法通则第92条的规定请求不当得利返还。

司法实践中主张不当得利时，究竟以什么作为返还标准？是否能够以行为人行为所得，比如销售纯利润100万元人民币作为返还标准？不能。由于知识产权人丧失的只是市场交易机会，而行为人所得涉及许多因素，并不是知识产权人利用了该市场交易机会就可以完全实现的利润，因此不能以行为人所得作为返还标准，否则就等同于让行为人承担赔偿损失的过错责任。由于知识产权人丧失的只是利用市场交易机会获得的对价，因此以普通许可实施条件下的许可使用费作为参照标准，计算不当得利额较为妥当。

要指出的是，我国知识产权法虽然没有规定知识产权人可以针对侵害行为主张不当得利，但是 TRIPs 协议第 45 条第 2 款规定了权利人的这种权利，该款规定："司法部门应有权责令侵权者向权利所有人支付费用，其中可以包括合理的律师费。在适当的情况下，即使侵权者不知道或者没有正当理由应该知道他从事了侵权活动，缔约方也可以授权司法部门，责令其返还所得利润或者支付预先确定的损害赔偿费。"许多学者认为该款规定的是侵害知识产权损害赔偿的无过错责任，这种理解都是存在偏差的"无过错，不赔偿"是现代民法的基本原理，认为 TRIPs 协议第 45 条第 2 款规定的是侵害知识产权损害赔偿的无过错责任明显是站不住脚的。按照 TRIPs 协议第 45 条第 2 款的上述规定，行为人没有过错的情况下，缔约方的司法部门可以责令其返还所得利润，行为人所得的这种利润由于没有合法根据，并且因此而给知识产权人造成了损失，明显属于不当得利，知识产权人可以主张行为人返还。

第五节　知识产权立法和民法典编纂

一、知识产权的本质特征

知识产权是近代商品经济和科学技术发展相结合的产物，指的是民事主体对其以知识形式表现的财产依法应当享有的民事权益，它不同于传统的财产所有权，因此很难通过自罗马法以来的物权理论加以完全论证。

罗马法将物分为两种：有体物和无体物。查士丁尼说，"有些物是有形体的，有些物是没有形体的。"并区分了这两种物，"（1）按其性质能被触觉到的东西是有体物，例如土地、奴隶、衣服、金银以及无数其他东西。（2）不能被触觉到的东西是无体物，这些物是由权利组成的，例如遗产继承权、用益权、使用权、不论用何种方式缔结的债权等。"① 由此可见，古罗马的物权客体具有以下几个特征：将人本身即奴隶视为物；区分了有体物和无体物，并且有体物仅指有外在形体的物。那些虽然可以通过人的感觉器官感觉到但肉眼看不到的没有外在形体的物，比如电力、瓦斯等，罗马人并没有将它们作为物权的客体对待。在无体物方面，则以可以用金钱衡量的利益为条件，家长权、夫权、自由权等没有直接财产内容的权利，罗马人没有将它们作为无体物对待。②

---

① ［古罗马］查士丁尼：《法学阶梯》，59 页，北京，商务印书馆，1989。
② 参见 ［意］彼德罗·彭梵得：《罗马法教科书》，185 页，北京，中国政法大学出版社，1992。

据考证，古罗马时期，西塞罗等人已经从自己的演讲和写作中获得报酬，"剽窃"一词也是公元1世纪伟大的罗马讽刺诗人马歇尔创造的。为了解决诱使奴隶出卖雇主商业秘密的普遍社会问题，罗马法还发展出了对抗诈骗商业秘密第三人的诉讼请求制度。① 这说明，古罗马时代的人们已经比较深刻地意识到了文学、艺术创作者权益的重要性。但正如有的学者指出的，在古罗马，"文学盗窃行为只是受到道义上的谴责，并不产生法律上的后果"。对于古罗马保护商业秘密的规定，也"仅是从规范商业道德角度所给予的零星规定，大量的商业秘密仍处于无财产意义的自然状态，是当事人持有的一种法外利益。"②

然而，近代社会，随着商品经济的发展和科学技术的进步，财产权的客体发生了人们意想不到的变化。仓单、提单等有价证券成为一种抽象化的可以买卖的特殊动产，能为人力所控制的光、电、热能、频道、磁场等没有实物形态的自然力也一反罗马人的传统，进入有体物的行列。但最令人惊异的变化是，随着资本主义社会生产的科学技术化和科学技术成果的市场化，知识创造物变成了财产权客体家族中崭新的成员，相应的也就产生了以保护知识创造物为己任的知识产权法律制度。

知识创造物进入财产权的客体范畴后，由于既不同于罗马法意义上的有体物和无体物，也不同于近代社会中新产生的有形物品抽象化的有价证券，以及没有实物形态但依靠人的感觉器官可以直接感知的光、电等自然力，因此很快使理论家们困惑不解，并且寻求解决的方案。高明的黑格尔在哲理地论述所有权的客体时，就表达出了这种困惑。黑格尔认为，人为了作为理念而存在，必须给它的自由以外部的领域。这种外部的领域首先就是某种不自由的、无人格的以及无权的东西，也就是物。尽管黑格尔主张，学问、科学知识、才能等自由精神所固有的内在的东西可以通过精神的中介加以表达，从而给它们外部的定在，并将之纳入"物"的范畴使之成为契约的对象，进行转让，但是，"艺术家和学者等等是否在法律上占有着他的艺术、科学知识，以及传道说教和诵读弥撒的能力等等，即诸如此类的对象是否也是物，却是一个问题。如果把这类技能、知识和能力等都称为物，我们不免有所踌躇，因一方面关于诸如此类的占有固然可以像物那样进行交易并缔结契约，但是另一方面它是内部的精神的东西，所以理智对于它的法律上性质可能感到困惑……"③正如有的学者指出的，黑格尔的困惑给了人们三点启示："第一，知识形态的精神产品不同于一般意义上的物，但同物一样可以成为交换的标的；第二，精神产品是精神内在的东西，但可以通过一定形式的表达而取得外部的定在，即精神产品可以有'直接性'和'外在'的载体；第三，依照物与精神相分离的理论，精神产品属于内部

---

① 参见唐昭红：《商业秘密研究》，载梁慧星主编：《民商法论丛》，第6卷，723页，北京，法律出版社，1996。

② 吴汉东：《财产权客体制度论》，载中国人民大学报刊复印资料《民商法学》，2000 (10)，25～26页。

③ ［德］黑格尔：《法哲学原理》，范扬、张企泰译，50～52页，北京，商务印书馆，1961。

的精神的东西，不能简单地归类于属于'定在'的外部领域的物。"①

知识创造物的财产化不但使 19 世纪的黑格尔感到困惑，也使 20 世纪的许多法学者感到困惑。这种困惑从如何称谓这种抽象的财产也得到了很好的反映。苏联民法学者为了将精神产品与物区分开来，将与精神产品权利有关的客体称为"创作活动的成果"，相应的权利也称为"创作活动的成果权"，并区分为两大类，一类是对科学、文学和艺术作品的权利，另一类是对发现、发明和合理化建议的权利。② 在日本，有的学者将这类财产称为无形财产和无形财产权，比如小岛庸和，他认为知识产权与无形财产是同一个概念，并且强调该类无形财产与有形财产以及其他的无形财产（如光、电）相比具有自身的特殊性。③ 但另一个日本学者北川善太郎认为，与日本民法典第 85 条所限定的有体物比较，"无形物"的说法在语感上似乎不妥当，因此提出了"知识产权"的概念。④ 现在，几乎所有日本知识产权法学者都将知识产权统称为"知的财产"。英国学者则往往将与精神产品有关的权利称为"抽象物的权利"⑤。目前西方大多数学者将这种权利称为"知识产权"，这种称谓已经得到国际社会的公认。

我国 20 世纪 80 年代初期的许多学者将关于精神财富所享有的权利称为"智力成果权"，并将相应的权利客体称为"智力成果"，强调其价值不能用货币加以衡量。⑥ 我国 1986 年颁布的民法通则则从国际上的普遍做法，正式将相关权利称为"知识产权"，以取代"智力成果权"的传统称谓。总之，这些称谓的不同反映出的是这样一个事实：传统的物权已经无法容纳以知识创造物为保护对象的知识产权，知识产权已经对传统的物权提出了深刻的挑战，二者之间存在根本的分野。

这种分野反映在立法上，就是制定了民法典的国家并没有将知识产权纳入到物权法的调整范围，而是对各种不同性质和特征的知识产权进行单独立法，规定特殊的保护措施。

比如，德国民法典第 90 条和日本民法典第 85 条都严格坚持了"物为有体的标的"或者"物为有体物"的原则。德国民事诉讼法第 265 条所称的物虽然包括有体标的和无体标的，但无体标的主要指权利。拿破仑法典对物作出了广义的解释，不但包括有体物，也包括无体物。但拿破仑法典第 529 条规定，"以请求偿还到期款项或动产为目的之债权及诉权，金融、商业或产业公司的股份及持份，即使隶属此等公司的企业拥有不动产，均依法律规定为动产。此种股份与持份，在公司存续中，

---

① 吴汉东：《关于知识产权本体、主体与客体的重新认识》，载《法学评论》，2000（5）。
② 参见［苏］格里巴诺夫等主编：《苏联民法》（上），177～178 页，北京，法律出版社，1984。
③ 参见［日］小岛庸和：《无形财产权》，序言，2 页，日本，创造社，1998。
④ 参见［日］北川善太郎：《技术革新与知识产权法制》，3 页，日本，国家科技部，1998。
⑤ 佟柔主编：《中国民法学·民法总则》，203 页，北京，中国人民公安大学出版社，1990。
⑥ 参见法学教材编辑部《民法原理》编写组，佟柔主编：《民法原理》，383 页，北京，法律出版社，1983。

对每一股东而言，视为动产。"并且，"自国家或个人领取的永久定期金或终身定期金，依法律规定亦为动产。"同时，第 536 条规定，"房屋连同屋内物件出卖或赠与时，不包括保管于屋内的现金、债权及其他权利的证券；一切其他动产包括在内。"这表明，在法国，无体物专指具有财产内容的权利，而且这些权利是被作为动产对待的。有人甚至走得更远，认为尽管各国立法中已经将可让与的权利，比如债权、土地使用权、版权、专利和股权等规定为担保物权，但"立法理念和立法政策历来是将其作为普通质权（动产质权）或普通抵押权的规定，故属于准物权范畴。可见，绝不能因权利质权、权利抵押权之客体为权利，而就因此曰物权的客体不以物为限，而还包括所谓权利"①。

根据学者们的研究，历史上，法学家与立法者也曾作过以传统所有权制度涵盖非物质形态的知识创造物的努力。早在封建时期，就出现过"出版所有权"论。而后，经过文艺复兴和资产阶级革命，天赋人权的思想深入人心，"出版所有权"理论也就被"精神所有权"学说取代。② 在法国，所有权的客体扩展到知识产权领域，用以"适应其标的和其表现的法律关系及各种各样彼此间完全不同的大量的支配权类别。"精神所有权被理解为一种排他的、可对抗一切人的权利，是所有权的一种。③但据学者们研究，这种理论上的概括存在难以解决的两个缺陷。第一个缺陷是，将所有权的概念应用在对非物质财富的权利上，"使它远远超出在技术上对它作准确理解的内容的范围"④。第二个缺陷是，"从所有权的原来含义来讲，上述权利并非真正的所有权"⑤。精神所有权的客体不同于传统所有权的有形物质客体，属于智力创造的非物质形态的知识创造物。这两个特征决定有必要"从单个人的简单物品所有权的财产权概念的束缚中解放出来"，"产生出与有形对象十分疏远的权利形式"⑥。这种权利形式就是知识产权。从权利对象形式上的不同区分有体财产权和无体财产权已经得到了法国知识产权法典的确认。法国的知识产权法典第 L111-3 条严格区别了对作品原件即物的有体财产权和对作品的无形财产权。同时第 L111-1 条还明确规定，对作品的无形财产权除了包括经济权利外，还包括精神和智力权利。有学者对此作出了解释，法语中的 propriete 主要是指有体物的所有权且不因时效而消亡，如果不加解释就用于无体物，则既不贴切也不恰当。这也说明，即使在法国，试图将一个

---

① 陈华彬：《物权法原理》，49 页，北京，国家行政学院出版社，1998。

② 参见 L. Ray Patterson, Stanley W. Lindberg："The Nature of Copyright：A Law of Users' Right"，The University of Georgia Press，1991；吴汉东：《著作权合理使用制度研究》，4 页，北京，中国政法大学出版社，1996；吴汉东：《关于知识产权本体、主体与客体的重新认识》，载《法学评论》，2000（5）。

③ 参见尹田：《法国物权法》，122 页，北京，法律出版社，1998。

④ ［法］茹利欧·莫兰杰尔：《法国民法教程》，载《外国民法资料选编》，231 页，北京，法律出版社，1983；吴汉东：《关于知识产权本体、主体与客体的重新认识》，载《法学评论》，2000（5）。

⑤ 尹田：《法国物权法》，122 页，北京，法律出版社，1998。

⑥ ［美］格雷：《论财产权的解体》，载《经济社会体制比较》1994（5）。

具有特定内涵和外延的概念 propriete 用于其他财产客体尤其是无体财产，则可能会出现困难。① "最直观的事实是：所有权的权能及其行使方式无法圆满地用于价值形态的财产或无形财产"②。

综上所述，将所有权的客体扩张到智力成果领域的观点是站不住脚的③，"精神领域里的智力成果不能成为传统所有权制度的调整对象，而只能归属于新型财产权利客体范畴。知识产权的客体，是一种没有实物形体的知识财富。客体的非物质性是知识产权的本质属性所在，也是该项权利与传统意义上的所有权的最根本的区别"④。知识产权本质上是一种无形财产权益。

我国知识产权法学界的几乎所有学者认为，知识产权的本质特征是其无形性、专有性、地域性和时间性。⑤ 但这种概括并不足以说明知识产权的本质特征。

首先，无形性难以说明知识产权的本质特征。曾世雄先生认为，财产权之有形或无形，并非指权利而言，而系指权利控有之生活资源，即客体究竟有无外形。例如，房屋所有权，其权利本身并无有形无形之说，问题在于房屋系有体物；作为著作权，亦不产生有形无形问题，关键在于作品系智能产物，为非物质形态。⑥ 这正如吴汉东教授所认为的那样，"权利作为主体凭借法律实现某种利益所可以实施行为的界限和范围，概为无外在实体之主观拟制"⑦。正是在这个意义上，从罗马法学家到现代民法学家都将具有财产内容的权利（除所有权以外）称为无体物。

其次，所谓专有性、地域性和时间性是知识产权的本质属性的观点，同样不足以令人信服。就专有性看，一般民事权利（财产权、人身权）也具有专有性；同时不同的人对同一知识产权享有权利的现象客观上早已存在。比如，很多国家都允许商标共同使用，商业秘密为不同主体所享有在事实上不可避免，商号在不同地域范围内为不同主体同时拥有的现象更是普遍。就地域性而言，由于各国社会制度、政治和经济情况的不同，各国有关所有权的内容、效力取得与丧失的条件的法律规定也不尽相同。⑧ 因此，有形财产也具有地域性。就知识产权本身而言，20 世纪下半叶后，随着地区经济一体化和现代高科技的迅猛发展，知识产权的国际化趋势已非常明显，学者们所理解的知识产权的地域性已经受到了巨大冲击。比如，美、日、欧

---

① 参见黄晖：《法国民法中的财产权概念》，载中国人民大学报刊复印资料《民商法学》，2001 (12)。

② 顾培东：《法学与经济学的探索》，104 页，北京，中国人民公安大学出版社，1994。

③ 参见杨紫烜：《财产所有权客体新论》，载《中外法学》，1996 (3)。

④ 吴汉东：《关于知识产权本体、主体与客体的重新认识》，载《法学评论》，2000 (5)。

⑤ 比如郑成思先生的观点，参见郑成思：《知识产权论》，75~89 页，北京，法律出版社，1998。

⑥ 参见曾世雄：《民法总则之现在与未来》，151 页，台湾，三民书局，1983。

⑦ 吴汉东：《关于知识产权本体、主体与客体的重新认识》，载《法学评论》，2000 (5)。

⑧ 参见韩德培：《国际私法（修订本）》，127 页，武汉，武汉大学出版社，1989。

之间早就相互承认专利权的有效性。就时间性而言，专利权、著作权虽然是法定保护期限内的权利，但商标权只要续展，就可以永久享有，地理标志和商号等根本没有时间限制。商业秘密只要做到保密，也可以持续永久拥有。因此，对知识产权而言，时间性也很难具有代表性。

另有论者将创造性、易逝性和法定性重新抽象为知识产权的本质属性[1]，但仔细分析也是站不住脚的。虽然人们常将创造性与知识产权紧密联系起来，但从《成立世界知识产权组织公约》的规定来看，并没有将创造性作为享有知识产权权益的必要条件。据该公约第2条第8项的规定，只要是工业、科学、文学或艺术领域内由于从事智力活动而产生的表现在知识创造物上的权利，就是知识产权。正因为这样，知识产权法不但保护智力创造者的权益，也在一定程度上保护投资者的权益，（比如数据库内容的保护、客户名单的保护）；不但保护智力成果拥有者的权益，也在一定程度上保护消费者的利益（比如商标、地理标记等的保护）。随着科学技术的发展，智力成果越来越多，创造性在知识产权的享有中虽仍将是一个重要条件，但将不断被突破。易逝性表面上看来很具有吸引力。确实，知识产权的享有必须以其客体的公开为前提（商业秘密除外），而一旦知识创造物公开，就脱离了创造者的控制，能够同时为社会大众所享有。然而，知识产权客体即知识创造物的这种易逝性并不等同于知识产权本身的易逝性。在法律秩序范围内，知识产权虽然面临着被侵权的种种危险，但依然是一种稳定的权益。至于法定性，更不能说明知识产权的本质属性。凡是权利，撇开哲学问题不谈，形式上无不具有法定性，所以法定性什么问题也说明不了。

知识产权的本质属性是通过与有形财产权的对比来考察的，基于这个原因，知识产权的本质属性也必须通过其客体与有形财产权的客体进行对比来加以考察。经过简单对比，就会发现一个最简单又最容易被忽视的事实，那就是有形财产权的客体（除法律拟制物外）是以有形物质形式出现的，它具有长、宽、高等三维立体空间特征，即使没有这种空间特征，通过感官也可以直接感受到它的存在（比如电），而知识产权权益的客体是以无形的知识创造物形式出现的，它没有长、宽、高等三维立体空间特征，人们通过感官并不能直接感受到它的存在，而必须通过抽象思维才能加以感受和消费。知识产权客体的这种非物质属性不但决定了它和有形财产权的区别，而且决定了知识产权其他一切形式上的特征。所以说客体的非物质性才是知识产权真正的本质属性。

二、知识产权立法和民法典编纂

知识产权客体非物质性的本质特征决定了知识产权立法的体例特征以及与民法

---

① 参见夏德友：《论域名的法律地位——兼析知识产权的特征》，载陶鑫良等主编：《域名与知识产权保护》，127~140页，北京，知识产权出版社，2001。

典编纂的关系。

知识产权客体的非物质性不但冲击了传统财产权客体规范的基础，而且决定了知识产权立法的体例特征以及与民法典编纂的关系。就知识产权立法的体例特征看，在近代历史上，自近代知识产权法制度建立，采取的一直就是民事特别法或者单行法的形式，与民法典编纂并没有发生任何关系。英美法系国家由于自身的法律传统、法律理念、立法技术等方面的原因，形式上就没有民法典，知识产权法自从产生之日起，就采取单行制定法的形式，成为一个独立于有形财产权的独特法律体系。比如，英国最早于1624年制定世界上第一部近代意义上的专利法（即垄断法案），1709年制定第一部近代意义上的著作权法（《为鼓励知识创作而作者及购买者就其已印刷成册的图书在一定时期之权利法》，即安娜女王法），其后又于1875年制定颁布了自己的商标法。美国则分别于1790年制定颁布了自己的著作权法、专利法，1870年制定颁布了自己的商标法。大陆法系国家不同于英美法系国家，承受了古罗马法典化的传统。然而，尽管法国于19世纪初、德国于19世纪末分别制定颁布了近代具有范式意义的民法典，但其知识产权立法早在民法典编纂之前就已经大体完成，因此近代欧洲大陆的范式民法典都没有将知识产权制度纳入其体系之中。比如，从时间上看，除法国1857年制定颁布的世界上第一部近代意义上的商标法晚于其民法典之外，法国1793年制定颁布的作者权法、德国1837年制定颁布的《保护科学和艺术作品的所有人反对复制或仿制法》、日本1899年制定的著作权法；法国于1791年、德国于1877年、日本于1885年先后制定颁布的专利法；德国于1874年、日本于1884年先后制定颁布的商标法，时间上都要早于其民法典，因此知识产权立法不可能被纳入到其各自的民法典体系当中。①

然而，进入20世纪后，为了回应知识产权客体的不断拓展和知识产权在整个财产权中地位的不断强化的状况，大陆法系一些国家开始尝试将知识产权纳入到民法典体系，并在20世纪90年代兴起的法典编纂运动中达到了高潮。其中特别有代表性的有意大利民法典、荷兰民法典、俄罗斯民法典和越南民法典。

1942年意大利民法典将知识产权作为一种新制度规定在关于劳动关系、公司（合伙）、合作化、企业、知识产权、竞争与垄断等规范的第六编"劳动"中，范围涉及著作权、专利权、商标权、商号权。其中，第八章名为"企业"，实际规定的是标记性权利，共三节，分别是"一般规定"、"商号和标识"、"商标"；第九章名为

---

① 为什么近代知识产权立法会与近代民法典编纂失之交臂？本书提出的理由是由于知识产权客体的非物质性本质特征决定的。其他学者还从其他角度进行了论述，比如吴汉东教授认为是出于以下三个方面的原因：（1）近代知识产权制度是从特权到私权嬗变的产物。（2）近代知识产权制度是私权领域中财产"非物化革命"的结果。（3）近代知识产权制度尚未形成一个体系化的财产权利族群。参见吴汉东：《知识产权立法体例与民法典编纂》，载《中国法学》，2003（1）。

"智力作品权和工业发明权"，也是三节，分别是"文学作品和艺术作品著作权"、"工业发明专利权"、"实用新型和外观设计专利权"。尽管意大利民法典中规定知识产权是一个大胆的尝试，但正如有的学者所指出的那样，意大利民法典关于知识产权的这种规定存在三个极为明显的缺陷：一是规范原则性太强，主要规定各类知识产权的性质、对象、内容、主体、转让等，缺乏实际操作的意义。实际上，在民法典的相关规定之外，各种知识产权专门法依然存在。二是知识产权在民法典中的制度安排，分设为"企业"与"智力作品权和工业发明权"两章，体例设计无疑割裂了知识产权的完整体系。三是现代知识产权法已成为门类众多、权项庞杂的规范体系，民法典仅规定了四类知识产权，显见其体系的包容性不足。由上可见，1942年意大利民法典很难说是一个关于知识产权立法的范式民法典。①

1992年荷兰民法典分为十编，包含传统的民法、商法、消费权益保护法和其他私法规范，以及具有重要价值的判例。根据立法计划，知识产权规定在该法典第九编"智力成果权"中，包括当时拟定的专利、商标、版权、商号等。其中，具有私法性质的条文纳入第九编，那些具有行政、程序法和刑法性质的条文则另置他处。然而，由于立法技术上的困难和欧共体知识产权法一体运动所带来的强制性要求，荷兰不得不放弃将知识产权纳入到民法典的规划。

1994年俄罗斯民法典将知识产权拟定在第五编，冠名为"著作权和发明权"，但没有包括专利权和商标权。原因是1992年9月俄罗斯已经以特别法的形式颁布了专利法和商业标记法。在总则"民事权利的客体"一节中，1994年俄罗斯民法典将"信息、智力活动成果，其中包括智力活动成果的专属权（知识产权）"与"物、工作和服务、非物质利益等"一起列为权利的客体。1994年俄罗斯民法典关于知识产权的规定存在两个方面的缺陷：一是将智力活动成果和智力活动成果权一起规定为权利的客体，混淆了权利和权利客体的区别。二是民法典拟定的知识产权编只规定了著作权和发明权，其他知识产权则以特别法形式出现，与意大利民法典一样，割裂了知识产权的完整体系，因此也不足以效仿。

1995年越南民法典专设第六编系统地规定了知识产权，并且在1996年生效之时废止了1989年工业所有权保护法、1994年著作权保护法、1988年引进外国技术法。越南民法典第六编名为"知识产权和技术转让权"，包括"著作权"、"工业所有权"、"技术转让"三章。其中：第一章"著作权"共计35条，规定了作者与著作权人、受保护作品、著作权内容、作品使用合同、邻接权等，从内容上看，基本上是将一部著作权法照搬到民法典之中。第二章"工业所有权"共计26条，规定了专利权、商标权、地理标记权等主要工业产权，内容涉及工业产权的标的、工业产权的确立、工业产权的主体、对工业产权的限制、对工业产权的保护，性质上多为工业产权的

---

① 参见吴汉东：《知识产权立法体例与民法典编纂》，载《中国法学》，2003（1）。

私法规范，关于专利与注册商标的申请、审查、异议、复审、核准、管理等行政法意义上的规范都没有涉及。第三章"技术转让"共计 17 条，内容涉及技术转让的标的、技术转让权以及技术转让合同。越南民法典是至今为止关于知识产权的规定最为集中与完善的一部民法典，但其示范作用仍然是微乎其微的。越南民法典关于知识产权的规定至少存在以下几个弊端：一是仅仅规定了传统的主要知识产权类型，而对新兴的知识产权制度没有予以回应，因此与意大利民法典一样，缺少包容性和扩张性。二是存在其他民法典一样的通病，无力解决实体法与程序法的关系问题，有关知识产权的程序性规范、行政法与刑法规范只能交由单行条例或其他法律部门来完成。

由上可见，不管是意大利民法典、荷兰民法典、俄罗斯民法典，还是越南民法典，在处理知识产权立法与民法典编纂的关系时，都不具备示范和借鉴意义。那么，究竟如何处理知识产权立法和民法典编纂的关系呢？

我国目前出现了三种有代表性的观点：第一种观点主张将知识产权全部纳入民法典，即在民法典中开辟知识产权专编，将现行有效的各种知识产权制度的位置予以平移，以维护民法典中民事权利的逻辑自足性与民法典的体系包容性。[①]第二种观点认为民法典中应当对知识产权作出一般性规定，具体立法则采取民事特别法的形式。[②] 第三种观点反对将知识产权纳入民法典[③]，认为民法典中没有必要涉及知识产权。这种观点中有一种比较极端的看法，就是认为不但民法典中没有必要涉及知识产权，而且认为应当制定与民法典并驾齐驱的知识产权法典。[④]

比较而言，第三种观点较为合理。

首先，将知识产权全部纳入民法典中的观点显然不可取。这不但是因为目前世界上没有成功的立法例，而更主要的是因为知识产权权益客体非物质性导致的以下三个原因：（1）知识产权法受国际关系、科技发展影响甚深，变动频繁，与民法典的稳定性发生矛盾。（2）知识产权法的内容自成一体，涉及传统民法全部内涵，有与传统民法并驾齐驱的趋势。（3）知识产权法包含了大量的行政方面的公法性规范，与民法典的私法自治理念不相协调。[⑤]

其次，在民法典之外单独制定知识产权权益法典也不可取。理由在于：（1）法国分别于 1992 年颁布法国知识产权法典（法律部分），于 1995 年颁布法国知识产权

---

① 参见徐国栋：《民法典草案的基本结构》，载徐国栋编《中国民法典起草思路论战》，57 页，北京，中国政法大学出版社，2001。

② 参见吴汉东：《知识产权立法例与民法典编纂》，载《中国法学》，2003（1）。

③ 参见梁慧星：《当前关于民法典编纂的三条思路》载徐国栋编：《中国民法典起草思路论战》，15 页，北京，中国政法大学出版社，2001。

④ 参见袁真富：《论知识产权法的独立性及其法典化》，通过 www.google.com 网站以标题进行搜索即可获得此文，搜索日期：2004 年 3 月 10 日。

⑤ 参见袁真富：《论知识产权法的独立性及其法典化》，通过 www.google.com 网站以标题进行搜索即可获得此文，搜索日期：2004 年 3 月 10 日。

法典（法规部分），形成了世界上知识产权保护领域的第一部法典。该法典较好地处理了知识产权法与民法、商法、劳动法等一般法的关系，除例外规定外，适用一般法的普遍原则。同时它还较为成功地明确了法典内部各部门立法的关系，处理好权利体系的开放与权利行使的限制之间的关系。但是，从统计数字来看，1992年法典（法律部分）的出台，就是当时23个与知识产权有关的单行立法的汇编整理，且各部门法在体例上保持相互独立。可见，法国知识产权法典名义上是一部法典，但缺乏法典所必需的最起码的逻辑性和严格的体系化、系统化要求，因此实质上只是一个法律汇编。这一先天不足的一个直接后果，就是颁布法典后的6年间先后进行了12次的修改和增补。（2）知识产权各种客体之间性质迥异，而且随着科学技术的发展而不断变化，因此很难抽象出适合于各种知识产权的共同私法规则，也很难满足一部法典所应有的相对的稳定性和逻辑自足性。（3）我国未来的民法典将采取德国民法典的总则—分则模式看来已经成为定局，假如我国要制定知识产权法典，为了与未来民法典的总则—分则模式相匹配，也将采取这样一种模式，但是我国知识产权法研究起步较晚，并且主要局限于具体制度研究，知识产权法基础理论的研究十分薄弱，因此很难设计出相对成熟的总则制度。如果仓促上马，只会弄出一个贻笑大方的所谓知识产权法典。

最后，第二种观点也不可取，因为除了具有反对第一种观点的理由之外，还具有如下理由：

1. 虽然从形态看，知识产权是一种以请求权为核心救济手段的私权益，知识产权法律制度属于民法的有机组成部分，但这并不意味着就一定要在民法典中予以反映。理由在于，完全可以通过解释论处理好知识产权特别法和民法典的关系。

2. 虽然体系化是大陆法系民法典的生命，但民法典在构建一个完整的民事权益体系时，并不一定要在形式上将知识产权权益囊括进去。因为通过民事特别法的形式对知识产权的性质、范围、效力、利用、保护等进行规定，同样可以将知识产权权益纳入整个民事权益保护体系。而且目前世界上几乎所有国家和地区的知识产权法都是采取单行民事特别法的形式，并且运作良好，看不出有多大必要一定要将知识产权从形式上整合进民法典当中去。

3. 虽然从知识产权产生与存在的社会经济生活条件来看，人类社会已经进入所谓的知识经济时代，以信息的生产、加工为主导的产品与产业在经济生活中扮演着日益重要的角色，知识产权的法律保护问题日益突出，但这并不一定就意味着以民事基本法形式规定知识产权，就能够起到强调对知识产权的保护作用。知识产权的重视与否涉及诸多因素，制度的保障仅仅是其中一个因素。况且采取单行民事特别法的方式规定知识产权并不意味着忽视了知识产权在整个社会生活中的作用和地位。

4. 知识产权受科学技术与商品经济影响较为直接，因而变动较为剧烈，必须不断地适应社会需要而及时修改。这一特征决定了其不宜迁入一部需要保持相对稳定性的民法典中。同时，当今社会仍处于技术革命方兴未艾时期，新的知识产权客体不断涌现而且尚未完全定型化，诸多问题在技术与理论层面均未形成通识与定论，将之写入法典与社会生活现实条件不相吻合。而特别法形式较为灵活，是保持知识产权立法乃至民法典体系开放性的理想模式。

第六节　知识产权与反垄断

知识产权与反垄断关系的问题，或者说知识产权领域中的反垄断问题，虽然在美国、日本和欧盟等发达市场经济国家和地区已经不是什么新鲜问题，但在正向市场经济过渡的我国，则不但成为了竞争法领域中的热点问题，而且也成为了知识产权领域中的热点问题，讨论的文献可谓多如牛毛。本书无意去一一评述现有文献中的各种观点，只是选取现有文献基本没有关注或者虽有关注但有待进一步澄清的以下三个问题加以论述。

一、知识产权政策与反垄断法的关系

关于知识产权政策与反垄断法的关系问题，目前国内探讨的焦点集中在知识产权滥用行为的反垄断法规制问题上。[①] 然而，抽象地谈论知识产权滥用行为以及知识产权滥用行为的反垄断法规制是没有任何意义的。根本原因在于，如何界定知识产权滥用行为、知识产权滥用行为要不要进行反垄断法规制、在多大程度上进行反垄断法规制与一个国家的知识产权政策[②]息息相关。不同国家对知识产权采取的政策不同，其反垄断法对知识产权滥用行为的态度也就不同。同一个国家在不同历史时期

[①]　比较有代表性的相关文献参见王晓晔：《知识产权滥用行为的反垄断法规制》，载《法学》，2004（3）；许春明、单晓光：《"专利权滥用抗辩"原则》，载《知识产权》，2006（3）；宁立志、胡贞珍：《美国反托拉斯法中的专利权行使》，载《法学评论》，2005（5）；王素芬、张猛：《反垄断法视野中的知识产权滥用及其法律规制》，载《辽宁大学学报》（哲学社会科学版），2005（6）；沈鸿：《国际技术贸易中的限制性条款及其法律管制》，载《广东商学院学报》，2005（5）；王宏：《欧盟竞争法对知识产权人滥用市场支配地位之规制》，载《河南司法警官职业学院学报》，2006（2）；欧阳白果：《知识产权滥用的反垄断法规制》，载《湖湘论坛》，2004（4）；林远超：《知识产权滥用行为的反垄断法规制》，载《财经政法资讯》，2006（3）；徐成文、李永光：《知识产权滥用行为的竞争法规制》，载《太原城市职业技术学院学报》，2005（6）；张伟君：《知识产权许可反垄断法规制的不同模式和共同趋势》，载《世界贸易组织动态与研究》，2005（1）；应振芳、朱娟：《知识经济条件知识产权与反垄断法之间的关系》，载《商业研究》，2004（17）；等等。

[②]　从国家层面而言，"知识产权制度是一个社会政策的工具"（参见刘华：《知识产权制度的理性与绩效分析》，46页，北京，中国社会科学出版社，2004）。是否保护知识产权，对哪些知识赋予知识产权，以何种水平保护知识产权，是一个国家根据现实发展状况和未来发展需要而作出的公共政策选择和安排（参见吴汉东：《利弊之间：知识产权制度的政策科学分析》，载中国知识产权网，检索日期：2007年4月1日）。

对知识产权采取的政策不同，其反垄断法对知识产权滥用行为的态度也不一样。

以美国不同时期的专利政策为例，可以比较形象地看出知识产权政策与反垄断法的关系。[①] 美国 1790 年制定颁布专利法之后直到 20 世纪 30 年代期间，对专利基本上采取强保护政策，专利制度处于上升时期，因此专利使用行为很少受到美国司法部和联邦贸易委员会的审查，法院也坚持专利就是垄断的观念，基本上不去考察专利使用行为是否违背反托拉斯法，甚至包括固定价格的专利联合授权行为。20 世纪 30 年代至 20 世纪 80 年代，由于反托拉斯法在社会生活中作用的强化，以及在此之前专利使用行为基本上不受反托拉斯法限制带来的专利权滥用恶果，美国社会出现了许多强烈攻击专利制度的声音。[②] 在这样的大背景下，专利在美国的保护被相对弱化了。从专利法内部来看，最突出的表现就是提高了专利权授权的标准。从专利权的保护和反托拉斯法的外部关系看，美国联邦最高法院在许多案件中都表达了这样的观点："任何超越专利权垄断界限"的行使专利权的行为都不能享受反托拉斯法的除外规定。[③] 在这样的司法理念支配下，反托拉斯执法在这一时期占了上风，美国司法部对知识产权转让中的限制竞争条款长期处于敌视态度，往往采取本身违法原则来处理知识产权转让协议中的限制竞争条款，专利权受到了很大程度的冷落，许多卷入法律纠纷的专利案件都以专利权被宣告无效或者专利权被滥用而告终。比如，1971 年，美国第二巡回法院的调查报告显示，80％以上的专利复审案件都以宣告专利无效而结束。[④] 美国司法部反托拉斯局的 R. Donnem 的观点也可以说明在这一时期反托拉斯法强势于知识产权法、专利权被弱化保护的情况。在 1969 年的一次谈话中，R. Donnem 提出，知识产权许可协议中如果出现以下 9 种情况，都应当按照本身违法原则，依照反托拉斯法进行处理：要求被转让人从转让人那里购买与专利无关的材料；要求被转让人向转让人转让许可协议生效后获得的所有专利；限制专利产品销售中的买受人；限制被转让人自由购买或者接受专利产品之外的产品或者服务；未经被转让人同意，转让人不得向任何人专利许可；要求被转让人订立一揽子许可协议；要求被转让人对所有产品的销售，特别是与专利权无关的产品销售支付费用；限制方法专利被转让人销售由该种方法获得的产品；要求被许可人按照固定价格或

---

① 关于不同时期美国反托拉斯法对专利的态度变化，主要是依据美国司法部和联邦贸易委员会在 2003 年发布的题为 "To Promote Novation：The Proper Balance of Competition and Patent Law and Policy" 报告。检索网址：http：//www. ftc. gov/os/2003/10/inovationrpt. pdf. 对这个报告的中文综述可参见宁立志、胡贞珍：《美国反托拉斯法中的专利权行为》，载《法学评论》，2005 (5)。

② See Alfred E. Kahn, *Fundamental Deficiencies of American Patent Law*, 30 AM. ECON. REV., 1940，pp. 475～486.

③ 比如，美国联邦最高法院在 Morton Salt Co. v. G. S. Suppiger Co.，314 U. S. 488，492 (1942) 等案件中就表述了这样的观点。

④ 数据来源参见宁立志、胡贞珍：《美国反托拉斯法中的专利权行为》，载《法学评论》，2005 (5)。

者最低价格销售相关产品。①

20 世纪 70 年代末 80 年代初，美国总体经济形势下滑，国际贸易出现巨大赤字，研究开发投资明显减少。在这样的背景下，美国逐步认识到了强化反托拉斯执法、弱化专利保护已经严重影响了专利制度本身的效益，降低了创新性投资，阻碍了高新技术的发展和整个经济的进步。为了从根本上扭转这种局面，适应高新技术发展的要求，美国在贸易保护主义者强化保护美国贸易和芝加哥学派主张对反托拉斯法进行全面反思（包括反托拉斯法对知识产权的态度）的观点②影响下，开始制定和实施强化知识产权保护的知识产权战略，并对专利制度进行了诸多创新。③ 这些措施的实施很快改变了反托拉斯法占强势、专利权处于劣势的局面。一个突出的象征就是 1988 年美国司法部颁布了《国际运作反托拉斯执行指南》，该指南对知识产权许可协议采取了合理判断原则，更多关注的是知识产权使用行为究竟是怎样影响竞争的，而不是像 80 年代以前，动不动就应用本身违法原则来处理知识产权纠纷案件。

20 世纪 90 年代以后，美国继续奉行强化知识产权保护的政策④，对专利领域中的反托拉斯执法采取了更加灵活的政策。1995 年美国司法部与联邦贸易委员会联合发布了《知识产权许可反托拉斯指南》（Antitrust Guidelines for the Licensing of Intellectual Property），该指南与上述 1988 年的指南相比，更加强调对知识产权许可行

---

① 参见 Section of Antitrust Law, American Bar Association, The 1995 Federal Antitrust Guidelines for the Licensing of Intellectual Property, Commentary and Text, p. 5; 也可参见王晓晔：《知识产权滥用行为的反垄断法规制》，载《法学》2004（3）。

② 芝加哥学派指出，竞争是市场经济的常态，垄断不过是暂时的现象，通过市场的自我调节，最终能够实现完全的市场竞争。以价格理论为基础，芝加哥学派提出了经济自由主义和社会达尔文主义的反垄断法思想，主张在抑制反竞争效果的同时也应当注重经济效益。在这种思想的影响下，美国联邦法院大大缩小了本身违法原则的应用，更多地倾向于从合理原则来判断某种行为是否应当受反托拉斯法的规制。

③ 最突出地表现为两个方面。一是美国联邦最高法院对可专利权的主题进行最宽泛意义上的解释。在 1980 年的 Diamond v. Chakrabarty（447 U. S. 303. 1980）一案中，美国联邦最高法院认为通过改变细菌基因的方法获得的新菌种可以获得专利权。在 1981 年的 Diamond v. Diehr（447 U. S. 318. 1981）一案中，美国联邦最高法院又判决作为生产系统或者工序组成部分的计算机软件符合专利权的要件，可以授予专利权。通过这些案件，美国联邦最高法院确立了下列原则：阳光下任何人为的事物都可以获得专利权。二是 1982 年，美国国会创建了联邦巡回上诉法院，专门负责审理地方法院专利纠纷上诉案件。该法院的建立，确立了统一的联邦专利司法制度，避免了专利司法冲突。

④ 20 世纪 90 年代以后美国强化专利保护的主要表现有：第一，以美国国内知识产权为蓝本，通过贸易威胁手段，极力推动 TRIPs 协议的制定，在国际范围内强化知识产权的保护。第二，1999 年 11 月通过《美国发明人保护法》，对专利法做了自 1952 年以来最大的一次修改。修改的主要内容有：专利申请自申请后 18 个月公开，申请公开后给予申请人临时保护；创立第一发明人抗辩制度，使其免于承担专利侵权的责任；在一定情况下，延长专利保护期限（包括三种情况，即美国专利商标局未在指定的期限内作出必要的决定；美国专利商标局未能在 3 年内授予专利权；因专利权抵触、保密令或者诉讼程序出现造成延误）(See Anneliese M. Seifert, *Will the United States Take the Plunge into Global Patent Law Harmonization?* 6 Marp. Intell. Prop. L. Rev. , 2002, p. 173.)。

为采取合理原则进行反托拉斯执法分析。该指南阐述了知识产权法与反垄断法之间的关系，指出它们都具备推动技术发展与增进消费者福利的共同目的，并且表明了以下三个重要观点：

第一，指出知识产权尽管具有自己的个性，但也具有和其他财产一样的共性，因此在适用反托拉斯法的时候，虽然应当考虑知识产权的个性，但这些个性并不足以导致适用和其他财产完全不同的反托拉斯规则。

第二，指出知识产权并不等同于反托拉斯法意义上的市场支配力，从而根本破除了一直以来理论和司法实践中所坚持的知识产权等同于市场垄断的观点。这点具有特别重要的意义，因为这种观点的破除为知识产权领域中反垄断适用合理分析原则提供了理论基础。

第三，指出知识产权许可协议中诸如使用领域的限制、使用地域的限制以及其他方面的限制虽然具有限制竞争的效果，但是同样可以促使被许可人以尽可能有效的方式利用被许可的知识产权，从而促进竞争的发展。①

上述情况表明，进入 20 世纪 90 年代以后，美国反托拉斯法对知识产权许可协议采取了更加宽容的态度。司法实务中，如果法官认定知识产权许可协议中的限制具有抑制竞争的效果时，总是同时去考察被告提出的抗辩是不是可以证明限制竞争的措施是合理的和必需的，从而判断被告的行为是否可以得到反托拉斯法的豁免。②

进入 21 世纪之后，美国依旧奉行强化知识产权保护的政策，但与 20 世纪 90 年代不同的是，更加主动、自觉地注意知识产权法与反托拉斯法之间关系的平衡。2002 年 2 月到 11 月，美国司法部与联邦贸易委员会联合举办了一系列以"知识经济时代的竞争政策与知识产权法"（Competition and Intellectual Property Law and Policy in the Knowledge-Based Economy）为主题、以知识产权法和反托拉斯法之间的关系以及两者对创新的作用为中心的听证会。听证会具有广泛的代表性，参与者包括企业的商业代表、独立发明者协会、专利与反托拉斯组织反托拉斯和专利实践者，以及经济、反托拉斯和专利领域中的著名学者。2003 年 10 月，美国联邦贸易委员会根据 2002 年听证会的内容，发表了题为"促进创新：竞争和专利法律、政策之间的适当平衡"（To Promote Novation：The Proper Balance of Competition and Patent Law and Policy)③ 的报告。报告指出，竞争制度与专利制度之间并没有固有的矛盾，它们共同致力于鼓励创新、促进产业的发展和竞争。报告重申，拥有专利权并不必然意味着专利拥有者拥有市场垄断力，并且进一步指出，即使拥有某项专利权使专利

① See Antitrust Guidelines for the Licensing of Intellectual Property, Issued by the U. S. DOJ and FTC in April 1995.

② 参见沈四宝、刘彤：《美国反垄断法原理与典型案例研究》，313 页，北京，法律出版社，2006。

③ 报告的具体内容参见 http://www.ftc.gov/os/2003/10/innovationrpt.pdf。

权的拥有者占有市场垄断地位，也并不意味着该市场垄断地位就必然违反反托拉斯法。当然，报告的这种观点并不表明知识产权的使用行为就全然与反托拉斯法无关。美国联邦最高法院的观点基本上可以代表进入 21 世纪后美国司法部和联邦贸易委员会关于知识产权法和反托拉斯法关系的基本价值取向：无论如何，专利制度激发创造性的努力必须遵守"自由竞争"的底线。

基于上述基本分析，报告提出了提高专利质量、最小化专利制度反竞争成本的 5 点实体建议：

1. 制定法律，创建一个新的管理程序，允许对专利进行事后审查和提出质疑。

2. 制定法律，降低质疑专利有效性的标准。美国现行专利法要求提出专利权无效时，必须提供"清楚和令人信服的证据"（clear and convincing evidence）。美国联邦贸易委员会认为这个标准过于严格，利益天平过分倾向于专利权人。报告因此建议，法院应当降低这个标准，只要求具有"证据优势"（preponderance of the evidence）即可推翻对专利权有效性的假定。

3. 提高判断专利是否具有创造性的标准。

4. 为美国专利商标局提供足够的资金。

5. 在扩张可获得专利的主题范围时，必须考虑可能带来的收益和造成的成本，特别是要考虑对竞争可能造成的损害。

由以上美国专利法和反托拉斯法关系的粗略历史可以看出，一个国家如何处理知识产权领域中的反垄断问题，基本上取决于该国不同时期究竟采取何种知识产权政策。当采取弱化知识产权保护的政策时，知识产权领域中的反垄断执法就相应得到强化，法院更多地倾向于采取本身违法原则来判断绝大部分知识产权使用行为是否违反反垄断法的规定。相反，当采取强化知识产权保护的政策时，知识产权领域中的反垄断执法就相应进行弱化，法院更多倾向于采取合理原则来判断绝大部分知识产权使用行为是否违反反垄断法的规定。至于采取何种知识产权政策，则取决于该国的知识产权战略，而制定何种知识产权战略，则取决于该国的经济、科技和社会发展水平。

改革开放后，我国经济、科技和社会都有了长足的发展和进步，知识产权工作取得了飞速发展。仅从 2005 年的情况看，国家专利局受理的专利申请就达 476 264 件，其中国内占 383 157 件，占专利申请总量的 80.5%。在所有专利申请中，授权量达到 214 003 件，其中国内授权占 171 619 件，占授权总量的 80.2%。① 国家商标局受理各类商标申请总量达到 83.8 万件，其中注册商标申请为 66.4 万件，申请量从

---

① 数据来源：http://www.sipo.gov.cn/sipo/sjzx/zltj/gnwszzlsqslzknb/gnwszzlsqslzknb2005/200601/t20060113 _ 67804.htm（国家知识产权局网站）。

2002 年开始，连续 4 年位居世界第一。在 66.4 万件注册商标申请中，核准注册的达到 258 532 件。① 中国版权保护中心受理的各类软件著作权登记申请为 18 653 件，与 2004 年相比增长了 22%。② 农业部受理的植物新品种权申请 950 件，核准植物新品种权 195 件，分别比 2004 年增长 29.3% 和 38.8%。③ 然而，表面繁荣的背后潜藏着深刻的危机。申请量和授权量或者核准注册的数量虽然可以从一个侧面说明我国科技和经济的发展、人们知识产权观念的进步，但真正能够说明问题的是知识产权的产业化程度。知识产权如果没有变成产品和市场力量，即使申请和授权的数量再多也无济于事。我国的致命伤恰恰就在这个方面，知识产权产业化程度非常低。以 2005 年的软件产业为例，虽然近年来保持了高速增长的势头，但据有的学者研究，至少存在四个方面的严峻问题：（1）国产软件市场占有率低。（2）拥有自主知识产权的主流软件产品少，其市场占有率不足 40%。我国的软件产品，主要集中在产业链的低端、辅助型和外挂式的产品阶段，缺乏在核心技术上自主设计的、有创新意义的重量级软件产品，许多基础性、关键性软件还处于空白状态。（3）软件企业规模小，缺乏竞争力。（4）软件企业创新能力不足，特别是对软件产业链上游产品的原始创新力不足。④ 再以 2005 年高新技术产业的发展为例，虽然发展态势较好，但实践中也存在许多突出问题，其中最突出的是高新技术对经济增长的贡献率和发达国家相比，显著偏低。在我国经济增长的贡献构成中，资本和劳动力投入占 72%，技术进步只占 28%。而在发达国家中，知识在经济增长中所占的比例已经达到 70% 以上，在生物技术、信息技术、新材料等对经济发展极为重要的领域所拥有的专利数量，大约占全球同类专利数量的 90%。⑤

在上述的知识产权大背景下，我国只能采取强化知识产权保护的政策，以促进知识产权产业化，进一步拉动经济的增长。而采取强化知识产权保护的政策，相应地就应当弱化知识产权领域中的反垄断执法。所谓弱化知识产权领域中的反垄断执

---

① 数据来源：http://www.saic.gov.cn/tjxx/tjtablelnsbtj.asp? BM＝09（中国商标网）。
② 数据来源：曹新明、胡开忠、杨建斌、梅术文：《中国知识产权发展报告》（2005），载吴汉东主编：《中国知识产权蓝皮书》，77 页，北京，北京大学出版社，2007。
③ 数据来源：曹新明、胡开忠、杨建斌、梅术文：《中国知识产权发展报告》（2005），载吴汉东主编：《中国知识产权蓝皮书》，78 页，北京，北京大学出版社，2007。
④ 参见曹新明、胡开忠、杨建斌、梅术文：《中国知识产权发展报告》（2005），载吴汉东主编：《中国知识产权蓝皮书》，86 页，北京，北京大学出版社，2007。
⑤ 关于 2005 年我国高新技术产业发展状况的数据，参见曹新明、胡开忠、杨建斌、梅术文：《中国知识产权发展报告》（2005），载吴汉东主编：《中国知识产权蓝皮书》，87～91 页，北京，北京大学出版社，2007。根据这几个学者的总结，我国高新技术产业存在的突出问题还有：对高新技术产业发展规律认识不足，思想意识存在偏差，重视抓具体项目，轻视环境条件建设，重视财政资金投入，轻视市场的作用；政策措施的落实不够到位，其执行手续烦琐，周期长；科技创新能力不足的问题日益突出；风险投资市场发育不成熟，技术和风险资本结合困难，风险投资体系和机制远未形成。

法，并不是完全摒弃对知识产权的使用行为进行反垄断法分析，而是指应当对绝大部分知识产权的使用行为通过合理原则而不是本身违法原则进行反垄断执法分析。也就是说，应当尽可能地减缩适用本身违法原则处理的限制竞争的知识产权使用行为。① 这种处理知识产权法和反垄断法关系的方式，决定了我国反垄断立法处理知识产权使用行为的模式只能是原则性和粗放型的规定，具体的规定只能由反垄断执法机关通过比较详细的指南来解决，从而保持原则性和灵活性的统一。② 在这个方面，美国和日本的经验是值得借鉴的。③

二、知识产权滥用与反垄断法的关系

正如上一部分所说的，目前研究知识产权法与反垄断法关系的国内文献，焦点主要集中在知识产权滥用的反垄断法规制问题上。这些文献中的绝大部分都只是列

---

① 根据美国司法部和联邦贸易委员会 1995 年发布的《知识产权许可反托拉斯指南》，适用本身违法原则的限制竞争的知识产权使用行为只包括固定价格、搭售、限制产量、市场分割等极少数的行为。在笔者看来，即使这几种行为，似乎也可以通过合理原则进行反垄断执法分析。比如搭售，如果是为了确保知识产权产品的安全和品质不可缺少的商品，虽然限制了购买方的商品选择自由，却有利于消费者的人身安全，对这样的搭售行为就没有必要适用反垄断法。

② 我国反垄断法在第八章"附则"中第 55 条规定：经营者依照有关知识产权的法律、行政法规规定行使知识产权的行为，不适用本法；但是，经营者滥用知识产权，排除、限制竞争的行为，适用本法。有学者认为，该条的规定过于笼统，不适应知识经济时代的需要，因此应当加上若干具体的规定（参见宁立志、胡贞珍：《美国反托拉斯法中的专利权行为》，载《法学评论》，2005 (5)）。笔者赞成必须有若干具体的规定，但不赞成放在反垄断法中进行规定，而应当由反垄断执法机关通过具体的指南来进行规定。因为知识产权种类繁多，每种知识产权都具有自身的特点，哪些知识产权使用行为应当通过合理原则进行分析，哪些应当通过本身违法原则进行分析，相当复杂，把这些复杂的东西都放在反垄断法中进行规定，会使该部基本法律显得特别繁杂，反而不方便执法人员进行执法。

③ 日本的经验似乎特别值得我国借鉴。日本垄断禁止法第 21 条只是非常原则和抽象地规定："该法律的规定，对于被确认为行使依据著作权法、专利法、实用新型法、外观设计法或者商标法之权利的行为，不适用。"为了方便执法，日本公正交易委员会于 1968 年 5 月颁布了《有关导入国际技术的契约的认定基准》。1988 年 2 月，日本公正交易委员会废除该认定基准，重新发布了《有关规制专利、技术秘密许可契约中的不公正的交易方法的运用基准》，并将专利、技术秘密许可契约中的限制竞争条款分为原则上不属于不公正的交易方法的条款（白色条款）、有可能属于不公正的交易方法的条款（灰色条款）、极有可能属于不公正的交易方法的条款（黑色条款）三大类。1999 年 7 月，日本公正交易委员会又对上述运用基准进行了全面的修改，并重新公布了《有关专利、技术秘密许可使用契约的禁止垄断法上的指针》。此外，日本公正交易委员会于 1993 年颁布了《关于共同研究开发独占禁止法上的指针》，于 2001 年发表了由有经验的学者和实务家组成的"技术标准与竞争政策研究会"撰写的《技术标准与竞争政策研究会报告书》，于 2002 年发表了由有经验的学者和实务家组成的"计算机软件与独占禁止法研究会"撰写的《计算机软件与独占禁止法研究会报告书》，于 2003 年发表了由有经验的学者和实务家组成的"数字化内容与竞争政策研究会"撰写的《数字化内容与竞争政策研究会报告书》。参见 [日] 川越宪治：《実务経済法講義》，578～603 页，日本，民事法研究会，平成 17 年版 (2005 年版)。

举了知识产权滥用的具体方式①，而对知识产权滥用的内涵、判断标准、规制方式、法律后果等重要问题基本上都没有涉及。这些重要问题如果不弄清楚，很难正确理解知识产权滥用与反垄断法的关系。

普遍认为，民法中存在权利不得滥用原则，在我国，其根据是民法通则第 7 条的规定，即"民事活动应当尊重社会公德，不得损害社会公共利益，破坏国家经济计划，扰乱社会经济秩序"，以及宪法第 51 条的规定，即"中华人民共和国公民在行使自由和权利的时候，不得损害国家的、社会的、集体的利益和其他公民的合法的自由和权利"。关于权利滥用的判断标准，各国先后出现过故意损害、缺乏正当利益、选择有害的方式行使权利、损害大于所取得的利益、不顾权利存在的目的、违反侵权法的一般原则等六个标准。② 如何确定我国的权利滥用判断标准？有学者认为，鉴于这个问题的复杂性，应当采用主客观相结合的标准，由法官行使自由裁量权综合各种情况加以综合判断。具体操作方法是，在主观方面，应当看权利人有无可能导致权利滥用的故意或者过失，判断的方法是从其外部行为推知其内心状态，其标准可综合考察缺乏正当利益、选择有害的方式行使权利、损害大于所取得的利益。权利人的外部行为如果符合这些标准，即构成滥用权利的推定故意。此外，可采取不顾权利存在的目的行使权利、违反侵权法的一般原则标准来推定权利人具有滥用权利的故意或者过失。在客观方面，则要看权利人滥用权利的行为是否造成了对他人或者社会的损害或者可能造成损害。如果已经造成损害，同时具备主观要件的情况下，即构成既然的权利滥用行为。在可能造成损害的情况下，只具备主观要件也可以构成盖然的滥用权利行为。③

上述观点中，应当从权利人的外部行为推定其主观状态的观点虽有道理，行为人主观上存在过失也会构成权利滥用的说法则成问题。虽然过失行使权利可能造成他人损害，但这和滥用权利造成的损害不同。也就是说，滥用权利行为人主观上只可能是故意状态，这是由滥用行为的本质决定的。在客观方面，在上述六个标准中，比较可行的方式是从选择有害的方式行使权利和不顾权利存在的目的两个方面判断什么是权利滥用。另外，应当加上一个判断要素，即权利人超出权利的范围行使权

---

① 比如拒绝许可、搭售、价格歧视、交叉许可、联营协议、固定价格、限制产量、市场分割、不质疑条款、独占性回购、一揽子许可、指定技术来源或者进货和销售渠道、排他性交易、地区限制、使用领域以及数量限制、期满后的使用限制。参见欧阳白果：《知识产权滥用的反垄断法规制》，载《湖湘论坛》，2004（4）；林远超：《知识产权滥用行为的反垄断法规制》，载《财经政法资讯》，2006（3）；王先林：《知识产权滥用及其法律规制》，载《法学》，2004（4）。

② 参见中国人民大学法律系编：《外国民法论文选》（二），437～450 页，自版，1986。对这几个判断标准的阐述，参见徐国栋：《民法基本原则解释——成文法局限性之克服》，95～97 页，北京，中国政法大学出版社，1992。

③ 参见徐国栋：《民法基本原则解释——成文法局限性之克服》，97 页，北京，中国政法大学出版社，1992。

利。综合这三个要素，权利人超出权利的范围、不顾权利存在的目的、选择有害的方式行使权利的行为，即为权利滥用行为。这三个要素是一个问题的三个方面。某种滥用权利的行为，往往既是超出权利范围行使权利的行为，也是不顾权利存在的目的行使权利的行为，同时也是选择有害方式行使权利的行为。

根据以上基本原理，所谓知识产权滥用，是指知识产权人超出知识产权法规定的权利范围，不顾知识产权存在的目的，选择有害的方式行使知识产权的行为。根据知识产权法定主义的观点，知识产权的权利种类、权利内容、权利限制等都应当由制定法明确加以规定，凡是制定法没有规定的权利，就是知识创造者不应当享有的权利。[①] 据此，如果知识产权人超出知识产权法的规定范围行使所谓的权利，则构成知识产权的滥用。比如，按照专利法的规定，发明和实用新型专利权的保护范围以权利要求的内容为准，外观设计专利权的保护范围以表示在图片或者照片中的外观设计专利产品为准。如果发明或者实用新型专利权人在权利要求的范围之外行使专利权，外观设计专利权人在图片或者照片中表示的外观设计专利产品之外行使专利权，则相当于扩大了专利权的保护范围，其行为应当视为专利权的滥用。实践中，许多专利权人利用自己的专利地位，强行搭售与专利权无关的产品的行为，本质上就相当于将专利权的范围扩大到权利要求的范围之外，是最为典型的专利权滥用行为。

关于知识产权存在的目的，美国宪法第1条第8节第8项的规定最具有代表性："国会有权通过授予作者和发明人在某一有限期间内对其各自的作品和发现享有排他性的权利，从而促进科学和实用工艺的进步。"对这个目的，美国最高法院在 iMazer. Stein 一案中也进行了说明："国会授权作者或者发明人版权和专利权的条款背后的经济原理是这样一种理念：通过赋予个人利益、鼓励个人奋斗和努力创新是利用'科学和实用的工艺领域'的作者和发明人的才智促进公共利益的最好办法。"[②]

其他国家的知识产权法也从具体的角度作出了和美国宪法一样的规定。比如，日本特许法第1条规定，特许法的目的在于"通过保护和利用发明，以奖励发明，进而促进产业的发达"，日本著作权法第1条规定，著作权法的目的在于"关注文化产物的公正利用，同时力图保护著作者等的权利，以促进文化的发展"。我国相关知识产权法对知识产权存在的目的则作出了更加形象的规定。我国专利法第1条规定，专利法的目的在于"保护发明创造专利权，鼓励发明创造，有利于发明创造的推广应用，促进科学技术进步和创新，适应社会主义现代化建设的需要"。我国著作权法第1条规定，著作权法的目的在于"保护文学、艺术和科学作品作者的著作权，以及与著作权有关的权益，鼓励有益于社会主义精神文明、物质文明建设的作品的创作和传播，促进社会主义文化和科学事业的发展与繁荣"。

---

① 参见李扬：《知识产权法定主义及其适用》，载《法学研究》，2006（2）。
② 转引自沈四宝、刘彤：《美国反垄断法原理与典型案例研究》，331页，北京，法律出版社，2006。

由此可见，知识产权存在的目的也只不过是在执行这样的国家公共政策，即通过授予知识创造者一定期限的排他性使用权，从而促进文化、科学事业的进步和产业的发展。如果某项知识产权的行使违背了这样的公共政策，不但不会促进文化、科学事业的进步和产业的发展，反而会阻碍文化、科学事业的进步和产业的发展，则违背了知识产权存在的目的，构成知识产权的滥用。比如，利用专利技术的相对优势，在许可协议中限制相对方开发和标的技术具有竞争关系的技术的行为，由于限制了相对方创造性的发挥，灭杀了相对方为社会创造和提供新知识的机会，违背了专利权存在背后的公共政策，因此属于专利权滥用的行为。

选择有害的方式行使知识产权，是指知识产权人在有多种方式行使权利的情况下，选择有害于他人的方式行使权利。这里的他人，既包括和知识产权人具有契约关系的相对方，也包括和知识产权人没有契约关系的消费者等。所谓有害他人的方式，是指侵害他人权利或者合法利益的方式。比如，为了将竞争对手排挤出相关市场，几个知识产权人联合提高或者降低价格的行为，就属于选择有害他人的方式行使知识产权的滥用行为。在这个例子中，如果知识产权人采取的是提高价格方式，受害的则不但是竞争对手，还包括消费者。如果知识产权人采取的是降低价格的方式，竞争对手当然会直接受害，消费者虽然短期内可受益，但从长期看，依然会成为受害者，因为知识产权人将竞争对手排挤出相关市场后，必然会想方设法提高价格，以挽回压价所遭受的损失。选择有害他人的方式行使权利，公平和自由的竞争秩序也往往会受到危害。

知识产权滥用行为将产生何种法律后果？这和知识产权滥用行为受何种法律规制有关。国内绝大部分学者认为知识产权滥用行为应当受反垄断法规制，这种观点虽然没错，但并不完整。从美国的司法实践看，知识产权滥用行为适用知识产权法本身也可以进行规制。从滥用行为的相对方的角度看，这就是所谓的知识产权滥用抗辩。[①] 在 Lasercomb America, Inc. v. Reynolds[②] 一案中，上诉法院的法官引用 Morton Salt 案中法官认为为了使专利权滥用抗辩成立没有必要证明违反了反托拉斯法的观点后指出，虽然在使用版权时违反反托拉斯法很可能导致版权滥用抗辩，但

---

① 知识产权滥用原则产生于美国。早在 20 世纪初就有美国法官提出了"专利权滥用"原则（参见韩勇：《试论知识产权的滥用与反垄断法的规制》，载《当代法学》，2002（7））。但关于知识产权滥用的最早判例是 Morton Salt Co. v. G. S. Suppiger 案。在该案中，原告 Morton Salt 公司作为专利权人要求被许可方只能使用其生产的但并不属于专利范围的盐片。审理案件的法院指出，原告利用专利限制了一项并不属于专利权范围的物品买卖的竞争，属于以和公共政策相违背的方式行使专利权，而公共政策禁止专利权用于专利权以外的同公共政策相违背的限制竞争的垄断目中，因此法院不会保护原告的专利权。自该案后，美国法院就根据专利权滥用抗辩作出了一系列有利于被告的判决。See Morton Salt Co. v. G. S. Suppiger Co., 314 U. S. 488, 52 USPQ 30 (1942).

② Lasercomb America, Inc. v. Reynolds, 911 F. 2d 970, 1990.

是反过来则未必是正确的——为了构成侵权之诉中衡平法上的抗辩，滥用不需要违反反托拉斯法。问题不在于版权是否以违反反托拉斯法的方式在使用，而在于版权是否以违背了体现在版权中的公共政策的方式在使用。①

按照上述思维方式进行推理，似乎可以得出适用知识产权法本身就足以规制知识产权滥用行为的结论。其实不然。国内有学者在分析专利权滥用抗辩的作用时论述道，专利权滥用抗辩是盾而不是矛，在专利权侵权诉讼中，被告可以主张原告专利权滥用进行抗辩，但是专利权滥用本身并非可以起诉的侵权行为，并没有为被告提供独立的诉讼理由，被告也并不能因此而获得金钱赔偿。② 此种观点深以为然。这就说明，仅仅从知识产权法或者民法——私法本身的角度规制知识产权滥用行为是远远不够的。非常明显的问题是，滥用行为的受害人无法针对知识产权滥用行为人行使停止滥用行为请求权和损害赔偿请求权。③ 此外，从美国有关知识产权滥用行为案例适用知识产权法处理的情形看，由于知识产权法对何谓滥用行为、滥用行为的具体表现缺乏系统、明确的规定，因此都是由法官行使自由裁量权，判别哪种知识产权使用行为违背公共政策，构成滥用行为的。这要求法官具有极高的法律、政策和道德水准，否则就可能成为法官制造非正义的最好借口。

可见，针对知识产权滥用行为，除了知识产权法和民法之外，还必须存在更有力的法律规制。在目前的法律体系下，这种规制就是反垄断法的规制。按照日本独占禁止法的规定，某种行为如果构成独占禁止法上的私的独占行为、不当交易限制行为，应当承担行政、刑事和民事责任，如果构成不公正的交易方法、受禁止的企业结合行为，则要承担行政责任和民事责任。④ 关于民事责任，按照日本独占禁止法第 24 条的规定，某种行为如果构成不公正的交易方法⑤，则其受害者或者可能的受

---

① 从知识产权法本身对知识产权滥用行为的规制作用可以看出，知识产权法本身也具有竞争政策法的作用。在日本，就有学者将竞争政策法的体系分为独占禁止法、民法、事业法、知识产权法。参见〔日〕白石忠志：《独禁法講義》（第三版），204 页，日本，有斐阁，2006；〔日〕田村善之：《競争法の思考形式》，16 页，日本，有斐阁，2003。

② 参见许春明、单晓光：《"专利权滥用抗辩"原则》，载《知识产权》，2006（3）。

③ 但是，当滥用行为转化为侵权行为时，则滥用行为的受害人应当拥有私法上的停止侵害请求权和损害赔偿请求权。

④ 按照日本独占禁止法第 49 条、第 50 条、第 53 条等的规定，行政措施主要包括排除措施（停止、营业转让）、罚款、企业分割、警告、注意义务。按照第 89 条到第 95 条的规定，刑事措施主要是 3 年以下惩役和 5 亿日元以下罚金。

⑤ 所谓不公正的交易方法，是指存在阻害公正竞争危险的方法。按照日本独占禁止法第 2 条第 9 项的规定，不公正的交易方法主要包括：差别对待、不当对价交易、不当引诱顾客、强制交易、附不当交易限制条件、不当利用交易上的地位、对竞争者进行不当交易妨害或者内部干涉。但是按照 1982 年日本公正交易委员会发布的不公正的交易方法的规定，不公正的交易方法包括下列情况：共同拒绝交易、差别对价、差别条件交易、不当低价销售、不当高价购买、不当引诱顾客、搭售、排他条件交易、限制转售价格、限制条件交易、优越地位的滥用、妨害交易竞争者的交易、对竞争公司进行内部干涉。

害者可以提出停止侵害或者预防侵害的请求。① 按照第 25 条的规定，某种行为如果构成私的独占、不当交易限制、不公正的交易方法或者其他违反独占禁止法的行为，则受害者（不仅包括直接受害者，还包括间接受害的消费者）拥有损害赔偿请求权，更为重要的是，按照第 25 条第 2 项的规定，被告即使证明自己没有故意或者过失，也应当承担损害赔偿责任。但是，按照第 26 条第 1 项的规定，该种损害赔偿请求权的行使，必须在日本公正交易委员会采取排除措施或者有关裁决发生法律效力之后。②

虽然反垄断法对知识产权滥用行为具有更加有效的规制效果，问题在于：知识产权滥用行为是否必然要通过反垄断法进行规制？受反垄断法规制的知识产权滥用行为需要具备什么要件？第一个问题，前文已经做了回答，知识产权滥用行为由于违背了知识产权法背后的公共政策，属于超出知识产权的法定范围、不顾知识产权存在的目的、选择有害的方式行使权利的行为，因此可以通过知识产权法和民法进行规制，并不必然要通过反垄断法进行规制。那么，受反垄断法规制的知识产权滥用行为究竟需要具备什么要件呢？

按照日本学者和日本公正交易委员会的理解，根据专利法等知识产权法行使权利的行为，是指积极使用知识产权的行为或者消极禁止侵害知识产权行为的行为。据此，在日本审理有关知识产权的垄断案件中，一般要经过以下两个步骤：第一个步骤是判断某种行为是否属于依据知识产权法行使权利的行为。第二个步骤是根据第一个步骤的判断结果，运用反垄断法的规定，进一步判断某种行为是否满足私的垄断、不当的交易限制、不公正的交易方法等被禁止的行为要件。③ 根据这两个步骤，经过判断，某种行为如果被确认为行使知识产权的行为（比如转让知识产权），则不适用反垄断法的规定。相反，如果某种行为根本就没有被认定为行使知识产权的行为（比如企业合并行为），或者虽然被认定为行使知识产权的行为，但如果不能被确认为行使知识产权的行为，则应当适用反垄断法的规定。比如，同样是转让知识产权，虽然属于行使知识产权的行为，但如果权利人以低于专利成本的价格进行转让，以达到排挤竞争对手的目的，则应当根据反垄断法进行规制。

由此可见，某种知识产权使用行为是否属于知识产权滥用行为并不是反垄断法考察的重点，反垄断法考察的重点是该种知识产权行为是否满足了反垄断法禁止的行为或者事实状态要件。也就是说，在考察某种知识产权使用行为是否应该受反垄

---

① 要指出的是，日本从 1947 年制定独占禁止法开始到 2000 年，一直不承认私人针对违反独占禁止法的行为享有停止侵害的请求权。即使 2000 年对独占禁止法进行修改之后，按照第 24 条的规定，也只能针对不公正的交易方法提出停止侵害的请求。

② 也可参见 ［日］玉木昭久：《新しい独占禁止法解説》，54～55 页，日本，三省堂，2006。

③ 参见 ［日］根岸哲、舟田正之：《日本禁止垄断法概论》，3 版，王为农、陈杰译，392～393 页，北京，中国法制出版社，2007。

断法规制的时候，没有必要先行考察该种行为是否属于知识产权滥用行为，而应当直接根据反垄断法的规定进行判断。反过来头看，许多学者提出的上述问题，即受反垄断法规制的知识产权滥用行为究竟需要具备什么要件的问题，并不是一个恰切的问法，恰切的问题应该是：受反垄断法规制的知识产权使用行为究竟需要具备什么要件？由此可以得出这样一个结论：所谓知识产权滥用行为，是在私法意义上提出的，在反垄断法这种公法意义上，知识产权滥用行为似乎没有什么实际意义。当然，经过反垄断法的判断，如果某种知识产权使用行为构成反垄断法禁止的行为，也可以将这种受禁止的行为称为知识产权滥用行为。这正像美国法院法官在分析反托拉斯法和版权滥用之间的关系时所说的，判断是否存在版权滥用应该独立于反托拉斯法上判断某一限制是否合理的分析。虽然违反反托拉斯法可能构成版权滥用，但并不是所有的版权滥用都是以违反反托拉斯法律制度的方式存在的。[①]

三、必要设施理论在知识产权反垄断领域中的应用——合理条件强制实施许可的要件问题

强制实施许可制度是知识产权中一项极为重要的制度，目的在于对知识产权人的意思自治自由进行必要的限制，以最大限制地发挥知识产权的效率。但由于效率的获得以牺牲知识产权人的自由为代价，对此如果不加任何限制的话，自由的丧失反过来必然沉重减杀知识产权人创新和市场化知识产权的效率。为了在自由和效率之间，知识产权人权利和他人利益、社会公共利益之间取得动态的平衡，必须对强制实施许可制度设定必要的合理界限。

然而，各国现行知识产权法中规定的强制实施许可制度将利益的天平都过分倾向于他人利益和社会公共利益，这种倾向在合理条件强制实施许可制度中表现得尤为明显。比如，按照日本特许法第83条的规定，特许发明人连续3年以上在日本国内没有以适当方式实施特许发明时，他人可以请求特许发明人与其订立通常许可实施权的协议。如果协议不成立或者无法订立协议的时候，则可请求特许厅裁定给予实施许可。这里，虽然规定了"连续3年以上"、"在日本国内"、"没有以适当方式实施"等较为严格的条件，但根本没有对特许发明本身的性质、对意图实施特许发明者的意义等作出任何规定。我国的专利法则走得更远。按照我国专利法第48条的规定，具备实施条件的单位以合理的条件请求发明或者实用新型专利权人许可实施其专利，而未能在合理长的时间内获得这种许可时，国务院专利行政部门根据该单位的申请，可以给予实施该发明专利或者实用新型专利的强制许可。该条甚至没有像日本特许法那样规定一个明确的期限和对实施地域、方式等进行任何限制。这种规

---

① 转引自沈四宝、刘彤：《美国反垄断法原理与典型案例研究》，336页，北京，法律出版社，2006。

定非常不利于创新领域的竞争，也会导致核心技术的大规模闭锁。据此，非常有必要借鉴美国反托拉斯司法实践中发展出来的必要设施理论，给合理条件强制实施许可设定必要的合理界限。

必要设施理论起源于美国 1912 年的 United States v. Terminal R. R. Ass'n（224 U. S. 383）案。该案中的被告控制了圣路易斯市所有车站系统，但拒绝与通过该城市的铁路公司合作，拒绝提供旅客上下车服务。审理案件的法院认为，在经营者处于垄断地位的情况下，其有义务与竞争对手合作为消费者提供服务，除非垄断经营者能够证明拒绝合作存在商业上的合理理由。这种理论就是必要设施理论的雏形。然而，即使证明某项设施对竞争者来说属于必要设施，由于一般说来，经营者并不负有与竞争对手合作或者帮助竞争对手的义务，因此在判断拒绝提供必要设施的行为是否构成反垄断法禁止的行为时，还应当考察垄断经营者是否应当对拒绝竞争者使用该必要设施而承担法律责任。在另一个名为 MCI Communication Corp. v. American Tel. & Tel. Co. 的案件中①，法院完善了必要设施理论，认为利用必要设施理论必须具备以下四个要素：

1. 垄断经营者控制了对竞争者来说必要的设施。也就是说，竞争除了使用此种必要设施，没有其他的替代性手段。

2. 其他竞争者根本不能以合理代价实际地复制此种设施。也就是说，竞争者自己生产此种设施时，代价极其昂贵或者根本就不可能。比如，通过某个特殊地形的铁路，虽然竞争者存在重新修建一条铁路的经济实力，但因为地形的原因而无法修建，此时该铁路对竞争者来说就属于不可复制的设施。

3. 垄断经营者拒绝竞争对手使用此种必要设施。

4. 垄断经营者允许竞争对手使用此种必要设施具备可行性。也就是说，垄断经营者拒绝提供此种必要设施是否具有合理的商业理由。比如，为了保证消费者的人身安全或者价格上的利益，就属于合理的商业理由。

根据上述理论，美国法院判决了一系列案件。其中最有代表性的就是 1992 年的 City of Anaheim v. Southern Canifornia Edison Co. 案。② 该案中的原告是五个城市，各自都拥有电力传输系统。被告是一家从事电力生产、传输和销售的公司。被告向靠近太平洋东北部地区的生产商购买电力，并通过太平洋电网传输到自己的电力系统。被告和其他几家公司共享一条从太平洋东北部地区通往外界的传输线路。原告虽有电力传输线路，但没有自己的发电站，因此只能先向被告或者其他电力公司购买电力，然后通过被告的电力传输系统传输到自己的电网。基于这个理由，原告向

---

① MCI Communication Corp. v. American Tel. & Tel. Co.，708 F. 2d 1081. 1132（7th Cir.），cert. denied，464 U. S. 891，104 S. Ct. 234，78 L. Ed. 2d 226（1983）.

② City of Anaheim v. Southern Canifornia Edison Co.，955 F. 2d 1373（1992）.

被告提出长期共享被告的电力传输线路、从而能直接从太平洋东北部购买电力的要求。被告拒绝了原告长期共享的要求，因而被诉至法院。

法院经过审理认为，太平洋电网本身根本就不属于必要设施，理由是原告可以向包括被告在内的那些共享传输线路的经营者购买电力，不使用此设施同样可以满足其电力需求。原告强制被告与其共享传输线路的目的在于降低成本，以牺牲被告以及被告消费者的利益来谋取更多利益。被告拒绝原告存在合理的商业理由，即需要用全部输电能力将从太平洋东北部获得的低价电力供应给其消费者。根据必要设施理论，法院拒绝了原告的要求。

知识产权法应当如何利用必要设施理论来完善强使实施许可制度？以专利法为例，按照上述必要设施理论的基本原则，如果某项专利构成了竞争对手的必要设施、竞争对手无法以合理代价复制（这个要件很容易满足，因为专利法采取的是"一发明—专利"的原则，在专利权人已经取得专利的情况下，竞争对手不可能再就该发明获得专利）、专利权人没有正当商业理由拒绝竞争对手使用时，则可以适用必要设施理论，根据竞争对手的申请，其强制实施专利权的许可。

鉴于我国台湾地区"专利法"第 76 条第 1 项的规定仅仅要求申请人以合理的商业条件在相当期间内不能协议授权，就可以申请强制许可的情况，台湾有学者建议以必要设施理论为基础，增加强制实施许可的前提条件，相应地将该条款修改为"申请人曾以合理商业条件在一定期限内仍不能取得专利权人授权，致使无法提供新产品或者排除上下游相关市场的竞争时，得提起申请特许实施该专利权"①。笔者认为，即使在专利权没有构成必要设施的情况下，只要专利权人拒绝授权，也会产生无法提供新产品或者排除上下游相关市场竞争的结果，因此此种建议并不妥当。以必要设施理论为基础，笔者认为，我国专利法第 48 条关于合理条件强制实施许可的规定应修改为：具备实施条件的单位以合理的条件请求发明或者实用新型专利权人许可实施对其不可缺少并且无法替代的专利发明创造，发明或者实用新型专利权人没有正当的商业理由拒绝时，国务院专利行政部门根据该单位的申请，可以给予实施该发明专利或者实用新型专利的强制许可。

"不可缺少"说明发明或者实用新型专利权构成必要设施；"无法替代"说明竞争对手从经济和商业的角度看，无法开发或者购买替代性的技术；"没有正当的商业理由拒绝"，说明专利权人可以提供发明或者实用新型专利，但为了排挤或者打压竞争对手而拒不提供。具体操作则由执法人员根据具体情况进行具体判断。

正确利用必要设施理论对我国具有重要的现实意义。我国知识产权工作虽然已取得长足进步，但依然处于以进口知识产权为主的阶段，在许多领域都缺乏自己核心的知识产权。许多跨国公司往往利用我国的这一阶段性缺陷和其自身在知识产权

---

① 张长树：《枢纽设施原则及电信、科技产业的枢纽设施问题》，载《公平交易季刊》，2001（4）。

领域中的优势地位，拒绝与我国公司进行交易或者排除我国公司的竞争。比如，美国思科公司诉我国华为公司就是最典型的例子。作为全球最大的网络设备制造商，思科公司经常拒绝将其拥有的专利权或者属于商业秘密的"私有协议"供竞争对手使用。所谓"私有协议"，是指在国际标准化组织实现通信网络的互通互联而建立相应标准和规范协议之前，某些公司由于先期进入市场而形成的自己的一套标准。思科公司的"私有协议"实际上就是企业标准。由于思科公司在互联网设备上的垄断地位，其"私有协议"早演化为行业中和国际上的事实标准。对于其他竞争性公司来说，思科公司的"私有协议"构成必要设施，无法绕开，思科公司没有正当的商业理由根本就不能拒绝竞争对手进行使用。可见，华为公司如果利用了必要设施理论，也许可以避免本不必要的惨重损失。在专利权越来越标准化的今天，我国及时修改专利法中有关强制实施许可的条款，正确利用必要设施理论已经显得非常迫切。

第七节　我国知识产权法简史

世界最早的现代意义上的著作权法是英国 1709 年的安娜女王法，最早的现代意义上的专利法是英国 1624 年的垄断法案，最早的现代意义上的商标法是法国 1857 年的商标法。我国 1990 年制定了著作权法，比英国晚 280 余年，比日本 1899 年著作权法晚 90 余年；1984 年制定了专利法，比英国晚 360 余年，比日本 1884 年专利法正好晚 100 年；1982 年制定了商标法，比法国晚 120 余年，比日本 1883 年商标法正好晚 100 年。

此外，我国还于 1993 年颁布实施了反不正当竞争法，于 1997 年颁布实施了植物新品种保护条例，于 2001 年颁布实施了集成电路布图设计保护条例。

我国专利法颁布实施后，因应国际国内形势发展变化，到 2007 年为止，分别于 1992 年和 2000 年先后进行过两次修改。我国著作权法颁布实施后，因应国际国内形势发展变化，到 2007 年为止，于 2001 年进行过一次修改。我国商标法颁布实施后，因应国际国内形势发展变化，到 2007 年为止，分别于 1993 年和 2001 年先后进行过两次修改。经过修改后的我国知识产权法，已经基本上与巴黎公约、伯尔尼公约、TRIPs 协议等国际公约接轨。

由于立法水平和立法技术等诸多因素的限制，纵观我国知识产权立法，仍然显得比较粗糙，有待于进一步进行修改。

第一编

创作法

21世纪民商法学系列教材

21 Shiji minshang faxue xilie jiaocai

知识产权法总论

作品的保护——著作权法

第一节　著作权法的趣旨

著作权法讲求文化的多样性，与专利法讲求技术的先进性和唯一性不同，与商标法讲求商标的识别性也不同。正因为如此，著作权法在设计作品享有著作权的构成要件时，较专利法在设计发明创造享有专利权的构成要件时要低得多。非常明显的表现是，在著作权法领域，只要是各自独立创作的，同一主题上可以同时存在多个著作权，因而发生著作权共存现象（最高人民法院 2002 年《关于审理著作权民事纠纷案件适用法律若干问题的解释》第 15 条规定，由不同作者就同一题材创作的作品，作品的表达系独立完成并且有创作性的，应当认定作者各自享有独立著作权），而在专利法领域，尽管是各自独立创作的，同一主题上也只允许存在一个专利权，即使存在先使用利益的情况下，也是如此。

之所以说著作权法讲求的文化多样性和商标法讲求商标的识别性不同，是因为尽管二者存在交叉之处，即构成著作权客体的作品往往可以用来作为商标使用，而作为商标使用的标识很多情况下也可以构成著作权保护的作品，但著作权法采取著作权—创作完成就自动取得的事实主义和非要式主义，和该作品是否实际使用没有任何关系，而商标法最终总是要求作为商标使用的标识必须实际使用，因为只有在实际的使用中才能产生识别性。在采取使用产生商标专用权的国家自不待言，即使在采取注册产生商标专用权的国家，最终也是如此，因为获得核准注册的商标如果连续三年不实际使用，主管机关可加以撤销。由于讲求识别性，因此尽管某个标识的设计本身没有任何识别力或者创作性，但如果在实际使用中获得了识别力，仍然可以作为事实上的商标使用，或者向主管机关申请为注册商标。就著作权法而言，只要某个表达形式的本身没有创作性，不管如何使用，也难以获得具有特定财产内容的著作权。

基于上述原因，我国著作权法第1条规定："为保护文学、艺术和科学作品作者的著作权，以及与著作权有关的权益，鼓励有益于社会主义精神文明、物质文明建设的作品的创作和传播，促进社会主义文化和学科事业的发展与繁荣，根据宪法制定本法。"

准确把握著作权法的趣旨，对于正确理解作品构成要件的独创性，以及促进文化产业的发达具有十分重要的意义。

第二节　作品的构成要件和范围

一、作品的构成要件

作为全国人大常委会制定的法律——我国著作权法没有直接界定作品的含义，而只在第3条采用概括式列举的方式规定，本法所称的作品，包括以下列形式创作的文学、艺术和自然科学、社会科学、工程技术等作品。但国务院制定颁布的行政法规——著作权法实施条例第2条规定，著作权法所称作品，是指文学、艺术和科学领域内具有独创性并能以某种有形形式复制的智力成果。据此，构成作品必须具备下列要件：

1. 作品必须是智力成果。非智力创作成果的大自然之杰作，比如，天上彩虹、地上石林、地下溶洞等等，尽管巧夺天工，令人心旷神怡，极富欣赏价值，但因非人之智力创作成果，故而非作品。

2. 作品必须是文学、艺术和科学领域内的智力成果。人类之智力成果丰富多彩，千差万别。作品必须是智力成果，但必须是文学、艺术和科学领域内的智力成果。这说明，能够量产的实用品，比如电视机、汽车、轮胎等等，应该通过外观设计专利或者是反不正当竞争法关于知名商品特有名称、包装、装潢的规定进行保护，而不能作为作品进行保护，否则就会萎缩外观设计专利保护法的功能，抑制商品形态的开发。但是，就实用艺术品而言，比如既实用又具有美感的玩具、碗碟、桌椅等等，问题就会变得有些复杂。由于实用且具有美感，一般情况下，实用艺术品申请外观设计专利，通过外观设计专利保护应该没有问题。问题在于对其进行外观设计专利保护的同时，能否将其作为作品进行著作权法保护。

关于这个问题，首先应当肯定的一点是，如果实用艺术品是绝品，无法进行量产，那就只能作为作品通过著作权法进行保护，因为专利法保护的外观设计必须是工业上能够进行量产的外观设计。其次，解决这个问题有三种选择：一是在对实用艺术品进行外观设计专利保护的同时，也进行著作权法保护。即使外观设计专利权保护期经过，实用艺术品作为专利虽然自动进入公有领域，但作为作品并不自动进入公有领域，其拥有者仍然享有著作权。二是在对实用艺术品进行外观设计专利保护的同时，不再进行著作权法保护，外观设计专利权保护期一经过，该实用艺术品就进入公有领域，任何人都可以进行自由利用。三是将实用艺术品作为作品通过著作权法保护，而不适用专利法进行保护。

实用艺术品只要符合授予外观设计专利权的条件，就应该授予其申请者外观设计专利权，通过专利法进行保护，因此上述第三种解决方法难以成立。授予专利权的实用艺术品外观设计专利权保护期过后，虽然拥有者不再享有专利权，但由于外观设计专利权和著作权并不是两种非此即彼、互不相容的权利，因此只要实用艺术品符合作品的构成要件，尽管相比外观设计专利权 10 年的保护期，著作权的保护期最长可以达到作者有生之年加上死后 50 年，仍然应当为其提供著作权法保护。如此说来，上述第一种解决方法应该是最佳选择。

但是，在采取第一种方式处理时，在一定条件下也应当对实用艺术作品的著作权进行必要的限制。对于专利权人的被许可人而言，专利权过了保护期后，继续生产、销售该实用艺术品乃属行为预期范围内的事情，如果允许原专利权人以著作权为由禁止其生产、销售，必将超出被许可人的行为预期，给被许可人造成不可预测的损害。所以在这种情况下，应当授予被许可人在原许可的技术范围内继续生产、销售的一般法定免费实施权。但为了防止给著作权人造成不可预测的侵害，除非发生继承、合并等一般承继事由，该种免费的实施权不得进行其他形式的转移。也就是说，主要应当将其作为一种抗辩权。

3. 作品必须是具备独创性的智力成果。所谓独创性的智力成果，是指思想、感情独创的表现形式，即作品必须是表现形式的独创性，而不是思想、感情本身的独创性。技术思想的独创性属于专利法保护的范畴。相同的技术思想，只能授予一个专利，而相同的思想、感情通过具有独创性的不同表现反映出来，比如小说、诗歌、散文、绘画、雕塑等等，每个创作者都可以享有独自的著作权。即使都是反映同一思想或者感情的小说形式，只要是各自创作的，不同创作者也都各自享有著作权。

如何理解独创性？存在两个原则：一是额头出汗原则。按照这个原则，只要在表现形式方面付出了劳动，就认为具备了独创性，应该享有著作权。按照这个原则，作品的范围将无限扩大，任何形式的表格或者表格的简单汇编、电话号码本、广播电视节目时间表等等，都可成其为作品。这个原则曾经是英美法系国家长期坚持的原则。但自美国联邦最高法院 1991 年判决"FEIST"案、确定享受著作权的作品必须是独立完成同时加上最低限度的一点创造性后，额头出汗原则在英美法系国家得到了很大程度上的改变。二是创作高度原则。这个原则要求作品不但必须是独立完成的，而且必须具备一点创作上的高度。按照这个原则，简单的表格汇编、电话号码本、广播电视节目时间表等难以成其为作品。创作高度原则在实践中是一个必须由法官根据实际情况，行使自由裁量权加以把握的原则。从20世纪80年代末90年代初发生在我国广西的广西广播电视报诉广西煤矿工人报侵害电视节目预告时间表一案的判决来看，我国许多法院的法官似乎倾向于坚持从创作高度来理解什么是作品的独创性。

坚持从创作高度来理解作品的独创性基本上已经成为世界绝大多数国家著作权法的选择，坚持该原则对于确保公众的表达自由、促进文化和信息的传播是具有裨益的。但是，在实践中，具体问题还得具体分析。比如，幼儿园小孩的书法和绘画，虽然创作高度很低，没有多少欣赏价值，但如果不将其作为作品加以保护，则难保有人对其加以利用而引发纠纷，发动司法程序，既增加私人成本，又增加司法成本。再比如，一些蹩脚的所谓"作品"，尽管看过的人都会嗤之以鼻，但如果有人未经其作者允许而将之发表在报纸杂志或者传输到网络上，也难保会引起其作者以侵害发表权或者信息网络传输权为由提起诉讼。可见，在作品的独创性问题上，虽然不能坚持额头出汗原则，但在坚持创作高度原则时，也不能过于严格，对于有些独创性极其低微的表现形式，虽然承认其为作品没有多少意义，但不承认其为作品则会带来很大不经济，在这种情况下，还不如承认其为作品而减少不必要的麻烦。因为在现实生活中，承认其为作品反而不会引发任何纠纷。理由在于，这类作品欣赏价值和经济价值很少，作为理性的经济人来说基本上不大可能去侵害这类作品。

作品的独创性有时和表现的事实或者科学原理具有唯一的重合性。比如，根据某个思想制作出某个具有唯一性的图表。在这种情况下，由于思想和思想的表现合二为一，只要赋予思想的表现独创性和作品性，后来者就无法再利用该思想，这种情况相当于赋予了在先表现者专利权，已经超出了著作权法可以容忍的范围。因而在独创性和表现的事实或者科学原理具有唯一的重合性时，不管在先的表现是否具备独创性，都不能赋予其表现者著作权。但在这种情况下，如果在后者直接复制在先的表现进行商业利用，在先的表现者仍然可以利用反不正当竞争法保护自己付出的劳动而应得的利益。

在讨论作品必须具备的独创性时，有两类作品是比较特殊的。一是汇编作品。按照我国著作权法第14条的规定，汇编作品是指汇编若干作品、作品的片段或者不构成作品的数据或者其他材料，对其内容的选择或者编排体现出独创性的作品。按照这个规定，汇编作品的独创性体现在内容的选择或者编排方面。由于著作权法最终保护的是具有独创性的表现形式，而不是内容的"选择"这种行为本身，将无法说清楚的选择行为本身的独创性作为保护对象已经背离了著作权法的基本原理。内容编排的独创性虽然比较容易考查清楚，但是对汇编作品而言，真正具有价值的是其内容本身，而不是编排方式，并且注重的是其信息性和实用性，而不是其表现性和欣赏性，因此在实践中只要避开其具有独创性的编排方式，不管如何复制其内容都不会构成著作权侵害。这对于汇编作品的保护是非常不利的。鉴于这样的情况，对于汇编作品可以得出以下两点结论：第一，即使通过著作权法保护汇编作品，对独创性的考量采取的也不是创作高度原则，而是额头出汗原则。第二，对汇编作品和范围比汇编作品更大的数据库的保护应该通过反不正当竞争法保护，而不是著作权法保护。

二是计算机软件的保护。我国著作权法第3条第8项将计算机软件列为一类独立作品。众所周知，计算机软件注重的是其技术性、实用性和效率性而非其表现性和多样性，并且技术性、实用性、效率性与表现性、多样性即独创性往往是相互冲突的，那么为什么目前世界上凡是制定了著作权法的国家都通行将计算机软件作为作品进行保护呢？大概是因为计算机程序的表现方式和文字作品的表现方式差不多的缘故。但从实质上看，计算机软件的著作权保护只不过借用了著作权法的躯壳和专利法保护的基点，对独创性的要求采取的基本上也是额头出汗的原则而不是创作高度原则。

4. 作品必须是能够以某种有形形式复制的智力成果。作品必须能够让人感知、能够传播才能对文化事业和社会发挥促进作用，因而作品必须是能够以某种有形形式复制的智力成果。不能以任何有形形式复制的智力成果，比如仅仅停留在大脑中的某首诗歌、某个画面，无法让人感知，无法进行传播，尽管本身可能也具备独创性，但不是著作权法意义上的作品。

能够以某种有形形式复制，意味着只要具备以有形形式复制的可能性，不管事实上是否已经被固定，这个要件就得以满足。即兴朗诵、即兴演唱、法庭辩论等口头作品，冰雕等等，只要满足作品的其他构成要件，都应该受到保护。即使是瞬间在沙滩上或者计算机上创作的绘画、书法、诗歌等，由于在其存在的瞬间能够让人感知，具备以有形形式复制的可能性，也应当受到保护。如果在其存在的瞬间，有人未经创作者的许可，擅自以摄影、录像、数字化等方式进行复制并加以营利性使用，行为仍然构成侵权。至于在诉讼过程中原告是否能够提供证据、是否能够胜诉，则是属于证据和证明本身的问题，与这些表现形式是否具备可复制性无关。

但是，计算机软件的保护是唯一的例外。按照《计算机软件保护条例》第4条的规定，受本条例保护的软件必须由开发者独立开发，并已固定在某种有形物体上。可见，计算机软件的保护必须以事实上被固定作为要件。之所以如此要求，概因计算机软件编码过于复杂，不固定将会引发更多的纠纷，徒增更多的司法保护成本。

如何理解有形形式？有形形式并不等同于物理方式，它包括但不限于物理方式，非物理的数字化方式也属于有形形式。比如一副雕塑，既可以通过木头、石头等物理方式反映出来，也可以直接在电脑上通过动漫画的数字化方式反映出来。可见，著作权法要求的有形形式，本质上应当理解为一般公众可以感知的方式，与物理方式还是非物理方式并没有什么关系。

要准确理解有形形式，必须区别作品和作品载体。作品是文学、艺术和科学领域内具有独创性并能以某种有形形式复制的智力成果，作品载体则是固定作品的媒介。作品载体具有多变性，同一作品可以固定在不同的载体上而不发生任何实质性改变。比如一篇小说，可以固定在纸片上，也可以刻录在墙壁上，录制在磁带或者光盘上，还可以数字化的方式储存在计算机内存里。此时，尽管纸片、墙壁、磁带、光盘、计算机内存等都构成小说载体，但是小说作品始终只有一篇。

区分作品和作品载体具有非常重要的司法实践意义。我国知识产权司法实践曾长期混淆作品和作品载体的区别，因而将出版社、报刊社丢失、毁损作品载体的行为作为侵害著作权的行为进行对待。这是十分错误的。最高人民法院2002年发布的《关于审理著作权民事纠纷案件适用法律若干问题的解释》第23条规定，出版社将著作权人交付出版的作品丢失、毁损致使出版合同不能履行的，依据著作权法第53条、民法通则第117条以及合同法第122条的规定追究出版者的民事责任。著作权法第53条规定，当事人不履行合同义务或者履行合同义务不符合约定条件的，应当依照《中华人民共和国民法通则》、《中华人民共和国合同法》等有关法律规定承担民事责任。民法通则第117条规定，侵占国家的、集体的财产或者他人财产的，应当返还财产，不能返还财产的，应当折价赔偿。损坏国家的、集体的财产或者他人财产的，应当恢复原状或者折价赔偿。受害人因此遭受其他重大损失的，侵害人应当赔偿损失。合同法第122条规定，因当事人一方的违约行为，侵害对方人身、财产利益的，受损害方有权选择依照本法要求其承担违约责任或者依照其他法律要求其承担侵权责任。结合这些规定可以得出结论：出版社丢失、毁损作品致使合同不能履行的，既可以构成违约责任，也可以构成侵权责任，究竟主张何种责任，受害者享有选择权。然而必须特别指出的是，这里所谓的侵权责任绝对不是侵害著作权的责任，而是指侵害物权（所有权）的责任。

当然，在上述情况下，不管受害者是主张违约责任还是侵害物权的侵权责任，都无法保护真正保护受害者。由于作品属于具有人格利益的财产，丢失、毁损作品真正损害的是著作权人的精神利益，因此在这种情况下，应当允许受害人提出精神损害赔偿。

所谓复制，按照著作权法第10条第1款第5项的规定，是指以印刷、复印、拓印、录音、录像、翻录、翻拍等方式将作品制作一份或者多份的行为，也就是不产生任何独创性的再现作品的行为。

综上所述，作品就是文学、艺术和科学领域内具有独创性并能以某种有形形式复制的智力成果。某种思想或者感情的表现形式如果不同时具备上述四个要件，则根本不成其为作品。然而，即使同时具备了上述四个要件，完全具备作品的性格，也并不一定能够完全能够受到著作权法的保护。受著作权法完全保护的作品，还必须具备著作权法规定的合法性。这就是下面要研究的问题。

当然，某种表现形式没有作品性（比如，没有独创性的新闻标题汇编），不能受到著作权法的保护，也并不意味着该种表现形式就不受任何法律保护。根据本书序章的分析，在这种情况下，此种表现形式仍然有可能作为一般性的利益受到反不正当竞争法和民法的保护。

二、作品的范围

（一）关于作品范围的立法模式

按照著作权法第 3 条的规定，本法所称的作品，包括以下列形式创作的文学、艺术和自然科学、社会科学、工程技术等作品：文字作品；口述作品；音乐、戏剧、曲艺、舞蹈、杂技艺术作品；美术、建筑作品；摄影作品；电影作品和以类似摄制电影的方法创作的作品；工程设计图、产品设计图、地图、示意图等图形作品和模型作品；计算机软件；法律、行政法规规定的其他作品。

显然，我国著作权法关于作品范围采取的是概括式与列举式相结合的立法模式。这种立法模式的好处在于为法官提供了自由裁量权，便利了著作权法没有列举但是符合作品构成要件的表现形式的保护。比如，关于实用艺术作品的保护就是如此。北京市二中院曾经出现直接引用伯尔尼公约保护实用艺术作品的案例，有论者在评述该案例时，也认为我国著作权法对实用艺术作品不提供保护，北京市二中院直接引用伯尔尼公约保护原告的实用艺术作品是非常正确的做法。这种司法实践和学术观点实属无视我国著作权法概括式与列举式相结合的立法模式的结果。其实，审案法官完全可以通过解释著作权法第 3 条的"等"字来为实用艺术作品提供保护，完全没有必要直接引用伯尔尼公约的规定作为判决的根据。

（二）作品的列举类型

著作权法第 3 条列举的各种作品的具体含义和应当注意的问题如下：

1. 文字作品，是指小说、诗词、散文、论文等以文字形式表现的作品。文字作品是作品的最基本形式。绝大部分作品形式，最终几乎都会表现为文字作品形式。

2. 口述作品，是指即兴的演说、授课、法庭辩论等以口头语言形式表现的作品。口述作品虽然受法律保护，但由于以口头语言形式表现，因此著作权人在诉讼中往往存在举证困难、难以证明自己作者身份的问题。为了减少万一出现的诉讼上的麻烦，口述作品作者最好通过录音方式将作品加以固定。

3. 音乐作品，是指歌曲、交响乐等能够演唱或者演奏的带词或者不带词的作品。从本质上讲，音乐作品应当属于文字作品。实践中常出现的在他人歌词上谱曲或者为他人的曲子填写歌词的案例中，如果事后经过了对方的追认，则构成事后合意创作的合作作品。如果事后对方不追认，尽管词作者或者曲作者对各自创作的部分单独享有完整的著作权，但对整个作品则不享有积极的使用权。

目前流行的 MTV 属于音乐作品还是视听作品？MTV 既具有视听作品的因素，也具有传统音乐作品要素，但又不像视听作品那样注重完整的故事情节，也不像单纯的音乐作品那样只有词曲的配合，而是具有动态性和直观性，创作者也具有群体性，所以应当作为一种新的独立作品对待。在著作权归属方面，可以参照视听作品的规定进行处理，即 MTV 整体的著作权由制作者享有，但导演、摄影、作词、作曲、编创者等作者享有署名权，并有权按照与制作者签订的合同获得报酬（债权而非著作财产权）。其中词曲等可以单独使用的作品作者有权单独行使其著作权。

4. 戏剧作品，是指话剧、歌剧、地方戏等供舞台演出的作品。

5. 曲艺作品，是指相声、快书、大鼓、评书等以说唱为主要形式表演的作品。

6. 舞蹈作品，是指通过连续的动作、姿势、表情等表现思想情感的作品。

7. 杂技艺术作品，是指杂技、魔术、马戏等通过形体动作和技巧表现的作品。花样滑冰、水中舞蹈等虽然带有竞技性，但同时属于通过形体动作和技巧表现的作品，应当受到著作权法的保护。

8. 美术作品，是指绘画、书法、雕塑等以线条、色彩或者其他方式构成的有审美意义的平面或者立体的造型艺术作品。时下流行的行为艺术作品主要是通过人的行为表现的造型或者非造型艺术作品，虽然在普通人看来不免显得怪诞不经，但也具有审美意义，也应当属于美术作品的范畴。

9. 建筑作品，是指以建筑物或者构筑物形式表现的有审美意义的作品。建筑物或者构筑物必须具备审美意义才能受到著作权法的保护。与建筑有关的作品包括建筑设计图、建筑模型和建筑实物。由于建筑设计图作为图形作品进行保护，建筑模型作为模型作品进行保护，因此通常所说的建筑作品仅指建筑实物作品。但建筑实物作品并不包括建筑方法和建筑用的材料本身。

10. 摄影作品，是指借助器械在感光材料或者其他介质上记录客观物体形象的艺术作品。由于摄影器械和摄影技术的进步，目前摄影基本上已经家庭化，并且个性化程度越来越低，但这并不影响其作品性。比如，利用数码相机拍摄的作品，虽然在光影的选择方面很大程度上依赖数码相机本身，摄影者个性化参与程度受到很大限制，但只要掺入了最低限度的一点个性，就可以受到著作权法的保护。但如果只是机械的翻拍，比如翻拍文件，则只是复制行为，所形成的表现形式非摄影作品。

摄影作品应当包括电影作品和以类似摄制电影的方法创作的作品中的某个片段或者某几个片段。也就是说，电影作品和以类似摄制电影的方法创作的作品的单个图片可以单独作为摄影作品进行保护。

11. 电影作品和以类似摄制电影的方法创作的作品，是指摄制在一定介质上，由一系列有伴音或者无伴音的画面组成，并且借助适当装置放映或者以其他方式传播的作品。这类作品就是日常生活中常说的视听作品，包括电影作品、电视作品、录像作品。

借助数码相机或者专门化的摄影器材拍摄的日常生活场景，虽然没有多少故事性，但并不能因此否认其最低限度的创作性，因此仍然属于视听作品，应当受到著作权法的保护。

12. 图形作品，是指为施工、生产绘制的工程设计图、产品设计图，以及反映地理现象、说明事物原理或者结构的地图、示意图等作品。这类作品由于必须符合客观事实和科学原理，因此表现个性化的空间受到了很大限制，因此在判断是否侵权时要特别谨慎。如果其表现形式具有唯一性，则不能为其提供著作权保护，而只能提供反不正当竞争法保护。

13. 模型作品，是指为展示、试验或者观测等用途，根据物体的形状和结构，按照一定比例制成的立体作品。

14. 计算机软件。按照《计算机软件保护条例》第 2 条的规定，计算机软件包括计算机程序及其有关文档。按照《计算软件保护条例》第 3 条的规定，计算机程序，是指为了得到某种结果而可以由计算机等具有信息处理能力的装置执行的代码化指令序列，或者可以被自动转换成代码化指令序列的符号化指令序列或者符号化语句序列。同一计算机程序的源程序和目标程序为同一作品。文档，是指用来描述程序的内容、组成、设计、功能规格、开发情况、测试结果及使用方法的文字资料和图表等，如程序设计说明书、流程图、用户手册等。

计算机软件用户界面是否属于作品？2004 年发生在上海、2005 年由上海市高院二审终结的北京友其软件股份有限公司诉上海天臣计算机软件有限公司一案可以说明部分问题。原告 1999 年自行开发设计出《财政部会计报表软件》，并进行了软件著作权登记。原告诉称其对该软件的用户界面总体结构、排序、具体用户界面的文字（包括菜单命令名称、按钮名称、按钮功能文字说明、信息栏目名称）、构图（包括组成图形用户界面的各要素、表示特定报表的图表及界面布局），均为其创作性劳动成果，因此应对用户界面享有著作权。

2003 年年底，原告发现被告开发的《资产年报系统软件》（2003 年录入）几乎全部抄袭了原告独创的用户界面，因此诉称被告侵害了其享有的著作权。被告辩称，根据我国计算机软件保护条例的规定，计算机软件并不包括原告所称的用户界面，并且用户界面并不是我国著作权法所称的作品，因此不应当受我国著作权法的保护。

法院经审理查明：原、被告软件的用户界面在以下几个方面相同或者相似：部分菜单相似，比如原、被告软件"汇总菜单"的命令基本相同，命令之间的排序相似；部分按钮名称基本相同，比如原告"单位选择"界面中的"按列表查看"、"全选"等按钮，在被告相应界面中，具有相同功能的按钮使用了与原告基本相同的名称；部分用户界面中的信息栏目名称基本相同，比如原、被告软件中的"FMDM 封面代码"界面、"资产负债表—数据审核"界面中的"封面表"栏目名称、"资产负债表"栏目名称基本相同；按钮功能的文字说明基本相同；部分表示特定报表的图标相同，比如原、被告软件用户界面中对"单户表"、"境外企业表"等报表均使用了相同的图标；部分用户界面布局相似。另查明，原告的源程序、目标程序与被告的源程序、目标程序均不相同。

法院认为，用户界面是计算机程序在计算机屏幕上的显示与输出，是用户与计算机之间交流的平台，具有较强的实用性。用户通过用户界面操作计算机程序，用户界面则向用户显示程序运行的结果。本案中，原告主张著作权的用户界面中的菜单命令的名称以及按钮名称均系操作方法的一部分，栏目信息名称以及组成部分图形用户界面的各要素、按钮功能文字说明、表示特定报表的图表、界面布局等不具独创性，用户界面总体结构以及排序属于设计软件的构思，原、被告的软件都属于财务报表软件，其用户需求基本相同，两个软件在用户界面总体结构以及排序的表达方式非常有限，因此即使两个软件用户界面总体结构以及排序相同，也不能证明原告的用户界面总体结构以及排序具有独创性。据此，法院认为，虽然原告对其用户界面的设计付出了一定劳动，但该用户界面并不符合作品的独创性要件，不受著作权法的保护，因此判决原告败诉。一审判决后，原告不服提起上诉，上海市高级人民法院判决驳回上诉，维持原判决。

本案中，法院显然倾向于认为，用户界面总体结构和排序都属于设计软件的构思，菜单命令名称、按钮名称则是操作方法的一部分，不属于著作权法的保护范畴；财务报表中的信息栏目名称以及组成用户界面的各个要素都是根据财政部或者上海市国资委的具体要求设计的，并非原告独创；组成图形用户界面的菜单栏目、对话框、窗口、滚动条等要素，是设计者在设计用户界面时都需要使用的要素，因此不应当获得著作权法的保护；原告对按钮功能的文字说明只是对按钮功能的简单解释，其表达方式有限，不具有独创性；组成原告用户界面的各要素在界面上的布局，仅仅是一种简单的排列组合，也不具有独创性。总之，该案件中的法院认为原告主张著作权的用户界面各个要素，都不符合著作权法保护作品的要求，因此原告的用户界面不应当作为作品受著作权法保护。

虽然本案中的法院认为计算机用户界面不具有受著作权法保护的作品的独创性，但用户界面除了具有实用性的用户界面总体结构和排序、菜单命令名称、按钮名称、信息栏目名称、表示特定信息的图标等要素外，还具有背景要素，而背景要素往往是具有独创性的画面，因此虽然用户界面上的实用性要素不受著作权法保护，但是具有独创性的画面依然符合作品的构成要件，应当受著作权法保护。

（三）区分作品类型的意义

区分作品类型在一般情况下并没有实质意义。在著作权侵权案件中，原告的着眼点一般不在于作品的种类，而在于被告是否侵害其权利的事实本身。司法机关一般也不会花精力去审理受侵害的作品种类。但在下面三种情况下，区分作品的类型还是具有非常重要的实质性意义的：

1. 权利内容不同。按照著作权法第 10 条第 1 款第 7 项的规定，享有出租权的，只限于视听作品和计算机软件。按照该条第 1 款第 8 项的规定，享有展览权的，只限于美术作品和摄影作品。按照该条第 1 款第 10 项的规定，享有放映权的，主要只限于美术、摄影、视听作品。

2. 保护期限不同。按照著作权法第 21 条第 3 款的规定，视听作品、摄影作品的发表权和其他财产权利保护期为 50 年，截止于作品首次发表后第 50 年的 12 月 31 日，但作品自创作完成后 50 年内未发表的，著作权法不再提供保护。

3. 权利的限制不同。按照著作权法第 22 条第 1 款第 10 项的规定，对设置或者陈列在室外公共场所的艺术作品进行临摹、绘画、摄影、录像的行为属于合理使用行为。而且按照最高人民法院 2002 年《关于审理著作权民事纠纷案件适用法律若干问题的解释》第 18 条第 2 款的规定，对设置或者陈列在室外公共场所的雕塑、绘画、书法等艺术作品进行临摹、绘画、摄影、录像的行为人，可以对其成果以合理的方式和范围再行使用，不构成侵权。按照著作权法第 22 条第 1 款第 11 项的规定，将中国公民、法人或者其他组织已经发表的以汉语言文字创作的作品翻译成少数民族语言文字作品在国内出版发行，属于合理使用行为。

（四）民间文学艺术作品的保护

民间文学艺术作品的保护问题由于和传统问题、民族问题、南北问题、东西问题纠缠在一起，因而被弄得过分复杂。目前，研究这一问题的中外学者基本形成两派意见：一是认为民间文学艺术作品早就属于公有领域中的知识财富，人人、各国都可得而用之。二是认为应当赋予民间文学艺术作品拥有者特殊权利，并且应当将某些民族或者集团作为权利主体。本书认为，所谓"民间文学艺术作品"本身就不是一个科学的说法。"民间"是针对"官方"或者"国家"而言的。既然存在所谓的"民间"文学艺术作品，相应地就应当存在"官方"或者"国家"文学艺术作品。什么是"官方"或者"国家"文学艺术作品？没有任何人追问过这样的问题。当然，这样的问题是没有人敢去发问的，因为这样的问题本身就显得非常荒唐滑稽。

按照目前绝大多数学者的意见，所谓民间文学艺术作品，就是那些具有创作和享有上的集体性并且带有传统性的作品。然而，这些学者中还没有任何一人为我们提供了一个究竟何谓传统性、创作的集体性、权利享有的集体性的令人信服的案例和说法。很显然，这些学者从立法论的角度根据现代知识产权法律制度臆想出了民间文学艺术作品的所谓传统性、创作的集体性、权利享有的集体性。经验法则表明，作品的创作最终只能是由特定的个人完成的，因此很难想象历史上不断出现过很多人围坐在一起进行七嘴八舌式的集体创作的天方夜谭式的情形。权利的集体享有则更加是无法令人想象的事情。试想，在连什么是权利观念都不存在的年代和民族，怎么可能出现过权利集体享有，而且是知识产权的集体享有的现象？究其实质，包括民间文学艺术作品在内的传统知识的保护问题的提出和探讨，反映了发展中国家和落后国家对抗以美国为首的发达国家将自己国内的知识产权保护标准通过贸易制裁相威胁的手段国际化而形成的 TRIPs 协议的一种无助的悲情心理，以及民族对立，甚至是种族对立的情绪。

由上可见，在讨论"民间"文学艺术作品的保护时，从大范围上来说首先必须放弃上述的悲情心理和民族对立、种族对立的情绪。从技术层面看，则首先应当放弃所谓的集体财产观和特殊权利观，树立现代知识产权法制意识，并且处理好以下两个方面的重要关系。

1. 文化形态的保存和文学艺术财产的保护之间的关系。某种文化形态的保存并不必然以配置具有特定内容的知识产权为手段和前提，特别是在考虑了以下第二个重要关系时，情况更是如此。文化形态的保存可以通过建立纪念馆、博物馆等特殊馆所就很容易实现，而不必考虑权利配置的复杂问题。

2. 文学艺术财产的保护和民族的自决权，特别是民族个体的自由选择权以及民族的发展权之间的关系。在各种文化形态的冲突中，代表社会生产力发展方向的文化形态总是会淘汰过时的、落后的、没有生命力的文化形态，民族个体也总是会选择先进的文化形态，整个民族也只有这样才能得以发展。在这样的前提下，学者们绝对不能以所谓的文化形态的多样性为借口，剥夺各个民族的自决权、发展权以及民族个体的自由选择权。目前，学者们存在的致命问题就是试图以文化形态的保存代替文学艺术财产的保护，从而让某些民族停留在原始和落后的状态，并且充当这些学者们潜意识中寻找乐子的材料和对象。一个最为简单的例子就可以说明某些学者们的这种潜意识。有些学者在某些少数民族进行田野调查时发现，很多少数民族的人不再穿本民族世代相传的服装了，原因在于市面上流行的裙子、西装、牛仔等服装比本民族世代相传的服饰好看、漂亮。于是这些学者们忧心忡忡，并且堂而皇之地提出一定要赋予少数民族服装以特殊权利保护，以便让其世代流传下去，否则这些服饰就有消失的危险。这样的观点无异于强制某些民族的人们永远只能穿自己民族的服装，而不能改穿流行的服装。试问，究竟是谁赋予了某些学者这样的权力？

当我们放弃了某些悲情心理、对抗心理，并且处理好上述两个重要的关系时，我们就不难发现，所谓"民间"文学艺术作品的保护问题完全是一个假问题。因为"民间"文学艺术作品从来就是处于公有领域中的知识财富，人人可得而自由用之，除非有相反证据证明其确实属于某个主体创作并因此应当享有著作权。当然，这并不意味着"民间"文学艺术作品中的精神权利也不受任何保护。整理者、改编者、注释者、翻译者等利用者在进行利用时，不能署名为作者，而应当根据各自的作用进行相应的署名，比如整理者、改编者，并且应当指出"民间"文学艺术作品的来源，比如"根据赫哲族民歌改编"。

三、作品的合法性问题

作品的合法性问题主要解决如何理解著作权法第 4 条的规定："依法禁止出版、传播的作品，不受本法保护。著作权人行使著作权，不得违反宪法和法律，不得损害公共利益。"

(一)"依法禁止出版、传播的作品，不受本法保护"如何理解

首先，这里的法律是指宪法、刑法，特别是《出版管理条例》、《印刷业管理条例》、《音像制品管理条例》等行政法规。依法禁止出版、传播的作品则包含下列内容。按照 2001 年国务院发布的《出版管理条例》第 26 条的规定，任何出版物不得含有下列内容：反对宪法确定的基本原则的；危害国家统一、主权和领土完整的；泄露国家秘密、危害国家安全或者损害国家荣誉和利益的；煽动民族仇恨、民族歧视，破坏民族团结，或者侵害民族风俗、习惯的；宣扬邪教、迷信的；扰乱社会秩序，破坏社会稳定的；宣扬淫秽、赌博、暴力或者教唆犯罪的；侮辱或者诽谤他人，侵害他人合法权益的；危害社会公德或者民族优秀文化传统的；有法律、行政法规和国家规定禁止的其他内容的。按照《出版管理条例》第 27 条的规定，以未成年人为对象的出版物不得含有诱发未成年人模仿违反社会公德的行为和违法犯罪的行为的内容，不得含有恐怖、残酷等妨害未成年人身心健康的内容。按照《出版管理条例》第 56 条的规定，有下列行为之一，触犯刑律的，依照刑法有关规定，依法追究刑事责任；尚不够刑事处罚的，由出版行政部门责令限期停业整顿，没收出版物、违法所得，违法经营额 1 万元以上的，并处违法经营额 5 倍以上 10 倍以下的罚款；违法经营额不足 1 万元的，并处 1 万元以上 5 万元以下的罚款；情节严重的，由原发证机关吊销许可证：(1) 出版、进口含有本条例第 26 条、第 27 条禁止内容的出版物的；(2) 明知或者应知出版物含有本条例第 26 条、第 27 条禁止内容而印刷或者复制、发行的；(3) 明知或者应知他人出版含有本条例第 26 条、第 27 条禁止内容的出版物而向其出售或者以其他形式转让本出版单位的名称、书号、刊号、版号、版面，或者出租本单位的名称、刊号的。

2001 年国务院发布的《印刷业管理条例》第 3 条规定，印刷业经营者必须遵守有关法律、法规和规章，讲求社会效益。禁止印刷含有反动、淫秽、迷信内容和国家明令禁止印刷的其他内容的出版物、包装装潢印刷品和其他印刷品。第 36 条规定，印刷业经营者印刷明知或者应知含有本条例第 3 条规定禁止印刷内容的出版物、包装装潢印刷品或者其他印刷品的，或者印刷国家明令禁止出版的出版物或者非出版单位出版的出版物的，由县级以上地方人民政府出版行政部门、公安部门依据法定职权责令停业整顿，没收印刷品和违法所得，违法经营额 1 万元以上的，并处违法经营额 5 倍以上 10 倍以下的罚款；违法经营额不足 1 万元的，并处 1 万元以上 5 万元以下的罚款；情节严重的，由原发证机关吊销许可证；构成犯罪的，依法追究

刑事责任。

2001年国务院发布的《音像制品管理条例》第3条规定，出版、制作、复制、进口、批发、零售、出租音像制品，应当遵守宪法和有关法律、法规，坚持为人民服务和为社会主义服务的方向，传播有益于经济发展和社会进步的思想、道德、科学技术和文化知识。音像制品禁止载有下列内容：反对宪法确定的基本原则的；危害国家统一、主权和领土完整的；泄露国家秘密、危害国家安全或者损害国家荣誉和利益的；煽动民族仇恨、民族歧视，破坏民族团结，或者侵害民族风俗、习惯的；宣扬邪教、迷信的；扰乱社会秩序，破坏社会稳定的；宣扬淫秽、赌博、暴力或者教唆犯罪的；侮辱或者诽谤他人，侵害他人合法权益的；危害社会公德或者民族优秀文化传统的；有法律、行政法规和国家规定禁止的其他内容的。《音像制品管理条例》第40条规定，出版含有本条例第3条第2款禁止内容的音像制品，或者制作、复制、批发、零售、出租、放映明知或者应知含有本条例第3条第2款禁止内容的音像制品的，依照刑法有关规定，依法追究刑事责任；尚不够刑事处罚的，由出版行政部门、文化行政部门、公安部门依据各自职权责令停业整顿，没收违法经营的音像制品和违法所得；违法经营额1万元以上的，并处违法经营额5倍以上10倍以下的罚款；违法经营额不足1万元的，可以并处5万元以下的罚款；情节严重的，并由原发证机关吊销许可证。

其次，"不受本法保护"仅仅表明我国著作权法剥夺了依法禁止出版、传播的上述作品在我国著作权法效力范围内的积极意义上的使用权，而并不表明依法禁止出版、传播的作品在我国著作权法效力范围内不享有消极意义上的著作权，也并不表明我国著作权法认为在我国被依法禁止出版、传播的作品不受我国以外的其他国家和地区的著作权法的完整保护。依法禁止出版、传播的作品由于内容违法而被禁止出版、传播，因此著作权人不能通过自己的行为积极地行使其著作权，否则就会产生违反行政法甚至是刑法的法律后果。但著作权法剥夺了依法禁止出版、传播的作品的著作权人在我国著作权法效力范围内的积极使用权，并不能就此推断出我国著作权法也就因此剥夺了依法禁止出版、传播的作品的著作权人不能享有著作权中的消极意义上的禁止权，即禁止他人未经许可，以任何形式进行使用的权利，除非著作权法有特别的规定。不这样理解，将混淆作为公法的行政法上的关系和作为私法的著作权法上的关系，并且无益于案件的解决。比如，某作者创作了一部极力宣扬色情和暴力的长篇小说，但并未打算出版。某出版社见有利可图，未经该作者同意进行了出版发行，并且获得50万元人民币。如果该作者以侵害著作权为由将出版社告到法院，法院是否应该受理？如果能够受理应该如何处理？由于符合民事诉讼法规定的起诉条件，法院当然应当受理。关键是如何处理？以著作权法第4条的规定，判决原告败诉？或者根本不受理，将案件交给出版管理机关或者公安机关处理？判决原告败诉明显没有法律依据，因为被告的行为显然侵害了原告的发表权。不予受理将案件直接交给出版管理机关或者公安机关显然也没有法律依据，因为原告的起诉符合民事诉讼法关于起诉要件的规定，再者原告也没有打算出版发行该小说，并不违反行政法规的禁止性规定。其实，只要将著作权区分为积极的使用权和消极的禁止权，并且区分了公法关系和私法关系，这个案件就非常容易解决。由于被告出版社侵害了小说作者消极意义上的禁止权，法院应当据此判决被告停止出版发行的侵害行为。当然，在这种情况下，由于原告的小说不能出版、传播，因此也就不存在经济损失问题，既然不存在经济损失，如果原告提出损害赔偿请求，法院不应当予以支持。在处理民事纠纷后，被告获得的 50 万元可以按照《出版管理条例》的规定，予以没收。

最后，"不受本法保护"暗含着我国著作权法并不反对在我国著作权法的效力范围之外，在我国禁止出版、传播的作品可以享有完整的著作权。由于对禁止出版、传播的作品的价值判断不同，因此不同国家、不同地区对禁止出版、传播的作品的范围的界定也不一样，在我国被禁止出版、传播的作品在其他国家或者地区则完全可能属于合法的作品。鉴于这样的事实，我国著作权法才特别强调在我国被依法禁止出版、传播的作品不受"本法"保护。这就意味着在我国被禁止出版、传播的作品如果在我国以外的国家或者地区受到了侵害，这些作品的著作权人完全可以按照侵害行为发生地国家或者地区的著作权法提起诉讼，以保护自己的著作权。

（二）"著作权人行使著作权，不得违反宪法和法律，不得损害公共利益"如何理解

这款是对著作权人行使合法的著作权提出的两个方面的要求，一是不得违反宪法和法律，二是不得损害公共利益。两个方面的实质是要求著作权人不得滥用著作权。著作权滥用行为表现多种多样。比如在著作权使用许可合同中限定著作权产品的转售价格、强行进行搭售。美国微软公司案的实质就是微软公司利用在计算机软件方面的优势地位搭售其他著作权产品的典型案例。有时候拒绝使用许可也会构成著作权滥用。比如发生在欧盟的一个有关广播电视节目的案件。原告想办一份同时预告三家电视台节目的报纸，因此试图取得三家电视台的许可。由于三家电视台各自创办了这样的预告报纸，因而拒绝原告复制的许可要求。原告以被告滥用拒绝著作权为由进入司法程序。欧盟法院法院最终判决被告的行为构成著作权滥用行为。著作权滥用的一个非常明显的趋势或者特征是在互联网中，著作权人利用开封许可合同规避著作权法强制性规定，比如消除合理使用、法定许可等公共政策在著作权使用许可合同中的适用。许多学者认为这是契约自由的体现，纯属于当事人之间的事情，因此不会危害到公共利益，应该承认这样的契约条款的法律效力。然而，由于在互联网世界，著作权人可以利用网络技术达到和每个被许可人都签订规避著作权法强制性规定的合同目的，因此不可能不危害到公共利益。再说，既然属于著作权法的强制性规定，就不应当准许著作权人通过合同加以规避，否则著作权法规定

这样一些强制性以维持公共政策的目的就会完全落空，这样的一些强制性规定就会形同虚设。

（三）侵权作品的著作权问题

关于作品的合法性，还有一个非常重要的问题需要探讨，那就是侵权作品是否享有著作权？许多学者认为侵权作品应该和依法禁止出版、传播的作品一样对待，不受著作权法保护，作者不应当享有著作权。这种观点和那种认为依法禁止出版、传播的作品不享有著作权的观点一样，是错误的。侵害他人著作权的作品，比如未经小说作者许可，将小说改编成剧本，只要满足该剧本作品的独创性要件和其他要件，就应当享有实体上的著作权和诉讼中的权利。如果第三人未经剧本改编者许可将剧本进一步改了脚本加以发表，则第三人的行为不但构成对小说作者著作权的侵害，而且构成对剧本改编者著作权的侵害。至于剧本改编者的改编行为是否侵害小说作者的著作权，则要看其是否发表该剧本。如果不发表，则纯属个人目的的范围，不会给小说作者造成任何危害，因此也不会构成著作权侵害。但一旦发表和使用，则会构成对小说作者著作权的侵害。由此可以得出关于侵权作品著作权问题的结论，即侵权作品作者享有消极意义上的禁止权和积极意义上的使用权，但其积极意义上的使用权受到他人著作权的限制。侵权作品作者要想合法地使用其著作权，就必须征得原著作权人的授权，以消除使用作品时存在的法律上的障碍。这样理解侵权作品的著作权除了可以给予原作者和侵权作品作者一个市场谈判的机会之外，还有一个好处就是，一旦原著作权保护期限经过，则原来侵权的作品法律上的障碍就会消失，从而变成完全合法的作品，占得市场先机。

要指出的是，侵权作品的著作权和依法禁止出版、传播的作品的著作权有所不同。侵权作品著作权人仍然享有积极意义上的使用权，只是这种使用权受到他人在先著作权的限制，一旦当事人通过自己的行为或者依照法律的规定消除了这个前提性障碍，侵权作品就会变成合法作品，其著作权人就可以正常地、合法地行使著作权。而依法禁止出版、传播的作品积极意义上的使用权至少在我国著作权法的效力范围内被著作权法剥夺了，而不仅仅是受到限制。因为该种作品的创作者无法通过自己的行为或者法律的规定而使得该作品变得合法，除非是立法者主动修改依法禁止出版、传播的作品的判断标准和范围，从而使得原本被禁止出版、传播的作品可以合法地出版和传播。著作权法之所以应当保护禁止出版、传播的作品消极意义上的著作权，即禁止权，就像物权法那样，应当保护一种占有的事实，而不管这种占有事实的法律状态，实质追求的是一种法律秩序价值。

四、著作权法不适用的范围

按照著作权法第 5 条的规定，本法不适用于：

1. 法律、法规，国家机关的决议、决定、命令和其他具有立法、行政、司法性质的文件，及其官方正式译本。这些表达形式本质上具有独创性，也是作品，著作权法之所以不授予其著作权，是因为它们属于社会规范，必须尽可能使其不受任何阻碍地快速传播。当然，从世界范围来看，这些表达形式也有被授予著作权的。比如，英国就规定了所谓的"皇家版权"和"议会版权"。另外要注意的是，虽然这些表达形式的官方正式译本不受著作权法保护，但私人译本则是应当受保护的。

2. 时事新闻。按照著作权法实施条例第 5 条的规定，时事新闻是指通过报纸、期刊、广播电台、电视台等媒体报道的单纯事实消息，包括客观事实发生的时间、地点、原因、过程、结果等客观要素。它们之所以不受著作权法保护，是因为本身就缺乏独创性，没有可个性化的余地。但新闻采访、报告文学、新闻摄影、新闻电影、新闻电视等，既包含了客观的新闻事实，也包括了作者文学、艺术加工的结果，因此不能等同于单纯的时事新闻，其中作者经过文学、艺术加工的部分应该受到著作权法的保护。在司法实务中，判断新闻采访、报告文学、新闻摄影、新闻电影、新闻电视等是否侵权，可以采取排除法进行判断，即首先排除属于时事新闻的部分，再对比其中个性化的部分是否相同或者相似，如果相同或者相似，则属于侵权。

3. 历法、通用数表、通用表格和公式。这些表现形式属于人们计算时间或者数字、表示规律或者传递信息的工具和方法，本身是对客观事实的描述，缺乏个性化特征，因此不能赋予其著作权。但是，如果这些表达形式中包含了个性化的表现形式，比如在历法中加上插图、生活小百科等，只要插图、生活小百科等本身具备独创性，则应当受到著作权法保护。在司法实务中，判断是否侵权的方法和判断包含时事新闻的报告文学等的方法相同，应当先排除属于历法、通用数表、通用表格和公式的部分，然后再考察具备独创性的部分是否相同或者相似。如果相同或者相似，则属于侵权。

上述表现形式虽然不适用著作权法保护，但如果将它们进行汇编，并且在材料的选择或者编排方面具备独创性，则应当作为著作权法第 14 条规定的汇编作品加以保护。更为重要的是，即使在材料的选择或者编排方面没有独创性和个性化特征，只要汇编、整理者付出了实质性投资，也应当作为一般性利益，受到反不正当竞争法或者民法的保护。

4. 《计算机软件保护条例》第 6 条的特别规定：对软件著作权的保护不延及开发软件所用的思想、处理过程、操作方法或者数学概念等。这些要么属于思想本身的范畴，要么属于使用工具的范畴，无论哪种情况，都不能给予著作权保护。

第三节 著作权的归属

一、著作权的原始归属——作者

(一) 自然人作者

著作权法第11条规定，著作权属于作者，本法另有规定的除外。所谓作者，是指创作作品的公民。据此，一般情况下，只有自然人才能成为作者。自然人作者的最大特征是不管是民法上所说的无民事行为能力人还是限制行为能力人，只要具备事实上的创作能力，都可以成为作者而享有著作权。

所谓创作，按照著作权法实施条例第3条的规定，是指直接产生文学、艺术和科学作品的智力活动。仅为他人创作进行组织工作，提供咨询意见、物质条件，或者进行其他辅助工作，均不视为创作。不过，在有些情况下，虽然提供物质条件等不视为创作，物质的提供者却可以依法享有著作权。比如著作权法第16条第2款规定的主要利用单位的物质技术条件创作，并由单位承担责任的工程设计图、产品设计图、地图、计算机软件等职务作品，作者就只享有署名权，著作权的其他权利全部由单位享有。再比如，在委托创作的情况下，委托人虽然不参与创作，但也可以根据委托合同的约定享有完整的著作权。可见，著作权的归属和创作活动之间并没有必然的关系。

但在合作作品著作权的归属中，是否参加创作则具有极为重要的意义。我国著作权法制定颁布实施前的20世纪80年代末发生在四川省的刘国础诉叶毓山一案可以形象地说明这个问题。原告系重庆市歌乐山烈士陵园管理处美工，被告系四川美术学院教授。1981年10月，重庆市市委等单位发起修建《歌乐山烈士群雕》（以下简称《群雕》）活动，并聘请被告为创作设计人。1981年11月25日，在"歌乐山烈士群雕奠基典礼"仪式上，被告展示了其创作的30厘米高的《群雕》初稿，并就创作构思的主题思想、创作过程等进行了说明。1982年3月至4月间，被告在初稿的基础上，又制作了一座48厘米高的二稿。随后，被告与原告根据初稿、二稿基本形态的要求，指导木工制作了《群雕》放大稿骨架。在《群雕》泥塑放大制作过程中，原告提出了一些建议，被告认为符合自己创作意图和表现手法的，也加以采纳。1986年11月27日，《群雕》正式落成。在此之前的1984年，重庆市选送了被告创作的《群雕》缩小稿参加了全国首届城市雕塑设计方案大赛，并获得纪念铜牌。于是原告以其与被告共同创作的《群雕》放大稿，被告以个人名义参展，侵害了其著作权为由起诉至重庆市中级人民法院。

该案争议的焦点之一就是《群雕》是否属于合作作品，而判断是否属于合作作品的关键是确定原告的行为是否属于合作创作行为。法院认为，原告虽然在《群雕》制作过程中提出过一些建议，并且按照被告的创作稿做过一些具体的放大工作，但其行为尚不足以认定为创作行为，因而也不属于共同创作行为，不能认定为共同创作人。据此，法院于1990年6月判决驳回了原告的诉讼请求，并且判决《歌乐山烈士群雕》著作权归被告享有。原告不服提出了上诉。1990年12月1日，四川省高级人民法院作出了维持原判的判决。

上述提供咨询意见不属于创作行为的情形在导师和学生之间也是常见的。研究生在撰写毕业论文时，通常会征求导师的意见。导师提供的意见虽然对研究生撰写论文会发挥很大的作用，但这种意见的提供行为并不属于研究生论文的创作行为本身，因此导师对研究生最终完成的论文不享有著作权。

（二）拟制作者

我国著作权法第11条第3款规定，由法人或者其他组织主持，代表法人或者其他组织意志创作，并由法人或者其他组织承担责任的作品，法人或者其他组织视为作者。此即所谓拟制作者。该种情形下创作的作品可称之为单位作品。单位作品由单位享有完全的著作权，与著作权法第16条规定的职务作品有些不同。

（三）作者的推定

著作权法第11条第4款规定，如无相反证明，在作品上署名的公民、法人或者其他组织为作者。2002年最高人民法院《关于审理著作权民事纠纷案件适用法律若干问题的解释》第7条第2款作了进一步的解释：在作品或者制品上署名的自然人、法人或者其他组织视为著作权、与著作权有关权益的权利人，但有相反证明的除外。所谓相反的证明，是足以推翻在作品上署名的人作者身份的证明。按照2002年最高人民法院《关于审理著作权民事纠纷案件适用法律若干问题的解释》第7条第1款的规定，可以作为证明使用的包括当事人提供的涉及著作权的底稿、原件、合法出版物、著作权登记证书、认证机构出具的证明、取得权利的合同等。署名的方式多种多样，包括署真名、笔名、假名，或者是不署名。在署笔名、假名，特别是不署名的情况下，作者身份的推定存在一定困难，在此情况下，当事人提供的上述证据就会发挥决定性作用。在北京美好景象图片有限公司诉中信实业银行擅自使用其六幅摄影作品的侵权案件中，美好景象公司为了证明自己享有本案争议作品的专有使用权，向法院提交了相关证据，以说明本案争议作品原著作权人Visual Communication Group LTD已经由Getty Images股份公司收购，六幅图片的权利已经发生了转移，并且美好景象公司已经从Getty Images Hong Kong Limited合法取得了六幅作品的专有使用权，从而赢得了诉讼。

特别值得一提的是，在自由人自由联合的互联网世界，许多作者发表作品往往不署名或者署笔名，一旦发生纠纷，案件的审判将会发生一定的困难。此时，原告是否能够提供作品底稿，是否拥有能够进入以及修改某个发表文章网站（比如天涯虚拟社区）的账号和密码，是否能够提供网站中某个具体的板块（比如"舞文弄墨"、"天下散文"），是否能够在板块中的具体位置发表、修改、删除文章，等等，显得非常关键。如果原告能够做到这些行为，则在没有相反证据的情况下，法院应当确定其作者身份。在这方面最有代表性的案例是发生在2003年年底的王方琪诉电脑资讯报社一案。

2003年5月原告以笔名"天涯"撰写了《戏谑"粉丝"》一文并上载到其个人主页"春光灿烂"上，并注明"版权所有，请勿转载"。2003年10月16日被告将该文刊载于《电脑资讯报》第97期家庭版上。原告发现后发送电子邮件和传真给被告，说明自己的作者身份，并要求被告承担侵权责任，但被告拒绝了其要求，于是原告诉至法院。法院经过审理查明，原告可修改个人主页"春光灿烂"的密码，并可上载文件、删除文件，《戏谑"粉丝"》一文可被固定在计算机硬盘上并可通过www服务器上载到"天涯"的个人主页上，在此文的页面上标有"版权所有，请勿转载"字样，被告未提出相反证据证明存在特殊情况或者《戏谑"粉丝"》一文上载前被报刊登过，也没有提供读者向其投稿的原始证据，并且被告认可原告即为"天涯"。据此法院认为，虽然当前个人主页的设立与使用并无明确的法律规定，但在一般情况下个人主页密码的修改、内容的增删只能由个人主页的注册人完成。原告作为专业人员，能够修改个人主页密码、上载文件、删改文件，并且被告认可原告即为"天涯"，也没有提出相反的证据证明特殊情况存在，因此应当认定原告就是"天涯"，《戏谑"粉丝"》一文的著作权归原告所有。①

虽然可以通过署名方式推定作者身份，但并非任何在作品上署名的人都可推定为作者，能够产生推定效力的署名应当是公认的能够表明作者身份的署名，这种署名一般表现为封面上或者版权页上的署名。在作者较多的情况下，版权页或者封面通常只署主编或者第一作者或者一两个主要作者的姓名，其他作者的名字则在序言或者后记中进行说明，如果说明表明了其作者身份，比如，"张某，撰写第一章"，则这种署名方式也应当认定为能够表明作者身份的署名。除此之外，"丛书顾问"、"丛书主编"、"策划者"、"主审人"、"责任编辑"、"校对者"、"资助者"等署名都不是能够表明作者身份的署名，因此不能当然产生推定为作者的法律效力，除非有其他证据能够证明其作者身份。

二、著作权的继受归属——继受主体

虽然不是作品的创作者，但可以通过下面三种方式继受而成为著作权主体：

（一）继承、遗赠、遗赠抚养协议

按照著作权法第19条的规定，著作权属于公民的，公民死亡后，著作权法第10

---

① 参见黄松有主编：《知识产权司法解释实例释解》，366~369页，北京，人民法院出版社，2006。

条第 1 款第 5 项至第 17 项规定的权利在本法规定的保护期内，依照继承法的规定转移。著作权属于法人或者其他组织的，法人或者其他组织变更、终止后，其著作权法第 10 条第 1 款第 5 项至第 17 项规定的权利在本法规定的保护期内，由承受其权利义务的法人或者其他组织享有；没有承受其权利义务的法人或者其他组织的，由国家享有。

按照继承法第 3 条第 6 项的规定，公民享有的著作财产权可作为遗产，在公民死亡后由其继承人继承。公民死亡后没有继承人又没有受遗赠人的，按照继承法第 32 条的规定，归国家所有。死者生前是集体所有制组织成员的，归所在集体所有制组织所有。但是合作作品除外。按照著作权法实施条例第 14 条的规定，合作作者之一死亡后，其享有的著作财产权无人继承又无人受遗赠的，由其他合作作者享有。

关于可以继承的著作权的范围，主要限于著作财产权。著作人格权不得继承。按照著作权法实施条例第 15 条的规定，著作权中的署名权、修改权和保护作品完整权不能继承，但应当履行保护义务。著作财产权无人继承又无人受遗赠的，则其署名权、修改权和保护作品完整权由著作权行政部门保护。

但著作人格权中的发表权可以有条件地继承。按照著作权法实施条例第 17 条的规定，作者生前未发表的作品，如果作者未明确表示不发表，作者死亡后 50 年内，其发表权可由继承人或者受遗赠人行使；没有继承人又无人受遗赠的，由作品原件的所有人行使。

除了继承外，通过遗赠、遗赠抚养协议方式也会发生著作财产权主体的变更。

(二) 合同

通过著作权的转让或者使用许可，作者以外的人也会成为著作权的继受主体。

(三) 法律的直接规定

国家除了可以通过购买、接受赠与等方式成为著作权的主体之外，还可以通过法律的直接规定成为著作权的主体。比如，按照著作权法第 19 条的规定，公民死亡后无人继承又无人受遗赠的，法人或者其他组织变更后，没有承受其权利义务的法人或者其他组织的，只要著作权还在保护期限内，就归国家所有。

以上是从法解释学的角度看我国著作权法关于著作权继受取得的现有规定。从立法论的角度看，知识产权客体不同于一般的有形财产，它具有传播的快捷性、低成本性，相对有形财产而言，对社会的推动作用更大、更迅速，因而对其承继也应当采取不同于有形财产的原则。如此说来，公民死亡后无人继承又无人受遗赠的著作财产权，法人或者其他组织变更后无承受其权利义务者的著作财产权，尽管还在保护期限内，也应当让其自动进入公有领域，而不应当由国家享有。

三、特殊作品著作权的归属

(一) 演绎作品著作权的归属

改编、翻译、注释、整理已有作品而产生的作品，为演绎作品。改编，是指在不改变原作品独创性和个性化部分的情况下，将作品由一种表现形式改变为另一种表现形式。比如将小说改编成剧本，将雕塑改为油画。翻译，是指将原作品使用的文字、语言、符号改变为另一种文字、语言或者符号进行表现。比如中英文互译，古文和白话文互译。注释，是指通过解释的方式，阐明原作品所需要表达的意思。比如，现代文学出版社出版的注释本《红楼梦》。整理，是指对手稿、笔记等原作品进行增删、梳理，使其具备可读性。

按照著作权法第12条的规定，演绎作品由演绎者享有著作权，但行使著作权时不得侵犯原作品的著作权。所谓行使著作权时不得侵犯原作品的著作权，并不是指演绎者在演绎他人尚在著作权保护期限内的作品时，必须事先征得原作品著作权人的同意，而仅仅指在行使演绎作品著作权时，不得侵犯原作品的著作权。也就是说，即使演绎者在演绎他人作品时，没有事先征得原著作权人同意，演绎者对其演绎作品仍然享有著作权，产生的法律后果只是不能积极地行使其著作权罢了。理由是一旦行使其著作权（比如发表），就会侵害原作品的著作权。

演绎作品必须具备一个底线，那就是无论如何演绎，总是能够在演绎作品中看出原作品具有独创性和个性化的部分。如果经过演绎，完全改变了原作品的独创性和个性化部分，在演绎作品中看不到一点原作品的影子，则演绎应当视为全新的创作，演绎者对其作品应当享有独立的、完全的著作权。

经过多次演绎后的作品作者在行使其著作权时，是否需要经过最初的原作品著作者的同意，应当看其演绎作品中是否依旧保留了最初的原作品的独创性和个性化表现。如果在演绎作品中再也看不到最初的原作品的独创性和个性化表现部分，则经过多次演绎后的作品的作者在行使其著作权时，虽然可能应当征得其他中间演绎者的许可，但是无须征得最初的原作品作者的许可。比如将小说改编成剧本，剧本改编成脚本，脚本拍成电影，如果最后出来的电影故事情节和原作品小说完全没有任何关系了，则电影应当视为与小说不同的新作品而受著作权法的独立保护。

演绎作品在著作权法上的真正意义在于：利用演绎作品时，必须同时征得原作品著作权人和演绎作品著作权人的双重甚至是多重同意，并且分别支付报酬。比如，著作权法第34条就规定，出版改编、翻译、注释、整理、汇编已有作品而产生的作品，应当取得改编、翻译、注释、整理、汇编作品的著作权人和原作品的著作权人许可，并支付报酬。

以上讲的是演绎他人尚在保护期限内的作品的情形。如果演绎的是他人著作财产权已过保护期限的作品，虽不必要再经过著作权人的许可，但在进行演绎时，可以确定的一点是，演绎者不得侵害原作品作者的署名权。

一个极为重要的问题是，如何处理演绎作品和原著作权人的修改权、保护作品完整权的关系？在对原作品进行某些演绎的时候，比如改编、翻译、整理时，不可避免地会对原作品进行改动，有时甚至是巨大的改动，比如将小说改编成脚本、整理手稿就是如此。在这种情况下，演绎者是否侵害原作品著作权人的修改权和保护作品完整权？鉴于演绎客观上不得不对原作品进行很大程度上的改动，因此比较稳妥的处理方式是，在原作品著作权人授权演绎者进行演绎的情况下，应当视为默示同意演绎者对其作品进行必要的修改。但这种必要的修改应当坚持两个底线，一是应当保留原作品独创性和个性化的表现部分。二是不得歪曲、篡改原作品，即不得篡改原作品所要表达的思想感情，损害作者的声誉。著作权法实施条例第 10 条规定，著作权人许可他人将其作品摄制成电影作品和以类似摄制电影的方法创作的作品，视为已同意对其作品进行必要的改动，但是这种改动不得歪曲、篡改原作品。这种规定虽然只是针对视听作品的演绎，但笔者认为，对其他类型作品的演绎同样应当适用。

（二）合作作品著作权的归属

1. 合作作品的含义

按照著作权法第 13 条的规定，合作作品是两人以上合作创作的作品。构成合作作品必须具备两个最基本的要素，即客观上存在合作创作的行为，主观上存在合作创作的意思表示。但是主观上是否存在合作创作的意思表示，应当通过客观上是否存在合作创作的行为来进行判断。据此，在合作创作之前存在合作创作的意思表示当然满足主观要件，但即使开始合作创作之前不存在合作创作的意思表示，而是在创作活动开始后形成的事后合意也满足主观要件。事后的合意可以通过明示的追认而形成。比如，未经同意，在他人歌词上谱曲或者在他人曲谱上填写歌词，只要词作者或者曲作者事后通过言语或者行为明确表示追认，该歌曲仍然构成合作作品。值得研究的问题是，默认是否能够形成创作的合意？按照著作权法的原理，除非法律有明确规定，只要是未经著作权人同意利用其作品的行为就构成著作权侵害，因此在没有明确的言语或者行为表示追认的情况下，难以判断著作权人的主观心理状态，因此也难以承认事后的默认能够形成创作作品的合意。

至于创作，已经如前所述，是直接产生文学、艺术和科学作品的智力活动，仅仅提供咨询意见、物质条件等没有实际参加创作的人，不能成为合作作者。话虽如此，在有些情况下，合作作品的认定却存在一定困难。比如，访谈录是否是合作作品就应当具体分析。如果访谈者拟订了访谈的问题和提纲，被访谈的对象只是按照拟订的问题和提纲进行回答，则不存在合作创作的合意，形成的访谈录应该作为访谈者个人的作品处理，被访谈者的谈话内容则可以看作是访谈者创作用的素材。如果访谈者没有拟订访谈的问题和提纲，而从头到尾由被访谈的对象自由发挥，访谈者只是发挥记录和整理作用，也不存在合作创作的合意，形成的访谈录则应当作为被访谈者个人的作品处理为宜。如果访谈者没有事先拟订访谈的问题和提纲，在访谈过程中完全采取自由对话的形式，则形成的访谈录应当作为合作作品处理为宜。这种情况下，虽然访谈者和被访谈者事先没有形成创作的合意，也没有证据表明事后存在合意，但可以认为在对话的过程中访谈者和被访谈者之间形成了创作的合意。

2. 不按合作作品处理的特殊情形

按照2002年最高人民法院《关于审理著作权民事纠纷案件适用法律若干问题的解释》第14条的规定，当事人合意以特定人物经历为题材完成的自传体作品，当事人对著作权权属有约定的，依其约定；没有约定的，著作权归该特定人物享有，执笔人或者整理人对作品完成付出劳动的，著作权人可以向其支付适当的报酬。这种情形经常发生在某些政治人物和文艺界人士身上。

但从立法论的角度看，最高人民法院的这种解释显然违背了著作权法第11条和著作权法实施条例第3条的规定。按照著作权法第11条的规定，只有创作作品的公民才是作者。按照著作权法实施条例第3条的规定，创作是直接产生文学、艺术和科学作品的智力活动。为他人创作进行组织工作，提供咨询意见、物质条件，或者进行其他辅助工作，均不视为创作。尽管不是创作作品的公民和单位可以通过合同或者法律的直接规定获得著作权，成为著作权人，但在没有约定的情况下，根据著作权法首先保护实际创作者利益的一般法理，当事人合意以特定人物经历为题材完成的自传体作品，著作权首先应当归属于实际创作者。从实际创作过程看，该种自传体作品至少可分为以下四种情况：一是由具有特定经历者口述，执笔者只是简单进行记录。二是具有特定经历者仅仅提供其特定经历的简单资料，创作过程完全由执笔者完成。三是具有特定经历者以口述或者实际写作等方式参加创作，同时执笔者也参与实际创作。四是具有特定经历者通过合同委托执笔者进行创作。具体创作情况不同，著作权的归属也应有所分别。在第一种情况下，由于执笔者只是起简单记录作用，因此著作权应当归具有特定经历者。在第二种情况下，由于具有特定经历者只是提供资料，创作过程完全由执笔者完成，因此著作权应当归属于执笔者。在第三种情况下，由于具有特定经历者和执笔者都实际参加了创作，最终完成的自传作品应当属于合作作品，著作权应当由二者共同享有。在第四种情况下，则由合同约定著作权的归属，在没有约定或者约定不明确的情况下，根据著作权法第17条的规定，著作权应当属于受托的执笔者或者整理者。

3. 合作作品著作权的归属和行使

按照著作权法第13条的规定，合作作品著作权由合作作者共同享有。合作作品可以分割使用的，作者对各自创作的部分可以单独享有著作权，但行使著作权时不得侵犯合作作品整体的著作权。按照著作权法实施条例第9条的规定，合作作品不可分割使用的，其著作权由各合作作者共同享有，通过协商一致行使；不能协商一致，又无正当理由的，任何一方不得阻止他方行使除转让权以外的其他权利，但是所得收益应当合理分配给所有合作作者。

可见，我国著作权法对不可分割使用的合作作品著作权的行使限制是比较少的，目的在于促进合作作品的市场化应用。按照解释论，如果合作作者之间不能协商一致，在没有正当理由的情况下，比如，许可使用的对价过于低廉，一旦使用会给合作作品著作权带来某些不可预测的侵害或者难以控制的危险，等等，任何合作作者都可以行使除转让权以外的著作权。既是如此，也就应当包括诉讼法上的停止侵害请求权和损害赔偿请求权。也就是说，在发生著作权侵害的情况下，任何合作作者都可以自己单独的名义提起诉讼，人民法院可以追加其他合作作者作为共同原告，也可以不追加，而没有必要一定要按照民事诉讼法第53条的规定，将该类案件作为必要的共同诉讼进行处理。这样处理的理由在于：由于是侵权案件，提起诉讼的合作作者必然尽力维护合作作品的著作权，否则就没有必要花费不菲的成本进行诉讼；即使败诉了，也只会产生被告的行为不侵害著作权的后果，对于其他合作作者的著作权也不会产生实质上的影响；对于不方便或者因嫌麻烦不愿参加诉讼的合作作者来说也是一种保护。

但是，没有经过其他合作作者同意，任何一方是否可以将不可分割的合作作品著作权作为设定质权的标的，则不无疑问。在著作权上设定质权，属于所有合作作者关心的重大事项，从日本著作权法第65条第1项的规定来看，没有经过其他不可分割合作作品作者同意，不得在合作作品上设定质权。

另外一个值得注意的问题是，我国著作权法没有明确不可分割合作作品作者是否可以推举代表人行使著作权的问题。按照日本著作权法第64条第3项、第4项的规定，至少在著作人格权方面，不可分割合作作品作者可以选定代表人行使，并且对代表权的限制不得对抗善意第三人。

著作权属于财产权，因此除了著作权法上述的特别规定外，关于合作作品的著作权享有和行使也应当遵循民法通则关于共有的一般规定。按照民法通则第78条关于共有的第3款的规定，按份共有财产人在出售财产时，其他共有人在同等条件下，有优先购买的权利。据此，不可分割使用的合作作品的著作权人在协商一致行使转让权时，其他合作作者在同等条件下应当享有优先购买权。按照1988年最高人民法院《关于贯彻执行〈中华人民共和国民法通则〉若干问题的意见（试行）》第89条的解释，共同共有人对共有财产享有共同的权利，承担共同的义务。在共同共有关系存续期间，部分共有人擅自处分共有财产的，一般认定无效。但第三人善意、有偿取得该项财产的，应当维护第三人的合法权益；对于其他共有人的损失，由擅自处分共有财产的人赔偿。据此，如果不可分割合作作品的作者没有经过其他合作作者的同意，行使了转让权，如果第三人是善意、有偿取得合作作品的著作权，则转让合同有效，第三人可取得合作作品的著作权。对于擅自行使转让权的合作作者，则应当承担侵害著作转让权的侵权责任。

（三）汇编作品著作权的归属

按照著作权法第14条的规定，汇编若干作品、作品的片段或者不构成作品的数据或者其他材料，对其内容的选择或者编排体现独创性的作品，为汇编作品。比如百科全书、词典、选集、全集、期刊、报刊、数据库等等。汇编作品的著作权由汇编人享有，但行使著作权时，不得侵犯原作品的著作权。

然而，正如前文所论述过的，对于汇编作品而言，真正具有价值的是其内容的信息性而非欣赏性，因此汇编作品应当被纳入外延更大的概念——数据库当中，并且通过反不正当竞争法和民法为其提供保护。通过反不正当竞争法和民法保护包含汇编作品的数据库，可以避免著作权法保护的诸多缺陷：一是可以避免去考察难以界定的内容选择或者编排的独创性问题。数据库的保护不是独创性和个性化的保护，而是投资的保护，只要付出了金钱、劳动力等方面的实质性投资，就应当给予其保护。二是可以避免著作权保护期限限制带来的一系列问题。在数据库内容不断更新的情况下，如果按照著作权进行保护，在保护期限的问题上会遇到说不清楚的难题。而反不正当竞争法和民法进行保护可以避免这个缺陷，因为反不正当竞争法和民法一般的保护不存在期限的限制。三是可以真正起到保护数据库制作者的作用。由于著作权法保护的是数据库的独创性选择或者编排，因此行为人只要避开了这种独创性的选择或者编排，即使直接大量复制其中的内容，也不会构成对著作权的侵害。而数据库保护关注的恰恰是其中的内容，只要被告无法证明其相同或者相近的数据库是自己独立投资制作的，就可以推定其直接复制了原告数据库中的内容，从而构成不正当竞争行为，应当受到规制，这样就可以真正起到保护数据库的作用。四是可以确保信息自由和社会公众的利益。反不正当竞争法由于不禁止其他人收集相同信息制作相同或者相近的数据库，因此可以最大限度地发挥竞争机制的作用，确保信息自由流通和社会公共利益。数据库的著作权保护由于要保护具有独创性的内容的选择或者编排，就必须和内容一起进行保护。而和内容一起进行保护，势必将公有领域中的大量信息私权化，从而损害信息自由和社会公共利益。

（四）视听作品著作权的归属

按照著作权法第15条的规定，视听作品是指电影作品和以类似摄制电影的方法创作的作品。由于视听作品的创作既需要智力创作，又需要巨大的投资，因此在著作权的归属问题上也采取了比较特殊的处理方法。按照著作权法第15条的规定，视听作品的整体著作权由制片者享有。制片者就是视听作品的投资者。对视听作品制片者著作权的保护属于投资的保护而不是独创性的保护。但因为视听作品的创作离不开编剧、导演、摄影等众多参与者的智力劳动，因此著作权法第15条进一步规定，视听作品的编剧、导演、摄影、作词、作曲等作者享有署名权，并有权按照与制片者签订的合同获得报酬。视听作品中的剧本、音乐等可以单独使用的作品的作者有权单独行使其著作权，制片者不得加以干涉。要指出的是，编剧、导演、摄影、作词、作曲等作者按照合同获得的报酬属于债权而不是著作财产权。因此一旦制片者违反合同约定不支付报酬，这些作者只能享有债权请求权，而不能享有停止侵害的物权性请求权。

（五）职务作品著作权的归属

1. 职务作品的含义

我国著作权法在第 11 条第 3 款的单位作品（由法人或者其他组织主持，代表法人或者其他组织意志创作，并由法人或者其他组织承担责任的作品，法人或者其他组织为作者）之外，还规定了职务作品。所谓职务作品，按照著作权法第 11 条第 1 款的规定，是指公民为完成法人或者其他组织（以下简称单位）工作任务所创作的作品。所谓工作任务，按照著作权法实施条例第 11 条的规定，是指公民在该法人或者该组织中应当履行的职责。应当履行的职责包括固定岗位的职责和单位临时分配的工作任务，这种职责和工作任务与具体的工作时间无关。也就是说，即使单位的工作人员利用下班时间和节假日进行创作，但只要是履行职责或者临时分配的工作任务，因此完成的作品也应当属于职务作品。相反，即使在正常的工作时间内进行了创作，但只要不是完成固定的工作职责或者临时分配的工作任务，因此创作完成的作品也不是职务作品。

职务作品的创作完成不一定依赖单位的物质技术条件。为完成单位工作任务创作的、不依赖单位的物质技术条件而主要依赖创作者智力投入完成的职务作品为一般性职务作品。按照著作权法第 16 条第 2 款的规定，为完成法人或者其他组织工作任务创作，虽然依赖创作者的智力投入但主要是依赖单位的物质技术条件创作完成，并由单位承担责任的工程设计图、产品设计图、地图、计算机软件等作品为特殊职务作品。按照著作权法实施条例第 11 条第 2 款的规定，物质技术条件是指法人或者组织为公民完成创作专门提供的资金、设备或者资料。除了主要利用单位的物质技术条件完成创作的作品属于特殊职务作品外，著作权法第 16 条第 2 款第 2 项还规定了一种特殊职务作品，即法律、行政法规规定或者合同约定著作权由法人或者其他组织享有的职务作品。

2. 职务作品著作权的归属

职务作品著作权的归属因一般职务作品和特殊职务作品的区别而有所不同。按照著作权法第 16 条第 1 款的规定，一般职务作品的著作权由作者享有，但法人或者其他组织有权在其业务范围内优先使用。作品完成 2 年内，未经单位同意，作者不得许可第三人以与单位使用的相同方式使用该作品。按照著作权法实施条例第 12 条的规定，经单位同意，作者可以许可第三人以与单位使用的相同方式使用作品，但是所获得的报酬应当由作者和单位按照约定比例分享。作品完成的时间，自作者向单位交付作品之日起计算。简单地说，一般职务作品的所有著作财产权和著作权人格权都由作者个人享有，单位只是具有 2 年的优先使用权。这种处理方式明显反映出在一般职务作品的问题上，立法者主要倾向于创作者个人利益的保护，但又试图兼顾单位的财产利益。

按照著作权法第 16 条第 2 款的规定，特殊职务作品作者只享有署名权，其他著作人格权和全部著作财产权都属于单位，但是单位应当给予作者奖励。这种处理方式反映出立法者在特殊职务作品的问题上，利益的天平主要倾向于单位，但又试图兼顾创作者个人的部分著作人格利益。

3. 立法上存在的问题

从立法的角度看，我国著作权法将与单位业务有关创作完成的作品区分为单位视为作者的作品（以下简称单位作品）和职务作品，职务作品又进一步区分为一般职务作品和特殊职务作品，规定不同的著作权归属原则，显得非常杂乱而没有条理，徒增纠纷的发生，并且无益于司法机关解决案件。

首先，从著作权法第 11 条对单位作品的规定看，构成单位作品需要具备三个条件，即单位主持、代表单位意志创作、由单位承担责任。著作权法第 16 条在界定职务作品时，虽然没有明确规定职务作品的创作完成需要单位主持、代表单位意志创作，但实践中，公民完成职务作品时，由于受制于单位的具体业务，因此在创作作品的过程中，也不可能不受单位意志的限制。如此说来，职务作品的创作完成也可以说是代表单位的创作意志进行创作而不是公民个人完全个性化的结果。就单位是否承担责任来看，著作权法第 16 条第 2 款明确规定特殊职务作品必须由单位承担法律责任，与单位作品的责任承担者完全相同。就一般职务作品来看，虽然著作权法第 16 条第 1 款没有明确规定由公民个人还是单位承担法律责任，但结合该条第 2 款的规定，从解释论的角度看，单位除了在业务范围内享有 2 年的优先使用权之外，不用对职务作品本身承担任何法律责任，法律责任完全由公民个人承担。这种规定显然是不公平的，同时也无益于权利受到侵害者的保护，因为如果是单位承担责任，受害者更加容易得到赔偿。由此可见，所谓单位作品和职务作品本质上都是从事单位业务的人在职务范围创作的责任应当由单位承担的作品，著作权法完全没有必要对其加以区分，并且规定不同的著作权归属原则，单位作品完全可以并入职务作品当中。

其次，按照著作权法第 16 条的规定，不管是一般职务作品还是特殊职务作品，署名权都由创作作品的公民个人享有。这种做法虽然保护了创作作品的公民个人的著作人格权，但对于社会公众来说，则会造成混乱，不容易判断究竟谁是作品的真正著作权人，这非常不利于作品的市场化应用。因为公众一般只会从作品上的署名来判断谁是作者、谁是著作权人，这也符合著作权法第 11 条第 4 款关于作者的推定规定（如无相反证明，在作品上署名的公民、法人或者其他组织为作者）。如果公众从署名上推定公民个人是作者，就会就作品的使用许可联系作者个人，联系后如果发现著作财产权或者其他著作人格权归属于单位，难免产生此种作品著作权关系复杂、日后产生纠纷的担心和恐惧心理，从而放弃与著作权人签约的机会。

鉴于以上原因，建议立法者在修改著作权法时，将单位作品并入职务作品。为了正确处理职务作品的著作权归属问题，建议对著作权法第 16 条也进行修改。具体的修改可以借鉴日本著作权法第 15 条关于职务作品著作权归属的处理方法。日本著作权法第 15 条第 1 项规定，基于法人等使用者的意思表示，从事法人等使用者业务的人在职务上创作的著作物，如果以法人等使用者的名义发表，只要在作品创作完成时契约或者勤务规则没有特别约定，著作者为法人等使用者。该条第 2 项进一步规定，如果从事法人等使用者业务的人创作的是计算机软件，则不管是否以法人名义发表，只要在创作完成时契约、勤务规则没有特别约定，著作者都为法人等使用者。日本著作权法处理职务作品至少有以下几点是可取的：

第一，根据职务作品的实际创作特征，首先保护单位的利益。职务作品创作由于与单位的业务紧密联系在一起，又属于单位的雇员在履行职务的过程中创作的作品，并且往往利用了单位的物质技术条件，其著作权理应首先归属单位。

第二，在上述归属原则下，允许当事人通过合同或者勤务规则特别约定著作权归属单位的雇员。这样就给了个人和单位一个根据具体情况进行自由选择的空间，符合私法上的意思自治原则。

第三，明确规定除了计算机软件以外的职务作品，必须以单位的名义发表时，著作权才能归属单位。这样就避免了给公众造成不必要的混乱，有利于作品的市场化应用。

第四，避免了我国著作权法规定的"主要利用单位的物质技术条件"的界定难题。按照日本著作权法的上述规定，只要是单位职员在从事业务的过程中履行工作任务创作的作品，不管是否利用了单位的物质技术条件，就是职务作品。这样就避免了究竟什么是"主要利用"难以界定的问题。

第五，将计算机软件职务作品和一般的职务作品进行区分，规定计算机软件职务作品，不论是以单位还是以个人名义发表，只要契约或者勤务规则没有特别约定，著作权就属于单位。原因在于计算机软件讲究的是实用性和效率性，更多依赖的是单位的物质技术条件，而不是创作者的个性。

（六）委托作品著作权的归属

1. 委托作品的含义

按照著作权法第 17 条的规定，委托他人创作的作品为委托作品。委托绘画、委托书法、委托摄影、委托雕塑而形成的绘画作品、书法作品、摄影作品、雕塑等是常见的委托作品。

委托作品不同于以雇佣关系为基础、与范围业务紧密联系、属于创作者工作职责范围的职务作品，属于平等主体之间的委托合同关系。

2. 委托作品著作权的归属

按照著作权法第 17 条的规定，委托作品著作权，包括著作财产权和著作人格权的归属，由委托人和受托人通过合同约定。合同未作明确约定或者没有订立合同的，著作权属于受托人，即实际创作作品的公民。很明显，在这种情况下，我国著作权法保护的是创作者的利益。

署名权是否可以由委托人和受托人通过合同约定？从解释论上看，著作权法第 17 条似乎并不禁止这种情况的发生。但从消费者权益和竞争法的角度看，在委托人和受托人通过合同约定署名权属于委托人的情况下，对消费者和社会公众不免产生欺诈嫌疑，在委托作品市场化应用过程中，也将产生损害竞争秩序的后果。所以著作权人格权中的署名权以不能约定为宜。

3. 不按委托作品处理的特殊情况

按照 2002 年最高人民法院《关于审理著作权民事纠纷案件适用法律若干问题的解释》第 13 条的规定，以下情况下创作的作品不是委托作品，而是个人作品：由他人执笔，本人审阅定稿并以本人名义发表的报告、讲话等作品，著作权归报告人或者讲话人享有。著作权人可以支付执笔者适当的报酬。在这种情况下，执笔者仅仅起到一个简单的记录作用，其行为并不构成创作，因此不能享有著作权，著作权人支付给执笔者的报酬也非著作财产权，而是劳务报酬，属于一般债的范围，并且支付报酬并不是著作权人的法定强制性义务。

4. 委托作品属于受托人时委托人的权利

2002 年最高人民法院《关于审理著作权民事纠纷案件适用法律若干问题的解释》第 12 条规定，按照著作权法第 17 条规定委托作品著作权属于受托人的，委托人在约定的使用范围内享有使用作品的权利；双方没有约定使用作品范围的，委托人可以在委托创作的特定目的范围内免费使用该作品。除此之外，这种情况下委托人的免费使用权应当理解为一种抗辩权，因此除了继承、合并等一般承继事由，不得通过合同等其他事由进行转移。可见，为了平衡委托人和受托人的利益关系，最高法院的司法解释对著作权属于受托人的情况下对著作权人享有的著作财产权进行了一定限制。

2004 年发生的德润时代公司诉汽车杂志社一案可以说明最高法院上述司法解释关于委托人在约定使用范围内享有使用作品的问题。2000 年 1 月 3 日，汽车杂志社与北京德润文化发展中心签订《汽车杂志》委托制作合同，委托德润中心为其《汽车杂志》进行图文制作，合同有效期为 8 年。接受委托后，德润中心为该杂志设计了刊标，矩形红色为底，上书白字"汽车杂志"以及"AUTO MAGAZINE"。"汽车"与"杂志"分列两行，"汽车"在左上方，"杂志"在右下方，英文字体相对较小，位于"汽车"二字正下方。2000 年 1 月至 2001 年 11 月出版的《汽车杂志》使用了该刊标。2000 年 11 月，汽车杂志（甲方）与德润时代公司（乙方）签订《汽车杂志》委托制作合同，约定甲方拥有《汽车杂志》的所有权和经营权；乙方为甲方提供独家图文制作以及制版和印刷服务；甲方每月向乙方支付制作费，具体金额由双方根据乙方每期制作的页码总量和其他工作量以及杂志每期印量确定；合同自双方签字之日起生效，有效期至 2007 年 12 月 31 日。2001 年 12 月 1 日出版的《汽车杂志》开始启用德润时代公司制作的刊标。但该刊标与德润中心设计的刊标相比有所改动，"杂志"二字向左移动约半个字的位置，英文边为斜体并移至"杂志"二字的下方偏右位置，其他不变。2002 年 8 月，汽车杂志社通知德润时代公司终止合同，德润时代公司对此予以了确认。此后《汽车杂志》并未更换刊标。2004 年，德润时代公司以汽车杂志社侵犯著作权为由起诉至法院。

一审法院认为德润时代公司未经授权，对上述刊标进行的改动并不构成创作，因此德润时代公司对整体刊标并不享受著作权，因此判决原告败诉。原告不服提出上诉。理由为：其已受让了德润中心的图文制作业务，包括中心与杂志社的刊标设计业务，对此，汽车杂志社也明知；经过其改动的刊标与原刊标具有本质不同，是独立的美术作品，其应当享有完整的著作权。二审法院支持了德润时代公司关于其合法受让了德润中心图文制作业务的理由，并且进一步认为，经过德润时代公司改动的刊标由于未与汽车杂志社约定著作权的归属，因此应当属于德润时代公司，但二审法院并没有因此就判决汽车杂志社败诉。理由是，汽车杂志社委托德润时代公司设计涉案刊标的目的是特定的，即用于该社主办的《汽车杂志》上，而汽车杂志社对涉案刊标的使用也未超出双方合同约定的范围。根据最高法院上述司法解释第12 条的规定，汽车杂志社作为委托人，在其与德润时代公司签订的合同终止后，仍可以在其主办的《汽车杂志》上继续使用涉案刊标。据此，二审法院判决上诉人败诉。

5. 委托作品著作权归属立法论上的问题

按照著作权法第 17 条规定，对于委托作品，如果委托人和受托人没有订立合同约定著作权的归属，或者虽订立有合同，但合同对著作权归属没有作出明确约定时，著作权属于受托人，即实际从事创作活动的人。著作权属于受托人虽然保护了实际从事创作者的利益，但会引发很多问题。比如，在委托创作的摄影或者绘画作品中，如果因为约定不明或者没有约定著作权属于摄影者或绘画者，摄影者、绘画者在行使其著作权时，不得不受制于被摄影者、被绘画者的肖像权或者隐私权等一般人格权。反过来，由于被摄影者、被绘画者不享有照片、画像的著作权，尽管手中握有照片或者画像等物权客体，却也难以进行毫无障碍的市场化使用。比如，拥有画像所有权的人，由于画像的著作权属于绘画者，是否能够将画像出售给他人作为商标使用就不无疑问。最高法院的上述司法解释显然是为了解决这种著作权和人格权、著作权和物权的相互制约的情况而作出的，它虽然在一定程度上可以解决实践中出现的问题，比如上述案例中出现的问题，但依旧没有从根本上解决问题。原因在于，究竟什么才是该司法解释中所说的"委托创作的特定目的范围"，往往难以界定。比如，婚纱摄影照片，在没有约定使用范围的情况下，究竟什么才是男女主人公委托创作婚纱摄影照片的特定目的呢？仅仅只能在婚礼仪式上、在家庭里、在影集中使用该照片？还是包含男女主人公撰写回忆录时在公开出版的回忆录中使用该等照片？甚至包括将照片出售给他人作为广告手段和商标等使用？最高法院的司法解释本身没有明确，实践中不可避免会引起当事人反差巨大的不同理解。

所以说从委托作品的市场化应用为出发点，在立法论上必须放弃法国著作权法不问实际情况而不允许当事人通过合同约定改变著作权归属的创作者传统，而改采美国的版权传统，统一规定委托作品著作权由委托人和受托人通过合同约定，在合同约定不明确或者没有订立合同的情况下，除了署名权以外的全部著作权属于委托人，使著作权主体和人格权主体同一从而消除发生纠纷的根源。

（七）美术等作品原件的展览权归属

为了正确处理著作权和物权的关系，著作权法第18条规定，美术等作品原件所有权的转移，不视为著作权的转移，但美术作品原件的展览权由原件所有人享有。

为了游览者的需要在出于解说或者介绍目的而制作的小册子上复制美术作品、摄影作品时，展览会的举办者是否侵害著作权人的复制权？我国著作权法以及相关司法解释都没有明确。日本著作权法第47条的规定可资借鉴。伴随美术作品、摄影作品的展览，出于解说或者介绍目的，不得不对美术作品、摄影作品进行必要的复制，基于这种原因，日本著作权法第47条明确规定，只要不损害展览权，展览会的举办者可以为了游览者基于解说或者介绍的目的在有关的小册子上刊登（即复制）美术作品、摄影作品。

（八）作者身份不明的作品著作权的归属

作者身份不明的作品，是指难以确证作者身份的作品，并不就是指没有署名的作品。不署名是作者署名权的内容，不署名的作品作者身份一般是可以确证的。只有当不署名的作品无法确证作者身份时，才转化为著作权法实施条例第13条所说的作者身份不明的作品。按照该条的规定，作者身份不明的作品，由作品原件的所有人行使除署名权以外的著作权。作者身份确定后，由作者或者其继承人行使著作权。

作者身份不明的作品原件所有人在行使除署名权以外的著作权时所获得的报酬，在作者身份确定后，是否应当作为不当得利或者无因管理之债处理？民法通则第92条规定，没有合法根据，取得不当利益，造成他人损失的，应当将取得的不当利益返还受损失的人。第93条规定，没有法定的或者约定的义务，为了避免他人利益受损失进行管理或者服务的，有权要求受益人偿付由此而支付的必要费用。由于身份不明的作品所有人行使除署名权以外的著作权是著作权法授予的法定权利，所获得的报酬也应当属于法定利益，因此不符合不当得益的"没有合法根据"要件，不能作为不当得益之债处理。正是由于身份不明的作品所有人行使除署名权以外的著作权是著作权法授予的法定权利，因此其在行使除署名权以外的著作权时，并不是为了避免他人利益受损失而进行的管理或者服务，不符合无因管理的第二个要件，因此也不应当适用无因管理之债处理。

四、著作权法适用的主体范围

著作权法适用的主体范围是指哪些人的作品在什么样的条件下应受著作权法保护。按照著作权法第 2 条的规定，我国著作权法适用的主体范围如下：

1. 中国主体。中国公民、法人或者其他组织的作品，不论是否发表，依照我国著作权法享有著作权。

2. 外国主体。外国人、无国籍人的作品根据其作者所属国或者经常居住地国同中国签订的协议或者共同参加的国际条约享有的著作权，受我国著作权法保护。

外国人、无国籍人的作品首先在中国境内出版的，依照本法享有著作权。著作权法实施条例第 7 条规定，首先在中国境内出版的外国人、无国籍人的作品，其著作权自首次出版之日起受保护。该条例第 8 条进一步规定，外国人、无国籍人的作品在中国境外首先出版后，30 日内在中国境内出版的，视为该作品同时在中国境内出版。这里所说的出版，含义和通常所说的图书、报刊的出版意义不同，包含发表和通常所说的图书、报刊出版意义上的出版。这里所说的中国，是指中华人民共和国内地，不包括我国香港、澳门和台湾地区。我国香港、澳门和台湾地区都各自适用自己的著作权法或规定。

未与中国签订协议或者共同参加国际条约的国家的作者以及无国籍人的作品首次在中国参加的国际条约的成员国出版的，或者在成员国和非成员国同时出版的，也受我国著作权法保护。

3. 外国邻接权主体在我国著作权法上的地位。著作权法实施条例第 33 条至 35 条分别规定了有关外国邻接权主体在我国著作权法上的地位。第 33 条规定，外国人、无国籍人在中国境内的表演，受著作权法保护。外国人、无国籍人根据中国参加的国际条约对其表演享有的权利，受著作权法保护。第 34 条规定，外国人、无国籍人在中国境内制作、发行的录音制品，受著作权法保护。外国人、无国籍人根据中国参加的国际条约对其制作、发行的录音制品享有的权利，受著作权法保护。第 35 条规定，外国的广播电台、电视台根据中国参加的国际条约对其播放的广播、电视节目享有的权利，受著作权法保护。

第四节　著作权的内容及其限制

一、著作权产生的原则

著作权法实施条例第 6 条规定，著作权自作品创作完成之日起产生。可见，在我国，著作权实行自动产生原则，与专利权、商标权、植物新品种权等的申请和授权或者登记产生原则不同。理由已经如第一节所述，在于著作权法讲求文化的多样性，无须考察作品本身的先进性，因此法律只要通过赋予权利承认作品创作本身的事实即可。

但著作权法实施条例第 7 条规定，外国人、无国籍人的作品首先在中国境内出版的，其著作权自首次出版之日起才受我国著作权法保护。法律如此处理的理由大概是外国人、无国籍人的作品创作完成地大多数是在著作权法适用的地域范围之外，如从创作完成之日而不是首次在我国境内出版之日就为其提供保护，于我国不但会大大增加保护成本，而且于我国文化事业的进步也无甚益处。

二、著作权的内容

著作权包括著作人格权和著作财产权，具体内容以下详述之：

（一）著作人格权

著作权法第 10 条第 1 款规定，著作权人享有下列人格权：

1. 发表权。按照著作权法第 10 条第 1 款第 1 项的规定，发表权是指决定作品是否公之于众的权利。著作权法实施条例第 20 条规定，著作权法所称已经发表的作品，是指著作权人自行或者许可他人公之于众的作品。最高人民法院《关于审理著作权民事纠纷案件适用法律若干问题的解释》第 9 条进一步规定，"公之于众"，是指著作权人自行或者经著作权人许可将作品向不特定的人公开，但不以公众知晓为构成条件。

发表权虽然属于著作人格权，却是实现著作财产权的前提，因此在整个著作权中占有重要地位，准确理解发表权的含义和特征至关重要。

第一，决定将作品公之于众是著作权人的权利，反之，决定不将作品公之于众同样是著作权人的权利。这就意味着除非著作权法有特殊规定，只要没有经过著作权人许可而将其作品公之于众，就构成对发表权的侵害。除了决定是否公之于众，发表权的内容还包括何时、何地、以何种方式、在多大范围内将作品公之于众的权利。

第二，所谓公之于众，不但包括将作品向不特定的人公开，也应当包括在一定条件下将作品向特定的多数人公开。比如，将自己创作的诗歌复制2 000份，给所在公司员工每人分发一份，就属于后一种情况。此种情况下，虽然人数特定，但因数量众多，除非作者有明确要求保密的意思表示，否则应推定著作权人的作品已经公之于众。在学校校报、学校内部院系自己创办的刊物、公司举办的内部刊物上刊登作品的行为，也应当推定作品已经发表。不这样推定，将给他人的行动自由造成不可预测的侵害。

但是，将自己创作的诗歌复制三份，分别赠送给自己的三个好朋友，即使没有和每个朋友约定不得以任何方式在报纸、期刊、网络上公开，三人也应当认为是负有默示保密义务、不得公开其作品的人，因此这种赠送不能认为是发表作品的行为。在学校课堂教学中公开的作品，虽然实际听课的学生人数受到限制，但是到底哪些人选择该课程则是不特定的，因此理解为公之于众较为合适。

第三，公众是否能够阅读和理解作品内容不是判断作品是否公之于众的要件。是否能够阅读和理解作品内容受制于阅读者的教育、专业等复杂因素，对于一个文盲来说，不管作品传播有多么广阔，仍然无法阅读作品，更谈不上理解作品。有些作品因为表达的语言问题，比如，少数民族文字作品，流传在湘西一带的女书，也会导致非文盲者难以阅读和理解。有些作品则因为技术的限制，比如加上密码，使之问题化，同样会导致非文盲者阅读上的障碍。不管属于哪种情况，作品公之于众的事实并不因此受影响。

第四，公众是否能够实际上获得作品是否属于判断作品是否公之于众的要件？比如，在互联网中，通过密码技术设置接触作品的障碍，凡欲接触和获得作品者，都必须首先支付费用，凡不支付费用者，就无法获得进入的密码，也就接触不到作品。在这种情况下，作品是否能够视为已经公之于众了呢？公之于众的本质是让不特定的人或者一定条件下特定的多数人存在获得作品的可能性，而不是保证公众中的每个个体事实上都能够获得作品。互联网中的作品虽然施加了密码技术，但公众仍然存在获得其中作品的可能性，因此密码技术等技术措施并不影响作品的发表性。

第五，发表权是否应当受到限制？发表权虽属著作人格权，但同时是实现著作财产权的前提和基础，因此在著作权法中处于一个特殊地位，带有很大程度上的绝对性。一般来说，只要没有经过作者同意而将其作品公之于众，就会侵害发表权。可以说明发表权绝对性的是著作权法第22条关于合理使用的规定。合理使用虽然无须著作权人同意，也无须向著作权人支付使用费，但有一个基本前提，即使用的必须是他人已经发表的作品。如果使用的是他人尚未发表的作品，则不但不属于合理使用行为，反而会构成对著作权的侵害。

尽管发表权属于一种绝对性很强的权利，但并不因此而说明发表权在任何情况下都不能受到任何限制。在有些情况下，应当推定著作权人同意相对人发表其作品。比如，同意他人将未公之于众的小说拍摄成电影、同意他人将未公之于众的绘画作品进行展览、同意他人将未公之于众的诗歌在诗歌大赛上进行朗诵、同意将未公之于众的雕塑放置在公共场所等等，就应当推定著作权人已经同意发表其作品，以此为基础进行的作品使用行为，比如引用行为等，就应当判断为合理使用行为。总结为一句话就是，著作权人同意以公之于众的方式使用其作品时，应当推定著作权人同意发表其作品。

第六，发表权和其他著作人格权不一样，在一定条件下可以承继。著作权法实施条例第17条规定，作者生前未发表的作品，如果作者未明确表示不发表，作者死后50年内，其发表权可由继承人或者受遗赠人行使；没有继承人又无受遗赠人的，由作品原件的所有人行使。

2. 署名权。按照著作权法第10条第1款第2项的规定，署名权是表明作者身份，在作品上署名的权利，包括是否署名、怎样署名（真名、笔名等）、署名顺序（第一作者、第二作者，主编、副主编等）等内容。更加准确地说，署名权应当称为署名决定权。

署名权和姓名权非常容易混淆，但二者并不是同样的权利。民法通则第99条规定，公民享有姓名权，有权决定、使用和依照规定改变自己的姓名，禁止他人干涉、盗用、假冒。可见，姓名权就是公民决定、使用和依照规定改变自己的姓名，禁止他人干涉、盗用、假冒的权利，属于一般人格权的范畴。署名权则是作者为了表明自己是某作品的作者这样一个身份，在作品上署名的权利，属于著作人格权的范畴。作者署名的时候，可以署自己的真实姓名，也可以不署自己真实的姓名，而改署其他名字，比如笔名。可见，署名权不能脱离作品而存在。侵害署名权通常表现为改变署名方式、署名顺序的行为，比如利用职位关系，强行在他人作品上署名，将第二作者改为第一作者；不署翻译作者的名；等等。脱离了权利人自己的作品而使用他人姓名，不应当按照侵害署名权，而应当按照侵害他人姓名权、名誉权、人格尊严、财产等权利处理。比如在治安处罚书上签他人的姓名侵害的就是名誉权，将他人姓名刻在青石板上与死人埋在一起侵害的就是人格尊严权，冒用他人名义领取工资和汇款，侵害的就是他人的财产权，等等。

假冒他人姓名发表作品，制作、出售作品侵害的是他人的姓名权还是署名权？我国知识产权学界绝大多数人认为，侵害的是他人的署名权。这种理解是存在问题的。假冒他人姓名发表作品，制作、出售作品虽然利用了他人姓名，但使用的作品是行为人自己的作品，已经脱离了权利人的作品，不再属于权利人署名决定权的范围，因此不能按照侵害署名权来处理。但是，假冒他人姓名发表作品，制作、出售作品不仅仅未经同意使用了他人姓名，而且往往引起被假冒者作品声誉的降低，侵害了被假冒者作为某个方面的专家的声誉，因此单纯按照侵害姓名权处理也不妥当。从立法论的角度看，假冒他人姓名发表作品，制作、出售作品如果客观上确实引起了被假冒者作品声誉的降低，应当作为侵害一般著作人格权的行为处理，否则只能按照侵害姓名权处理。遗憾的是，我国著作权法并没有对侵害著作人格权的行为规定一般性的条款。日本著作权法第 113 条第 6 款规定，以损害作者名誉或者声望的方法使用其作品的行为，视为侵害著作人格权的行为。这种立法经验值得借鉴，但并不完整。因为这种行为侵害的直接对象属于权利人的作品。在直接侵害的对象属于他人姓名时，日本著作权法的规定也无法适用。因此有必要在借鉴日本著作权法立法经验的同时，加上这样的规定：假冒他人姓名发表作品、损害他人作品声誉的，视为侵害著作人格权的行为。

从解释论上看，著作权法第 47 条第 8 项的规定，即"制作、出售假冒他人署名的作品的"应当是指侵害一般著作人格权的情形。但是，假冒他人姓名发表作品，制作、出售假冒他人署名的作品，如果客观上没有引起被假冒者作品声誉的降低，甚至提高了被假冒者的作品声誉，则只能按照一般的侵害姓名权处理。我国著作权法第 47 条第 8 项没有区别实际情况，将制作、出售假冒他人署名的作品的行为都按照侵害署名权处理是不恰当的。

3. 修改权。修改权是我国著作权法的规定，伯尔尼公约中并没有这样的规定，伯尔尼公约只规定了作者身份权和保护作品不受歪曲篡改权等著作人格权。在伯尔尼公约看来，修改权完全可以包含在保护作品不受歪曲篡改权当中。

按照著作权法第 10 条第 1 款第 3 项规定，修改权，是指著作权人修改或者授权他人修改作品的权利。但是，按照著作权法第 33 条第 2 款的规定，报社、期刊社可以对作品作文字性修改、删节。但对内容的修改，应当经作者许可。

修改权在特定情况下应该受到限制。著作权法实施条例第 10 条规定，著作权人许可他人将其作品摄制成电影作品和以类似摄制电影的方法创作作品的，视为已同意对其作品进行必要的改动，但是这种改动不得歪曲、篡改原作品。

4. 保护作品完整权。保护作品完整权在有的国家被称为同一性保持权。按照我国著作权法第 10 条第 1 款第 4 项的规定，保护作品完整权，是指保护作品不受歪曲、篡改的权利。所谓歪曲，是指改变作品的本来面貌，对作品作不正确的反映。所谓篡改，是指故意改变原文或者歪曲作品原意。比如，将《水浒传》改成《三个女人和一百零五个男人的故事》，将《红楼梦》改为《一个男人和一群女人的风流史》，将《西游记》改为《一个和尚和一群女妖精的传奇》，就属于典型的歪曲和篡改行为。

为了准确理解保护作品完整权，必须把握以下几点：

(1) 如何判断某种行为是否构成歪曲、篡改？存在三个标准：一是主观标准，即只要著作人认为作品受到了违背其意志的改变，就是歪曲、篡改。按照这个标准，凡是没有经过著作权人同意对其作品进行的改动，不管是否损害作者声誉和作品声誉，都会构成对保护作品完整权的侵害。二是客观标准，即从行为人的角度看，只有其行为达到了损害作者声誉以及作品声誉的程度时，才构成对作品的歪曲、篡改。

按照这个标准，如果对作品的改动没有损害作者声誉以及作品声誉，就不构成歪曲、篡改。三是主客观相统一的标准，即只有当未经著作权人同意改变其作品，并且按照社会通识，这种改动足以损害作者声誉以及作品声誉，才构成歪曲。未经著作权人同意改变其作品的行为是否构成歪曲、篡改行为，不但关涉到著作权人保护作品完整权的问题，而且关系到社会公众表达自由的问题，因此坚持主客观统一标准为宜。

（2）构成歪曲、篡改行为的主观过错问题。毫无疑问，未经著作权人同意，故意改变他人作品，并且足以损害作者声誉以及作品声誉的行为，构成歪曲、篡改。问题是，过失是否构成歪曲、篡改？比如误解原作品意思并加以引用，是否构成歪曲、篡改？比如，《海外南经》关于成语"比翼双飞"来历的记载："比翼鸟在其东，其为鸟青、赤，两鸟比翼。一曰在南山东。"有人把它解释为"比翼鸟在它的东面，这种鸟的颜色青中带红——形状像野鸡，只有一只足、一只翅膀和一只眼睛，要两只鸟的翅膀合并起来，才能在天空飞翔。一本说（比翼鸟）在南山的东面"。但据有人考证，《山海经》属于秦代中国地理志，因此比翼鸟并不指鸟，而指鸟形山，上面一段文字的原意应该是："紧靠覆蔽的鸟形山在它的东面，这里有一座鸟形青山，一座鸟形红土山，两鸟形山紧靠覆蔽在一起。一说在南山的东面。"

假设后面一种解释属于符合原意的解释，前一种解释属于对原文的误解，这种误解是否构成对原作品的歪曲或者篡改？虽然保护作品完整权意在保护作品创作的表现，在于保护作者声誉和作品声誉，以防止他人对作品作不正确的反映，但这种保护以不损害社会公众的表达自由为限。由此，为了保护学术争鸣和表达自由，只要误解没有达到足以损害作者声誉以及作品声誉的程度，就不应当认定为歪曲或者篡改行为。误解原文意思并加以引用，一般来说不足以损害原文作者的声誉和作品本身的声誉，因此不构成歪曲、篡改。但是，当误解原文意思已经达到了损害作者声誉和作品声誉的程度时，尽管形式上没有改变原文创作的表现，尽管行为人主观上没有过错，虽然不能作为歪曲、篡改行为，但是也应当作为一般侵害著作人格权的行为，责令行为人采取必要方式进行更正。

（3）改变作品标题是否侵害保护作品完整权？作品标题是作品内容的集中反映，作品标题的改变往往会损害作品本身的声誉和作者的声誉，比如将《高中物理》改为《高中化学》，将著名作家贾平凹的小说《废都》改为日本著名作家大江健三郎的小说《性的人》，都会让读者对原作品产生不正确评价，因此认定为歪曲、篡改比较恰当。

作品标题本身在具备作品要件的情况下，也可以作为独立的作品进行保护。比如钱钟书先生的《围城》、贾平凹先生的《废都》、高建群先生的《最后一个匈奴》。但受保护作品完整权保护的作品标题并不要求具备独创性，这是必须严格区别开来的。

对于没有独创性但知名的作品标题，比如《五朵金花》，除了通过保护作品完整权进行保护以外，还可以通过反不正当竞争法和民法进行保护。具体来说，如果行为人和没有独创性但知名的作品标题作者之间存在竞争关系，则可以适用反不正当竞争法的基本原则进行保护。如果没有竞争关系，则可将其作为一般性利益，通过民法通则的基本原则进行保护。

（4）改变、切除、毁坏作品载体是否侵害保护作品完整权？比如对照片上下、左右进行修剪，是否侵害照片著作权人的保护作品完整权？烧毁原稿、毁坏铜像、破坏建筑物等行为是否侵犯保护作品完整权？由于照片、原稿、铜像、建筑物等都属于作品的载体，因此修剪、烧毁、毁坏、破坏等行为并不侵犯这些作品的保护作品完整权，而应当属于侵害所有权的问题。

当然，由于照片、原稿、铜像、建筑物等凝聚了著作权人的人格利益，应当属于具有人格利益的财产，因此在照片、原稿、铜像、建筑物等原件具有唯一性的情况下，应当允许著作权人提出精神损害赔偿。

（5）报刊社、出版社等误排、错排文字，是否侵害保护作品完整权？误排、错排文字，只要没有改变原作品的创作表现，就不足以损害作者声誉和作品声誉，因此一般不会侵害保护作品完整权，但著作权人可追究报刊社、出版社债务不履行的责任。但在大量误排、错排以至改变了原作品的创作表现，达到了足以损害作者声誉和作品声誉的程度，则不管出版社是出于故意还是过失，都应当按照侵害保护作品完整权处理。

（6）为了讽刺、挖苦、嘲笑原作品进行的改变，是否侵害保护作品完整权？比如，《一个馒头引起的血案》是否侵害电影作品《无极》的保护作品完整权？为了讽刺、挖苦、嘲笑原作品的荒诞性、可笑性，不得不对原作品进行大规模的改变，这种改变从社会通识看，虽然客观上会导致原作品以及原作品作者社会评价的降低，但改变者的主观目的并不在于追求这样的效果，因此不作为侵害保护作品完整权处理比较恰当。作为讽刺、挖苦、嘲笑手段而对原作品进行的改变，本质上属于对原作品的一种特殊评论，属于表达自由的一部分。在某些特殊情况下，在著作权人的权利和表达自由之间，著作权法应当将利益的天平倾向于表达自由。

（7）视为保护作品完整权侵害的行为。日本著作权法第113条第6款规定，以损害作者名誉或者声望的方法使用著作物的行为，视为侵害著作人格权的行为，其中包括侵害保护作品完整权的侵害行为。我国著作权法第10条虽然没有像日本著作权法那样对视为侵害著作人格权的行为作出明确规定，但从解释论看，该条第17项的规定"应当由著作权人享有的其他权利"，也可以作为"视为侵害著作人格权的行为"的请求权基础。比如，将著名画家的作品悬挂在厕所的墙壁上，就属于以低劣化方式即损害作者声誉和作品声誉的方式使用作品的行为，因此应当视为侵害保护作品完整权的行为。

（8）保护作品完整权的限制。保护作品完整并不是绝对化的权利，在一定情况应当受到限制。《计算机软件保护条例》第16条第3项规定，软件的合法复制品所有人为了把软件用于实际的计算机环境或者改进其功能、性能，可以对计算机软件进行必要的修改。但是，除合同另有约定以外，未经该软件著作权人许可，不得向任何第三方提供修改后的软件。

日本著作权法第20条第2款对保护作品完整权则规定以下四个方面的限制：第一，为了学校教育目的不得不进行的改变，包括为了在教科书上的刊载、为了制作教学用的放大图书、为了播放学校教育节目而不得不对字、词、句等进行的改变，不侵犯保护作品完整。第二，建筑物的增建、改建、修缮，以及装饰等的更换，不侵犯保护作品完整权。第三，为了将计算机程序应用于特定的计算机环境，或者为了更加有效地利用计算机程序而进行的必要改变，不侵犯保护作品权。第四，其他按照作品的使用目的和样态不得不进行的改变。日本著作权法对保护作品完整权的限制既有列举条款，又有概括式条款，较我国著作权法的规定更加科学、合理。

5. 作者死亡后著作人格利益的保护。人格利益一般不能脱离其依附的主体而独立存在，因此一般认为，作者死亡后保护其人格利益对作者本人来说已不存在实际意义。但由于作品即使作为物权的客体也是具有人格利益的财产，继承人或者受遗赠人承继作为物权客体的作品后，如果任由他人更改署名、进行歪曲或者篡改，必然引起承继人人格利益的伤害。所以，为了保护承继人的人格利益，首先必须保护死亡后的作者的著作人格利益。就本质而言，与其说对死亡后的作者著作人格利益的保护，还不如说是对承继人一般人格利益的保护。

著作权法实施条例第15条规定，作者死亡后，其著作权中的署名权、修改权和保护作品完整权由作者的继承人或者受遗赠人保护。著作权无人继承又无人受遗赠的，其署名权、修改权和保护作品完整权由著作权行政管理部门保护。著作权法实施条例第17条规定，作者生前未发表的作品，如果作者未明确表示不发表，作者死亡后50年内，其发表权可由继承人或者受遗赠人行使；没有继承人又无人受遗赠的，由作品原件的所有人行使。

（二）著作财产权

1. 复制权。著作权法第10条第1款第5项规定，复制权是著作权人以印刷、复印、拓印、录音、录像、翻录、翻拍等方式将作品制作一份或者多份的权利。

从固定的时间长短看，复制包括永久复制、暂时复制、瞬间复制。永久复制是指时间相对比较长久的复制，比如印刷、复印、拓印、录音、录像、翻录、翻拍等。暂时复制，是指时间相对比较短暂的复制，比如在计算机显示屏上面阅读文章，就会在屏幕上形成文章的暂时复制件。瞬间复制，是指时间非常短暂的复制。比如文章在互联网传播的过程中，就会在通过的各个连接点形成瞬间复制件或者暂时复制件。一般来说，著作权人的复制权所及范围只是时间相对比较长久的复制。

复制权是最基本的著作财产权，是实现其他著作财产权的基础。复制是不改变作品独创性的简单的劳动，不管是传统的非数字化复制方式，还是目前流行的数字化复制方式，都是如此，因此复制者对复制品不享有著作权。

但是，临摹是否是复制需要具体分析。临摹他人书法、绘画作品，有的只是"照样画葫芦"，有的则加入了临摹者自己的独创性。前一种情况下的临摹属于简单的复制，临摹者对其临摹品不应当享有独立的著作权，未经过原作品著作权人许可，不得以营利为目的利用其临摹品，也不得侵害原作品著作权人的著作人格权。后一种情况下的临摹由于加入了临摹者的独创性，具有个性化特征，可以看作是对原作品的演绎，临摹者对其临摹作品应当享有独立的著作权。但是，临摹者在以营利为目的利用其临摹作品时，必须征得原作品著作权人的同意，并且不得侵害原作品著作权人的著作人格权。

自 1709 年英国安娜女王法制定开始直到 20 世纪 50 年代，由于复制技术限制等原因，复制权一直处于著作权人权利制度的核心位置。然而，自 20 世纪 50 年代后，由于复制技术前所未有的多样化和信息化，以复制权为核心构筑的著作权制度遇到了重大挑战，并因此而出现了禁止利用供公众使用目的而设置的自动复制机器进行私人复制、针对利用数字化录音录像器械和媒体进行私人复制者课税等制度，以确保著作权人的利益不至受到过大的侵害。

2. 发行权。著作权法第 10 条第 1 款第 6 项规定，发行权是著作权人以出售或者赠与方式向公众提供作品原件或者复制件的权利。但是作品原件或者复制件经过著作权人同意流向市场后，著作权人再无权控制作品原件或者复制件的进一步出售或者赠与，这就是所谓发行权一次用尽的原则。

多数学者认为，电影作品的发行具有独特性，因此不适用发行权一次用尽原则。但是，随着复制技术的多样化和数字化，电影作品的发行已经和其他作品的发行没有本质的区别，因此电影作品一样应当适用发行权一次用尽原则，以保证商品的自由流通和物权人处分自己所有物的权利。

3. 出租权。著作权法第 10 条第 1 款第 7 项规定，出租权是著作权人有偿许可他人临时使用电影作品和以类似摄制电影的方法创作的作品、计算机软件的权利，计算机软件不是出租的主要标的的除外。视听作品和计算机软件的制作、开发往往需要付出巨大的投资，通过租赁方式进行使用已经发展成为使用这两种电影作品的最为重要方式，如果对出租行为不允许其著作权人加以控制，视听作品和计算机软件著作权人收回投资的机会必将受到重大打击。所谓计算机软件不是出租的主要标的，只要是指以计算机硬件或者整个计算机为主要出租标的的情形。

著作权法既然将享有出租权的作品限定为视听作品和计算机软件，说明除了这两类作品以外的其他作品著作权人都不享有出租权。

同时，著作权法第 10 条第 1 款第 7 项将出租限定为有偿出租，说明著作权法并不限制以出借等无偿方式利用作品的行为。

4. 展览权。著作权法第 10 条第 1 款第 8 项规定，展览权是著作权人公开陈列美术作品、摄影作品的原件或者复制件的权利。可见享有展览权的作品只限于美术作品和摄影作品，其他作品不得享有展览权。但是，按照著作权法第 18 条的规定，在美术作品、摄影作品转移后，美术作品、摄影作品原件的展览权由原件所有人享有。

但从立法论而言，有些文字作品的原件（比如著名作家、政治人物从未公开的手稿）也具有展览的价值，因此也有赋予这些作品以展览权之必要。

5. 表演权。著作权法第 10 条第 1 款第 9 项规定，表演权是著作权人公开表演作品，以及用各种手段公开播送作品的表演的权利。

6. 放映权。著作权法第 10 条第 1 款第 10 项规定，放映权是著作权人通过放映机、幻灯机等技术设备公开再现美术、摄影、电影和以类似摄制电影的方法创作的作品等的权利。由于该项采取的是列举和概括相结合的立法模式，因此从解释论的角度看，享有放映权的作品并不限于美术作品、摄影作品、视听作品，其他作品，比如文字作品的著作权人也应当享有放映权。

7. 广播权。著作权法第 10 条第 1 款第 11 项规定，广播权是著作权人以无线方式公开广播或者传播作品，以有线传播或者转播的方式向公众传播广播的作品，以及通过扩音器或者其他传送符号、声音、图像的类似工具向公众传播广播的作品的权利。可见，广播权包括了转播权。

8. 信息网络传播权。著作权法第 10 条第 1 款第 12 项规定，信息网络传播权是著作权人以有线或者无线方式向公众提供作品，使公众可以在其个人选定的时间和地点获得作品的权利。信息网络传播权是随着信息技术的发达而出现的一种新权利。信息网络传播的最大特征在于传播的便捷性、及时性和交互性。由于具有这三个方面的特征，因此信息网络传播并不仅仅是指通过互联网对作品进行的传播，还包括通过数字电视、电话、手机等具有信息传播功能的器具所进行的交互式传播，对此，著作权人一样应当有权进行控制。

9. 摄制权。著作权法第 10 条第 1 款第 13 项规定，摄制权是著作权人以摄制电影或者以类似摄制电影的方法将作品固定在载体上的权利。摄制不仅仅指通过专业的摄影师利用专业的摄像器具进行的摄影，还包括非专业人员利用具有摄制功能的器具，比如具有摄制功能的数码相机进行的摄制。对此，著作权人都应当有权进行控制。

10. 改编权。著作权法第 10 条第 1 款第 14 项规定，改编权是著作权人改变作品，创作出具有独创性的新作品的权利。改编是演绎作品的一种最基本的方式。

11. 翻译权。著作权法第 10 条第 1 款第 15 项规定，翻译权是著作权人将作品从一种语言文字转换成另一种语言文字的权利。翻译包括不同国家语言、不同民族语言、同一民族古代语言和现代通用语言之间的相互转换，对此，著作权人都应当有权进行控制。翻译是演绎作品的第二种基本方式。

12. 汇编权。著作权法第 10 条第 1 款第 16 项规定，汇编权是著作权人将作品或者作品的片段通过选择或者编排，汇集成新作品的权利。汇编权中所讲的汇编对象和著作权法第 14 条规定的汇编作品所汇编的对象不尽相同。汇编权中的汇编对象属于享有著作权的作品或者作品片段，而汇编作品中的汇编对象不仅包括享有著作权的作品或者作品片段，而且包括不享有著作权的其他材料。

13. 应当由著作权人享有的其他权利。著作权法第 10 条第 1 款第 17 项是一个概括性条款，可以由法官行使自由裁量权进行具体裁量。但这个概括性条款中所指的其他权利不仅仅包括著作财产权，而且包括著作人格权。比如以污染化或者低劣化方式使用他人作品的行为（比如将著名画家的绘画作品悬挂在厕所墙壁上或者放在黄色网站显著位置），就属于侵害著作权人著作人格权的行为，著作权人应当有权加以控制。

14. 许可权。著作权法第 10 条第 2 款规定，著作权人可以许可他人行使第 10 条第 1 款第 5 项到第 17 项规定的财产权利并依约定或者著作权法有关规定获得报酬的权利。

15. 转让权。著作权法第 10 条第 2 款规定，著作权人可以全部或者部分转让第 10 条第 1 款第 5 项到第 17 项规定的财产性权利并依约定或者著作权法规定获得报酬的权利。

16. 技术措施权。技术措施是权利人为了控制他人接触或者使用其作品或者有关制品或者其他信息产品而采取的技术方面的措施，最基本的包括控制接触信息产品的技术措施和控制使用信息产品（含确保支付报酬的技术措施）的技术措施。从是否数字化的角度看，技术措施可分为数字化的技术措施和非数字化的技术措施。数字化技术措施通常和信息网络相连，比如各网络上最常见的密码技术，就是最典型的数字化技术措施。非数字化技术措施，是传统的以物理方式出现的技术措施，比如书店常见的书的塑胶封皮，就是最简单的非数字化技术措施。著作权法所说的技术措施只限于数字化技术措施。

技术措施权是随着信息网络技术的发达而新出现的应当由著作权人或者邻接权人享有的一种权利。但著作权法第 10 条第 1 款并没有明确列举著作权人的技术措施权，而是在禁止侵权行为的著作权法第 47 条中直接加以规定的（"未经著作权人或者与著作权有关的权利人许可，故意避开或者破坏权利人为其作品、录音录像制品等采取的保护著作权或者与著作权有关的权利的技术措施的，除了法律、法规另有约定的以外"）。这暗含着立法者对技术措施权性质上的独特判断。确实，正如立法者所暗示的那样，严格说来，技术措施发挥的作用大体相当于房屋所有人为了保护自己房屋而设置的篱笆或者安装的门锁，因此不应当属于著作权或者邻接权的范畴，而应当是著作权法赋予著作权人或者邻接权人的一种特殊权利。

从内容上看，著作权法第 47 条第 6 项规定的技术措施权的具体内容只限于控制行为人的故意避开或者破坏技术措施的行为，并不包括主要用于避开或者破坏技术措施的装置或者部件以及技术服务。但是作为授权立法的《信息网络传播权保护条例》第 4 条扩大了技术措施权所能禁止的范围。该第 4 条规定，为了保护信息网络传播权，权利人可以采取技术措施。任何组织或者个人不得故意避开或者破坏技术措施，不得故意制造、进口或者向公众提供主要用于避开或者破坏技术措施的装置或者部件，不得故意为他人避开或者破坏技术措施提供技术服务。但是，法律、行政法规规定可以避开的除外。可见，《信息网络传播权保护条例》明确将技术措施权的范围扩大到了对有关装置、部件的制造、进口或者提供以及有关服务的提供的禁止上。

技术措施是著作权人和邻接权人进行版权数字管理的基本手段，技术措施和开封许可合同的结合应用，极大地扩张了权利人的权利空间，使得权利人可以在法定权利之外创设效力非常强大的财产权。

17. 权利管理电子信息权。权利管理电子信息是权利人为了管理自己的权利而附着在作品或者有关制品上的电子信息，包括有关权利人本身的信息、是否准许使用作品或者制品的信息、使用作品或者制品条件（报酬、期限等）的信息等。比如，"未经作者本人同意，严禁以任何方式使用本作品"就是最常见、最典型的权利管理电子信息。

和技术措施权一样，权利管理电子信息权也是随着信息网络技术的发展而新出现的由著作权人或者邻接权人享有的一种权利。从性质上看，权利管理电子信息相当于房屋所有人在自己屋外竖立的牌子或者篱笆或者外壁上写明的"未经许可，严禁入内"等警示性或者许可性信息，这些信息本身并不属于著作权或者邻接权保护的范畴，所以也应当属于一种特殊权利。著作权法第 10 条第 1 款没有明确将权利管理电子信息权作为一种著作权加以列举，而直接在禁止侵权行为的第 47 条中加以规定，也暗含着这样一种价值判断。

从内容上看，著作权法第 47 条第 7 项赋予权利人的，只限于故意删除或者改变权利管理电子信息的行为（"未经著作权人或者与著作权有关的权利人许可，故意删除或者改变作品、录音录像制品等权利管理电子信息的"），但和技术措施权一样，《信息网络传播权保护条例》也将权利管理电子信息权的效力范围扩大了。该条例第 5 条规定，未经权利人许可，任何组织或者个人不得进行下列行为：故意删除或者改变通过信息网络向公众提供的作品、表演、录音录像制品的权利管理电子信息，但由于技术上的原因无法避免删除或者改变的除外；通过信息网络向公众提供明知或者应知未经权利人许可被删除或者改变权利管理电子信息的作品、表演、录音录像制品。可见，《信息网络传播权保护条例》将权利管理电子信息权的范围扩大到了对被删除或者改变信息后的作品等的提供上。

三、著作权的限制

为了保障社会公众的表达和行动自由，促进作品的有效利用，正确处理不同权益之间的关系，以及由于作品利用的性质等原因，对著作权必须施加一定的限制。

（一）合理使用

著作权法第 22 条规定，在下列情况下使用作品，可以不经著作权人许可，不向其支付报酬，但应当指明作者姓名、作品名称，并且不得侵犯著作权人依照本法享有的其他权利：

1. 为个人学习、研究或者欣赏，使用他人已经发表的作品。著作权法之所以规定这种合理使用行为，目的在于减少因为著作权的存在而给他人行动自由造成的过度妨碍。构成这种合理使用行为需要具备以下几个要件：

（1）目的是个人学习、研究或者欣赏。个人包括家庭在内。这里的目的是指直接目的。至于个人学习、研究或者欣赏的间接目的，是否具有营利性，在所不问。但有些国家的著作权法规定，个人目的不包含欣赏目的在内。

（2）使用的必须是他人已经发表的作品。使用除了包括著作权法第 10 条第 1 款规定的复制、表演、摄制、改编、翻译、汇编等方式外，还包括著作权法第 10 条第 1 款没有规定的阅读、浏览等方式。综观现实生活中对作品的使用，最主要的就是复制、阅读、浏览等三种方式。

（3）应当指明作者姓名、作品名称，并且不得侵害著作权人的其他权利，这里的其他权利，主要是指著作人格权。

阅读、浏览他人已经发表的作品不会减杀著作权人的市场机会，对著作权人利益的还流不会造成实质性的影响。但复制则不同。以复制的方式利用他人已经发表的作品，由于复制件保存时间相对长久，复制者可以重复进行利用，复制者一旦进行复制，就不会再购买作品原件或者复制件，结果势必造成著作权人作品销售量的减少，并因此而减少获利的机会。在复制技术前所未有发达的当代社会，著作权人面临的这种因为私人复制带来的结果更为严重。

为了因应复制技术巨大进步对复制权中心主义造成的巨大冲击，减少私人复制对著作权人权利造成的不利后果，自 20 世纪 60 年代开始，已经有不少国家针对复印机、磁带、光盘等复制器具征收一定比例的私人复制税。数字化时代，强化著作权限制和强化著作权保护应当结合起来，对德国、日本、美国等国家的此种做法，我国著作权法应当尽快借鉴。

2. 为介绍、评论某一作品或者说明某一问题，在作品中适当引用他人已经发表的作品。这就是通常所说的适当引用。著作权法规定这种合理使用的主要目的在于保护社会公众的表达自由。构成这种合理使用应当具备以下要件：

（1）目的是介绍、评论某一作品或者说明某一问题。这里的目的也应当是指直接目的，至于介绍、评论的间接目的是否具有营利性质，和为了私人目的使用他人已经发表的作品一样，在所不问。

评论中有一种比较特殊的方式，即极力挖苦、嘲笑、讽刺，也就是常说的恶搞或者搞恶。这种方式虽然会引起公众对被恶搞的对象作品的低劣化评价，但很难说恶搞者有主观恶意，在著作权人权利和公众表达自由两种法益权衡之间，著作权法应当倾向于公众的表达自由，所以仍然应当将其作为合理使用处理比较恰当。

（2）引用的必须是他人已经发表的作品。

（3）引用必须适当。适当引用意味着引用人作品和被引用人作品处于主从关系地位（主从关系），并且因此而可以明白地进行界分（明了区别性）。也就是说，被引用人作品在引用人作品中应当处于附属地位，如果被引用人作品在引用人作品中处于主导地位，则这种引用无论如何不能称为适当引用。被引用人作品在引用人作品中居于主导地位主要是指被引用人作品在数量上超过引用人作品的数量，比如一篇千字文，某个被引用人作品就占了 800 字，很难称得上是适当引用。在引用几个不同作者作品的情况下，是否构成合理使用必须具体情况具体分析。比如一篇 5 000 字的文章，引用三个作者的作品，每个作者的作品引用字数为 1 000 字，虽然被引用人作品的总体数量超过引用人作品的数量，但如果引用人作品总体上具备独创性，该种引用仍然构成适当引用。相反，如果引用人作品总体上没有任何独创性，只是被引用人作品的拼凑，则该种引用难以称为适当引用。

但是，被引用人作品构成引用人作品的实质部分，即最有价值的部分是否不再构成适当引用需要具体分析。引用他人作品，引用的往往就是他人作品中最能说明问题、最具有价值的思想、观点，而这种思想、观点和论据很可能构成引用人作品的实质部分，但并不能就此认为此种引用不是适当引用。理由在于思想、观点本身不受著作权法保护，著作权法保护的只是思想、观点的具有独创性的表达方式。所以准确地说，只有当引用者引用的是他人作品思想、观点的具有独创性的表达方式，并且这种引用构成引用人作品的独创性部分和最有价值部分时，才属于非适当引用。

为了介绍、评论某一作品，有时候不但必须大量引用他人的作品，甚至还不得不对他人作品进行改动，甚至是大规模改动（比如在搞恶的情况下），这种情况下，虽然评论者没有经过著作权人许可改动了其作品，但仍然作为适当引用处理为宜。

（4）必须指明作者姓名、作品名称，并且不得侵害著作权人的其他权利。这是明了区别性的要求。

3. 为报道时事新闻，在报纸、期刊、广播电台、电视台等媒体中不可避免地再现或者引用已经发表的作品。著作权法规定这种合理使用的目的在于确保人间信息的自由。构成这种合理使用应当具备以下要件：

（1）目的是报道时事新闻。所谓时事新闻，是指报纸、期刊、广播电台、电视台等媒体报道的单纯事实消息。按照最高人民法院 2002 年《关于审理著作权民事纠纷案件适用法律若干问题的解释》第16条的规定，通过大众传播媒介传播的单纯事实消息也属于时事新闻。

（2）合理使用的主体限于报纸、期刊、广播电台、电视台等媒体或者大众传播媒介。

（3）不可避免地再现或者引用他人作品。所谓不可避免地再现或者引用，是指不再现或者引用他人作品就达不到报道时事新闻的目的。比如，为了报道某个人创作的纪念南京大屠杀的绘画作品，就不可避免地要在新闻电视画面或者新闻摄影中再现或者部分再现该绘画家的整幅作品或者作品片段，否则就难以实现报道的目的。再比如，在新闻人物采访报道中，为了配合报道而给新闻人物拍照时，有时不可避免地会拍摄到新闻人物装裱在家庭墙壁上的书法、绘画或者摄影作品。在这两种情形中，虽然在新闻画面中再现了他人作品，但属于合理使用行为。

（4）再现或者引用的应当是他人已经发表的作品。从立法论的角度看，为了报道时事新闻，在报纸等媒介上不可避免地再现或者引用的作品必须是已经发表的作品，似可商榷。比如，在上面所举的第一个例子中，假设该画家创作的作品属于尚未发表的作品，但出现在了新闻电视画面或者新闻摄影中，作为报道的记者是否侵犯该画家的发表权呢？只要没有超出新闻报道的目的，以不作为侵害发表权处理为宜。

这种情形下的合理使用是否必须标明作者姓名以及作品名称？得看具体情况。如果是以新闻图片的形式进行报道，则必须标明作者姓名以及作品名称。如果是以新闻电视画面的形式进行报道，由于客观上无法在画面上标明作者姓名以及作品名称，报道的文字部分也必然说明作者姓名以及作品名称，因此在新闻画面上并无必要再重复加以标明。

4. 报纸、期刊、广播电台、电视台等媒体刊登或者播放其他报纸、期刊、广播电台、电视台等媒体已经发表的关于政治、经济、宗教问题的时事性文章，但作者声明不许刊登、播放的除外。著作权法之所以规定这种有条件的合理使用，是为了保护具有附加价值的对他人作品的利用，以促进这类作品的大范围传播，迅速扩大其影响。

5. 报纸、期刊、广播电台、电视台等媒体刊登或者播放在公众集会上发表的讲话，但作者声明不许刊登、播放的除外。在公众集会上发表的讲话，如果构成作品，本身就应当属于已经公开发表的作品，因此属于媒体可以刊登或者播放的范围。但是，该种讲话毕竟不能和纯粹的时事新闻等同，有的甚至和时事新闻没有丝毫关系，所以不能按照时事新闻处理。同时，在公众集会上的讲话可能涉及复杂利益关系，讲话者不情愿将其讲话内容进行大范围地传播。基于这些因素，对于在公众集会上发表的讲话，著作权法原则上允许媒体进行刊登或者播放，但同时赋予作者禁止权加以改变。

6. 为学校课堂教学或者科学研究，翻译或者少量复制已经发表的作品，供教学或者科研人员使用，但不得出版发行。著作权法规定这种合理使用主要目的在于保护对他人作品具有附加价值的使用，促进教育事业的进步。构成这种合理使用必须具备下列几个要件：

（1）目的是为了学校课堂教学或者科学研究。至于学校是否具有直接或者间接的营利目的，在所不问。也就是说，学校是公立学校还是私立学校，属于非营利性的事业单位还是营利性的事业单位，并不影响此种合理使用行为的成立。那种认为能够享受这种合理使用的只限于公立学校而不包括私立学校的观点是站不住脚的。同样都是为了课堂教学或者科学研究，大大减轻了政府教育负担的私立学校不能仅仅因为其具有一定程度上的营利性就剥夺其享受此种合理使用带来的裨益的权利。

课堂并不限于学校内部的课堂，只要是没有离开学生的课堂，尽管在学校外部，也符合此种合理使用的要求。但是，由专门的培训机构举办的并向听课对象收取高额费用的专门知识培训，已经超出了课堂教学的范畴，不能适用此种合理使用。

（2）使用的形式只限于翻译或者少量复制。究竟复制多少才属于"少量复制"？能否以复制整部或者整篇作品或者是以复制作品中的某个或者某几个部分为标准判断是否属于"少量复制"？为了课堂教学或者科学研究，有时必须复制整部或者整篇作品，此种情形下的复制是否不再是"少量复制"了呢？一个很简单的假设就可以推翻这种论断。比如，复制的整部或者整篇作品只供某一个教学或者科研人员使用。可见，不能以复制的是整部或者整篇作品还是作品中的某个或者某几个部分为标准判断是否属于"少量复制"。结合著作权法第22条第1款第6项的"供教学或者科研人员使用"的规定可以看出，所谓"少量复制"，是指仅仅满足教学人员或者科研人员需要的复制。比如，某个大学法学院知识产权法教研室的教学人员为6人，由于教学需要复印某个学者的知识产权法教材，则复制6本就可满足教学人员的需要，因此复制6本就属于这种情况下的"少量复制"。从这里也可以看出，所谓教学或者科研人员，应当是指与某个相对具体的教学或者科研活动相关的人员，而并不包括与相对具体的教学活动没有关系的学校其他教学人员。比如，在上述例子中，如果将该学者的知识产权法教材复制20本，6本发给知识产权法教研室的老师，其他14本发给刑法教研室的老师，则不再属于"少量复制"。

但是，从学生的角度看，究竟复制多少才属于"少量复制"是一个非常棘手的问题。假设上述法学院知识产权专业四届的学生总共500人，将该学者的知识产权法教材复制500套发给大家，每套仅收成本费10元，是否属于"少量复制"？再假设上述法学院知识产权专业一个班的学生为50人，将该学者的知识产权法教材复制50套发给大家，每套也只收取成本费10元，是否属于"少量复制"？可见由于学生人数非常不确定，要确定究竟复制多少才属于"少量复制"并不是一件容易的事情。这说明，单纯从复制数量的多少来判断为了课堂教学或者科学研究使用他人已经发表的作品是否属于合理使用行为并不十分科学。关键应当看这种使用行为是否实质性地影响到著作权人的交易市场。比如上述例子中，复制 500 套发给学生，著作权人就要失去 500 个交易机会，假设该教材定价 40 元，著作权人获得的版税为 10％，则著作权人将损失 2 000 元，又假设该书总的发行量为 5 000 套，则著作权人的损失为十分之一。应当说，复制 500 套的行为已经给著作权人的交易市场造成了实质性损害，因而不属于合理使用行为。复制 50 套的行为是否属于合理使用行为则要具体分析。如果复制的作品属于具有纪念价值的珍藏版本，而且发行量十分有限（比如为 500 套），并且价格非常昂贵（比如每套 1 000 元），则即使复制 50 套发给学生的行为也不能作为合理使用。可见，在考虑为了课堂教学或者科学研究而使用他人作品的行为是否构成合理使用行为时，不仅要考查复制的数量，而且必须考查作品本身的性质，并在此基础上考虑著作权人的市场是否受到实质性损害进行综合判断。

此外，从立法论的角度看，著作权法将为了学校课堂教学或者科学研究需要利用他人已经发表的作品的方式限定为翻译或者复制显然无法满足学校课堂教学或者科学研究的需要。比如为了艺术院校学生的教学，有时必须将作家的小说改编成剧本以至拍摄成电影在学校内部播放，或者将戏曲改成交响乐在学校内部进行演出，等等，显然也应当属于合理使用的形式。所以，著作权法第 22 条第 1 款第 6 项中的"翻译或者少量复制已经发表的作品"修改为"少量利用已经发表的作品"更加符合实际的需要。

（3）为了学校课堂教学或者科学研究，利用他人已经发表的作品只能供教学或者科研人员使用。教学或者科研人员，既包括从事教育的人员，也包括学习或者研究的人员。

（4）应当指明作者姓名、作品名称，并且不得侵犯著作权人的其他权利。

7. 国家机关为执行公务在合理范围内使用已经发表的作品。

8. 图书馆、档案馆、纪念馆、博物馆、美术馆等为了陈列或者保存版本的需要，复制本馆收藏的作品。复制包括以数字化方式进行的复制。2006 年国务院颁布实施的《信息网络传播权保护条例》第 7 条规定，图书馆、档案馆、纪念馆、博物馆、美术馆等可以不经著作权人许可，通过信息网络向本馆馆舍内的服务对象提供本馆收藏的合法出版的数字作品和依法为陈列或者保存版本的需要以数字化形式复制的作品，不向其支付报酬，但不得直接或者间接获得经济利益。当事人另有约定的除外。所谓为陈列或者保存版本需要以数字化形式复制的作品，应当是已经毁损或者濒临毁损、丢失或者失窃，或者其存储格式已经过时，并且在市场上无法购买或者只能以明显高于标定的价格购买的作品。

9. 免费表演已经发表的作品，该表演未向公众收取费用，也未向表演者支付报酬。免费表演娱乐的是公众，因此著作权法规定这种合理使用的目的在于促进作品的传播，保护公众的一般性利益。构成这种合理使用应当具备下列条件：

（1）表演的是已经发表的作品。

（2）表演未向公众收取任何费用，包括售卖门票、拉取赞助、变相提高售卖商品的价格等等。

（3）未向表演者支付表演行为的报酬，但不包括车船费用、旅馆费用、用餐费用。但这些费用大大超过正常的标准时，属变相向表演者提供了报酬，使用他人作品进行表演不再属于合理使用行为。

（4）不得侵害著作权人的其他权利。

10. 对设置或者陈列在室外公共场所的艺术作品进行临摹、绘画、摄影、录像。著作权法设置这种合理使用的目的主要在于确保人间的行动自由。构成这种合理使用应当具备下列要件：

（1）使用的作品限于设置或者陈列在室外公共场所的艺术作品，主要是指雕塑作品、绘画作品、摄影作品等。室外公共场所，是指向一般公众开放的场所、建筑物的外壁以及其他一般公众容易看见的室外场所，但和一般公众是否应当支付费用没有必然关系。比如每个城市的广场、不设门栏的公园、海滩、道路、桥梁、建筑物的外壁等等。设置门栏的公园、海滩等虽然需要购票才能进入，但仍然属于向一般公众开放的室外公共场所，对设置在其中的艺术作品应当允许进行自由临摹、绘画、摄影、录像。购物中心、餐馆、书店等虽然向一般公众开放，一般公众都可以自由出入购物、用餐、购阅图书，但并非"室外"场所，因此对设置在其中的艺术作品不经著作权人许可，不得进行临摹、绘画、摄影、录像。公共汽车、列车、船舶、飞机等交通工具由于其流动性，亦属公众能够自由接触的室外场所，因此对绘画于其上的艺术作品也应当允许自由进行临摹、绘画、摄影、录像。展览馆、博物馆、纪念馆等虽然属于购票即可进入的场所，但不属于室外公共场所，并非可以自由出入的场所，设置其中的艺术作品不会妨碍到人间的行动自由，因此对设置其中的艺术作品未经著作权人许可，不得进行临摹、绘画、摄影、录像。

设置或者陈列在室内橱窗但从公共场所可以目睹的艺术作品是否能够自由进行临摹、绘画、摄影、录像？如上所述，著作权法之所以规定对设置或者陈列在室外公共场所的艺术作品允许进行自由临摹、绘画、摄影、录像，是因为设置或者陈列在室外公共场所的艺术作品会妨碍到人间的行动自由（进行绘画、摄影、录像等活动时，不可避免地会将映入视野的艺术作品绘画、摄影或者录像进去，如不许可，绘画者等的活动将受到很大限制），设置或者陈列在室内橱窗但从公共场所可以目睹的艺术作品虽然不属于"室外"公共场所的艺术作品，但同样具有这种妨碍人间的行动自由的作用，因此在著作权人没有明确禁止的情况下，推定其默示许可自由进行临摹、绘画、摄影、录像为妥。

设置或者陈列在室外公共场所的艺术作品是否需要长久设置才能进行临摹、绘画、摄影、录像？由于盛大节日或者某个特殊场合临时或者暂时设置在室外公共场所的艺术作品是否允许进行临摹、绘画、摄影、录像？上文已经说过，著作权法之所以规定对设置或者陈列在室外公共场所的艺术作品允许进行自由临摹、绘画、摄影、录像，是因为设置或者陈列在室外公共场所的艺术作品会妨碍到人间的行动自由。而真正会妨碍人间行动自由的，只是那些长久设置或者陈列在室外公共场所的艺术作品。临时或者暂时设置或者陈列在室外公共场所的艺术作品由于其临时性，即使对人间的行动自由产生妨碍作用，也是暂时的。但是，并不能由此而得出临时或者暂时设置在室外公共场所的艺术作品绝对不允许进行临摹、绘画、摄影、录像的结论。对于公众而言，由于预见能力的限制，难以分清设置或者陈列到底是长久设置还是临时或者暂时设置，因而不可避免地会对设置或者陈列在室外公共场所的艺术作品进行临摹、绘画、摄影、录像等活动。为了在确保人间的行动自由和切实保护著作权人权益之间求取动态的平衡，对临时或者暂时设置在公共场所的艺术作品，除非著作权人明确声明不得进行临摹、绘画、摄影、录像应当推定著作权人默示许可自由进行临摹、绘画、摄影、录像。

（2）方式只限于临摹、绘画、摄影、录像。这是由艺术作品本身的性质决定的。

由于对利用的方式进行了限定，因此对长久设置在室外公共场所的艺术作品进行利用时，不得进行下列行为：重新制作雕塑作品以及将重新制作的雕塑作品通过转让方式提供给公众；复制建筑作品以及将复制的建筑作品通过转让方式提供给公众；为了长久在室外公共场所设置或者陈列而进行的复制；以专门销售为目的进行的复制行为以及将该种复制品进行销售的行为。

对设置或者陈列在室外公共场所的艺术作品进行临摹、绘画、摄影、录像后，临摹者、绘画者、摄影者、录像者能否利用其成果？最高人民法院2002年《关于审理著作权民事纠纷案件适用法律若干问题的解释》第18条第2款规定，对设置或者陈列在室外社会公众活动处所的艺术作品进行临摹、绘画、摄影、录像者，可以对其成果以合理方式和范围再行使用，不构成侵权。如何理解这里所说的"合理方式和范围"？是否包括将其成果进行营利性使用，比如作为商标或者商品装潢使用？

一般来说，对设置在室外公共场所的艺术作品进行临摹、绘画、摄影、录像就其成果来看，包括两种情况：一是创作出具有独创性的新作品（比如具有独创性的临摹、绘画、摄影、录像），二是简单的复制（比如没有独创性的临摹、翻拍、通过具有摄像功能的数码照相进行的简单录像）。第一种情况下，由于临摹、绘画、摄影、录像者创作出了新的独立作品，原作品仅仅起到创作素材的作用，临摹、绘画、摄影、录像者对其成果享有完整的著作权，可以依法以任何方式利用其成果，当然包括将其成果作为商标、商品包装等营利性使用。第二种情况下，由于临摹等行为只是简单的复制，比如将某著名画家刻写在海南三亚天涯海角的书法作品"天涯海角"通过摄影方式进行简单的翻拍，摄影者是否能够将其翻拍的"天涯海角"作为商标或者商品包装进行使用，则不无疑问。从解释论的角度看，著作权法第22条第

1 款第 10 项规定的合理使用行为，赋予公众的仅仅是无须经过著作权人许可、也无须支付费用而对设置或者陈列在室外公共场所的艺术作品进行临摹、绘画、摄影、录像行为本身，对于临摹、绘画、摄影、录像者是否能够自由利用其成果则不置可否。著作权法的这种态度实际上暗含着应当对临摹、绘画、摄影、录像者的成果进行具体分析的意味，暗含着如果临摹、绘画、摄影、录像者对其成果的利用过分损害著作权人权益时，应当受到某种限制的意味。在对设置或者陈列在室外公共场所的艺术作品仅仅进行没有任何独创性的临摹、简单翻拍等简单复制的情况下，如果允许临摹者等对其复制品进行大范围的营利性使用，必然很大程度上损害著作权人利用其作品的市场机会，给著作权人权益造成过大侵害。结论就是，最高人民法院司法解释所说的"合理方式和范围"不应当包括对没有独创性的临摹、绘画、摄影、录像等简单复制状态下的成果进行营利性使用的行为，比如上述所列举的将其成果作为商标或者商品装潢进行使用的行为。

11. 将中国公民、法人或者其他组织已经发表的以汉语言文字创作的作品翻译成少数民族语言文字作品在国内出版发行。著作权法规定这种合理使用的目的在于保护少数民族利益。构成这种合理使用应当具备以下要件：

（1）使用对象限于中国公民、法人或者其他组织已经发表的以汉语言文字创作的作品。这里的中国公民、法人或者其他组织仅指中国内地的公民、法人或者组织，不包括我国香港、澳门、台湾地区的公民或者法人等，因为这些地区都适用各自的著作权法。这里的汉语言文字创作的作品，不仅仅指汉语言创作的文字作品，还应当包括以汉语言文字创作的视听作品、戏曲作品、音乐作品以及其他能够进行翻译的各类作品。

（2）使用方式限于翻译，也就是语言文字的转换，不包括其他利用著作权的方式。至于翻译是否具有营利目的，在所不问。

（3）只能在国内出版发行。这里的国内仅指中国内地，不包括我国香港、澳门、台湾地区。

12. 将已经发表的作品改成盲文出版。著作权法之所以规定这种合理使用，目的在于保护视力障碍者的利益。构成这种合理使用的作品种类不受限制，只要是已经发表的作品即可。盲文是指盲人能够感知的独特文字。该种合理使用行为是否具有营利目的在所不问。

盲人只是视觉存在障碍的人群中最严重的一种。虽未达到全盲的程度但视力非常低下的人也属于视觉存在障碍者。是否应当针对此种人规定合理使用行为，我国著作权法没有涉及。为了保护虽未失明但视力存在严重障碍的人的利益，应当允许将已经发表的作品放大字体进行出版的合理使用行为。

著作权法第 22 条第 2 款规定，前款规定适用于对出版者、表演者、录音录像制作者、广播电台、电视台权利的限制。

13. 对技术措施的合理规避。《信息网络传播权保护条例》第12条规定，属于下列情形的，可以避开技术措施，但不得向他人提供避开技术措施的技术、装置或者部件，不得侵犯权利人依法享有的其他权利：为学校课堂教学或者科学研究，通过信息网络向少数教学、科研人员提供已发表的作品、表演、录音录像制品，而该作品、表演、录音录像制品只能通过信息网络获取；不以营利为目的，通过信息网络以盲人能够感知的独特方式向盲人提供已经发表的文字作品，而该作品只能通过信息网络获取；国家机关依照行政、司法程序执行公务；在信息网络上对计算机及其系统或者网络的安全性能进行测试。

14. 《信息网络传播权保护条例》对合理使用行为的扩大。2006年，国务院根据著作权法第58条的授权规定，制定颁布了《信息网络传播权保护条例》。根据该条例第6条的规定，通过信息网络提供他人作品，属于下列情形的，可不经著作权人许可，不向其支付报酬：为介绍、评论某一作品或者说明某一问题，在向公众提供的作品中适当引用已经发表的作品；为报道时事新闻，在向公众提供的作品中不可避免地再现或者引用已经发表的作品；为学校课堂教学或者学科研究，向少数教学、科研人员提供少量已经发表的作品；国家机关为执行公务，在合理范围内向公众提供已经发表的作品；将中国公民、法人或者其他组织已经发表的、以汉语言文字创作的作品翻译成少数民族语言文字作品，向中国境内少数民族提供；不以营利为目的，以盲人能够感知的独特方式向盲人提供已经发表的文字作品；向公众提供在信息网络上已经发表的关于政治、经济问题的时事性文章；向公众提供在公众集会上发表的讲话。可见，信息网络传播权保护条例将某些合理使用的对象扩大到了在信息网络上传输的作品，或者扩大到了通过信息网络进行传输的行为本身。

尽管《信息网络传播权保护条例》对技术措施权进行了很大限制，但由于并非任何公众都具有破解或者规避技术措施的能力，因此技术措施的版权保护大大减缩了传统合理使用的范围，打破了原有的利益平衡格局。如何解决技术措施版权保护以及技术措施和开封许可合同的结合而形成的版权数字管理对合理使用造成的冲击、确保公众的利益是信息化时代著作权法面临的一个重要课题。

此外，从立法论的角度看，我国著作权法对合理使用采取的是限定列举的立法模式，该种模式的好处在于为行为人提供了明确的行为预期，缺点是无法应对科技发展所带来的对新的合理使用形式的需要。在采取限定列举立法模式的同时，借鉴美国版权法的立法经验，辅之以一般性的规定，为法官提供一个自由裁量的空间，在信息化、网络化的当代社会，已非常具有必要性。

（二）法定许可使用

法定许可使用和合理使用不同，合理使用虽然不是免费使用（因为学习、研究本身也需要付出成本），却不需要经过著作权人许可，也无须向著作权人支付使用费，而法定许可使用虽无须著作权人许可，却应当依法向著作权人支付报酬。我国著作权法规定了以下法定许可使用：

1. 因教育需要的法定许可使用。著作权法第 23 条规定，为实施九年制义务教育和国家教育规划而编写出版教科书，除作者事先声明不许使用的外，可以不经著作权人许可，在教科书中汇编已经发表的作品片段或者短小的文字作品、音乐作品或者单幅的美术作品、摄影作品，但应当按照规定支付报酬，指明作者姓名、作品名称，并且不得侵犯著作权人依照本法享有的其他权利。

《信息网络传播权保护条例》则将这种法定许可方式扩大到了信息网络当中。该条例第 8 条规定：为通过信息网络实施九年义务制教育或者国家教育规划，可以不经著作权人许可，使用其已经发表作品的片段或者短小的文字作品、音乐作品或者单幅的美术作品、摄影作品制作课件，由制作课件或者依法取得课件的远程教育机构通过信息网络向注册学生提供，但应当按照规定向著作权人支付报酬。同时，按照该条例第 10 条第 4 项的规定，作品的提供者应当采取技术措施，防止规定的服务对象以外的其他人获得著作权人的作品；并防止该条例第 7 条规定的服务对象的复制行为对著作权人利益造成实质性损害。

2. 报刊社、网络服务提供者法定许可。著作权法第 32 条第 2 款规定，报社、期刊社刊登著作权人作品后，除著作权人声明不得转载、摘编的以外，其他报刊可以转载或者作为文摘、资料刊登，但应当按照规定向著作权人支付报酬。

3. 录音制作者法定许可。著作权法第 39 条第 3 款规定，录音制作者使用他人已经合法录制为录音制品的音乐作品制作录音制品，可以不经著作权人许可，但应当按照规定支付报酬；著作权人声明不许使用的不得使用。

4. 广播电台、电视台法定许可。著作权法第 42 条第 2 款规定，广播电台、电视台播放他人已经发表的作品，可以不经著作权许可，但应当支付报酬。著作权法第 43 条规定，广播电台、电视台播放已经出版的录音制品，可以不经著作权人许可，但应当支付报酬。当事人另有约定的除外。

5. 为扶助贫困的法定许可。《信息网络传播权保护条例》第 9 条规定，为扶助贫困，通过信息网络向农村地区的公众免费提供中国公民、法人或者其他组织已经发表的种植养殖、防病治病、防灾减灾等与扶助贫困有关的作品和适应基本文化需求的作品，网络服务提供者应当在提供前公告拟提供的作品及其作者、拟支付报酬的标准。自公告之日起 30 日内，著作权人不同意提供的，网络服务提供者不得提供其作品；自公告之日起满 30 日，著作权人没有异议的，网络服务提供者可以提供其作品，并按照公告的标准向著作权人支付报酬。网络服务提供者提供著作权人的作品后，著作权人不同意提供的，网络服务提供者应当立即删除著作权人的作品，并按照公告的标准向著作权人支付提供作品期间的报酬。但不得直接或者间接获得经济利益。作品的提供者应当采取技术措施，防止规定的服务对象以外的其他人获得著作权人的作品。

四、著作权的保护期限

为了适当平衡个人利益和社会公共利益，著作权法规定，经过一定的独占期限后，作品进入公共领域，任何人都可自由加以利用。具体规定如下：

1. 署名权、修改权、保护作品完整权的保护期限。著作权法第 20 条规定，作者的署名权、修改权和保护作品完整权的保护期限不受限制。

2. 发表权和著作财产权的保护期限。著作权法第 21 条第 1 款、第 2 款规定，公民的作品，其发表权和著作权法第 10 条第 1 款第 5 项至第 17 项规定的著作财产权利的保护期为作者终生及其死亡后 50 年，截止于作者死亡后第 50 年的 12 月 31 日；如果是合作作品，截止于最后死亡的作者死亡后第 50 年的 12 月 31 日。法人或者其他组织的作品、著作权（署名权除外）由法人或者其他组织享有的职务作品，其发表权和著作权法第 10 条第 1 款第 5 项至第 17 项规定的著作财产权利的保护期为 50 年，截止于作品首次发表后第 50 年的 12 月 31 日，但作品自创作完成后 50 年内未发表的，本法不再保护。

3. 视听作品、摄影作品的保护期限。著作权法第 21 条第 3 款规定，电影作品和以类似摄制电影的方法创作的作品、摄影作品，其发表权和著作权法第 10 条第 1 款第 5 项至第 17 项规定的著作财产权利的保护期为 50 年，截止于作品首次发表后第 50 年的 12 月 31 日，但作品自创作完成后 50 年内未发表的，著作权法不再提供保护。

4. 作者身份不明作品的著作权保护期限。著作权法实施条例第 18 条规定，作者身份不明的作品，其著作权法第 10 条第 1 款第 5 项至第 17 项规定的著作财产权利的保护期截止于作品首次发表后第 50 年的 12 月 31 日。作者身份确定后，适用著作权法第 21 条的规定。

5. 连续发表的作品著作权的保护期限。连续发表的作品著作权的保护期限如何确定我国著作权法没有规定，究竟如何确定要看连续发表的小说的具体情况。连续发表的作品包括两种情形：一是连续发表的整体上不可分割的作品，比如连载小说，二是虽连续发表但每个部分形成相对独立作品的连续发表的作品，比如连载的图画作品"杨家将故事系列"，虽属连载，但每个故事形成独立的一册图画，每册图画又形成整体的杨家将故事。

如果连续发表的作品属于整体上不可分割的作品，则整部作品创作完成的时间为最后一部分创作完成的时间，因而不宜以其中单个部分发表的时间作为著作权保护期限的起算点，而应该以最后一部分发表的时间作为保护期限的起算点。在连续发表的作品属于整体上不可分割的作品的情况下，如果后一部分发表的时间和前一部分发表的时间间隔太长，比如 50 年，则可能延长整部作品的著作权保护期限。为了防止著作权人故意从事这样的行为，有必要对后一部分发表的时间和前一部分发表的时间相隔太长时的著作权保护期限作出特殊处理。日本著作权法的立法经验可资借鉴。日本著作权法第 56 条第 2 项规定，按照每一部分逐渐发表而创作完成的作品，应该继续发表的部分和前一部分相隔 3 年以上仍未发表的，则已完成作品的最后部分视为最终部分。也就是说，在这种情况下，3 年以前发表的部分和 3 年以后继续发表的部分应该分开计算保护期限。

如果连续发表的作品属于每个部分形成相对独立的作品并且在整体上可以分割的作品，则著作权的保护期限应当以每个部分单独发表的时间为起算点进行计算。在这种情况下，未经著作权人许可利用了其中某个部分是否构成侵权，要看这部分是否已经过了著作权保护期而决定。但整部作品如果构成汇编作品，则作为整体的汇编作品的保护期限应当从最后一部分发表之日起计算。

第五节 侵害著作权的效果

一、侵害著作权的要件

正如序章所说，对知识产权侵害行为承担停止侵害责任应该采取无过错责任原则，采取无过错责任原则说明不管行为人主观上是否存在过错，其行为都构成侵害行为。由此可见，行为人主观上是否有过错在判断其行为是否构成著作权侵害的时候并没有实际意义，行为人过错的有无只是决定其是否承担损害赔偿责任。因此在探讨侵害著作权的要件时，没有必要再去探讨行为人的主观过错问题。

同样，在探讨侵害著作权的要件时，也没有必要关注侵害的到底是原作品还是演绎作品。理由在于，在著作权法没有特别规定的情况下，只要没有经过著作权人同意使用其作品，就会构成侵权，只不过在侵害对象为演绎作品的情况下，还可能侵害原作品著作权。

综合考量著作权法的趣旨，侵害著作权的要件可以分为依据要件、同一性或者类似性要件、利用行为要件等三个方面：

（一）依据要件

所谓依据要件，是指要成立著作权侵害，行为人必须接触过著作权人的作品并以此为依据作成和原作品具有同一性或者类似性的作品。虽然行为人的作品和原作品具有同一性或者类似性，但如果行为人根本没有接触过著作权人的作品，而属于自己独立创作，则属于偶然同一或者类似，则行为人不但不构成著作权侵害，反而应当享有独立的著作权。之所以自己独立创作的偶然和著作权人的作品具有同一性或者类似性的作品也享有著作权，是因为著作权法采取创作完成这一事实产生著作权、讲求文化的多样性而非专利法追求的技术先进性的趣旨决定的。

司法实践中为了让原被告合理分担证明责任，原告只要能够证明被告是否接触过原告作品即可，而被告必须证明作品系自己独立创作。如果原被告的作品具有同一性或者类似性、原告证明被告接触过原告作品，而被告提不出足够的反证证明作品系其独立创作，则依据要件成立。当然，实践中要原告证明被告是否接触过其作品，虽然有时非常容易，比如被告作品中的误写之处、没有实际意义的琐碎之处和原告作品中的相同的话，就足以证明被告接触过原告的作品，但绝大多数情况下并不容易证明。为了减轻原告的证明责任，应当采取特殊的证明规则，即只要原被告作品具有同一性或者类似性，除非被告能够举出相反证据证明作品系其独立创作，就推定被告作品是以原告作品为依据作成的。

（二）同一性或者类似性要件

所谓同一性或者类似性要件，是指要成立著作权侵害，原被告作品应当具备同一性或者类似性。所谓同一性，是指原被告作品完全相同，这种情况主要表现为全部复制或者部分复制，比如全部抄袭或者部分抄袭。所谓类似性，是指原被告作品虽然不是一模一样，但创作表现本质上相同。这种情况通常表现为对原告作品进行没有创作性的简单删减、增添、改变。比如增加或者删除原告作品中无关紧要的字、词、句，简单改变原告作品的顺序结构。

必须明确的是，由于著作权法保护的是思想、感情创作的表现，而不是思想、感情本身，因此所谓原被告作品的同一性或者类似性，是指原被告作品创作表现的同一性或者类似性，而不是思想或者感情的同一性。如果被告仅仅利用了原告作品中的思想观点或者没有创作性的表现，则虽具同一性或者类似性，但不构成著作权侵害。

作为思想、感情创作基础的事实部分有时具备表达的唯一性，比如煤气管道图、人体结构图、地图等图形作品中的管道、人体结构、地形地貌、历史人物客观活动的记录，以大自然为题材的大自然本身，以某些物理定律、化学公式作为说明对象的物理定律、化学公式本身，等等。在判断这些作品创作的表现是否具备同一性或者类似性时，首先必须排除具备唯一性表达的事实本身部分，然后再考察具备创作性的表达部分是否相同或者类似。

（三）利用行为要件

包括著作权法第 46 条和 47 条规定的利用行为。第 46 条规定的利用行为包括：未经著作权人许可，发表其作品的；未经合作作者许可，将与他人合作创作的作品当作自己单独创作的作品发表的；没有参加创作，为谋取个人名利，在他人作品上署名的；歪曲、篡改他人作品的；剽窃他人作品的；未经著作权人许可，以展览、摄制电影和以类似摄制电影的方法使用作品，或者以改编、翻译、注释等方式使用作品的，本法另有规定的除外；使用他人作品，应当支付报酬而未支付的；未经电影作品和以类似摄制电影的方法创作的作品、计算机软件、录音录像制品的著作权人或者与著作权有关的权利人许可，出租其作品或者录音录像制品的，本法另有规定的除外；未经出版者许可，使用其出版的图书、期刊的版式设计的；未经表演者许可，从现场直播或者公开传送其现场表演，或者录制其表演的；其他侵犯著作权以及与著作权有关的权益的行为。第 47 条规定的利用行为包括：未经著作权人许可，复制、发行、表演、放映、广播、汇编、通过信息网络向公众传播其作品的，本法另有规定的除外；出版他人享有专有出版权的图书的；未经表演者许可，复制、发行录有其表演的录音录像制品，或者通过信息网络向公众传播其表演的，本法另有规定的除外；未经录音录像制作者许可，复制、发行、通过信息网络向公众传播其制作的录音录像制品的，本法另有规定的除外；未经许可，播放或者复制广播、电视的，本法另有规定的除外；未经著作权人或者与著作权有关的权利人许可，故意避开或者破坏权利人为其作品、录音录像制品等采取的保护著作权或者与著作权有关的权利的技术措施的，法律、行政法规另有规定的除外；未经著作权人或者与著作权有关的权利人许可，故意删除或者改变作品、录音录像制品等的权利管理电子信息的，法律、行政法规另有规定的除外；制作、出售假冒他人署名的作品的。

总之，只要原告能够证明被告接触过作品、原被告作品具备同一性或者类似性、被告存在著作权法规定的利用行为，则被告构成著作权侵害，应当依法承担法律责任。要注意的是，构成著作权法第 46 条的侵害行为，行为人只应当承担民事责任，而构成著作权法第 47 条的侵害行为，行为人应当承担民事、行政以及刑事责任。

二、著作权间接侵害

（一）著作权间接侵害的种类

上面所讲的著作权侵害属于直接侵害著作权的行为，即行为人未经著作权人许可，直接使用著作权人作品的行为。实践中，许多情况下，行为人并不直接接触著作权人作品，而只是为直接行为人利用著作权人作品提供器具、场所、服务或者其他条件。这种情况下，行为人的行为定性问题要视具体情况而定。

如果行为人和直接侵害著作权行为人相互串通，则其提供器具、场所、服务或者其他条件的行为和直接侵害著作权行为人构成共同故意侵权。比如和歌手串通，召开演唱会，负责提供场所，供歌手演唱未经许可的歌曲，歌手和场所提供者之间就构成共同故意侵权。

如果行为人和直接侵害著作权行为人之间没有相互串通，仅仅提供了器具、场所、服务或者其他条件，虽然其行为不会构成直接侵害著作权行为，但在一定条件下，仍然可能构成间接侵害著作权的行为。具体来说包括以下几种情况：

1. 器具提供型的间接侵害。所谓器具提供型的间接侵害，是指故意制造、进口或者向公众提供专门用于侵害他人著作权的器具，或者故意为他人侵害著作权提供专门技术服务。《信息网络传播权保护条例》第 4 条第 2 款明确规定了这种间接侵害。

该第 4 条第 2 款规定，任何组织或者个人不得故意避开或者破坏技术措施，不得故意制造、进口或者向公众提供主要用于避开或者破坏技术措施的装置或者部件，不得故意为他人避开或者破坏技术措施提供技术服务。最高人民法院《关于审理涉及计算机网络著作权纠纷案件适用法律若干问题的解释》第 6 条规定，网络服务提供者明知专门用于故意避开或者破坏他人著作权技术保护措施的方法、设备或者材料，而上载、传播、提供的，人民法院应当根据当事人的诉讼请求和具体案情，依照著作权法第 47 条第 6 项的规定，追究网络服务提供者的民事侵权责任。该条虽然没有明确规定器具提供型的间接侵害，但似乎也暗含着这种间接侵害行为。从《信息网络传播权保护条例》的规定看，构成器具提供型的间接侵害应当具备下列条件：

（1）主观上存在故意。这里的故意并不是指器具提供者事先和侵害著作权行为人相互串通的故意，而是指器具提供者明知器具的生产、进口或者提供，或者服务的提供是专门用来侵害著作权的，并且进行生产、进口或者提供。器具提供者包括器具生产者、销售者、出租者等。

（2）器具或者技术服务的作用具有专门性。所谓专门性，并不是指器具或者技术服务的唯一作用就是侵害著作权，而是指从商业的角度看，器具或者技术服务除了用于侵害他人著作权以外，不存在其他实质意义上的商业用途。比如专门针对某种杀毒软件的破解软件。这个要件将一般器具的生产、进口、提供或者技术服务的提供排除在间接侵害之外。

器具提供型的间接侵害者存在各种目的，比如打击报复、纯粹娱乐，但也不排除营利目的。总之，不管出于什么目的，只要具备上述两个要件，就不影响间接侵害的成立。

上述间接侵害属于作用唯一型的间接侵害，并且以主观故意为要件。我国著作权法及其相关法律、法规、司法解释并没有规定多作用型的间接侵害。所谓多作用型的间接侵害，是指器具或者技术服务等虽可用来侵害著作权，但也具有正常的商业用途时，行为人生产、进口、提供器具或者提供技术服务所发生的侵害。在这种情况下，器具或者技术服务具有更多的复杂性，因而在判断是否构成间接侵害时，需要更加慎重。

日本有的学者在处理著作权间接侵害时认为，作用唯一型的间接侵害无须器具的生产者、进口者、提供者或者服务的提供者主观上明知，只要器具或者技术服务本身除了用来侵害著作权之外，不存在其他商业上的实质用途，其生产、进口或者提供行为就构成间接侵害。而多作用型的间接侵害，则要求器具的生产者、进口者、提供者或者技术服务的提供者明知器具或者服务是用来对著作权人作品进行未经许可的利用而仍然加以生产、进口或者提供的主观故意。我国《信息网络传播权保护条例》在处理著作权间接侵害的问题上，采取了更加谨慎的方法，不但要求器具等作用是唯一的，而且要求器具的生产者等行为主观上存在故意。这种处理方法比较有利于产业的发展。

2. 行为支配型的间接侵害。以卡拉 OK 经营者为例，说明什么是行为支配型的间接侵害。在卡拉 OK 经营的早期，由于顾客不会操作机器，通常由经营者的服务员在旁边为顾客按照事先准备好的歌单进行点播和放唱，有的甚至亲自为顾客伴唱。在这种情况下，虽然最终演唱歌曲的是顾客，但卡拉 OK 经营者对顾客的行为具有监督管理性和支配性，顾客的行为相当于卡拉 OK 经营者的行为，而且卡拉 OK 经营者直接从顾客的演唱行为中获得了利润，所以其行为构成对 MTV 作品的间接侵害。由此可见，构成行为支配型的间接侵害需要具备以下要件：

（1）行为人对直接利用他人作品的行为具有监督管理性和支配性。行为人对直接利用他人作品的行为是否具有监督管理性和支配性，既不能从行为人的角度也不能从权利人的角度进行理解，而应当从社会通识的角度进行理解。从行为人的角度进行理解将过于松散，使行为人动辄就逃避合理的监督管理义务，对权利人不利。从权利人的角度理解则将过于严苛，动辄就使行为人背负不应有的监督管理义务，对行为人和相关产业的发展都极为不利。只有社会常识认为行为人对直接使用他人作品的行为具有监督上的可能性和现实性，以及程度上的合理性时，才能认为行为人对直接利用他人作品的行为具有监督管理性和支配性。

（2）行为人从直接利用他人作品的行为中获利。虽然行为人对直接利用他人作品的行为具有监督管理性和支配性，但如并未从直接行为中获取任何利益，则要其承担间接侵害著作权的责任不免过于牵强。

（二）著作权间接侵害的性质

关于著作权间接侵害的性质，存在独立说和从属说两种观点。独立说认为，著作权间接侵害不以直接行为侵害著作权为前提，具有独立性质。按照这种观点，即使直接利用著作权的行为构成合理使用行为，为该种合理使用行为提供器具等的行为也会构成间接侵害。从属说恰恰与此相反，认为著作权间接侵害必须以直接行为侵害著作权为前提，如果直接利用著作权的行为不构成侵权行为，则不存在所谓的著作权间接侵害行为。

如何看待著作权间接侵害的性质，与著作权本身的性质相关。著作权和物权一样，具有对世性，除法律特别规定者外，其拥有者拥有独占性使用权和排他权，可以排除任何妨碍权利行使的行为或者状态，以及存在这种妨碍危险的行为或者状态。据此，凡是妨碍著作权行使或者存在妨碍危险的，不管是直接利用著作权的行为还是间接提供利用器具或者服务的行为，在一定条件下都构成著作权侵害行为。由此可见，坚持著作权间接侵害的独立说较为妥当。这种理解应当说也是符合技术迅猛发展而使得以复制权为中心的著作权面临巨大挑战的趋势的。

三、网络服务提供者侵害著作权的责任问题

网络服务提供者的法律责任问题是随着作权人的信息网络传播权、技术措施权的出现而出现的，既是著作权法学界曾经研究的一个热点问题，也是一个难点问题。但自最高人民法院 2000 年发布《关于审理涉及计算机网络著作权纠纷案件适用法律若干问题的解释》确定了网络服务提供者侵害著作权的过错责任之后，理论界的纷争基本上烟消云散了。当然，最明确地规定了网络服务提供者侵害著作权的过错责任以及过错判断方法的还是 2006 年国务院颁布实施的《信息网络传播权保护条例》。

（一）网络服务提供者的分类

网络服务提供者，包括各种在网络空间中提供网络基础设施、接入服务和服务器空间以及具体信息的所有网络服务者。其对应的英文名称为 Internet Service Provider，缩写为 ISP。从提供服务的不同环节和功能来看，可以把 ISP 分为以下四类：

1. IAP（Internet Access Provider），即网络连线服务提供者。

2. IPP（Internet Platform Provider），即网络平台服务提供者，如提供电子公告板（BBS）、聊天室、邮件新闻组等。

3. ICP（Internet Content Provider），即网络内容服务提供者，这类网络服务提供者主动提供各种具体的信息，包括国内外政治、经济、交通、旅游、文化、教育、生活娱乐及气候变化等等。

4. 综合服务提供者。集上述两种或者三种功能为一体的服务提供者。比如，美国在线。

（二）网络服务提供者的著作权侵害责任

虽然理论界和司法界曾经主张网络服务提供者应当承当无过错责任或者替代责任，但因无过错责任严重限制了网络服务提供者的行动自由，极端不利于信息产业的发展，替代责任大大加重网络服务提供者的监管责任，在存在海量信息的网络世界，让网络服务提供者承担此种责任几乎不具有现实可能性，因此这两种责任在网络服务提供者身上最终没有能够找到自身生存的基础，于是，传统的过错责任再次焕发出生命力，成为平衡网络服务提供者行动自由和权利人利益的一道杠杆。

1. 网络服务提供者承担过错责任的依据，主要是最高人民法院 2000 年颁布、2006 年第 2 次修改的《关于审理涉及计算机网络著作权纠纷案件适用法律若干问题的解释》第 3 条至第 6 条的规定。该解释第 3 条规定，网络服务提供者通过网络参与他人侵犯著作权行为，或者通过网络教唆、帮助他人实施侵犯著作权行为的，人民法院应当根据民法通则第 130 条的规定，追究其与其他行为人或者直接实施侵权行为人的共同侵权责任。第 4 条规定，提供内容服务的网络服务提供者，明知网络用户通过网络实施侵犯他人著作权的行为，或者经著作权人提出确有证据的警告，但仍不采取移除侵权内容等措施以消除侵权后果的，人民法院应当根据民法通则第 130

条的规定，追究其与该网络用户的共同侵权责任。第5条规定，提供内容服务的网络服务提供者，对著作权人要求其提供侵权行为人在其网络的注册资料以追究行为人的侵权责任，无正当理由拒绝提供的，人民法院应当根据民法通则第106条的规定，追究其相应的侵权责任。第6条规定，网络服务提供者明知专门用于故意避开或者破坏他人著作权技术保护措施的方法、设备或者材料，而上载、传播、提供的，人民法院应当根据当事人的诉讼请求和具体案情，依照著作权法第47条第6项的规定，追究网络服务提供者的民事侵权责任。可见，虽然行为的表现形式不同，但不管属于四种行为表现中的哪一种，网络服务提供者承担著作权侵权责任都必须存在一个前提，即主观上存在过错，而且这种过错主要表现为故意。弄清楚这一点之后，就不会再去纠缠网络服务提供者侵害著作权时究竟应当承担何种责任了。

2. 通知与删除简易程序：判断网络服务提供者主观过错的方法。

(1) 权利人通知及其法律效力。《信息网络传播权保护条例》第14条规定，对提供信息存储空间或者提供搜索、链接服务的网络服务提供者，权利人认为其服务所涉及的作品、表演、录音录像制品，侵犯自己的信息网络传播权或者被删除、改变了自己的权利管理电子信息的，可以向该网络服务提供者提交书面通知，要求网络服务提供者删除该作品、表演、录音录像制品，或者断开与该作品、表演、录音录像制品的链接。但是，一个有效的通知书应当包含下列内容：

第一，权利人的姓名（名称）、联系方式和地址。由于姓名或者名称主要发挥识别权利人的作用，因此不一定必须是真实的姓名或者名称，在信息网络中使用的非真实姓名亦可。

第二，要求删除或者断开链接的侵权作品、表演、录音录像制品的名称和网络地址。

第三，构成侵权的初步证明材料。所谓初步证明材料，并不一定要达到具体诉讼过程中提交给法院的证据那样的严格程度，只要足以证明自己是被侵害材料的权利人、有关材料构成侵害的一般情况就足以满足这个条件。

《信息网络传播权保护条例》第15条规定，网络服务提供者接到权利人的有效通知书后，应当立即删除涉嫌侵权的作品、表演、录音录像制品，或者断开与涉嫌侵权的作品、表演、录音录像制品的链接，并同时将通知书转送提供作品、表演、录音录像制品的服务对象；服务对象网络地址不明、无法转送的，应当将通知书的内容同时在信息网络上公告。如果网络服务提供者拒不删除有关材料，或者拒不断开有关链接，则由原来的不知道或者没有合理的理由应当知道转变为知道，即由原来的没有过错转变为有过错，应当承担故意侵害的直接侵权责任。

(2) 反通知及其法律效力。《信息网络传播权保护条例》第16条规定，服务对象接到网络服务提供者转送的通知书后，认为其提供的作品、表演、录音录像制品未侵犯他人权利的，可以向网络服务提供者提交书面说明，要求恢复被删除的作品、表演、录音录像制品，或者恢复与被断开的作品、表演、录音录像制品的链接。书面说明应当包含下列内容：服务对象的姓名（名称）、联系方式和地址；要求恢复的作品、表演、录音录像制品的名称和网络地址；不构成侵权的初步证明材料。

《信息网络传播权保护条例》第 17 条规定，网络服务提供者接到服务对象的书面说明后，应当立即恢复被删除的作品、表演、录音录像制品，或者可以恢复与被断开的作品、表演、录音录像制品的链接，同时将服务对象的书面说明转送权利人。权利人不得再通知网络服务提供者删除该作品、表演、录音录像制品，或者断开与该作品、表演、录音录像制品的链接。

（3）权利人滥用通知的后果。权利人滥用通知致使网络服务提供者删除有关材料或者断开有关链接并因此而导致网络服务提供者违反和其用户之间的合同的，究竟应当由谁承担责任？《信息网络传播权保护条例》第 24 条规定，因权利人的通知导致网络服务提供者错误删除作品、表演、录音录像制品，或者错误断开与作品、表演、录音录像制品的链接，给服务对象造成损失的，权利人应当承担赔偿责任。最高人民法院《关于审理涉及计算机网络著作权纠纷案件适用法律若干问题的解释》第 8 条第 2 款也作出了类似的规定。按该款规定，著作权人指控侵权不实，被控侵权人因网络服务提供者采取措施遭受损失而请求赔偿的，人民法院应当判令由提出警告的人承担赔偿责任。

可用图 1—1 表示上述关系：

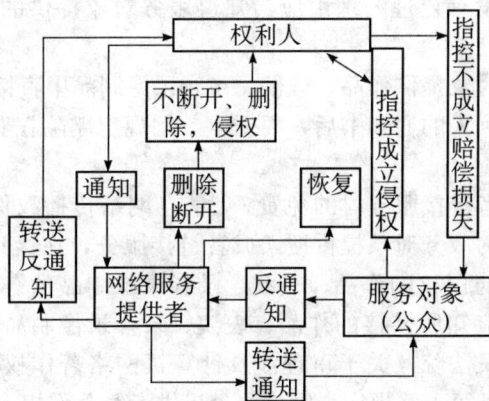

图 1—1

3. 网络服务提供者的免责。包括以下四种情况：

（1）提供自动接入或者自动传输服务时的免责。《信息网络传播权保护条例》第 20 条规定，网络服务提供者根据服务对象的指令提供网络自动接入服务，或者对服务对象提供的作品、表演、录音录像制品提供自动传输服务，并具备下列条件的，不承担赔偿责任：

第一，未选择并且未改变所传输的作品、表演、录音录像制品；

第二，向指定的服务对象提供该作品、表演、录音录像制品，并防止指定的服务对象以外的其他人获得。

（2）提供自动存储服务时的免责。《信息网络传播权保护条例》第21条规定，网络服务提供者为提高网络传输效率，自动存储从其他网络服务提供者获得的作品、表演、录音录像制品，根据技术安排自动向服务对象提供，并具备下列条件的，不承担赔偿责任：

第一，未改变自动存储的作品、表演、录音录像制品；

第二，不影响提供作品、表演、录音录像制品的原网络服务提供者掌握服务对象获取该作品、表演、录音录像制品的情况；

第三，在原网络服务提供者修改、删除或者屏蔽该作品、表演、录音录像制品时，根据技术安排自动予以修改、删除或者屏蔽。

（3）提供信息存储空间服务时的免责。《信息网络传播权保护条例》第22条规定，网络服务提供者为服务对象提供信息存储空间，供服务对象通过信息网络向公众提供作品、表演、录音录像制品，并具备下列条件的，不承担赔偿责任：

第一，明确标示该信息存储空间是为服务对象所提供，并公开网络服务提供者的名称、联系人、网络地址；

第二，未改变服务对象所提供的作品、表演、录音录像制品；

第三，不知道也没有合理的理由应当知道服务对象提供的作品、表演、录音录像制品侵权；

第四，未从服务对象提供作品、表演、录音录像制品中直接获得经济利益；

第五，在接到权利人的通知书后，根据本条例规定删除权利人认为侵权的作品、表演、录音录像制品。

（4）提供搜索或者链接服务时的免责。《信息网络传播权保护条例》第23条规定，网络服务提供者为服务对象提供搜索或者链接服务，在接到权利人的通知书后，根据本条例规定断开与侵权的作品、表演、录音录像制品的链接的，不承担赔偿责任；但是，明知或者应知所链接的作品、表演、录音录像制品侵权的，应当承担共同侵权责任。最高人民法院《关于审理涉及计算机网络著作权纠纷案件适用法律若干问题的解释》第8条第1款规定，网络服务提供者经著作权人提出确有证据的警告而采取移除被控侵权内容等措施，被控侵权人要求网络服务提供者承担违约责任的，人民法院不予支持。

四、侵害著作权的效果

（一）著作权侵害案件的特殊管辖

民事诉讼法第29条规定，因侵权行为提起的诉讼，由侵权行为地或者被告住所地人民法院管辖。侵权行为地，是构成侵权行为的法律住所地，包括侵权行为实施地和侵权结果发生地。但在知识产权案件中，侵权行为连续进行或者同一侵权行为带来多个侵权结果时，究竟如何确定侵权行为地是一个难题。为了正确确定著作权侵害案件的管辖法院，最高人民法院根据民事诉讼法规定的基本管辖原则，通过司法解释确定了著作权侵害案件的管辖原则。

1. 级别管辖。最高人民法院《关于审理著作权民事纠纷案件适用法律若干问题的解释》第2条规定，著作权民事纠纷案件，由中级以上人民法院管辖。各高级人民法院根据本辖区的实际情况，可以确定若干基层人民法院管辖第一审著作权民事纠纷案件。

2. 地域管辖。最高人民法院《关于审理著作权民事纠纷案件适用法律若干问题的解释》第4条规定，因侵犯著作权行为提起的民事诉讼，由著作权法第46、47条所规定侵权行为的实施地、侵权复制品储藏地或者查封扣押地、被告住所地人民法院管辖。所谓侵权复制品储藏地，是指大量或者经常性储存、隐匿侵权复制品所在地。所谓查封扣押地，是指海关、版权、工商等行政机关依法查封、扣押侵权复制品所在地。第5条进一步规定，对涉及不同侵权行为实施地的多个被告提起的共同诉讼，原告可以选择其中一个被告的侵权行为实施地人民法院管辖；仅对其中某一被告提起的诉讼，该被告侵权行为实施地的人民法院有管辖权。

可见，在符合上述规定条件下，不再依侵权结果发生地确定管辖法院。

3. 网络著作权侵权纠纷案件的管辖。网络侵权行为的结果具有扩散的迅捷性、无国界性，传统的确定著作权侵权案件管辖的原则遇到了很大挑战。为此，最高人民法院《关于审理涉及计算机网络著作权纠纷案件适用法律若干问题的解释》也作出了特殊规定。按照该解释第1条的规定，网络著作权侵权纠纷案件虽遵从一般诉讼管辖的基本原则，由侵权行为地或者被告住所地人民法院管辖，但对侵权行为地的判断采取了特殊原则，将实施被诉侵权行为的网络服务器、计算机终端等设备所在地视为侵权行为地。对难以确定侵权行为地和被告住所地的，原告发现侵权内容的计算机终端等设备所在地可以视为侵权行为地。最高人民法院的解释为权利人节省诉讼成本提供了极大的便利。

其实，在最高人民法院2000年颁布《关于审理涉及计算机网络著作权纠纷案件适用法律若干问题的解释》之前，北京市中级人民法院就在北京瑞得在线集团公司（以下简称瑞得公司）诉四川省宜宾市东方信息公司（以下简称东方公司）一案中已经对涉及计算机网络著作权的侵权行为地进行了创造性的解释。被告在线首页中有10个图案、14个栏目标题以及9处文案原封不动地照搬了原告的在线首页，因而被诉至北京市海淀区法院。被告提出管辖异议。海淀区法院经过审查，以下列三点理由裁定驳回了被告的管辖异议：瑞得公司的主页制作完成后，是储存在其特定的硬盘上并通过自有的WWW服务器向外界发布的，瑞得公司以主页著作权被侵害为由提起诉讼，是基于其主页被复制侵权这一理由，因此海淀区应视为侵权行为实施地；瑞得公司不但诉讼东方公司复制这一特定行为，而且诉讼该行为的直接后果是东方公司的主页为访问者所接触。鉴于我国目前的联网主机和用户集中分布在海淀区等特定地区，因此海淀区也应当被视为侵权行为地；东方公司在提出管辖异议的时候，并没有举证证明瑞得公司的主页内容是瞬间存在的或者处于不稳定状态。

被告不服海淀区法院的裁定并上诉到北京市中级人民法院。理由有二：任何互联网用户在访问或者接触被上诉人的主页时，没有而且不可能在存储有该主页的服务器上进行任何复制行为，因此海淀区不是而且不可能视为被上诉人诉称的侵权行为实施地；被上诉人未能证明何人、何地、通过何种方式在海淀区访问了上诉人的主页，原审法院认定海淀区为侵权行为实施地证据不足。

北京市中级人民法院经过审查认为，在互联网上进行访问或者复制必须同时具备两个条件：一是使用终端计算机，二是通过互联网进入存有相关内容的服务器。因此服务器所在地以及终端计算机所在地均可视为复制行为的行为地。根据民事诉讼法第 29 条的规定，因侵权行为提起的诉讼，当事人有权选择侵权行为地或者被告住所地人民法院管辖。在存在多个侵权行为时，当事人仍有选择管辖法院的权利。本案中，瑞得公司选择存在一个服务器所在地的北京市海淀区人民法院起诉东方公司侵犯著作权并无不当，海淀区作为侵权行为地之一，北京市海淀区人民法院有管辖权。据此，裁定驳回了东方公司的上诉，维持了原裁定。

（二）诉讼时效

侵害著作权的诉讼时效原则上遵从民法通则第 135 条所规定的普通诉讼时效，为 2 年，自权利人知道或者应当知道侵权行为之日起计算。但因民法通则和著作权法都没有关于时效取得制度的规定，因此侵权行为人不可能因为 2 年诉讼时效经过而取得他人的著作权。但现实生活中，虽然经过了诉讼时效但侵权行为仍在继续的情况比比皆是。在著作权保护期限内，如果对此种侵害行为听之任之，则著作权人的权利将遭受不可避免的重大损害。基于此种原因，侵害著作权的诉讼时效就不能单纯采取民法通则规定的普通诉讼时效制度，而应当有所变通。最高人民法院 2002 年《关于审理著作权民事纠纷案件适用法律若干问题的解释》第 28 条的规定适应上述要求，对侵害著作权的诉讼时效进行了一般规定和特殊规定。按照该规定，侵犯著作权的诉讼时效为 2 年，自著作权人知道或者应当知道侵权行为之日起计算。权利人超过 2 年起诉的，如果侵权行为在起诉时仍在继续，在该著作权保护期内，人民法院应当判决被告停止侵权行为；侵权赔偿数额应当自权利人向人民法院起诉之日起向前推算 2 年计算。

可见，虽然超过了 2 年的普通诉讼时效，但只要侵权行为仍在继续，权利人就并不丧失胜诉权，依旧有权进行诉讼，行为人仍然必须停止侵权行为，只是侵权赔偿数额只能从权利人向人民法院起诉之日起向前推算 2 年计算。之所以赔偿期限只能从起诉之日起向前推算 2 年计算，是为了防止权利人"放水养鱼"然后再进行宰杀的情形发生。

要指出的是，我国民法通则将诉讼时效的起算之日规定为自权利人知道或者应当知道侵权行为之日客观上可能大为缩短权利人的实际诉讼时效。实践中，虽然得知侵权行为的客观事实已经发生，但并不知道侵权行为人的情况非常常见。找不到侵权行为人将缺乏明确的被告，权利人将无法起诉，这样势必导致权利人享有的实际诉讼时效大为减缩。这个问题由于民法通则的一般规定而扩及整个私法领域，有待于对民法通则进行立法修正加以彻底解决。

（三）法律责任

法律责任包括民事责任、行政责任和刑事责任。

1. 民事责任。因侵害他人著作权，行为人首先应当承担民事责任，包括停止侵害、消除影响、赔礼道歉、赔偿损失等。

（1）排除侵害危险。著作权法第 46、47 条以及相关司法解释等都没有规定预防侵害，但民法通则第 134 条第 1 款第 3 项规定了消除危险责任，可视为预防侵害的责任，比如废弃作为侵权手段的设备、废弃作为侵权结果的物品等等。

（2）赔偿损失是否包括赔偿精神损害？由于著作权属于具有人格利益的财产权，因此在很多情况下，侵害著作权，不管是著作财产权还是著作人格权，往往会伴随对著作权人精神的损害。特别是在侵害著作人格权的情况下，对著作权人精神的损害尤为明显。比如，未经许可发表他人的自传体作品，以低劣化、庸俗化手段使用他人作品（比如将严肃认真的小说装扮成黄色小说出版发行、将著名摄影家或者画家的作品悬挂在公共厕所里等等），在侵害他人发表权、保护作品完整权等著作人格权的同时，还会造成著作权人精神上的严重损害。即使只是单纯地侵害他人著作财产权，比如，未经许可破坏权利人的技术措施、未经许可删除或者改变权利人的权利管理电子信息，造成权利人作品或者材料大规模扩散和复制，不但侵害了权利人的技术措施权和权利管理电子信息权，同样会引发权利人精神上的极大痛苦。

上面所讲的是侵害著作权的同时引起精神损害的情况。实践中也存在违反有关著作权的合同引起著作权人精神损害的情形。比如，违反出版合同的约定，毁损、丢失作品原稿，虽属违约行为，但主要引起的还是著作权人的精神损害。

在上述情况下，如果不允许著作权人请求精神损害赔偿，将无法充分保护著作权人的利益。虽然民法通则、著作权法和最高人民法院 2001 年发布的《关于确定民事侵权精神损害赔偿若干问题的解释》并没有明确规定由于侵害著作权或者违反著作权合同可以请求精神损害赔偿，但这并不妨碍著作权人通过解释民法通则、著作权法和最高人民法院司法解释的相关规定来主张精神损害赔偿。

民法通则第 5 条规定，公民、法人的合法权益受法律保护，任何组织和个人都不得侵犯。这里的"权益"当然包括精神权益，因此这一条应该可以成为著作权人请求精神损害赔偿的依据。2001 年最高人民法院关于精神损害赔偿的司法解释第 1 条第 1 款虽然限定列举规定自然人只有在生命权、健康权、身体权、姓名权、肖像权、名誉权、荣誉权、人格尊严权、人身自由权受到侵害的情况下，才能请求精神损害赔偿，但第 2 款同时弹性规定，违反社会公共利益、社会公德侵害他人隐私或者其他人格利益，受害人以侵权为由向人民法院起诉请求赔偿精神损害的，人民法院应当依法予以受理。这款中的"其他人格利益"当然包括著作人格利益，因此这一款也应当可以成为著作权人请求由于著作人格权侵害引起的精神损害赔偿的依据。此外，从著作权法第 46、47 条的规定来看，在规定著作权侵权行为"赔偿损失"的民事责任时，对"损失"的范围并没有进行限定，可以理解为包括"财产损失"和"精神损失"，因此，著作权人同样可以利用著作权法第 46、47 条的规定来主张精神损害赔偿。

在有的国家，判决侵害著作权的被告承担精神损害赔偿责任已经成为一种司法实践。比如在日本，东京高等裁判所 1985 年判决的"レオナール·フジタ绘画复制二审案"，被告由于侵害原告的发表权，影响了原告绘画作品在画坛应该获得的声誉和地位，被判赔偿 80 万日元的精神损害赔偿。东京地方裁判所 1982 年判决的"将门记顺读文案"，被告被判赔偿 100 万日元的精神损害。东京地方裁判所 1992 年判决的"タクシータリフ案"，被告被判 40 万日元的精神损害赔偿。青森地方裁判所 1995 年判决的"知られざる东日流日下王国案"，被告被判 10 万日元的精神损害赔偿。

（3）损害额的计算标准。著作权法第 48 条规定了以下三个计算标准：

1）权利人实际损失标准。为了便利权利人实际损失的计算，最高人民法院 2002 年《关于审理著作权民事纠纷案件适用法律若干问题的解释》第 24 条规定了一个比较实用的计算方法，结合该解释第 26 条的规定，即：

权利人实际损失＝权利人因侵权所造成复制品发行减少量或者侵权复制品销售量×权利人发行该复制品单位利润＋合理开支（调查费、取证费）＋合法的律师费。发行减少量难以确定的，按照复制品时常销售量确定。

按照这个标准计算侵权行为人的赔偿额，需要注意以下四点：第一，该标准以权利人实际复制和销售其作品为前提。如果权利人没有实际复制和销售其作品，该标准无法适用。第二，在计算权利人因侵权所造成的复制品发行的减少量时，应当根据具体情况，考虑权利人经营管理不善等因素导致的减少量、因替代品的出现导致的减少量、因消费者消费取向的变化导致的减少量。第三，在计算侵权复制品的销售量时，应当从侵权复制品销售数量中扣除权利人没有能力销售的数量，比如因为侵权行为人特有的销售渠道所销售的数量。第四，按照最高人民法院 2002 年《关于审理著作权民事纠纷案件适用法律若干问题的解释》第 26 条第 2 款的规定，律师费的确定应当考虑当事人的诉讼请求和具体案情，以及司法行政部门关于律师费的规定。但一个值得商榷的问题是，如果委托代理人不是律师而是一般公民，著作权人是否有权要求侵权行为人赔偿代理费用？按照最高人民法院的司法解释，著作权人显然不能要求。但因民事诉讼法规定一般公民可以代理他人进行诉讼，而且可以发挥和律师同样的作用，因此不允许著作权人主张赔偿并无足够的法理依据。

2）侵权人违法所得标准。违法所得包括纯利润、粗利润和限制利润。纯利润＝销售金额－生产成本（原材料费用＋员工工资＋机器磨损费用）或者进货成本（购买费用＋员工工资＋房屋租赁成本等）－销售成本－管理费用。粗利润＝销售金额－生产成本或者进货成本。限制利润＝销售金额－人员费用。由于权利人在复制、销售著作权产品时，同样必须付出生产成本、销售成本以及管理费用，因此非法所得以纯利润标准计算比较合理。综合上述司法解释第 26 条的规定，侵权人违法所得＝销售金额－生产成本（原材料费用＋员工工资＋机器磨损费用）或者进货成本（购买费用＋员工工资＋房屋租赁成本等）－销售成本－管理费用＋合理开支（调查费、取证费）＋合法的律师费。

3）法定赔偿标准。著作权法第 48 条第 2 款规定，权利人的实际损失或者侵权人的违法所得不能确定的，由人民法院根据侵权行为的情节，判决给予 50 万元以下的赔偿。侵权行为的情节包括侵权行为的性质、后果等情节。此外，法院还应当考虑作品的类型、合理使用费用等因素。

法定赔偿标准显得过于机械，而且在 50 万元的数量范围内，给予法官过大的自由裁量权。从立法论的角度看，辅之以许可使用费标准和相当损害额标准更为科学。

侵害部分只占作品一部分时的赔偿。此时，在确定赔偿数额时，除了考虑上述三个标准外，还应当考虑侵权部分的具体数量和质量。比如在一本 300 页的书中抄袭他人文章 50 页，该书发行 10 000 册，版税为 10%，书的定价为 30 元。赔偿额＝$30 \times 10\,000 \times 10\% \times 50/300 = 5\,000$ 元。但是，如果对购买者而言，该 50 页是极为重要的文字，没有该 50 页本书就没有任何价值时，则应当按照全额赔偿。赔偿额应当为 $30 \times 10\,000 \times 10\% = 3$ 万元。被侵权的 50 页价值究竟有多大，可根据具体情节确定。

权利人为复数时的赔偿，包括同时侵害原著作权和演绎作品著作权、共有著作权、其他权利人为复数等情况。和上述情况一样，在考虑上述三个标准的同时，应当按照被侵权部分在侵权行为人作品中的数量和质量，即贡献大小确定具体赔偿数额。

侵权人为复数时的赔偿。在复数行为人参与侵权的情况下，按照共同不法行为处理，每个侵权行为人承担连带全额赔偿责任。

（4）返还不当得利。著作权法第 52 条规定，复制品的出版者、制作者不能证明其出版、制作有合法授权的，复制品的发行者或者电影作品或者以类似摄制电影的方法创作的作品、计算机软件、录音录像制品的复制品的出租者不能证明其发行、出租的复制品有合法来源的，应当承当法律责任。该条规定虽然存在含混不清的立法技术问题，但中心意思是说，复制品的出版者、制作者、发行者、出租者主观上存在过错的，才承担法律责任，包括停止侵害和赔偿损失的责任。如果复制品的出版者、制作者、发行者、出租者主观上没有过错，虽然应当承担停止侵害的责任，但不承担赔偿责任。

虽然主观上没有过错的复制品出版者、制作者、发行者、出租者，不应当承担赔偿责任，但因其行为造成了著作权人市场交易机会的丧失，因此仍需承担不当得利返还责任。

(5) 诉前禁止令和财产保全。为了切实保护著作权人的权益，避免损失的进一步扩大，保证诉讼的顺利进行，著作权法第49条规定了诉前禁止令和财产保全制度。按照该条规定，申请诉前禁止令和财产保全应当具备以下三个要件。

第一，著作权人或者与著作权有关的权利人有证据证明他人正在实施或者即将实施侵犯其权利的行为。比如正在印刷侵权复制品、正将侵权复制品运往火车站托运。

第二，如不及时制止将会使其合法权益受到难以弥补的损害的。比如，非法发表、出版、发行他人作品导致作品无法回收，破解技术措施、删除权利管理电子信息将导致大规模的复制作品。

第三，在起诉前向人民法院申请。

从程序上看，申请诉前禁止令和财产保全必须遵守民事诉讼法第93条至第96条和第99条的规定。第93条规定，利害关系人因情况紧急，不立即申请财产保全将会使其合法权益受到难以弥补的损害的，可以在起诉前向人民法院申请采取财产保全措施。申请人应当提供担保，不提供担保的，驳回申请。人民法院接受申请后，必须在48小时内作出裁定；裁定采取财产保全措施的，应当立即开始执行。申请人在人民法院采取保全措施后15日内不起诉的，人民法院应当解除财产保全。第94条规定，财产保全限于请求的范围，或者与本案有关的财物。财产保全采取查封、扣押、冻结或者法律规定的其他方法。人民法院冻结财产后，应当立即通知被冻结财产的人。财产已被查封、冻结的，不得重复查封、冻结。第95条规定，被申请人提供担保的，人民法院应当解除财产保全。第96条规定，申请有错误的，申请人应赔偿被申请人因财产保全所遭受的损失。第99条规定，当事人对财产保全或者先予执行的裁定不服的，可以申请复议一次。复议期间不停止裁定的执行。

(6) 证据保全。为了保护证据，保证诉讼的顺利进行，著作权法第50条规定了证据保全制度。按照该条规定，申请证据保全应当符合以下要件：第一，目的是制止侵权行为。第二，证据可能灭失或者以后难以取得。第三，申请人为著作权人或者与著作权有关的权利人。第四，应当在起诉前向人民法院提出。第五，人民法院在接受申请后，必须在48小时内作出裁定。裁定采取保全措施的，应当立即开始执行。第六，人民法院可以责令申请人提供担保，申请人不提供担保的，驳回申请。

第七，申请人在人民法院采取保全措施后 15 日内不起诉的，人民法院应当解除保全措施。

（7）民事制裁。著作权法第 51 条规定，人民法院审理案件，对于侵犯著作权或者与著作权有关的权利的，可以没收违法所得、侵权复制品以及进行违法活动的财物。最高人民法院 2002 年《关于审理著作权民事纠纷案件适用法律若干问题的解释》第 29 条规定：对侵犯著作权法第 47 条规定的侵权行为，人民法院根据当事人的请求除追究行为人民事责任外，还可以依据民法通则第 134 条第 3 款的规定给予民事制裁，罚款数额可以参照著作权法实施条例的有关规定确定。但著作权行政管理部门对相同的侵权行为已经给予行政处罚的，人民法院不再予以民事制裁。

2. 行政责任。行为人的行为属于著作权法第 47 条所列举的八种侵权行为之一，并且损害社会公共利益的，应当承当行政责任，包括责令停止侵权行为，没收违法所得，没收、销毁侵权复制品，没收主要用于制作侵权复制品的材料、工具、设备等。罚款的数额，按照著作权法实施条例第 36 条的规定，为非法经营额 3 倍以下罚款。非法经营额难以计算的，为 10 万元以下罚款。

3. 刑事责任。按照刑法第 217 条的规定，以营利为目的，有下列侵犯著作权情形之一的，违法所得数额较大或者有其他严重情节的，处 3 年以下有期徒刑或者拘役，并处或者单处罚金；违法所得数额巨大或者有其他特别严重情节的，处 3 年以上 7 年以下有期徒刑，并处罚金：未经著作权人许可，复制发行其文字作品、音乐、电影、电视、录像作品、计算机软件及其他作品的；出版他人享有专有出版权的图书的；未经录音录像制作者许可，复制发行其制作的录音录像的；制作、出售假冒他人署名的美术作品的。

刑法第 218 条规定，以营利为目的，销售明知是本法第 217 条规定的侵权复制品，违法所得数额巨大的，处 3 年以下有期徒刑或者拘役，并处或者单处罚金。

按照《关于办理侵犯知识产权刑事案件具体应用法律若干问题的解释》第 5 条的规定，以营利为目的，实施刑法第 217 条所列侵犯著作权行为之一，违法所得数额在 3 万元以上的，属于违法所得数额较大。具有下列情形之一的，属于有其他严重情节：非法经营数额在 5 万元以上的；未经著作权人许可，复制发行其文字作品、音乐、电影、电视、录像作品、计算机软件及其他作品，复制品数量合计在 1 000 张（份）以上的；其他严重情节的情形。以营利为目的，实施刑法第 217 条所列侵犯著作权行为之一，违法所得数额在 15 万元以上的，属于违法所得数额巨大。具有下列情形之一的，属于有其他特别严重情节：非法经营数额在 25 万元以上的；未经著作权人许可，复制发行其文字作品、音乐、电影、电视、录像作品、计算机软件及其他作品，复制品数量合计在 5 000 张（份）以上的；其他特别严重情节的情形。按照上述解释第 6 条的规定，以营利为目的，实施刑法第 218 条规定的行为，违法所得数额在 10 万元以上的，属于违法所得数额巨大。

按照上述解释第 12 条的规定，非法经营数额，是指行为人在实施侵犯知识产权行为过程中，制造、储存、运输、销售侵权产品的价值。已销售的侵权产品的价值，按照实际销售的价格计算。制造、储存、运输和未销售的侵权产品的价值，按照标价或者已经查清的侵权产品的实际销售平均价格计算。侵权产品没有标价或者无法查清其实际销售价格的，按照被侵权产品的市场中间价格计算。多次实施侵犯知识产权行为，未经行政处理或者刑事处罚的，非法经营数额、违法所得数额或者销售金额累计计算。

按照上述解释第 11 条的规定，以刊登收费广告等方式直接或者间接收取费用的情形，属于刑法第 217 条规定的以营利为目的。刑法第 217 条规定的未经著作权人许可，是指没有得到著作权人授权或者伪造、涂改著作权人授权许可文件或者超出授权许可范围的情形。通过信息网络向公众传播他人文字作品、音乐、电影、电视、录像作品、计算机软件及其他作品的行为，应当视为刑法第 217 条规定的复制发行。

按照上述解释第 14 条的规定，实施刑法第 217 条规定的侵犯著作权犯罪，又销售该侵权复制品，构成犯罪的，应当依照刑法第 217 条的规定，以侵犯著作权罪定罪处罚。实施刑法第 217 条规定的侵犯著作权犯罪，又销售明知是他人的侵权复制品，构成犯罪的，应当实行数罪并罚。

按照上述解释第 15 条的规定，单位实施上述犯罪的，按照本解释规定的相应个人犯罪的定罪量刑标准的 3 倍定罪量刑。

第六节　著作权的经济利用

一、著作权的经济利用

著作权和专利权、商标权一样，包括积极意义上的使用权和消极意义上的禁止权。积极意义上的使用权又可以分为自己使用和许可他人使用以及转让、出版、进行担保的权利等。

（一）许可使用

许可他人使用其作品是著作权人利用其作品的最基本的方式，包括专有使用许可和非专有使用许可。非专有使用许可可以采取书面形式，也可以采取口头形式。但按照著作权法实施条例第 23 条的规定，专有使用许可应当采取书面形式，但是报社、期刊社刊登作品的除外。

按照著作权法第 24 条的规定，著作权许可使用合同包括以下主要内容：许可使用的权利种类；许可使用的权利是专有使用权还是非专有使用权；许可使用的地域范围、期间；付酬标准和办法；违约责任；双方认为需要约定的其他内容。关于付酬标准，按照著作权法第27条的规定，可以由当事人约定，也可以按照国务院著作权行政管理部门会同有关部门制定的付酬标准支付报酬。当事人约定不明的，则应当按照国务院著作权行政管理部门会同有关部门制定的付酬标准支付报酬。

关于著作权使用许可，有三点必须留意：一是著作权法第26条的规定。按该条规定，著作权使用许可合同中著作权人未明确许可的权利，未经著作权人同意，另一方当事人不得行使。也就是说，著作权人没有明确许可的权利，也就是被许可方不得行使的权利。二是著作权法实施条例第24条的规定。按照该条规定，著作权使用许可为专有使用许可的情况下，专用使用权的内容由合同约定。合同没有约定或者约定不明的，视为被许可人有权排除包括著作权人在内的任何人以同样的方式使用作品。但除合同另有约定外，被许可人许可第三人行使同一权利，必须取得著作权人的许可。三是著作权法实施条例第25条的规定。按照该条规定，专有许可使用合同可以向著作权行政管理部门备案。但备案并不是许可使用合同生效的要件。

不过有一个值得探讨的问题是，在著作权人就同一使用权利进行多重专有许可的情况下，备案是否应当成为被许可人的一个对抗要件？也就是说，是否进行了备案的被许可人能够对抗善意第三人，比如经过转让获得著作权的人，或者其他专有使用权人？由于著作权法实施条例规定的使用许可备案不是强制性的，也没有明确规定备案的法律效力，因此从解释论的角度而言，难以将备案理解为著作权专有使用许可中被许可人的一个对抗要件或者是专有使用权转移的要件。实践中，在著作权人就同一著作使用权进行多重专有使用许可的情况下，该专有使用权只能由最先的被许可人获得，其他专有被许可人只能追究著作权人的违约责任。当然，获得专有使用权的被许可人也可以追究著作权人的违约责任。

然而，按照上述解释，只能解决专有被许可人和著作权人之间的关系，而不能彻底解决被许可人之间的关系。虽然在著作权人设定专有使用许可后再设定非专有许可的情况下，专有使用人可以追究著作权人的违约责任，也可以追究非专有使用人的侵害专有使用权的责任，但在著作权人设定专有使用许可后再次设定专有使用许可的情况下，在先的专有使用权人将无法以侵权为由追究在后的专有使用人的责任。虽然在先专有使用权人可以通过追究著作权人的违约责任的方式让著作权人去解决和其他专有使用人之间的关系，以保护自己的专有使用权，但这样势必耗时耗力，非常不利于专有使用权的保护。

与其如此大费周折，还不如赋予备案程序以对抗力，既可以最大限度地赋予著作权人效率最大化的市场选择机会，也可以赋予备案的被许可使用人对抗其他被许可人的权利，从而解决实体上和程序上的问题。

关于被许可使用人在诉讼法上的地位，因许可使用性质的不同而有所不同。专有使用权人因其使用权的专有性，在合同有效期限内，拥有受法律特别保护的债权，因此应当赋予其独立的诉讼权利，针对著作权侵害行为，可以自己的名义起诉，请求停止侵害和赔偿损失。非专有使用人由于不存在受法律特别保护的债权，因此只有经过著作权人授权，才能以自己的名义进行诉讼。

（二）转让

按照著作权法第25条的规定，在我国，著作权转让受到下列限制：

1. 转让的权利限于著作财产权，著作人格权不能转让。但就立法论而言，不分情况绝对禁止著作人格权转让，似乎过度夸大了著作人格权转让可能造成的道德风险，限制了著作权的流转，不利于著作权的市场利用。实际上，在委托作品中，如果合同约定著作权归属于委托人，也就意味着著作人格权进行了全部的转让。

2. 必须采取书面形式。没有采取书面形式的，2002年最高人民法院《关于审理著作权民事纠纷案件适用法律若干问题的解释》第22条规定，法院应当依据合同法第36、37条的规定审查合同是否成立。合同法第36条规定，法律、行政法规规定或者当事人约定采用书面形式订立合同，当事人未采用书面形式但一方已经履行主要义务，对方接受的，该合同成立。合同法第37条规定，采用合同书形式订立合同，在签字或者盖章之前，当事人一方已经履行主要义务，对方接受的，该合同成立。依法成立的合同，按照合同法第44条的规定，自成立时生效。

按照著作权法第25条的规定，著作权转让合同包括下列主要内容：作品的名称；转让的权利种类、地域范围；转让价金；交付转让价金的日期和方式；违约责任；双方认为需要约定的其他内容。

关于著作权转让合同，应当留意两点：一是著作权法第26条的规定。按该条规定，著作权转让合同中著作权人未明确转让的权利，未经著作权人同意，另一方当事人不得行使。也就是说，著作权人没有明确转让的权利，仍然归著作权人所有，被转让方不得行使。二是著作权法实施条例第25条的规定。按照该条规定，著作权转让合同可以向著作权行政管理部门备案。但备案并不是转让合同生效的要件。从立法论的角度看，在著作权人就同一权利进行多重转让的情况下，和专有使用许可一样，备案应当成为一个对抗要件。也就是说，进行了备案的被转让人有权获得著作权，未备案的被转让人只能依法追究著作权人的违约责任。

（三）出版

出版本质上属于著作权人通过复制的手段使用其作品的一种方式。但按照国务院2001年颁布的《出版管理条例》第9条的规定，报纸、期刊、图书、音像制品和电子出版物等应当由报社、期刊社、图书出版社、音像出版社和电子出版物出版社等出版单位出版。著作权人要实现其出版权，不得不通过出版单位。

而要通过出版单位这道门槛，著作权人不得不授予出版单位独占复制权，即专有出版权。一旦拥有了专有出版权，出版单位对著作权人的作品就取得了相对独立的出版地位，出版单位也由著作权人的被许可使用权人一跃成为具有相对独立地位和对抗性的出版者，即邻接权主体，依法应当享有著作权法规定的出版者的权利。

可见，虽然著作权人拥有复制其作品的权利，但如果通过出版这种方式实现其复制权，则不得不受制于出版者。

（四）担保

著作权实现担保的方式是设立质权，属于权利质权的范畴。著作权质押应当签订书面合同。

（五）著作权的其他经济利用

著作权的其他经济利用包括信托、成为强制执行对象、成为破产财产、成为分割的夫妻共同财产等等。

二、著作邻接权

著作邻接权是著作传播者的权利，区别于著作权。比如，词曲家 A 作词作曲，歌唱家 B 演唱，录音制作者 C 录音，则 A 享有演唱禁止权，B 享有录音禁止权，C 享有复制禁止权。在这个例子中，A 作为创作者享有词曲的著作权，B 和 C 则是作为传播者对其成果物享有权利的。对 A 来说，主要是一种创作力的保护，而对 B 和 C 来说，则主要是一种投资的保护。

实践中，著作权主体和邻接权主体有时会重合。比如上述例子中，如果词曲家 A 同时作词作曲、演唱和录音，则其同时应当享有著作权和邻接权。

邻接权主要包括以下主体的权利：

（一）出版单位的权利

按照《出版管理条例》第 9 条的规定，出版单位包括报社、期刊社、图书出版社、音像出版社和电子出版物出版社等。法人出版报纸、期刊，不设立报社、期刊社的，其设立的报纸编辑部、期刊编辑部视为出版单位。出版者享有如下权利：

1. 对版式设计的专有权。著作权法第 35 条规定，出版者有权许可或者禁止他人使用其出版的图书、期刊的版式设计。这种权利的保护期限为 10 年，截止于使用该版式设计的图书、期刊首次出版后第 10 年的 12 月 31 日。

2. 对图书的专有出版权。著作权法第 30 条规定，图书出版者对著作权人交付出版的作品，按照合同约定享有的专有出版权受法律保护，他人不得出版该作品。著作权法实施条例第 28 条规定，图书出版合同中约定图书出版者享有专有出版权但没有明确其具体内容的，视为图书出版者享有在合同有效期限内和在合同约定的地域范围内以同种文字的原版、修订版出版图书的专有权利。

3. 适当的修改权。著作权法第 33 条第 2 款规定，报社、期刊社可以对作品作文字性修改和删节。

4. 转载、摘编权。著作权法第 32 条规定，著作权人向报社、期刊社投稿的，自稿件发出之日起 15 日内未收到报社通知决定刊登的，或者自稿件发出之日起 30 内未收到期刊社通知决定刊登的，可以将同一作品向其他报社、期刊社投稿。双方另有约定的除外。作品刊登后，除著作权人声明不得转载、摘编的外，其他报刊可以转载或者作为文摘、资料刊登，但应当按照规定向著作权人支付报酬。按照著作权法实施条例第 30 条的规定，著作权人的声明应当在报纸、期刊刊登该作品时附带声明。按照著作权法实施条例第 32 条的规定，使用者应当在使用他人作品之日起 2 个月内向著作权人支付报酬。

但是，出版单位的上述权利应当受到如下义务限制：

1. 书面合同义务。著作权法第 29 条规定，图书出版者出版图书应当和著作权人订立出版合同，并支付报酬。

2. 保证出版质量、期限的义务。著作权法第 31 条第 1 款规定，图书出版者应当按照合同约定的出版质量、期限出版图书。

3. 重印、再版通知和支付报酬义务。著作权法第 31 条第 3 款规定，图书出版者重印、再版作品的，应当通知著作权人，并支付报酬。图书脱销后，图书出版者拒绝重印、再版的，著作权人有权终止合同。所谓图书脱销，按照著作权法实施条例第 29 条的规定，是指著作权人寄给图书出版者的两份订单在 6 个月内未能得到履行。

4. 内容修改征得许可的义务。著作权法第 33 条规定，图书出版者对著作权人作品内容的修改，应当经著作权人许可。

5. 使用演绎作品征得双重许可的义务。著作权法第 34 条规定，出版改编、翻译、注释、整理、汇编已有作品而产生的作品，应当取得改编、翻译、注释、整理、汇编作品的著作权人和原作品的著作权人的许可，并支付报酬。

（二）表演者权

著作权法实施条例第 5 条第 6 项规定，表演者是指演员、演出单位或者其他表演文学、艺术作品的人。由于著作权法第 3 条第 3 项明确将杂技艺术作品作为一类作品进行了列举，著作权法实施条例第 4 条第 7 项又将杂技艺术作品解释为杂技、魔术、马戏等通过形体动作和技巧表现的作品，因此杂技、魔术、马戏表演者属于表演者自不待言。花样滑冰、水上舞蹈等虽然带有竞技性，但也属于通过形体动作、表情和技巧表现的作品，因此也应当属于表演者享有表演者权。如果只有纯粹的竞技性而没有可欣赏的艺术性，则只能享有民法上一般的人格权，而不能作为表演者享有邻接权。

按照著作权法第 37 条的规定，表演者享有如下权利：

1. 表明表演者身份的权利。

2. 保护表演形象不受歪曲的权利。

3. 许可他人从现场直播和公开传送其现场表演，并获得报酬的权利。

4. 许可他人录音录像，并获得报酬的权利。

5. 许可他人复制、发行录有其表演的录音录像制品，并获得报酬的权利。

6. 许可他人通过信息网络向公众传播其表演，并获得报酬的权利。

但表演者使用他人作品进行表演，应当取得著作权人许可。如果使用的是演绎作品，则应当取得演绎作品著作权人和原著作权人的双重许可，并且支付双重报酬。表演者在行使权利的时候，不得损害被使用作品和原作品著作权人的权利。

在上述权利中，表明表演者身份权和保护表演形象不受歪曲的权利不受保护时间的限制，其他财产性权利的保护期为 50 年，截止于该表演发生后第 50 年的 12 月 31 日。

（三）录音录像制作者权

按照著作权法实施条例第 5 条第 4 项、第 5 项的规定，录音制作者是指录音制品的首次制作人，录像制作者是指录像制品的首次制作人。按照著作权法第 41 条的规定，录音录像制作者对其制作的录音录像制品，享有许可他人复制、发行、出租、通过信息网络向公众传播并获得报酬的权利。权利保护期为 50 年，截止于该制品首次制作完成后第 50 年的 12 月 31 日。

但是，按照著作权法第 39 条第 1、2 款的规定，录音录像者在使用他人作品制作录音录像制品时，应当取得著作权人许可，并且支付报酬。如果使用的是演绎作品，则必须取得演绎作品著作权人和原著作权人的双重许可，并且支付双重报酬。按照著作权法第 40 条的规定，如果录音录像制作者使用的是他人的表演，则应当同表演者订立合同，并且支付报酬。

按照著作权法第 39 条第 3 款的规定，录音制作者使用他人合法录制为录音制品的音乐作品制作录音制品，可以不经著作权人许可，但是应当按规定支付报酬。著作权人声明不许使用的不得使用。按照著作权法实施条例第 31 条的规定，著作权人如果发出声明的，应当在其作品合法录制为录音制品时声明。按照著作权法实施条例第 32 条的规定，录音制作者应当自使用他人作品之日起 2 个月内向著作权人支付报酬。

要注意的是，录音录像制作者的被许可人复制、发行、通过信息网络向公众传播录音录像制品时，不但要征得录音录像制作者的许可和支付报酬，而且应取得著作权人、表演者许可，并支付报酬。

（四）广播电台、电视台的权利

广播电台、电视台是作品的重要传播媒介。按照著作权法第 44 条的规定，广播电台、电视台享有下列权利：

1. 禁止他人将其播放的广播、电视进行转播的权利。
2. 禁止将其播放的广播、电视录制在音像载体上以及复制该音像载体的权利。

上述权利的保护期限为 50 年，截止于该广播、电视首次播放后第 50 年的 12 月 31 日。

但是，按照著作权法第 42 条的规定，广播电台、电视台播放他人未发表的作品，应当取得著作权人许可，并支付报酬。播放他人已经发表的作品，虽然可以不经著作权人许可，但应当支付报酬。著作权法第 43 条特别规定，广播电台、电视台播放已经出版的录音制品，可以不经著作权人许可，但应当支付报酬。当事人另有约定的除外。第 45 条特别规定，电视台播放他人的电影作品和以类似摄制电影的方法创作的作品、录像制品，应当取得制片者或者录像制作者许可，并支付报酬；播放他人的录像制品，还应当取得著作权人许可，并支付报酬。

第二章
发明和实用新型的保护——专利法(1)

第一节　专利法的趣旨

专利法和著作权法追求的文化多样性不同，专利法追求的是技术的先进性，目的在于通过授予发明创造者专利权以鼓励和应用发明创造，促进科学技术的进步和创新（专利法第1条）。正是因为如此，在专利法领域，同样的发明创造只能授予一个专利，并且只能授予最先完成发明创造或者最先提出专利申请的人，这意味着后发明创造者同样的劳动和投资将变成相对无效的劳动和投资。由于知识的历史继承性，为了避免有限社会资源的浪费和在不同的利益诉求之间谋取动态的平衡，专利法授予发明创造者专利时，要求发明创造者以官方要求的正式方式向全社会公开其发明创造，一方面为他人提供学习和研究的机会，另一方面则为他人提供信息以免进行重复的研发活动。除了要求申请专利的发明创造者公开其发明创造外，专利法还采取了另外两项重要措施。一是在权利范围方面，原则上规定以权利要求的范围为准，权利人没有要求保护的则不提供专利保护，即使由于权利人的错误导致了该要求保护的没有要求保护，后果也应当由权利人自己承担。之所以如此，是因为在立法者看来，发明创造的应用对社会来说是有益的。二是对专利权的保护作出各种限制，从而消除发明创造的独占实施可能给社会造成的危害，并且确保专利人利益还流之后发明创造能够尽早进入公有领域，人人得而自由利用，使整个社会的科技水平和文明程度得到螺旋式提升。

第二节　授予发明或者实用新型专利权的要件

一、发明或者实用新型专利权保护的客体

（一）发明或者实用新型

申请发明或者实用新型专利权的客体必须是发明或者实用新型。所谓发明，按照专利法实施细则第2条第1款的规定，是指对产品、方法或者其改进所提出的新的技术方案。所谓实用新型，按照专利法实施细则第2条第2款的规定，是指对产品的形状、构造或者其结合所提出的适于实用的新的技术方案。

可见，不管是发明还是实用新型，都必须是一种技术方案。所谓技术方案，是指可以解决某个技术问题的、具有可操作性的技术手段。这个特点使发明或者实用新型与不具备实际操作性的纯理论或者思想区别开来。单纯的理论或者思想属于理论科学的范畴。理论科学虽然是应用技术的基础，对应用技术的开发可以起到指导性作用，但本身并不是应用技术，无法直接用来解决生产生活中的技术难题，因此不能授予其专利权。

一般认为，发明或者实用新型应当是利用自然法则所进行的技术思想的高度创作。发明或者实用新型应当是利用自然法则所创造的人为结果，而不是自然界本身就存在的事物。对自然界本身存在的事物的揭示属于发现，而不是发明创造。从事科学发现必须付出极大的智力和体力劳动，因此也应当给予科学发现者必要的激励。但因科学发现属于进一步科学探索的基础，因此不能授予科学发现者排他性的独占实施权，以免过度妨碍科学研究自由，阻碍科学技术进步。对发现者主要应该通过非专利制度的方式，比如授予发现者称号、政府奖励、财政补贴等措施，为其提供足够的激励。

虽然发明创造应该是利用自然法则的结果，但有时候自然法则和自然法则的利用之间很难划清界限。比如，揭示出 DDT 具有杀虫效果（发现）和利用该效果生产出杀虫剂之间（发明），区别的界限究竟在哪里，并不是特别容易说清楚的。但是，为了避免授予根本就没有利用自然法则的事物以专利权，从法政策的角度而言，立法者不得不坚持这一原则。不过，为了避免概念上无谓的争论，可以通过实用性来调和自然法则和自然法则的利用之间的模糊性。也就是说，只要发明创造具备了产业上利用的可能性，则不管是自然法则还是自然法则的利用，只要具备授予权利的其他条件，就可以授予专利权。

实用新型和发明虽然都是新的技术方案，但二者之间区别有二：一是发明的创造性程度高于实用新型；二是发明既可以是产品，也可以是方法，而实用新型只能

是产品，该产品必须是经过产业方法制造，具有确定形状、构造并占据一定空间的实体。一切方法（制造方法、使用方法、通讯方法、处理方法、计算机程序等）以及没有经过人工制造的自然存在的物品，都不能授予实用新型专利权。

产品的形状，是从外部观察到的产品所具有的空间形状。无确定形状的产品，比如气态、液态、粉末状、颗粒状的物质或者材料，虽然可以申请产品发明专利，但其形状不能作为实用新型产品的形状特征申请实用新型专利。在理解实用新型产品的形状时，要把握以下几点：

1. 不能以生物的或者自然形成的形状作为产品的形状。比如，不能以植物盆景中植物生产所形成的形状作为产品的形状，也不能以自然形成的假山形状作为产品的形状。

2. 不能以摆放、堆积等方法获得的非确定的形状作为产品的形状。

3. 允许产品中某个技术特征为无确定形状的物质，只要该形状在产品中受产品结构特征的限制，则针对该产品（比如温度计）的形状构造所提出的技术方案中允许写入无确定形状的产品（比如酒精）。

4. 产品的形状可以是在某种特定情况下所具有的确定空间形状。比如，具有新颖性的冰杯、降落伞等等。

产品的结构是指产品各个组成部分的安排、组织和相互关系。产品的结构可以是机械结构，也可以是线路结构。机械结构是指构成产品的零部件之间的位置关系、连接关系和必要的机械配合关系。线路结构是指构成产品的元器件之间确定的线路关系。但物质的分子结构、组分、金相结构等不属于实用新型所指的结构。比如，仅仅改变焊条药皮成分的电焊条不能授予实用新型专利。

如上所述，实用新型和发明一样，必须是解决技术问题的技术方案，因而产品的形状以及产品表面的文字、符号、图案、色彩、图表等，只要不是用来解决技术问题的，都不属于实用新型专利保护的客体。比如，仅仅改变按键表面文字、符号的计算机或者手机，以十二生肖为装饰的开罐刀，建筑平面设计图，仅仅以表面设计图案为区别特征的棋类、牌类等等，都不能授予实用新型专利权。

（二）不授予发明或者实用新型专利权的客体

出于公共利益原因，专利法规定了各种不能授予发明或者实用新型专利权的客体。

1. 专利法第5条规定，对违反国家法律、社会公德或者妨害公共利益的发明创造，不授予专利权。国家法律、社会公德和社会公共利益的含义非常广泛，因此必须慎重加以把握。

（1）违反国家法律的发明创造。国家法律指全国人大及其常委会根据立法程序制定和颁布的法律，不包括行政法规和规章。发明创造与国家法律相违背的，不授予专利权。比如，用于赌博的设备、机器或者工具；吸毒器具；伪造国家货币、票据、印章、公文、证件、文物的设备。发明创造本身不违反国家法律，只是其滥用违反国家法律的，可以授予专利权。比如，用于医疗的各种毒药、麻醉剂、镇静剂、兴奋剂和用于娱乐的棋牌等。

要特别指出的是，违反国家法律的发明创造，不包括仅其实施为国家法律所禁止的发明创造。其含义是，如果仅仅是发明创造的生产、销售或者使用受到国家法律的限制，则该发明创造本身并不属于违反国家法律的发明创造。比如，用于国防的各种武器的生产、销售和使用虽然都受到严格限制，但武器本身及其生产方法仍然可以授予专利权。

（2）违反社会公德的发明创造。社会公德是社会公众普遍认为是正当的，并被接受的伦理道德观念和行为准则。社会公德和社会的文化背景息息相关，而且随时代的发展变化而发展变化，随地域的不同而有所不同。发明创造与社会公德相违背的，不能授予专利权。比如，非医疗目的的人造性器官或者其替代物，人与动物杂交的方法，改变人生殖系遗传同一性的方法或者改变了人生殖遗传同一性的人，克隆人或者克隆人的方法，人胚胎的工业或者商业目的的应用方法，可能导致动物痛苦而对人或者动物的医疗没有实质益处的改变动物遗传同一性的方法，等等。

（3）妨害公共利益的发明创造。妨害公共利益的发明创造，是指发明创造的实施或者使用危害公众的利益或者整个社会，或者使国家或者社会的正常秩序受到重大影响。具体来说包括：致人伤残或者损害财物的发明创造。比如，导致盗窃者双目失明的装置或者方法；实施或者使用会严重污染环境、严重浪费能源或者资源、破坏生态平衡、危害公众健康的发明创造；文字或者图案涉及国家重大政治事件或者宗教信仰、伤害民众感情或者民族感情、宣扬封建迷信的发明创造。

但是，发明创造由于被滥用而妨害公共利益的，或者发明创造在产生积极作用的同时存在某些缺点的，例如，对人体存在某些副作用的药品，则不能以妨害公共利益为由不授予专利权。

部分违反国家法律、社会公德或者妨害社会公共利益的发明创造，是否能够授予专利权？实践中的做法是，申请人必须删除该违法的部分，如果不删除，则整个发明创造都不能被授予专利权。比如，一种投币式弹子游戏机，游戏者如果达到一定分数，机器就会抛出一定数量的钱币。申请人如果不删除或者修改抛出一定数量的钱币部分，则不能授予专利权。

（4）侵害他人在先权益的发明创造。一个值得研究的问题是，侵害他人在先权益的发明创造能否授予专利权？侵害他人在先权利的发明创造，主要表现为两种情况：一是侵害他人在先权利的发明创造，比如在先的专利权、在先商标权、在先著作权；二是侵害他人在先利益的发明创造，比如没有经过遗传资源所有者的许可，利用他人遗传资源作出的发明创造。虽然从广义上讲，侵害他人在先权益的发明创造可以理解为是违反国家法律（这里的法律指专利法）的发明创造，但是按照专利法的规定，尽管侵害他人在先权益的发明创造者在实施其发明创造的情况下需要承担侵害责任，但是专利法并没有明文禁止侵害他人在先权益的发明创造不能获得专利权。由此推论，只要符合授予专利权的新颖性、实用性、创造性的实质性要件，侵害他人在先权益的发明创造仍然可以授予专利权，只是获得专利权的人不能行使专利权罢了，因为一旦行使，就会侵害他人的在先权益。

按照上述思路解释的最大优点是，可以为侵害他人在先权益的专利权人提供市场选择的机会。这种机会主要表现在如下几个方面：一是可以抢占市场先机。对于专利申请人而言，一旦获得专利，虽然无法行使专利权，但仍然拥有排他权，可以阻止他人将同样的发明创造申请专利或者进行实施，从而获得市场竞争的优势。二是可以获得谈判的机会。虽然侵害了他人的在先权益，但专利权人完全可以通过谈判获得在先权益人的追认从而消除专利权存在的法律障碍，使专利权变得合法、有效，从而为充分实施其专利提供条件。三是当在先权益过了法律保护的期限后，原本存在法律障碍的专利权会演变为一个完全合法有效的专利权。可见，如果以权利的流转和市场化为中心来考量侵害他人在先权益的发明创造是否能够授予专利权，问题将变得非常简单和明晰。

此外，按照上述思路进行解释，也比较符合专利审查的实际情况。按照专利法的规定，虽然专利审查员必须审查发明专利申请的新颖性、实用性和创造性，但是对于是否侵害他人在先权益并没有审查的义务；即使规定审查员负担这样的义务，由于审查工作繁重而琐碎，审查员也难以真正履行这样的义务。对于实用新型和外观设计专利申请而言，由于不进行实质审查，审查员根本就无法审查实用新型和外观设计是否侵害在先他人权益。

一个值得研究的问题是，在先权益人是否能够通过诉讼途径直接要回侵害其在先权益的专利权？由于专利权是经过申请、公告、审查、授权等一系列复杂程序才得以产生的权利，如果在先权益人能够通过诉讼途径直接要回侵害其在先权益的专利权，则相当于行为人冒用了在先权益人的专利权，但事实上，在先权益人对侵害其在先权益的发明创造虽拥有专利申请权，但并不拥有专利权，因此允许在先权益人通过诉讼途径直接要回侵害其在先权益的专利权并没有足够的法律依据。当然，在先权益人以侵害其在先权益或者专利申请权为由进行诉讼并主张赔偿法院应当是予以支持的。

然而，如果在先权益属于商业秘密，按照上述方法处理对于商业秘密权利人可能会存在不公平的现象。由于专利申请必须公开，将侵害他人在先权益的商业秘密申请专利，必将导致商业秘密秘密性的丧失。在这种情况下，虽然可以考虑商业秘密本身的价值加大赔偿的力度以图保护商业秘密权人的利益，但在侵害行为人没有赔偿能力或者赔偿能力有限的情况下，以及专利权将被宣告无效的情况下，商业秘密权人的利益将遭受难以弥补的损失。如此，是否可以考虑将专利权直接判决归在先的商业秘密权益所有人，是必须重视的一个问题。

2. 其他不授予专利权的客体。

专利法第 25 条规定，下列客体不能授予专利权：

（1）科学发现。科学发现是对自然界中客观存在的物质、现象、变化过程及其特性和规律的揭示，对这些物质、现象、变化过程及其特征和规律的认识不同于改造客观世界的技术方案，不能被授予专利权。比如，发现卤化银在光照下具有感光特性，这种发现不能授予专利权。但是，利用这个发现制造出的感光胶片以及该感光胶片的生产方法，则可以授予专利权。

（2）智力活动的规则和方法。智力活动的规则和方法是指人们进行思维、表述、判断和记忆的规则和方法。由于没有采用技术手段或者利用自然规律，也没有解决技术问题和利用技术效果，因此智力活动的规则和方法不属于发明创造的范畴，不能授予专利权。

在判断涉及智力活动的规则和方法是否属于可以授予专利权的发明创造时，应当考量以下原则：如果一项权利要求仅仅涉及智力活动的规则和方法，或者一项权利要求除了客体名称外，对其进行限定的全部内容都属于智力活动的规则和方法，不能授予专利权。比如，审查专利申请的方法；组织、生产、商业实施和经济等方面的管理方法以及制度；交通行车规则、时间调度表、比赛规则；演绎、推理和统筹的方法；图书分类规则、字典的编排方法、情报检索的方法、专利分类方法；日历的编排规则和方法；仪器和设备的操作说明；各种语言的语法、汉字的编码方法；计算机的语言和计算规则；速算法和口诀；数学理论和换算方法；心理测试方法；教学、授课、训练和驯兽方法；各种游戏、娱乐的规则和方法；统计、会计和计账的方法；乐谱、食谱和棋谱；锻炼身体的方法；疾病普查的方法和人口统计的方法；信息表述方法；计算机程序本身；等等。

但是，如果一项权利要求在对其进行限定的全部内容中既包含智力活动的规则和方法，又包含技术特征，则该权利要求就整体而言并不是一种智力活动的规则和方法。

（3）疾病的诊断和治疗方法。疾病的诊断和治疗方法，是指以有生命的人体或者动物体为直接实施对象，进行识别、确定或者消除病因、病灶的过程。疾病的诊断和治疗方法之所以不能授予专利权，主要出于两个方面的原因：一是出于人道主义和社会伦理原因，医生在诊断和治疗过程中，应当有选择各种方法和条件的自由；二是疾病的诊断和治疗方法直接以有生命的人体或者动物为实施对象，而人体或者动物体每个个体都不同，该类方法在产业上无法进行大规模利用，因此不能授予专利权。但是，用于实施疾病诊断和治疗方法的各种仪器设备，以及在疾病诊断和治疗方法中使用的各种物质或者材料，不是疾病的诊断和治疗方法本身，因此可以授予专利权。

诊断方法，是指为了识别、研究和确定有生命的人体或者动物体的病因或者病灶的方法。诊断方法必须同时满足以下两个要件才不授予专利权：一是以有生命的人体或者动物为对象；二是以获得疾病诊断结果或者健康状况为直接目的。以下方法属于典型的疾病的诊断方法：血压测量法、诊脉法、足诊断法、X 光诊断法、超声诊断法、胃肠造影诊断法、内窥镜诊断法、同位素示踪影像诊断法、红外光无损诊断法、患病风险度评估方法、疾病治疗效果预测方法、基因筛查诊断法。

但下列方法不属于疾病的诊断方法：在已经死亡的人体或者动物体上实施的病理解剖方法；直接目的不是获得诊断结果或者健康状况，而只是从活的人体或者动物体获取作为中间结果的信息的方法，或者处理该信息的方法，但是从该信息本身不能直接获得疾病的诊断或者治疗方法；直接目的不是获得诊断结果或者健康状况，而只是对脱离人体或者动物体的组织、体液或者排泄物进行处理或者检测以获取作为中间结果的信息的方法，或者处理该信息的方法，但是从该信息本身不能直接获得疾病的诊断或者治疗方法。

治疗方法，是指为了使有生命的人体或者动物体恢复或者获得健康或者减少痛苦，进行阻断、缓解或者消除病因或者病灶的过程，包括以治疗为目的或者具有治疗性质的各种方法（比如预防疾病方法或者免疫方法）。对于包含治疗目的和非治疗目的的方法，专利申请人必须说明该方法用于非治疗目的，否则不能授予专利权。以下方法是常见的治疗方法：外科手术治疗方法、药物治疗方法、心理疗法；以治疗为目的的针灸、麻醉、推拿、刮痧、气功、催眠、药浴、空气浴、阳光浴、森林浴和护理方法；以治疗为目的利用电、磁、声、光、热等种类的辐射刺激或者照射人体或者动物体的方法；以治疗为目的的采用涂覆、冷冻、透热等方式的治疗方法；为预防疾病而实施的各种免疫方法；为实施外科手术治疗方法、药物治疗方法或者两种方法的结合而采用的辅助方法，比如返回同一主体的细胞、组织或器官的处理方法，血液透析方法，麻醉深度监控方法，药物内服方法，药物注射方法，药物外敷方法；以治疗为目的的受孕、避孕、增加精子数量、体外受精、胚胎转移等方法；以治疗为目的的整容、肢体拉伸、减肥、增高方法；处置人体或动物体伤的方法，比如伤口消毒方法、包扎方法；以治疗为目的的其他方法，比如人工呼吸方法、输氧方法。但要指出的是，虽然使用药物治疗的方法不能授予专利权，但是药物本身可以授予专利权。

但以下方法不属于疾病的治疗方法：制造假肢或者假体的方法，以及为了制造该假肢或者假体而采用的测量方法。比如制造假牙的方法，该方法包括在病人口中制造牙齿模具，而在体外制造假牙。虽然假牙的最终目的是治疗，但是其直接的目的却是制造假牙。通过非外科手术方式处置动物体以改变其生长特性的畜牧业生产方法。比如，通过对活羊施加一定的电磁刺激促进其增长、提高羊肉产量或增加羊毛产量的方法。动物屠宰方法。对于已经死去的人体或者动物体采取的处置方法。比如，解剖、整体遗容、尸体防腐、制作标本的方法。单纯的美容方法，即不介入人体或者不产生创伤的美容方法。包括在皮肤、毛发、指甲、牙齿外部等可视部位实施的、非治疗目的的身体除臭、保护、装饰或者修饰方法。为了使处于非病态的人或者动物感觉舒适、愉快或者在诸如潜艇、防毒等特殊情况下输送氧气、负离子、水分的方法。杀灭人体或者动物体外部（非伤口和非感染部位）的细菌、病毒、虱子、跳蚤的方法，等等。

外科手术方法，是指使用器械对有生命的人体或者动物体实施剖开、切除、缝合等创伤性或者介入性治疗或者处置的方法，包括以治疗为目的和非治疗目的的外科手术方法。以治疗为目的的外科手术方法属于治疗方法，不能授予专利权；以非治疗为目的的外科手术方法虽然不是治疗方法，但由于是以有生命的人体或者动物为实施对象，不能在产业上进行利用，没有实用性，因此也不能授予专利权。比如，为美容而实施的外科手术方法，采用外科手术方法从活牛身上摘取牛黄的方法，为实施冠状造影之前采用的外科手术方法。

如果外科手术方法是以已经死亡的人体或者动物为实施对象，只要不违反国家法律、社会公德或者妨害公共利益，则属于可以授予专利权的客体。

（4）动物和植物品种。动物和植物是有生命的物体。专利法所称的动物不包括人，是指不能自己合成，而只能靠摄取自然的碳水化合物和蛋白质维系生命的生物。专利法所称的植物，是指可以借助光合作用，以水、二氧化碳、无机盐等无机物合成碳水化合物、蛋白质维系其生存，并且通常不能发生位置移动的生物。由于动物和植物可以通过专利法以外的法律法规进行保护（比如植物可以通过植物新品种保护法进行保护），因此不授予专利权。

但是，按照专利法第 25 条第 2 款的规定，动物和植物的生产方法可以授予专利权。生产方法仅指非生物学的方法，而不包括生物学方法。某种方法是属于生物学方法还是非生物学方法，取决于该方法中人的技术介入的程度。如果人的技术对该方法所要达到的目的或者效果发挥了主要的控制作用甚至是决定性作用，则这种方法不属于主要是生物学的方法。比如，采用辐射饲养法生产高产奶牛的方法，改进饲养方法生产瘦肉型猪的方法，都是可以授予专利权的客体。

由于专利法第 25 条第 1 款第 4 项没有排除微生物和微生物方法获得专利权的可能性，因此微生物和微生物方法属于可以授予专利权的客体。微生物包括细菌、真菌、病毒等。微生物方法是指利用细菌、真菌、病毒等微生物去生产一种化学物质（比如抗生素）或者分解一种物质等的方法。

（5）用原子核变换方法获得的物质。包括原子核变换方法本身以及通过该方法获得的物质。原子核变换方法，是指使用一个或者几个原子核经过分裂或者聚合，形成一个或者几个新原子核的过程。比如，为了完成核聚变反应采用的磁镜阱法、封闭阱法。但是，为了实现原子核变换而增加粒子能量的粒子加速方法，比如电子行波加速法、电子驻波加速法、电子对撞法、电子环形加速法，不属于原子核变换方法，属于可以授予专利权的客体。此外，为了实现原子核变换方法而采用的各种仪器、设备以及零部件，也是可以授予专利权的客体。

用原子核变换方法获得的物质，主要是指使用反应堆、加速器以及其他核反应装置生产、制造的各种放射性同位素。但这些同位素的用途以及使用的仪器、设备可以授予专利权。

原子核变换方法和通过该方法获得的物质之所以不能授予专利权，是因为它们关涉到国家的经济、国防、科研和重大公共利益，不适宜让私人独占。

(三)涉及计算机程序发明的可专利性

按照《计算机软件保护条例》第3条第1款的规定，计算机程序，是指为了得到某种结果而可以由计算机等具有信息处理能力的装置执行的代码化指令序列，或者可以被自动转换成代码化指令序列的符号化指令序列或者符号化语句序列。

目前世界上对于计算机程序普遍采用的是著作权保护模式，所以说单纯的计算机程序本身不能成为授予专利权的客体。但是对于涉及计算机程序的发明，在少数发达国家则可以成为授予专利权的客体，我国亦采用这样的处理方式。

所谓涉及计算机程序的发明，是指为了解决发明提出的问题，全部或者部分以计算机程序处理流程为基础，通过计算机执行按照上述流程编制的计算机程序，对计算机外部对象或者内部对象进行控制或者处理的解决方案，但并不必须包含对计算机硬件的改变。对外部对象进行的控制或者处理，包括对某种外部运行过程或者外部运行装置进行控制、对外部数据进行处理或者交换等。对内部对象进行的控制或者处理，包括对计算机内部性能的改进、对计算机系统内部资源的管理、对数据传输的改进等。

在判断涉及计算机程序的发明是否属于可以授予专利权的客体时，应当注意以下几条规则：

1. 如果某项权利要求仅仅涉及一种算法或者数学计算规则，或者计算机程序本身，或者仅仅是记录在某种载体(磁带、磁盘、光盘、磁光盘、ROM、PROM、VCD、DVD或者其他计算机可读介质)上的计算机程序，或者游戏规则和方法，则不属于涉及计算机程序的发明，不能成为受专利权保护的客体。即使某项权利要求存在主题名称，但如果对其进行限定的全部内容仅仅涉及一种算法或者数学计算规则，或者程序本身，或者游戏规则和方法，则该权利要求实质上仍然为智力活动的规则或者方法，不是涉及计算机程序的发明，不能成为授予专利权的客体。比如，利用计算机程序求解圆周率的方法，如果计算机程序执行的只是纯数学运算方法或者规则，则本质上仍然属于人的抽象思维方式，属于专利法所说的智力活动的规则和方法，不能成为专利权保护的客体。但是，当一项权利要求在对其进行限定的全部内容中既包含游戏规则和方法，又包含技术特征，则该权利要求就整体而言并不完全等同于游戏规则和方法，不能一概作为游戏规则和方法进行处理。

下面是一个不能成为专利权保护客体的比较详细的例子。

权利要求为：利用计算机进行全球语言文字通用转换的方法。

具体包括以下基本步骤：

将全球语言文字统一在单词后先以辅音字母标词法，后以辅音字母标句法的方式，形成与各种录入语言相对应的录入语言辅助语。

利用中介语与录入的语言辅助语的对应关系进行语言转换，中介语言为世界语和世界语辅助语。

其特征在于：录入时的标词法和标句法方式与形成世界语辅助语的标词法和标句法方式相同，其中标词法方式为：m 为名词，x 为形容词，y 为复数，s 为数量词，f 为副词。标句法方法为：z 为主语，w 为谓语，d 为定语，n 为宾语，b 为补语（包括表语），k 为状语。

上述权利要求的主题中虽然包含了计算机，但因对其全部内容的限定只是利用统一的翻译中介语，通过人为规定全球语言的录入规则，实现对全球语言进行统一方式的语言转换，解决方案既不是对机器翻译方法的改进，也没有在机器翻译上体现不同语言文字自身固有的客观语言规律和计算机技术结合的改进，所体现的只是录入语言辅助语与中介语的对应关系被统一于世界语辅助语的标词和标句规则，本质上仍然属于智力活动的规则和方法，不属于可以授予专利权的客体。

2. 根据专利法实施细则第 2 条第 1 款的规定，发明必须表现为一种技术方案，因此，涉及计算机程序的发明只有表现为某种技术方案时，才能成为专利权保护的客体。具体来说，如果涉及计算机程序的发明专利申请的解决方案执行计算机程序的目的在于解决技术问题，在计算机上运行计算机程序从而对外部或者内部对象进行控制或者处理所反映的是遵循自然规律的技术手段，并且由此获得符合自然规律的技术效果，则这种解决方案属于技术方案，可以成为专利权保护的客体。反之，则涉及计算机程序的解决方案不是技术方案，不能成为专利权保护的客体。比如，如果涉及计算机程序的发明的解决方案执行计算机程序的目的是实现一种工业过程、测量或者测试过程控制，通过计算机执行一种工业过程控制，按照自然规律完成对该工业过程各阶段实施的一系列控制，从而达到符合自然规律的工业过程控制效果，则该方案属于技术方案，可以成为专利权保护的客体。

以下是一个属于计算机程序发明的例子。

权利要求为：一种利用计算机程序控制橡胶模压成型工艺的方法。

具体包括以下步骤：

通过温度传感器对橡胶硫化温度进行采样；

响应硫化温度计算机橡胶制品在硫化过程中的正硫化时间；

判断正硫化时间是否达到规定的正硫化时间；

当正硫化时间达到规定的正硫化时间时即发出终止硫化信号。

上述解决方案是利用计算机程序控制橡胶模压成型工艺过程，目的是防止橡胶的过度硫化和硫化不足，解决的是技术问题，该方法通过执行计算机程序完成对橡胶模压成型工艺过程的处理，反映的是根据橡胶硫化原理对橡胶硫化时间进行精确的、实时的控制，既利用了技术手段，也实现了技术效果，因此属于涉及计算机程序的发明，可以成为专利权保护的客体。

知识产权学界经常讨论商业方法的可专利性问题，其实这是一个假问题。原因很简单，因为单纯的商业方法属于智力活动的规则和方法，虽然可能成为商业秘密保护的范畴，但明确被专利法第25条排除在专利权保护的客体之外，因此根本无须讨论。知识产权学界也经常讨论商业方法软件的可专利性问题，严格地讲，这种说法也是有问题的。理由在于，商业方法计算机软件包含计算机程序及其文档，著作权法和《计算机软件保护条例》都明确规定，计算机文档属于著作权保护的客体，根本就不能成为专利权保护的客体。所以真正需要讨论的问题是商业方法软件程序的可专利性问题。商业方法软件程序能否构成专利法保护对象的发明，必须按照上述规则进行具体判断。

（四）化学领域发明的可专利性

化学领域的发明比较复杂，特别是容易将发现和发明相混淆，因此应当特别注意区分。一般来说，两类物质不能成为专利权保护的客体。一是天然物质。天然物质是自然界中以天然形式存在的物质，属于科学发现，不能成为专利权保护的化学物质。但是，如果首次从自然界分离或者提取出来的物质，其结构、形态或者其他物理化学参数是现有技术中不曾存在过的，并能够被确切地表征，在产业上也具有利用价值，则该物质本身以及获得该物质的方法都可成为专利权保护的客体。二是物质的医药用途，如果是用来诊断和治疗疾病，则属于疾病的诊断和治疗方法，不能成为专利权保护的化学物质；但如果物质的医药用途是用来制造药品，则可以成为专利权保护的客体。比如，如果权利要求中以物质的医药用途"用于治病"、"用于疾病诊断"、"作为药物应用"申请专利，则属于疾病的诊断或者治疗方法，不能成为专利权的保护客体。如果权利要求中以物质的医药用途"在制药中的应用"即制药方法或者作为药品本身申请专利，则可以成为专利权保护的客体。

（五）生物技术领域发明的可专利性

生物技术领域中的发明由于涉及生命伦理问题，因此在判断是否属于专利权保护的客体时，应当特别慎重。除了前文在探讨违反国家法律、违背社会公德和妨害公共利益的发明创造不能授予专利权以外，以下发明也属于不能授予专利权的发明创造：

1. 人类胚胎及其干细胞。

2. 处于各个形成和发育阶段的人体，包括人的生殖细胞、受精卵、胚胎以及个体。

3. 细菌、放线菌、真菌、病毒、原生动物、藻类等微生物虽然属于授予专利权的客体，但如果它们没有经过任何人类技术加工而以纯天然的方式存在，则属于科学发现，不能成为专利权保护的客体。只有当微生物经过分离成为纯培养物，并且具有特定的工业用途时，才能成为专利权保护的客体。

4. 基因或者 DNA 片段。基因或者 DNA 片段包括从微生物、植物、动物或者人体分离获得的，以及通过其他手段制备得到的，本质上属于化学物质。如果仅仅从自然界中找到以天然形式存在的基因或者 DNA 片段，则是发现，不能成为专利权保护的客体。但如果是首次从自然界分离或者提取出来的基因或者 DNA 片段，其碱基序列是现有技术中不曾存在的，能够被确切地被表征，并具有产业上的可利用性，则该基因或者 DNA 片段本身以及生产该基因或者 DNA 片段的方法都属于可授予专利权的客体。

5. 动物和植物个体及其组成部分。动物胚胎干细胞、动物个体以及各个形成和发育阶段的动物体，比如生殖细胞、受精卵、胚胎等，属于动物品种，不能成为专利权保护的客体。但是动物的体细胞，动物组织和除胚胎以外的器官，不属于动物本身，可以成为专利权保护的客体。

借助光合作用，以水、碳水化合物、无机盐等无机物合成碳水化合物、蛋白质来维系生存的植物的单个植株以及繁殖材料（比如种子），属于植物品种，不能成为专利权保护的客体。但是，植物的组织、细胞和器官如果不具备上述条件，则不是植物品种本身，可以成为专利权保护的客体。

6. 转基因动物和植物。转基因动物和植物是通过基因工程重组 DNA 技术等生物学方法得到的动物和植物。由于它们仍然属于动物和植物，因此不能成为专利权保护的客体。

二、新颖性

新颖性是授予发明或者实用新型专利权必须具备的第一个实质性要件。按照专利法第 22 条的规定，新颖性，是指在申请日以前没有同样的发明或者实用新型在国内外出版物上公开发表过、在国内公开使用过或者以其他方式为公众所知，也没有同样的发明或者实用新型由他人向国务院专利行政部门提出过申请并且记载在申请日以后公布的专利申请文件中。

可见，发明或者实用新型要获得专利权，首先必须不同于现有技术和申请日之前他人已经向国家专利行政部门提出过专利申请并且记载在申请日（包含申请日）以后公布的专利申请文件中的技术。

(一)现有技术

按照专利法实施细则第 30 条的规定,现有技术是指申请日(有优先权的,指优先权日)之前在国内外出版物上公开发表、在国内公开使用或者以其他方式为公众所知的技术。可见,现有技术必须是在申请日之前公众能够获得的技术,而且必须达到能够使公众从中得知实质性技术内容的状态,处于保密状态的技术不属于现有技术。所谓保密状态下的技术,不仅包括受保密规定或者协议约定处于保密状态下的技术,而且包括社会观念或者商业习惯上认为应当承担保密义务状态下的技术,即默示保密义务状态下的技术。

要特别指出的是,如果负担保密义务的人违反法律规定或者契约约定或者默示保密义务泄露了技术内容,在没有法律特别规定的情况下,只要公众能够获得被泄露的技术内容,该技术仍然构成现有技术。

某项技术是否构成现有技术,与时间、地域和公开方式有关,下面分别讨论。

(二)时间界限

判断现有技术的时间界限是申请日,有优先权的,为优先权日。从广义上说,凡是申请日之前公开的技术都属于现有技术,但是申请日当天公开的技术不属于现有技术。

按照专利法第 28 条的规定,申请日是国务院专利行政部门收到专利申请文件之日。如果申请文件是邮寄的,则以寄出的邮戳日为申请日。同时按照专利法实施细则第 5 条的规定,邮戳日不清晰的,除当事人能够提出证明外,以国务院专利行政部门收到日为申请日。

我国专利法尚未正式规定电子方式专利申请,因此无须考虑采用电子方式申请情况下专利申请日的判断问题。在已经规定了电子方式申请专利的国家,一般以国家专利行政部门收到电子专利申请文件日为申请日。

(三)地域界限

按照我国现行专利法的规定,现有技术的地域界限和公开的方式有关。如果采用的是出版物公开的方式,现有技术判断的地域界限为全世界范围,即绝对地域性标准;如果采用使用公开或者其他方式公开,现有技术判断的地域范围为中国境内,即相对地域性标准。

从立法论的角度看,随着我国技术研发水平的不断提高,在判断现有技术时,不管何种方式公开,都有必要采纳全世界地域范围标准,以保证技术的先进性,尽可能防止垃圾专利的出现。专利法第三次修正草案已经采纳了全世界地域标准,即绝对地域性标准。

(四)公开方式

现有技术公开方式包括出版物公开、使用公开和其他方式公开。

1. 出版物公开。这里的出版物是指能够表明或者有其他证据证明公开发表或者出版时间的、记载有现有技术内容的独立存在的传播载体。出版物可以是各种印刷的、打字的纸件，例如专利文献、科技杂志、科技书籍、学术论文、专业文献、教科书、技术手册、正式公布的会议记录或者技术报告、报纸、产品样本、产品目录、广告宣传册，也可以是用电、磁、光、照相等方法制成的视听资料，例如微缩胶卷、影片、照相底片、录像带、磁带、唱片、光盘等，还可以是以互联网或者其他在线数据库形式存在的文件等。

出版物不受地理位置、语言、年代或者获得方式的限制。出版物发行量的多少、是否有人阅读过、申请人是否知晓等因素都不影响出版物的公开存在。

对于印有"内部资料"、"内部发行"等字样的出版物，如果确实是在特定范围内发行并且要求获得者保密的，不能视为公开的出版物。虽在特定范围内发行但是并不要求获得者承担保密义务的，尽管印有"内部资料"等字样，仍然应当作为公开的出版物处理。

出版物是合法出版物还是非法出版物，以及是否为侵权的出版物都不影响出版物的公开方式。

出版物的印刷日为出版物的公开日，但有其他证据证明公开日的除外。印刷物只写明年月的，以所写月份的最后一日为公开日；只写明年份的，以所写年份的 12 月 31 日为公开日。

2. 使用公开。由于使用而导致技术方案的公开，或者导致技术方案处于公众可以获得的状态，为使用公开。包括能够使公众获得其技术内容的制造、使用、销售、许诺销售、出租、进口、交换、馈赠、演示、展示等。只要通过这些方式使技术方案处于公众想获得就可以获得的状态，不管公众是否实际获得，都属于使用公开。但是，未给出任何技术内容的说明，以至所属技术领域中的普通技术人员无法得知技术内容的展示，不属于使用公开。产品虽然制造但尚未出厂销售而且制造者承担保密义务的情况下，也不属于使用公开。

如果使用的是产品，即使必须经过破坏才能得知产品的技术内容，也属于使用公开。此外，将技术资料等放置在展台上或者橱窗内等公众虽然接触不到但是可以阅读的地方，比如招贴画、图纸、样本、照片、样品，等等，也属于使用公开。

使用公开，以公众能够得知该产品或者方法之日为申请日。

3. 其他方式公开。是指除出版物公开和使用公开以外的其他任何方式的公开。比如，口头交谈，报告，讨论会发言，广播、电视、电影的报道，等等。口头交谈、报告、讨论会发言等方式公开以发生日为公开日；以公众可以接收的广播、电视、电影等报道方式的公开，以播放日为公开日。

（五）抵触申请

所谓抵触申请，是指由他人在该申请的申请日之前向专利局提出并且在申请日（含申请日）以后公布的同样的发明或者实用新型专利申请。抵触申请是为了保证专利申请的绝对新颖性而采用的制度。

之所以要求抵触申请必须是在申请日（包含申请日）以后公布的同样的发明或者实用新型申请，是出于以下几个因素考虑：一是在申请日之前虽然有人提出申请但还没有公开的技术，是公众无法获知的，因此不能成为现有技术；二是在申请日之前有人提出申请并且已经公开的技术完全构成现有技术，没有必要再通过抵触申请制度加以规定；三是在申请日以后才提出专利申请的发明或者实用新型不能构成先申请的发明或者实用新型的现有技术。可见，只有在申请日之前提出专利申请而在申请日以后公布的专利申请中的技术才可能构成现有技术，相关申请才会构成抵触申请。

要特别注意的是，抵触申请仅指他人在申请日之前提出的申请，而不包括由他人在申请日当日提出的申请，以及由申请人本人在申请日之前提出的同样的发明或者实用新型专利申请。抵触申请还包括在申请日之前由他人提出、并在申请日（含申请日）之后作出中文公布的同样的发明或者实用新型专利国际申请。

（六）对比文件及其判断

为了判断发明或者实用新型专利申请是否具备新颖性，必须引用对比文件，包括专利文件和非专利文件。由于在实质审查阶段审查员一般无法得知在国内公开使用的技术或者以其他方式公开的技术，因此，对比文件主要就是出版物上公开的技术。该技术不仅包括明确记载在对比文件中的内容，而且包括对于所属技术领域中的普通技术人员来说可以直接地、毫无疑义地确定的技术内容。但是不得随意扩大或者缩小对比文件中的技术内容。对比文件中包括附图的，只有从附图中可以直接地、毫无疑义地确定的技术内容才属于公开的技术，那些从附图中推测的、没有文字说明的技术不属于公开的技术。

（七）新颖性的具体审查

发明或者实用新型是否具备新颖性，在具体审查时，通常先审查其是否具备实用性，经过审查确定没有实用性的发明或者实用新型不再进行新颖性审查。进行新颖性审查时，应当掌握以下原则：

1. 同样的发明或者实用新型原则。申请专利的发明或者实用新型如果与现有技术或者抵触申请相同，则丧失新颖性。所谓相同，是指对于所属技术领域的普通技术人员而言，申请专利的发明或者实用新型和现有技术或者抵触申请属于相同的技术领域，所解决的技术问题相同，技术方案和技术效果实质上也相同。也就是说，如果申请专利的发明或者实用新型权利要求中所限定的技术方案与对比文件中的技术方案实质上相同，所属技术领域的普通技术人员据此可以确定两者可以用于相同的技术领域，解决相同技术问题，达到相同的预期技术效果，则可以推定申请专利的发明或者实用新型属于对比的现有技术或者抵触申请，从而丧失新颖性。

2. 单独对比原则。判断发明或者实用新型专利申请是否具有新颖性时，应当将各项权利要求分别与每一项现有技术或者抵触申请单独地进行比较，不得将各项权利要求与几项现有技术或者抵触申请的组合，或者一份现有技术中的几个技术方案的组合进行对比。这和发明或者实用新型创造新的判断方法有所不同。

（八）发明或者实用新型新颖性判断的具体标准和事例

1. 内容相同的发明或者使用新型。要求专利保护的发明或者实用新型与对比文件中的技术内容完全相同，或者仅仅是文字的简单替换，则没有新颖性。内容相同包括所属技术领域中的普通技术人员可以直接、毫无疑义从对比文件中确定的技术内容。比如，某发明专利申请权利要求是"一种电机转子铁心，所述铁心由钕铁硼永磁合金而成，所述铁心由钕铁硼永磁合金具有四方晶体结构并且主要是 Nd2Fe14B 金属间化合物"，而对比文件公开了"采用钕铁硼磁体制成的电机转子铁心"，则要求专利保护的发明丧失新颖性，因为所属技术领域的技术人员都知道钕铁硼磁体就是指主相为 Nd2Fe14B 金属间化合物的钕铁硼永磁合金，并且具有四方晶体结构。

2. 具体概念（下位概念）与一般概念（上位概念）。如果要求专利保护的发明或者实用新型与对比文件中公开的技术相比，仅仅采用一般概念或者上位概念代替具体或者下位概念，则具体概念的公开使采用一般概念进行权利要求技术内容限定的发明或者实用新型丧失新颖性。比如，对比文件中公开的产品是"用铁制成的"，则使"用金属制成的"同一产品的发明或者实用新型丧失新颖性。但是，反过来，一般概念的公开并不使采用具体概念进行限定的权利要求的技术内容丧失新颖性。比如，对比文件中公开的产品是"用金属制成的"，并不使"用铁制成的"同一产品的发明或者实用新型丧失新颖性。

3. 惯用手段的直接置换。如果要求保护的发明或者实用新型仅仅是对比文件中已公开的所属技术领域中惯用手段的直接置换，则丧失新颖性。比如，对比文件中公开的技术内容为"采用螺钉固定的装置"，发明或者实用新型要求保护的仅仅是将该装置的螺钉固定方法改为螺栓固定方法，则丧失新颖性。

4. 数值和数值范围。要求专利保护的发明或者实用新型通过数值或者连续变化的数值范围进行技术特征限定，比如尺寸、温度、压力、组分含量，等等，则该发明或者实用新型新颖性的判断就会变得相对复杂。

（1）如果对比文件中公开的数值或者数值范围包含在发明或者实用新型专利权利要求进行限定的技术特征范围之内，则发明或者实用新型丧失新颖性。比如，专利权利要求的铜基形状记忆合金包含 10%～35% 的锌和 2%～8% 的铝，其余为铜，如果对比文件公开了包含 20% 的锌和 5% 的铝的铜基形状记忆合金，则发明或者实用新型丧失新颖性。

（2）如果对比文件中公开的数值范围与包含在发明或者实用新型权利要求进行限定的技术特征范围部分重叠或者存在一个相同的端点，则发明或者实用新型丧失新颖性。部分重叠比如，专利申请中的权利要求为一种氮化硅陶瓷的生产方法，其烧成时间为 1 小时～10 小时，如果对比文件中公开的氮化硅陶瓷的生产方法为 4 小时～12 小时，由于烧制时间在 4 小时～10 小时内重叠，因此发明或者实用新型丧失新颖性。存在相同端点比如，专利申请中的权利要求为一种等离子喷涂方法，喷涂时的喷枪功率为 20 千瓦～50 千瓦，如果对比文件中公开了喷枪功率为 50 千瓦～80 千瓦的等离子喷涂方法，因为具有共同的端点 50 千瓦，所以该发明丧失新颖性。

(3) 如果发明或者实用新型专利申请权利要求的技术特征为离散数值并且具有对比文件中公开的数值范围的两个端点中的任意一个，则丧失新颖性，但两个端点之间的任意一个数值的发明或者实用新型仍然具备新颖性。比如，专利权利要求为一种二氧化钛光催化剂的制备方法，其干燥温度为 40 度、58 度、75 度和 100 度。如果对比文件中公开了温度为 40 度～100 度的二氧化钛光催化剂的制备方法，则干燥温度为 40 度和 100 度的权利要求丧失新颖性，但干燥温度为 58 度和 75 度的权利要求仍然具有新颖性。

(4) 虽然专利权利要求中的数值或者数值范围包含在对比文件公开的数值范围内，但如果与对比的数值范围并没有共同的端点，则权利要求不丧失新颖性。比如，专利权利要求为一种内燃机用活塞环，其活塞环的圆环直径为 95 毫米，如果对比文件公开了圆环直径为 75 毫米～105 毫米的内燃机用活塞环，则权利要求不丧失新颖性。再比如，专利权利要求为一种乙烯—丙烯共聚物，其聚合度为 100～200，如果对比文件中公开了聚合度为 50～400 的乙烯—丙烯共聚物，则不丧失新颖性。

5. 包含性能、参数、用途或者制备方法等特征的产品权利要求的新颖性判断。

(1) 包含性能、参数特征的产品权利要求的新颖性判断。对于这种发明或者实用新型专利要求，应当考虑权利要求中的性能、参数特征是否隐含了该产品具有特定的结构和组成或者组成。如果该性能、参数特征隐含了要求保护的产品具有不同于对比文件中公开的产品的结构和组成或者组成，则权利要求具备新颖性。反之，如果所属技术领域中的普通技术人员无法将根据权利要求中的性能、参数将要求专利保护的产品与对比文件产品区别开来，则可推定权利要求丧失新颖性，除非申请人能够举证证明要求保护的产品在结构和组成，或组成上和对比文件产品存在实质不同。比如，专利权利要求为一种用 X 衍射数据等多种参数表征的具有结晶形态的化合物 A，对比文件中公开的也是具有结晶结构的化合物 A，如果根据对比文件，难以将二者区别开来，则推定两种产品相同，专利申请丧失新颖性。

(2) 包含用途特征的产品权利要求的新颖性判断。对于此种发明或者实用新型专利要求，应当考虑权利要求中的用途特征是否隐含了要求保护的产品具有某种特定结构和组成或者组成。如果该用途由产品本身固有的特性决定，而且用途特征没有隐含产品在结构和组成或者组成上发生任何变化，则该用途特征限定的产品权利要求丧失新颖性。比如，权利要求为一种用于抗病毒的化合物 A，而对比文件为用做催化剂的化合物 A，虽然化合物 A 的用途进行了改变，但是决定化合物 A 的化学结构式并没有发生任何变化，则权利要求丧失新颖性。但是，当产品用途特征表明产品的结构和组成或者组成发生了变化时，则该用途作为产品的结构和组成或者组成的限定特征时必须予以考虑。比如，起重机钓钩和钓鱼钓钩虽然都是钓钩，但二者是完全不相同的产品，因此后者的公开并不使前者的权利要求丧失新颖性。

（3）包含制备方法特征的产品权利要求的新颖性判断。对于包含制备方法特征的产品权利要求新颖性的判断，也必须考虑该制备方法是否导致产品具有特定的结构和组成或者组成。如果所属技术领域中的普通技术人员根据该制备方法可以推导出按照该方法生产的产品必然具有不同于对比文件产品的特定结构和组成或者组成，则该权利要求不丧失新颖性。反之，权利要求限定的产品与对比文件产品相比，虽然所述方法不同，但产品的结构和组成或者组成相同，则该权利要求不具备新颖性，除非申请人能够举证证明该制备方法生产的产品在结构和组成或者组成上和对比文件产品不同。比如，专利权利要求为一种利用 X 方法制得的玻璃杯，对比文件公开的是利用 Y 方法制得的玻璃杯，虽然两个方法表述不同，但如果两个方法制得的玻璃杯在结构、形状和构成材料方面相同，则专利权利要求丧失新颖性。

（九）不丧失新颖性的宽限期

特殊情况下，发明或者实用新型虽然通过某种方式公开，但在一定时间内并不因此而丧失新颖性。

1. 不丧失新颖性的事由。专利法第 24 条规定，申请专利的发明创造在申请日以前 6 个月内，有下列情形之一的，不丧失新颖性：

（1）在中国政府主办或者承认的国际展览会上首次展出的。中国政府举办的国际展览会，包括国务院、各部委主办或者国务院批准由其他机关或者地方政府主办的国际展览会。中国政府承认的国际展览会，包括国务院及其各部委承认的在外国举办的国际展览会。所谓国际展览会，展品不仅应当包括举办国的产品，而且应当有来自外国的展品。

（2）在规定的学术会议或者技术会议上首次发表的。专利法实施细则第 31 条第 1 款规定，学术会议或者技术会议，是指国务院有关主管部门或者全国性学术团体组织召开的学术会议或者技术会议，不包括省级以下或者受国务院各部委或者全国性学术团体委托或者以其名义组织召开的学术会议或者技术会议，但存在保密协议的除外。

（3）他人未经申请人同意而泄露其内容的。包括他人未遵守明示或者默示的保密信约而将发明创造的内容公开，也包括他人用威胁、欺诈或者间谍活动等手段从发明人或者申请人那里得知发明创造的内容而导致的公开。

关于不丧失新颖性的事由，专利法采取了限定列举的立法模式。对于确保发明或者实用新型专利申请的新颖性来说，这种立法模式是非常必要的。但是这种立法模式过分忽视了人性之常情。对于发明创造者而言，尽可能早地在出版物上发表其研究成果以获得同行和世人的赞誉实为人之常情。专利法如果不考虑这种情况，而将上述三种方式以外的方式公开的发明创造排除在不丧失新颖性的宽限期的范围之外，似乎违背了最基本的人性，非常不利于科技成果的及早公开，客观上无疑会延缓最新科技成果传播的时间和速度，延缓科技发展的步伐。所以说，从立法论的角度看，实有必要将申请人自己或者授权他人在出版物上首次发表的列举为不丧失新颖性的事由。其实，国外早就有这样的立法例子，比如日本特许法就明确将这种情况规定为不丧失新颖性的事由之一。

另外一个必须留意的问题是，在上述三种法定情形发生之日起6个月内，申请人提出申请之前，发明创造再次被公开的，只要该公开不属于上述三种情形，则再次公开将使发明或者实用新型丧失新颖性。如果再次公开属于上述三种情形之一，则该申请不丧失新颖性，但是宽限期应该从发明创造第一次公开之日起计算。

2. 要求宽限期的手续。专利法实施细则第31条第2款规定，申请专利法发明创造存在上述第一、第二种情形的，申请人应当在提出专利申请时声明，并自申请日起2个月内，提交有关国际展览会或者学术会议、技术会议的组织单位出具的有关发明创造已经展出或者发表，以及展出或者发表日期的证明文件。同条第3款规定，存在上述第三种情形的，国务院专利行政部门认为必要时，可以要求申请人在指定期限内提交证明文件。按照国家专利局《专利审查指南》的规定，存在第三种情形的，如果申请人在申请日之前已经得知，应当在提交专利申请时声明，并在自申请日起2个月内提交证明材料。如果是在申请日后才知道的，应当在得知情况后2个月内提交证明材料。

按照专利法实施细则第31条第4款的规定，申请人未按照规定提出声明和提交证明文件的，其申请不得享受宽限期。

3. 不丧失新颖性的宽限期的效果。专利法和专利法实施细则并没有明确规定不丧失新颖性的宽限期的效果。但是按照国家专利局发布的《专利审查指南》的规定以及几乎所有学者压倒性的意见认为，不丧失新颖性的宽限期的效果和优先权的效果是完全不同的。宽限期仅仅是把申请人自己对发明或者实用新型的某些公开或者他人合法或者非法的某些公开作为不损害发明或者实用新型新颖性的公开。而一旦公开，则发明或者实用新型成为现有技术，只是对于发明或者实用新型专利申请人来说，在申请日起的6个月期限内并不成为丧失新颖性和创造性的现有技术，而并不是把发明或者实用新型的公开日作为专利申请的申请日。因而从公开的事实发生之日到发明或者实用新型创造者提出专利申请期间，如果第三人独立作出了同样的发明或者实用新型，并且早于发明或者实用新型人提出专利申请的话，第三人的申请将构成先申请，这样发明或者实用新型人提出的专利申请由于构成在后申请，无法获得专利权。而对于第三人的申请来说，由于发明或者实用新型本人的发明创造已经公开，构成现有技术，因而丧失新颖性，同样不能获得专利权。

可见，按照上述解释，在宽限期内，除非发明或者实用新型创造者先于第三人提出专利申请，否则即使作出了发明创造，纵使专利法规定了所谓的宽限期，也可能无法获得专利权。这样，对于发明或者实用新型创造者来说，宽限期的规定将形同虚设，没有任何存在的意义，其结果只会造成学术闭锁的现象。既然不管合法公开还是非法公开都可能得不到专利，作为经济理性人的发明创造者，自然不愿意去尽早发表自己的科研成果。这等于变相要求发明创造者只有提出专利申请才能公开自己的科研成果，让世人分享其成果。虽然这有助于提高发明创造者的专利意识，敦促其尽可能早地提出专利申请。但发明创造者的预见能力总归是有限的，难以确保自己的专利申请总是先于第三人的申请，立法者如果存在这样的立法意图不免有强人所难之嫌疑。

为了解决上述困境，避免出现发明或者实用新型创造者和第三人都无法获得专利权的情况的出现，从立法论的角度考虑，似乎应该考虑将发明或者实用新型的公开日作为优先权日对待，以保证专利申请人有权对抗第三人在宽限期内提出的同样的发明或者实用新型专利申请。

三、创造性

创造性是申请专利权的发明或者实用新型必须具备的第二个实质性要件。按照专利法第 22 条第 3 款的规定，创造性，是指同申请日以前已有的技术相比，该发明有突出的实质性特点和显著的进步，该实用新型有实质性特点和进步。创造性在美国、日本被称为非显而易见性，称为非显而易见性更加容易理解。

（一）已有的技术

专利法实施细则第 30 条规定，所谓已有的技术，是指申请日（有优先权的，指优先权日）前在国内外出版物上公开发表、在国内公开使用或者以其他方式为公众所知的技术，即现有技术。但要注意的是，专利法第 22 条规定的抵触申请中的技术，即申请日之前由他人向国家专利局提出过申请并且记载在申请日以后公布的专利申请文件中的技术，不属于现有技术，虽然在判断新颖性时必须考虑，但在判断发明或者实用新型是否具有创造性时，不予考虑。

（二）突出的实质性特点

发明具有突出的实质性特点，是指对所属技术领域中的普通技术人员而言，该发明相对于现有技术不是显而易见的。如果发明仅仅是所属技术领域的普通技术人员在现有技术的基础上通过逻辑分析、推理或者简单的试验就可以得到的，则该发明属于显而易见的，欠缺突出的实质性特点。

（三）显著的进步

发明有显著的进步，是指发明与现有技术相比，能够产生有益的技术效果。比如，发明克服了现有技术中的缺陷和不足，或者为解决某一技术问题提供了一种不同构思的技术方案，或者代表了某种新的技术发展趋势。

（四）创造性的判断主体

发明或者实用新型创造性的判断主体为所属技术领域中的普通技术人员。普通技术人员并不是指某个具体的技术人员，而是一种假设的人员，假设他知晓申请日或者优先权日之前发明所属技术领域中所有的普通技术知识，能够获知该领域中所有的现有技术，并且具有应用申请日或者优先权日之前常规实验手段的能力，但不具备创造能力。所属技术领域中的普通技术人员的假设目的在于克服审查员审查能力的差别和主观因素。

（五）创造性的判断标准

在考察发明是否具备创造性时，必须同时审查发明是否具备突出的实质性特点和显著的进步。在评价发明是否具备创造性时，不仅要考察发明的技术方案本身，而且必须考察发明所属的技术领域、所要解决的技术问题和所要达到的技术效果，将发明作为一个整体对待。

与新颖性单独对比的审查原则不同，在审查发明的创造性时，可将一份或者多份现有技术中的不同技术内容组合在一起对要求专利保护的发明进行评价。另外，如果一项独立权利要求具备创造性，则不再考虑该独立权利要求的从属权利要求是否具备创造性。

通常来说，具有以下特点的发明应当判断为具有创造性：

1. 发明解决了人们一直渴望解决但始终没有解决的技术难题。比如，自有农场以来，人们一直渴望在牲畜身上无痛而且不损害牲畜表皮地打上永久性标记的问题，某发明人发明冷冻方法成功地解决了这一问题，该方法发明具有创造性。

2. 发明克服了技术偏见。如果发明克服了某个技术领域内长期以来存在的某个或者某些技术偏见，采用了由于技术偏见而抛弃的技术手段，解决了技术问题，则发明具备创造性。比如，对于电动机的换向器和电刷间界面，通常认为越光滑接触越好，电流损耗也越小。一项发明将换向器表面制造出一定粗糙度的细纹，其结果电流损耗更小，优越于光滑表面，由于克服了长期的技术偏见，该发明具备创造性。

3. 发明取得了意想不到的技术效果。所谓意想不到的技术效果，是指发明的技术效果同现有技术的技术效果相比，发生了本质上的变化，具有新的性能。或者发生了量上的变化，而这种变化超出了所属技术领域普通技术人员能够想象的范围。

4. 发明在商业上获得巨大成功。如果发明获得这种成功是由于发明的技术特征导致的，则该发明具有创造性。但如果发明或者这种巨大商业成功是由于经营策略的成功导致的，则不能作为发明具有创造性的依据。

此外要注意的是，发明是否具有创造性和发明人付出的劳动时间长短、资金大小、研究和工作方法是否正确等没有关系。比如，公知的汽车轮胎是由一名工匠在准备黑色橡胶配料时，把决定加入3％的碳黑错用为30％而造成的。事实证明，加入了30%碳黑的橡胶轮胎具有高强度的耐磨损性能，尽管是因为偶然的疏忽造成的，但并不妨碍橡胶轮胎的创造性。

（六）突出的实质性特点的判断方法

判断要求专利保护的发明是否具备突出的实质性特点，一般要遵循以下三个步骤：

首先，确定最接近的现有技术。所谓最接近的现有技术，是指现有技术中与要求专利保护的发明关系最密切的一个技术方案，可以是与要求专利保护的发明技术领域相同，所要解决的技术问题、技术效果或者用途最接近的公开了发明的技术特征的技术，也可以是和要求专利保护的发明技术领域不同，但能够实现发明的功能，并且公开发明的技术特征最多的技术。

其次，确定发明的区别特征和发明实际解决的技术问题。也就是确定发明区别于现有技术的特征，然后根据这些区别特征所能达到的技术效果确定发明实际解决的技术问题。

再次，判断要求保护的发明对所属技术领域的技术人员是否是显而易见的。如果现有技术中存在某种技术启示，所属技术领域中的普通技术人员在面对要求专利保护的发明所要解决的技术问题时，有动机改进该现有技术并且因此而获得该发明，则要求专利保护的发明是显而易见的，不具备创造性。在下列情况下，通常认为现有技术存在上述技术启示，发明缺乏非显而易见性：

1. 发明的区别性特征为公知常识。如解决问题的惯用手段、教科书中披露的技术手段、工具书中披露的技术手段。比如要求专利保护的是一种铝制建筑构件，目的在于减轻构件的重量。而对比文件中公开了相同的建筑构件，同时说明建筑构件是轻质材料，但没有提到铝材料。由于在建筑标准中，明确指出铝作为一种轻质材料，可以作为建筑构件。显然，该发明的区别性特征为铝材料轻质的公知常识，发明缺乏非显而易见性。

2. 发明的区别性特征属于最接近的现有技术相关的技术手段。比如，要求保护的发明是一种氦气检漏装置。其特征为：检漏真空箱是否有整体泄漏的整体泄漏检测装置，对泄漏氦气进行回收的回收装置，和用于检测具体漏点的氦质谱检漏仪，所述氦质谱检漏仪包括一个真空吸枪。对比文件中的一个部分公开了一种全自动氦气检漏系统，该系统包括：检漏真空箱是否有整体泄漏的整体泄漏检测装置和对泄漏氦气进行回收的回收装置。对比文件的另一部分公开了一种具有真空吸枪的氦气漏点检测装置，其中指明该漏点检测装置是检测具体漏点的氦质谱检漏仪。根据对比文件，所属技术领域中的普通技术人员很容易将两种技术方案结合而成为发明的技术方案，因此要求保护的发明缺乏非显而易见性。

3. 发明的区别性特征为另一份对比文件中公开的技术方案。比如，要求专利保护的是一种设置有排水凹槽的石墨盘式制动器，所述凹槽用以排除清洗制动器表面而使用的水。发明所要解决的技术问题是如何清除制动器表面上因摩擦而产生的妨碍制动的石墨屑。对比文件一记载了一种石墨盘式制动器。对比文件二记载了在金属盘式制动器上设置有用于冲洗其表面上附着的灰尘而使用的排水凹槽。由于要求专利保护的发明的区别性特征已经被对比文件二公开,因此缺乏非显而易见性。

(七) 显著的进步的判断方法

如上所述,所谓显著的进步,是指发明具有有益的技术效果。

1. 显著的进步的判断标准。一般来说,发明具有以下情形之一的,应当认为发明具有显著的进步:

(1) 发明与现有技术相比具有更好的效果。比如,改善了质量、提高了产量、节约了能源、防治了环境污染。

(2) 发明提供了一种技术构思不同的技术方案,其技术效果基本上能够达到现有技术水平。

(3) 发明代表了某种新的技术发展趋势。

(4) 尽管发明在某些方面具有负面效果,但在其他方面具有突出的积极技术效果。

2. 几种具体发明显著性的判断。

(1) 开拓性发明。开拓性发明是在技术历史上不曾出现过的全新的技术方案。比如,中国古代四大发明——指南针、火药、造纸术、活字印刷术。国外的蒸汽机、收音机、电话机、激光器,等等。开拓性发明同现有技术相比,具有突出的实质性特点和显著的进步,具备创造性。

(2) 组合发明。组合发明是指将现有技术方案进行组合而形成新的、能够解决现有技术中存在的问题的技术方案。在判断组合发明的创造性时,通常应当考察组合后的各个技术特征在功能上是否相互支持、组合的难易程度、现有技术中是否存在组合的启示、组合后的技术效果等因素。如果组合发明仅仅是现有技术的简单叠加,发明总体技术效果仅仅是各个部分技术效果的总和,则缺乏创造性。比如,一种带电子表的圆珠笔,仅仅是将已知的电子表安装在圆珠笔上,电子表和圆珠笔都是以常规的方式发挥作用,在功能上没有相互作用关系,仅仅是现有技术的简单叠加,则不具备创造性。再比如,一种带橡皮头的铅笔,也只是橡皮头和铅笔的简单叠加,因此不具备创造性。但如果各个部分组合后在功能上相互支持,并取得了新的技术效果,则组合发明具备创造性。

(3) 选择发明。选择发明是从现有技术公开的宽范围内,有目的地选择现有技术中未提到的窄范围或者个体的发明。选择发明是否具备创造性,主要应当考察是否带来了意想不到的技术效果。如果能够带来意想不到的技术效果,则选择发明具备创造性,否则就缺乏创造性。比如,现有技术中存在很多加热方法,如果发明仅仅是选择公知的电加热法,则缺乏创造性。

（4）转用发明。转用发明是指将某一技术领域中的现有技术转用到其他技术领域中的发明。在判断转用发明的创造性时，主要应当考虑转用的技术领域的远近、是否存在相应的技术启示、转用的难易程度、是否需要克服技术上的效果、转用所带来的技术效果等因素。如果转用是在类似的或者相近的技术领域中进行的，并且未产生意想不到的技术效果，则这种转用发明不具备创造性。比如，将用于电脑支持的结构用于电视支持就不具备创造性。反之，如果这种转用产生了意想不到的技术效果，或者克服了原来技术领域中遇到的困难，则该转用发明具备创造性。比如，一项潜艇副翼的发明，借用飞机中的技术手段，将飞机的主翼用于潜艇，使潜艇在起副翼作用的可动板作用下产生升浮力或者沉降力，从而极大改善了潜艇的升降功能，克服了潜艇在升降中的许多技术难题（现有技术中潜艇潜入水中靠的是潜艇自重和水对它产生的浮力相平衡停留在任意点上，上升时靠操纵水平舱产生浮力，而飞机在飞行过程中完全是靠主翼产生的浮力浮在空中），因此具备创造性。

（5）已知产品的新用途发明。已知产品的新用途发明，是指将已知产品用于新的目的的发明。在判断已知产品的新用途发明是否具备创造性时，主要应当考虑新用途与现有用途技术领域的远近、新用途所带来的技术效果等等。如果新的用途仅仅是使用了已知材料的已知的性质，则该发明缺乏创造性。比如将润滑油用做同一技术领域的切削剂，就属于这种情况。但如果新的用途利用了已知产品新发现的性质，并且产生了意想不到的技术效果，则已知产品的新用途发明具备创造性。比如，将作为木材杀菌剂的五氯酚制剂用做除草剂而取得了预想不到的技术效果，因此具备创造性。

（6）要素变更的发明。包括要素关系改变的发明、要素替代的发明和要素省略的发明。在判断要素变更的发明是否具备创造性时，主要应当考虑是否存在技术启示、是否产生预测不到的技术效果等因素。

要素关系改变的发明，是指与现有技术相比，形状、尺寸、比例、位置以及作用关系等发生变化的发明。要素关系改变如果没有导致技术效果、功能或者用途等方面的意想不到的变化，或者仅仅导致可以预料的简单变化，则发明缺乏创造性。反之，则具备创造性。比如，现有技术公开了一种刻度盘不动而指针转动的测量仪器，发明权利要求为一种指针不动而刻度盘转动的测量仪表，虽然动静关系发生改变，但技术效果没有任何变化，因此缺乏创造性。而一种有关剪草机的发明，其特征在于刀片斜角与公知技术的不同，斜角可以保证刀片自动研磨，而现有技术中不存在这样的技术特征，因此具备创造性。

要素替代的发明，是指已知产品或者方法的某一要素被其他已知要素替代的发明。如果发明是相同功能的已知手段的等效替代，或者是为了解决同一技术问题，用已知最新研制出的具有相同功能的材料替代公知产品中的相应材料，或者是用某一公知材料替代公知产品中的某材料，而这种公知材料的类似应用是已知的，而且没有产生任何意想不到的技术效果，则该发明不具备创造性。比如，一项关于泵的发明，与现有技术相比，该发明中的动力源是采用液压马达替代了现有技术中使用的电机，这种等效替代的发明不具备创造性。相反，如果要素的替代能够使发明产生意想不到的效果，则该发明具有创造性。

要素省略的发明，是指省去已知产品或者方法中的某一项或者多项的发明。如果发明省略一项或者多项要素后相应功能也消失，则发明不具备创造性。比如，一种涂料发明，与现有技术的区别在于不含防冻剂，由于省略了防冻剂，该涂料也就不再具有防冻效果，因此该发明不具备创造性。相反，如果与现有技术相比，一项发明省略一项或者多项要素后，依然保持现有功能，或者产生了意想不到的技术效果，则具备创造性。

四、实用性

实用性和新颖性、创造性一样，也是授予发明或者实用新型专利权必须具备的实质要件。

(一)实用性的含义

按照专利法第 22 条第 4 款的规定，实用性，是指申请专利的发明或者实用新型能够制造或者使用，并且能够产生积极效果。

申请专利的发明或者实用新型，应当能够解决技术问题，并能够在产业上进行应用。如果发明或者实用新型是一种产品，该产品必须能够在产业上进行制造，并且解决技术问题。如果发明是一种方法，该方法应当能够在产业上进行使用，并且能够解决技术问题。

所谓产业，包括工业、农业、水产业、林业、畜牧业、交通运输业，以及文化体育、生活用品和医疗器械等行业。

所谓在产业上能够制造或者使用的技术方案，是指符合自然规律，具有技术特征的可实施的技术方案，既可以表现为产品，也可以表现为方法。

所谓能够产生积极效果，是指发明或者实用新型在提出申请之日，其产生的经济、技术和社会效果是所属技术领域中的技术人员可以预料到的。从立法论的角度而言，发明或者实用新型是否能够产生积极的效果，只有经过市场化应用之后才能确实加以事后判断。我国专利法要求申请专利的发明或者实用新型必须具备积极效果，存在先入为主之嫌疑，不但大大增加了审查员审查的难度，而且减少了申请人获得专利的机会。有些国家（比如日本）的专利法只是要求申请专利的发明或者实用新型能够在产业上进行制造或者使用即可，并不要求能够产生积极效果。这是值得我国专利法借鉴的。

(二)实用性的判断原则

实用性应该在新颖性和创造性之前首先进行判断。如果经过审查发现发明或者实用新型没有实用性，则不再进行新颖性和创造性的审查。

判断发明或者实用新型是否具有实用性，应当遵循下列原则：

1. 以申请日提交的说明书（包括附图）和权利要求书所公开的整体技术为依据，而不能局限于权利要求所记载的内容。

2. 由于现行专利法要求发明或者实用新型必须具备的积极效果属于事先的判断，因此在考量发明或者实用新型是否具备实用性时，并不要求发明或者实用新型一定要实施。

（三）实用性的具体判断标准

实用性要求申请专利的发明或者实用新型必须符合自然规律并且具备产业上的可再现性，因此具有下列特征的发明或者实用新型没有实用性：

1. 没有可再现性的发明或者实用新型。所谓可再现性，是指所属技术领域的普通技术人员根据发明或者实用新型公开的技术内容，能够重复实施专利申请中为解决技术问题的技术方案。这种重复实施不得依赖任何随机因素，并且实施结果应该是相同的。但是，必须注意的是，发明或者实用新型产品的成品率并不意味着不可再现性。产品成品率低表明只要符合发明或者实用新型专利申请公开的所有条件，发明或者实用新型是能够重复实施的，只是实施过程中不能确定某些技术条件，比如环境洁净度、温度等，而导致产品成品率比较低。不可再现性，是指即使符合申请专利的发明或者实用新型公开的全部技术条件，所属技术领域中的普通技术人员也不可能重复实现该技术方案所要达到的技术效果。

2. 违背自然规律的发明或者实用新型。违背自然规律的发明或者实用新型不具备可实施性，因此不具备实用性。比如关于永动机的发明。

3. 只能利用独一无二的自然条件才能实现的发明或者实用新型产品。这种发明或者实用新型产品由于和独一无二的自然条件联系在一起，无法进行移动，因此不具备实用性。比如，只能利用特定自然条件建造的桥梁。但是，不能因为利用独一无二的自然条件而没有实用性的产品本身就否定该产品组成部分的实用性。比如，桥梁的某个部分。

4. 人体或者动物体的非治疗目的的外科手术方法。这类方法由于以有生命的人体或者动物体为实施对象，无法在产业上进行利用，因此不具备实用性。

5. 测量人体或者动物体在极限情况下的生理参数的方法。由于不同的人体或者动物体对极限情况的耐受程度不同，测试时需要根据不同的人体或者动物体设置不同的测试条件，因此，这类方法难以在产业上进行大规模利用，不具备实用性。以下方法都属于这类方法：

（1）通过逐渐降低人或者动物的体温，以测量人或者动物对寒冷耐受程度的测量方法；

（2）利用降低吸入气体中氧气分压的逐级增加冠状动脉的负荷，并通过动脉血压的动态变化观察冠状动脉的代偿反应，以测量冠状动脉代谢机能的非侵入性的检查方法。

6. 没有积极效果的发明或者实用新型。发明或者实用新型应当能够产生预期的积极效果。明显无益、脱离社会需要的发明或者实用新型没有实用性。耗费巨大成本，按照现有的经济和社会条件难以实现，并且明显无益的发明或者实用新型，也应当作为没有实用性的发明或者实用新型处理。比如，曾经在日本出现过的关于在日本列岛周围建造防止台风的墙壁的发明专利申请就属于这种情况。

五、先申请

（一）先申请原则

先申请虽然不是发明或者实用新型专利申请获得授权的实质性要件，但也是必不可少的形式要件之一。

专利法第9条规定，两个以上的申请人分别就同样的发明创造申请专利的，专利权授予最先申请的人。专利法实施细则第13条规定，同样的发明创造只能被授予一项专利。两个以上的申请人在同一日分别就同样的发明创造申请专利的，应当在收到国务院专利行政部门的通知后自行协商确定申请人。

上述规定实质上确立了同样的发明创造不能重复授权的原则，目的在于防止权利之间的冲突，保证技术的先进性，并且防止公众的利益受到过度损害。

与新颖性以时作为判断的标准不同，申请日先后的判断以日作为时间单位。

（二）相同发明创造的判断原则

所谓同样的发明创造，是指两个或者两个以上的专利申请或者专利存在保护范围相同的权利要求，而不是指申请的文字一模一样或者申请专利的发明创造的每个细节都一模一样。为此，在判断两个以上专利申请或者专利中的发明创造是否相同时，应当根据各自权利要求书（包括可以用来解释权利要求书的说明书及其附图）的内容进行比较，而不是将权利要求书与专利申请或者专利文件中的全部内容进行比较。

在具体进行判断时，如果一项专利申请或者专利中的权利要求与另一个专利申请或者专利中的权利要求相同，则两个专利申请或者专利应当视为相同的发明创造。相反，尽管两个专利申请或者两个专利说明书的内容相同，只要各自要求保护的权利范围不同的，也应当视为要求保护的是不同的发明创造。比如，两个专利申请人都就某产品以及生产该产品的方法专利提出了专利申请，但其中一个申请的权利要求为该产品本身，而另一个申请人要求保护的为生产该产品的方法，也应当认为要求保护的是属于不同的发明创造。

（三）就相同发明创造提出两个专利申请的处理

包括两种情况：一是同一个申请人就同样的发明创造提出两个专利申请，并且两个专利申请都符合授予专利权的其他要件的情况。在这种情况下，专利局应当通知申请人进行选择或者修改。申请人期满不答复的，申请被视为撤回。经过申请陈述意见或者修改后仍然属于对同样的发明创造申请两个专利的，对于申请日不同的，应当驳回后一专利申请，并授予前一个申请专利；对申请日相同的，两个专利申请都予以驳回。二是不同申请人就同样的发明创造申请专利的，如果是不同日申请的，专利权授予最先申请的人。如果是同一日申请的，则由申请人自行协商确定申请人。申请人期满不答复的，申请视为撤回。协商不成，或者经过申请人陈述意见或者进行修改后仍然不符合专利法实施细则第 13 条第 1 款关于同样的发明创造只能授予一项专利规定的，两个申请都予以驳回。

（四）一个专利申请和一个专利权时的处理

对于同一个申请人就已经被授予专利的同样的发明创造再次提出专利申请，并且再次提出的专利申请也符合授予专利权的条件的，由申请人进行选择，申请人可以放弃已经被授予的专利权，也可以放弃尚未被授权的专利申请。申请人期满不答复的，申请视为撤回。经申请陈述意见或者修改后仍然不符合同样的发明创造只能授予一项专利的，由专利局驳回其专利申请。

（五）冒认申请、撤回申请、视为撤回申请、申请被驳回时是否保留先申请地位

这几种情况下是否保留原申请的先申请地位具有重要意义，关系到在后申请能否获得专利权的问题。但是我国专利法并没有作出明确规定。下面简要介绍日本特许法的规定，以资借鉴。

对于冒认申请，即非发明者的专利申请、没有专利申请权继承权的人提出的专利申请，日本特许法第 39 条第 6 款规定，其申请不作为先申请处理，因此发明者的在后专利申请、对专利申请权有继承权的人提出的专利申请仍然具有新颖性，可以获得专利权。

对于撤回申请和视为撤回申请（放弃申请），日本特许法第 39 条第 5 款规定，不作为先申请处理，在后相同主题的专利申请仍然有可能获得专利权。但是要注意的是，这种情况下在后申请新颖性的判断时间也转移到了在后申请之日，在在后申请日之前，只要撤回申请或者视为撤回申请中的发明创造不构成在后申请的现有技术，在后申请就不因此而丧失新颖性。

对于驳回的专利申请，日本在 1998 年修改特许法之前，一直承认其先申请地位具有排斥在后申请的效果。但是日本特许厅认为，承认没有公开的被驳回的申请的在先地位将给第三人造成不可预测的损害，因此 1998 年修改特许法时，在第 39 条第 5 款规定，对于被驳回的申请也不再承认其先申请地位。但是存在一种例外，即就相同主题的发明创造因同日申请协商不成而被驳回的，保留先申请的地位，以促使不同申请人尽可能达成协议。

第三节　获得专利权的手续

为了确保授予专利权的发明创造在技术上的先进性，同时使发明创造专利申请具有公示效果，避免他人重复投资，节约有限的社会资源，专利法规定获得专利必须经过申请、审查和批准等一系列程序。

一、申请

(一) 提交专利申请之前的经济分析

发明创造完成之后，是否申请专利，申请发明专利还是实用新型专利，必须经过认真的经济分析。理由在于：

1. 按照现有的专利法制度，专利的获得必须以公开发明创造的技术内容为对价。而发明创造一旦公开，客观上意味着任何人都可以通过学习、研究获得发明创造的技术内容，并进而实施发明创造，或者作出更加先进的发明创造。这样，专利申请人就可能面临两种局面，一是发明创造被非法实施的可能，二是面临着强大的合法竞争可能性，无论出现哪种局面，专利申请人都会陷入被动局面。

2. 专利的获得要经过申请、审查和批准等一系列行政程序，专利的申请、审查、维持等都要缴纳相关费用。没有任何竞争优势的发明创造很快就会被新的发明创造所取代，即使短期内不会被取代，也难以市场化变成实在的经济效益。因此，专利申请必须经过成本和收益分析，切忌只要作出发明创造就盲目申请专利的做法。

3. 商业秘密也可以保护发明创造。通过商业秘密保护发明创造相比通过专利保护的优势在于，无须复杂的程序、无须缴纳任何费用、无须公开发明创造的技术内容就可以得到保护，保护没有任何时间的限制，只要做到了保密，只要发明创造没有遭到淘汰，至少从理论来讲，发明创造就可以得到永久的保护，并且使自己长期处于竞争优势状态。

(二) 专利申请的提出

中国单位或者个人专利申请人可以直接向国家专利局提出专利申请，但是在中国没有经常居所或者营业所的外国人、外国企业或者外国其他组织在中国申请专利和办理其他专利事务的，应当委托国家专利局指定的专利代理机构代理。中国单位或者个人将其在国内完成的发明创造向外国申请专利的，应当先向国家专利局申请专利，并且委托国家专利局指定的专利代理机构代理。

1. 专利申请的形式。按照专利法实施细则第16条的规定，专利申请的形式主要为纸件的书面形式。以口头、电话、实物等非书面形式办理的各种手续，或者以电报、电传、传真、电子邮件等通信手段办理各种手续的均视为未提出，不产生法律效力。

以电子文件形式提出专利申请的，申请人应当事先与国家知识产权局签订电子专利申请系统用户注册协议。申请提出电子文件专利申请并被受理的，在审批程序中应当通过电子专利申请系统以电子文件形式提交相关文件。除特别规定外，申请人以纸件等其他形式提出的，视为未提交。

2. 申请文件及其要求。专利法第26条第1款规定，申请发明或者实用新型专利的，应当提交请求书、说明书及其摘要和权利要求书等文件。

请求书应当写明发明或者实用新型的名称，发明或者设计人的姓名，申请人姓名或者名称、地址，以及其他事项，按照专利法实施细则第17条的规定，其他事项包括：申请人的国籍；申请人是企业或者其他组织的，其总部所在地的国家；申请人委托专利代理机构的，应当注明的有关事项；申请人未委托专利代理机构的，其联系人的姓名、地址、邮政编码以及联系电话；要求优先权的，应当注明的有关事项；申请人或者专利代理机构的签字或者盖章；申请文件清单；附加文件清单；其他需要注明的有关事项。

说明书应当写明发明或者实用新型的名称，该名称应当与请求书中的名称相一致。说明书应当对发明或者实用新型作出清楚、完整的说明，以所属技术领域的技术人员能够实现为准，必要的时候，应当有附图。具体来说，说明书应当包含下列内容：

（1）技术领域：写明要求保护的技术方案所属的技术领域。

（2）背景技术：写明对发明或者实用新型的理解、检索、审查有用的背景技术；有可能的，并引证反映这些背景技术的文件。

（3）发明内容：写明发明或者实用新型所要解决的技术问题以及解决其技术问题采用的技术方案，并对照现有技术写明发明或者实用新型的有益效果。

（4）附图说明：说明书有附图的，对各幅附图作简略说明。

（5）具体实施方式：详细写明申请人认为实现发明或者实用新型的优选方式；必要时，举例说明；有附图的，对照附图。

发明或者实用新型专利申请人应当按照上述方式和顺序撰写说明书，并在说明书每一部分前面写明标题，除非其发明或者实用新型的性质用其他方式或者顺序撰写能节约说明书的篇幅并使他人能够准确理解其发明或者实用新型。发明或者实用新型说明书应当用词规范、语句清楚，并不得使用"如权利要求……所述的……"一类的引用语，也不得使用商业性宣传用语。发明专利申请包含一个或者多个核苷酸或者氨基酸序列的，说明书应当包括符合国务院专利行政部门规定的序列表。申请人应当将该序列表作为说明书的一个单独部分提交，并按照国务院专利行政部门的规定提交该序列表的计算机可读形式的副本。

权利要求书应当以说明书为依据，说明发明或者实用新型的技术特征，清楚、简要地表述请求保护的范围。按照专利法实施细则第20条的规定，权利要求书有几项权利要求的，应当用阿拉伯数字顺序编号。权利要求书中使用的科技术语应当与说明书中使用的科技术语一致，可以有化学式或者数学式，但是不得有插图。除绝对必要的外，不得使用"如说明书……部分所述"或者"如图……所示"的用语。权利要求中的技术特征可以引用说明书附图中相应的标记，该标记应当放在相应的技术特征后并置于括号内，便于理解权利要求。附图标记不得解释为对权利要求的限制。

专利法实施细则第21条规定，权利要求书应当有独立权利要求，也可以有从属权利要求。独立权利要求应当从整体上反映发明或者实用新型的技术方案，记载解决技术问题的必要技术特征。所谓必要的技术特征，是指发明或者实用新型为解决其技术问题所不可缺少的技术特征，其总和足以构成发明或者实用新型的技术方案，使之区别于背景技术中所述的其他技术特征。判断某一技术特征是否为必要技术特征，应当从所要解决的技术问题出发并考虑说明书描述的整体内容，而不应当将实施例中的技术特征直接认定为必要技术特征。从属权利要求应当用附加的技术特征，对引用的权利要求作进一步限定。

专利法实施细则第22条规定，发明或者实用新型的独立权利要求应当包括前序部分和特征部分，按照下列规定撰写：

(1) 前序部分：写明要求保护的发明或者实用新型技术方案的主题名称和发明或者实用新型主题与最接近的现有技术共有的必要技术特征；

(2) 特征部分：使用"其特征是……"或者类似的用语，写明发明或者实用新型区别于最接近的现有技术的技术特征。这些特征和前序部分写明的特征合在一起，限定发明或者实用新型要求保护的范围。

发明或者实用新型的性质不适于用上述方式表达的，独立权利要求可以用其他方式撰写。一项发明或者实用新型应当只有一个独立权利要求，并写在同一发明或者实用新型的从属权利要求之前。

专利法实施细则第23条规定，发明或者实用新型的从属权利要求应当包括引用部分和限定部分，按照下列规定撰写：

(1) 引用部分：写明引用的权利要求的编号及其主题名称；

(2) 限定部分：写明发明或者实用新型附加的技术特征。

从属权利要求只能引用在前的权利要求。引用两项以上权利要求的多项从属权利要求，只能以择一方式引用在前的权利要求，并不得作为另一项多项从属权利要求的基础。

按照专利法第26条第3款的规定，说明书应当有摘要，摘要应当简要说明发明或者实用新型的技术要点。专利法实施细则第24条进一步规定，说明书摘要应当写明发明或者实用新型专利申请所公开内容的概要，即写明发明或者实用新型的名称和所属技术领域，并清楚地反映所要解决的技术问题、解决该问题的技术方案的要点以及主要用途。说明书摘要可以包含最能说明发明的化学式；有附图的专利申请，还应当提供一幅最能说明该发明或者实用新型技术特征的附图。附图的大小及清晰度应当保证在该图缩小到 4 厘米×6 厘米时，仍能清晰地分辨出图中的各个细节。摘要文字部分不得超过 300 个字。摘要中不得使用商业性宣传用语。

有关生物材料的发明专利申请，形式上存在特别要求。专利法实施细则第 25 条规定，申请专利的发明涉及新的生物材料，该生物材料公众不能得到，并且对该生物材料的说明不足以使所属领域的技术人员实施其发明的，除应当符合专利法和本细则的有关规定外，申请人还应当办理下列手续：

（1）在申请日前或者最迟在申请日（有优先权的，指优先权日），将该生物材料的样品提交国务院专利行政部门认可的保藏单位保藏，并在申请时或者最迟自申请日起 4 个月内提交保藏单位出具的保藏证明和存活证明；期满未提交证明的，该样品视为未提交保藏。

（2）在申请文件中，提供有关该生物材料特征的资料。

（3）涉及生物材料样品保藏的专利申请应当在请求书和说明书中写明该生物材料的分类命名（注明拉丁文名称）、保藏该生物材料样品的单位名称、地址、保藏日期和保藏编号；申请时未写明的，应当自申请日起 4 个月内补正；期满未补正的，视为未提交保藏。

按照专利法实施细则第 26 条的规定，发明专利申请人依照上述规定保藏生物材料样品的，在发明专利申请公布后，任何单位或者个人需要将该专利申请所涉及的生物材料作为实验目的使用的，应当向国务院专利行政部门提出请求，并写明下列事项：请求人的姓名或者名称和地址；不向其他任何人提供该生物材料的保证；在授予专利权前，只作为实验目的使用的保证。

（三）优先权

申请专利可以要求优先权，即根据专利法第 29 条的规定向专利局要求以其在先提出的专利申请为基础享有优先权。

1. 外国优先权。外国优先权是指专利法第 29 条第 1 款规定的优先权。具体内容是，申请人自发明或者实用新型在外国第一次提出专利申请之日起 12 个月内，或者自外观设计在外国第一次提出专利申请之日起 6 个月内，又在中国就相同主题提出专利申请的，依照该外国同中国签订的协议或者共同参加的国际条约，或者依照相互承认优先权的原则，可以享有优先权。享有外国优先权的专利申请应当满足以下要件：

（1）申请人就相同主题的发明创造在外国第一次提出专利申请后（以下称为外国首次申请）又在中国提出专利申请（以下称为中国在后申请）。但是，享有外国优先权的发明创造与外国首次申请审批的最终结果无关，只要该首次申请在有关国家或者政府间国际组织获得了确定的申请日，就可以作为要求外国优先权的基础。

所谓相同主题的发明或者实用新型，是指所属的技术领域，所要解决的技术问题、技术方案和预期的技术效果相同的发明或者实用新型，并不意味着在文字记载、表达方式上完全相同。只要中国在后申请中各项权利要求所述的技术方案清楚地记载在外国首次申请的说明书、权利要求书中，就应当将两个申请作为相同主题的发明或者实用新型专利申请。为此，必须将在先申请作为一个整体进行充分的分析，不得仅仅因为在先申请的权利要求书中没有包含该技术方案为由，而拒绝给予优先权。但是，如果外国首次申请仅仅是对上述技术方案的某一个或者某些技术特征做了笼统或者含糊的表述，或者暗示，而要求优先权的中国在后申请增加了对这一或者这些技术特征的详细阐述，以致所属技术领域的普通技术人员认为该技术方案不能从在先申请中直接和毫无疑义地得出，则该外国在先申请不能作为中国在后申请要求优先权的基础。

（2）就发明和实用新型专利申请而言，中国在后申请之日不得迟于外国首次申请之日起 12 个月。

（3）申请人提出首次专利申请的国家或者政府间国际组织应当是同中国签有协议或者共同参加国际条约，或者是相互承认优先权的国家或政府间国际组织。

外国优先权的效力。申请人在外国提出首次申请后，就相同主题的发明或者实用新型在优先权期限内在中国提出的在后专利申请，以在外国首次提出的申请日为申请日，从而可以对抗外国首次提出申请之日到在中国提出在后申请之日之间任何他人就相同主题提出的专利申请，也就是使第三人的相同主题申请丧失新颖性而不能获得专利权。

外国多项优先权和外国部分优先权。专利法实施细则第 33 条第 1 款规定，申请人在一件专利申请中，可要求一项或者多项优先权。要求多项优先权的，该申请的优先权期限从最早的优先权日起计算。但是，要求多项优先权的专利申请，应当符合专利法规定的单一性原则。

作为多项优先权要求基础的外国首次申请可以是在不同的国家或者政府间国际组织提出的申请。比如，技术方案 A 在美国首次提出专利申请，技术方案 B 在日本首次提出专利申请，如果申请人就记载了两个可供选择的技术方案 A 或者 B 的技术方案又在中国提出在后申请，只要前面两个首次申请是在向中国提出专利申请之前 12 个月内提出的，中国在后申请就可以要求多个优先权，即 A 享有美国的优先权日，B 享有日本的优先权日。但在中国在后申请的优先权期限应当从最早的优先权日起计算。要注意的是，如果中国在后申请记载的技术方案是由上述 A 和 B 组合而成的，而包含 A 和 B 组合技术方案的技术特征在两个外国首次申请中都没有记载，则中国在后申请不能以美国首次申请 A 或者日本首次申请 B 要求优先权，理由在于申请专利的主题已经不再相同。

要求外国优先权的在后申请中，除了包括作为外国优先权基础的申请中记载的技术方案外，还可以包含一个或者几个新的技术方案。在这种情况下，不得以中国的在后申请增加了新的技术方案而拒绝给予优先权，或者将其申请驳回，而应当对在后申请与在先申请中相同主题的发明创造专利申请给予优先权，有效日期为外国首次申请的申请日，其余的则以在后申请日为申请日。由于中国在后申请中有部分技术方案享有优先权，所以这种优先权又称为部分优先权。

2. 本国优先权。专利法第 29 条第 2 款规定，申请人自发明或者实用新型在中国第一次提出专利申请之日起 12 个月内，又向国务院专利行政部门就相同主题提出专利申请的，可以享有优先权。这种优先权为本国优先权。享有本国优先权的专利申请应当满足以下要件：

（1）申请专利的主题是限于发明和实用新型，而不包括外观设计。

（2）申请人就相同主题的发明或者实用新型在中国第一次提出专利申请后又向专利局提出专利申请。

（3）中国在后申请之日不得迟于中国首次申请之日起 12 个月。

（4）要求优先权的中国在先申请主题不得包含以下情形：已经要求过外国优先权或者本国优先权的，但未获得优先权的除外；已经被授予专利权的；属于按照专利法规定提出分案申请的。

本国优先权的效力。按照专利法实施细则第 33 条第 3 款的规定，申请人要求本国优先权的，其在后申请自前一申请提出之日起即被视为撤回。同外国优先权一样，本国优先权也使优先权享有者的专利申请在优先权期限内具有对抗任何第三人就相同主题提出的专利申请的效力，也就是使第三人相同主题的专利申请丧失新颖性，无法获得专利权。

中国在后申请同样可以要求多项优先权和部分优先权，关键是看中国首次申请和中国在后申请主题是否完全相同或者部分相同。

3. 要求优先权的手续。专利法第 30 条规定，申请人要求优先权的，应当在申请的时候提出书面声明，并且在 3 个月内提交第一次提出的专利申请文件的副本。未提出书面声明或者逾期未提交专利申请文件副本的，视为未要求优先权。按照专利法实施细则第 32 条的规定，书面声明中应当写明第一次提出专利申请的申请日、申请号和受理该申请的国家。要求外国优先权的，申请人提交的在先申请文件副本应当经原受理机关证明。提交的证明材料中，在先申请人的姓名或者名称与在后申请的申请人姓名或者名称不一致的，应当提交优先权转让证明材料。要求本国优先权的，申请人提交的在先申请文件副本应当由国务院专利行政部门制作。

（四）单一性和分案申请

专利申请应当符合单一性原则。不符合单一性原则的专利申请必须按照专利法的规定提出分案申请。

1. 单一性原则。专利法第31条规定，一件发明或者实用新型专利申请应当限于一项发明或者实用新型。但是，属于一个总的发明构思的两项以上的发明或者实用新型，可以作为一件申请提出。专利法之所以规定专利申请单一性原则，存在经济和技术两个方面的原因。经济方面的原因是为了防止专利申请人只缴纳一件专利的费用而获得多项发明或者实用新型专利的保护。技术方面的原因是为了便于专利申请的分类、检索和审查。

但是要注意的是，不符合申请单一性的原则并不导致专利无效。

所谓属于一个总的发明构思的两项以上的发明或者实用新型，按照专利法实施细则第35条的规定，是指在技术上相互关联，包含一个或者多个相同或者相应的特定技术特征的发明或者实用新型。所谓特定技术特征，是指每一项发明或者实用新型作为整体，对现有技术作出贡献的技术特征，也就是相对于现有技术而言具有新颖性和创造性的技术特征。

两项以上的发明或者实用新型在技术上相关联，通常表现但不限于以下几种方式：

(1) 两项以上产品发明或者方法发明在技术上的相互关联。产品发明在技术上的相互关联，比如具有某种特征的插头和具有相应特征的插座，在技术上相互关联，符合单一性原则。再比如，具有某特征的灯丝和用该灯丝制成的灯泡以及装有用该灯丝制成的灯泡的探照灯之间，都具有特定技术特征，技术上相互关联，因此具备单一性。方法发明在技术上的相互关联，比如制造某产品的方法 A、B、C 之间，由于某产品是该三种方法相同的特定技术特征，因此符合单一性原则。

(2) 产品和专门用于制造该产品的方法在技术上的相互关联。比如，某药品和专门用来生产该药品的方法之间。

(3) 产品和产品用途在技术上的相互关联。比如某化合物和该化合物作为杀虫剂的应用之间。

(4) 产品、专门用于制造该产品的方法和该产品用途在技术上的相互关联。比如某钉子和生产该钉子的方法以及该钉子的应用之间。

(5) 产品、专门用于制造该产品的方法和为了实施该方法而专门设计的设备在技术上的相互关联。比如，某种含有防尘物质的涂料和生产该涂料的方法以及为了实施该生产方法而专门设计的喷涂设备之间。

(6) 方法和专门为了实施该方法而专门设计的设备在技术上的相互关联。比如，某种生产纺织涂料的方法和为了实施该方法而专门设计的喷嘴之间。

要指出的是，上述所讲的技术关联都发生在独立权利要求之间，从属权利要求与其所引用的独立权利要求之间不存在缺乏单一性的问题，即使从属权利要求还包含着其他发明。比如，一项独立权利要求是一种生产药品的新方法。在一个具体的实施例中，提出了在某种湿度和温度范围内按照所说的方法生产药品。在这种情况下，对该湿度和温度范围可提出一项或者两项从属权利要求，即使在独立权利要求中没有提到湿度或者温度，也不能认为申请缺乏单一性。

2. 分案申请。不管是原权利要求还是修改专利申请文件后所增加或者替换的独立权利要求与原独立权利要求之间，只要不符合单一性的原则，按照专利法实施细则第42条和第54条的规定，不符合规定的，专利局应当通知申请人在指定的期限内对其申请进行修改。申请人期满不答复的，视为撤回其申请。已经授权的，申请人应当在收到授权通知之日起2个月内向国家专利局提出分案申请。但是，专利申请已经被驳回、撤回或者视为撤回的，不能提出分案申请。不管在哪种情况下提出的分案申请，都不能改变原申请的类别。

分案申请应当满足以下要件：

（1）分案申请的文本。按照专利法实施细则第43条的规定，分案申请的请求书中应当写明原申请的申请号和申请日。提交分案申请时，申请人应当提交原申请文件副本。原申请享有优先权的，并应当提交原申请的优先权文件副本。

（2）分案申请的内容。分案申请的内容不得超出原申请公开的范围，也就是专利法第33条规定的内容，即不得超出原说明书和权利要求书记载的范围。否则，应当驳回该分案申请。

（3）分案申请的说明书和权利要求书。分案以后的原申请和分案申请应当分别要求保护不同的发明，但说明书允许存在不同情况，既可以对原两件以上发明创造作出全部或者选择性的说明，也可以只对分案中的发明创造作出说明。

在一件专利申请中包含两个以上在技术上没有任何关联的发明创造时，虽然申请人必须按照专利法的规定进行修改，使其符合专利法规定的单一性要求，但是否就此提出分案申请并不是申请人的强制性义务，而是自愿选择的行为。也就是说，只要经过修改符合单一性要求，对余下的发明创造是否提出分案申请，完全是申请人自愿的选择行为。

但是，一旦申请人提出了分案申请，就会产生一系列的法律后果。其中对申请人最重要的是，分案申请可以保留原申请日，原申请享有优先权的，可以保留优先权日。也就是说，分案申请仍然以原申请的申请日作为申请日。这样分案申请人就可以对抗原申请日至提出分案申请日之间任何他人就相同主题提出的专利申请。

（五）专利申请文件的修改

专利法第33条规定，申请人可以对其专利申请文件进行修改。但是，对发明和实用新型专利申请文件的修改不得超出原说明书和权利要求书记载的范围，对外观设计专利申请文件的修改不得超出原图片或者照片表示的范围。超范围进行修改者，国家专利局经过审查后，应将意见通知申请人，要求其在指定期限内陈述意见或者补正。申请人期满不答复的，其申请视为撤回。申请人陈述意见或者补正后，国家专利局仍然认为不符合规定，应当予以驳回。

二、审查和批准

专利法第 34 条规定，国务院专利行政部门收到发明专利申请后，经初步审查认为符合专利法要求的，自申请日起满 18 个月，即行公布。国务院专利行政部门可以根据申请人的请求早日公布其申请。这里规定的就是初步审查制度。

(一) 初步审查

1. 初步审查的任务。对发明专利申请进行初步审查的主要任务如下：

(1) 审查申请人提交的申请文件是否符合专利法以及专利法实施细则的规定。

(2) 审查申请是否在法定期限内或者指定期限内提交申请文件。

(3) 审查申请是否依法缴纳有关费用。

2. 初步审查的范围。初步审查的范围包括：

(1) 申请文件的形式审查。

(2) 申请文件的明显实质性缺陷审查。包括是否明显属于专利法第 5 条、第 25 条的规定，或者不符合专利法第 18 条、第 19 条第 1 款的规定，第 31 条第 1 款的规定，第 33 条的规定，以及专利法实施细则第 2 条第 1 款、第 18 条、第 20 条的规定。

(3) 其他文件的审查。

(4) 有关费用的审查。

3. 初步审查的原则。在初步审查的过程中，应当坚持以下原则：

(1) 保密原则。对于尚未公布、公告的专利申请文件和其他内容，审查员负有保密义务。

(2) 书面审查原则。初步审查应当以申请人提交的书面文件为准，审查意见和结果也都应当通过书面形式通知申请人。

(3) 听证原则。审查员作出驳回申请决定之前，应当将驳回所依据的事实、理由和证据通知申请人，至少给申请人一次陈述意见和修改申请文件的机会。审查员作出驳回申请决定所依据的事实、理由和证据，应当是已经通知申请人的，不得包含新的事实、理由和证据。

4. 初步审查程序。

(1) 初步审查合格。经过初步审查，认为申请文件符合形式要件而且不存在明显缺乏实质性缺陷的专利申请，包括经过补正符合专利法规定的申请，应当认为申请初步审查合格，并且发出初步审查合格通知书。

(2) 申请文件的补正。对于申请文件存在可以通过补正克服的缺陷的专利申请，审查员应当进行全面审查，并且发出补正通知书。申请人补正后仍然存在缺陷的，应当再次发出补正通知书。

(3) 存在明显实质性缺陷的处理。对于申请文件中存在不能通过补正克服的缺陷的，审查员应当发出审查意见通知书，指出明显实质性缺陷，说明理由，同时指定答复期限。

（4）通知书的答复。申请人在收到补正通知书或者审查意见通知书后，应当在指定的期限内补正或者陈述意见。申请人期满未答复的，审查员应当发出视为撤回通知书或者其他通知书。申请人因正当理由耽误答复期限的，可以申请延长。对于因正当理由或者不可抗力耽误期限而导致申请被视为撤回的，可以在规定的期限内要求恢复权利。

（5）申请的驳回。申请文件存在明显实质性缺陷，审查员发出审查意见通知书后，申请人陈述意见或者修改后仍未消除的，或者申请文件存在形式缺陷，经过审查员发出两个补正通知后，经过申请人陈述意见或者补正后仍然没有消除的，审查员应当作出驳回申请决定。

（二）请求实质审查

发明专利申请实质审查程序主要依据申请人的实质审查请求而启动。专利法第35条规定，发明专利申请自申请日起3年内，国务院专利行政部门可以根据申请人随时提出的请求，对其申请进行实质审查；申请人无正当理由逾期不请求实质审查的，该申请即被视为撤回。国务院专利行政部门认为必要的时候，可以自行对发明专利申请进行实质审查。

1. 实质审查申请人。按照我国专利法的规定，能够请求实质审查的人只限于专利申请人，其他任何人都没有这种请求权。有些国家的专利法规定任何人都可以请求进行实质审查。比如日本特许法第48条就作出了这样的规定。这种规定的优点在于，使欲实施申请专利的发明创造者尽快获得申请专利的发明创造的法律状态，从而尽可能早的作出事业发展计划。这种立法经验是值得我国借鉴的。

专利法实施细则第51条规定，发明专利申请人在提出实质审查请求时以及在收到国务院专利行政部门发出的发明专利申请进入实质审查阶段通知书之日起的3个月内，可以对发明专利申请主动提出修改。该实施细则第52条规定，发明或者实用新型专利申请的说明书或者权利要求书的修改部分，除个别文字修改或者增删外，应当按照规定格式提交替换页。要注意的是，这种修改应当遵守专利法第33条的规定，即对专利申请文件的修改不得超出原说明书和权利要求记载的范围。

按照专利法第36条第2款的规定，发明专利已经在外国提出过申请的，国务院专利行政部门可以要求申请人在指定期限内提交该国为审查其申请进行检索的资料或者审查结果的资料，无正当理由逾期不提交的，该申请即被视为撤回。

2. 实质审查请求的审查和处理。实质审查请求期限届满前3个月，申请人尚未提出实质审查请求的，审查员应当发出期限届满前通知书。申请人在规定的期限内提交了实质审查请求书并缴纳了实质审查费用，但实质审查请求书的形式仍然不符合规定的，审查员可以发出视为未提出实质审查请求通知书。如果期限届满前通知书已经发出，则审查员应当发出办理手续补正通知书，通知申请人在规定期限内补正。期满未补正或者补正后仍然不符合规定的，审查员应当发出视为未提出实质审查请求通知书。

申请人未在规定期限内提交实质审查请求书，或者未在规定期限内缴纳或者缴足实质审查费用的，审查员应当发出视为撤回专利申请通知书。实质审查请求符合规定的，审查员应当发出进入实质审查程序通知书。

3. 专利申请的撤回。专利法第 32 条规定，申请人可以在被授予专利权之前随时撤回其专利申请。撤回专利申请不得附加任何条件。撤回申请符合规定的，审查员应当发出手续合格通知书。撤回申请的生效日为手续合格通知书发文日。对于已经公告的发明专利申请，还应当在专利公报上予以公告。申请无正当理由不得要求撤销撤回专利申请的声明；但在专利申请权非真正拥有者恶意发出撤回声明的，专利申请权真正拥有者可以要求撤销撤回专利申请声明。

撤回专利申请声明生效后，实质审查程序终止。

（三）申请公开及其效果

按照专利法第 34 条的规定，国务院专利行政部门收到发明专利申请后，经初步审查认为符合要求的，自申请日起满 18 个月，即行公布。国务院专利行政部门可以根据申请人的请求早日公布其申请。专利法实施细则第 46 条进一步规定，申请人请求早日公布其发明专利申请的，应当向国务院专利行政部门声明。国务院专利行政部门对该申请进行初步审查后，除予以驳回的以外，应当立即将申请予以公布。

可见，申请公开和申请人是否请求进行实质审查并没有关系，只要经过初步审查认为符合专利法要求的，从申请日起满 18 个月，就必须公布该专利申请。专利法采取这种制度的目的在于使专利申请具有公示效果：一方面，可以使他人避免重复开发，使有限的社会资源得以优化配置；另一方面，可以为社会公众提供学习和研究的信息，特别是为同行业中的竞争者提供开发竞争性发明的情报。

专利申请公开后，他人擅自实施发明创造的，按照专利法第 13 条的规定，申请人可以要求实施其发明创造的单位或者个人支付适当的费用。也就是说，在这种情况下，申请人的发明创造应当作为民法上一般性的合法利益受到保护，专利申请人拥有的是债权性请求权，而不拥有物权性请求权，不能请求实施人停止侵害或者预防侵害。

（四）实质审查和授权

形式审查、请求实质审查等程序都符合规定的，发明专利审查进入实质审查阶段。按照专利法第 37、38 条的规定，经过实质审查，审查员认为专利申请不符合专利法规定的，应当通知申请人，要求其在指定的期限内陈述意见，或者对其申请进行修改。无正当理由逾期不答复的，该申请即被视为撤回。发明专利申请经申请人陈述意见或者进行修改后，国家专利局仍然认为不符合本法规定的，应当予以驳回。按照专利法实施细则第 53 条的规定，驳回的理由包括：

1. 申请不符合专利法实施细则第 2 条第 1 款规定的，即不属于专利法所说的发明的。

2. 申请属于专利法第 5 条（违反国家法律、社会公德或者妨害公共利益的发明创造，不授予专利权）、第 25 条（不授予专利权的客体），或者不符合专利法第 22 条（新颖性、创造性、实用性）、专利法实施细则第 13 条第 1 款（单一性原则）、第 20 条第 1 款（权利要求书不符合规定）、第 21 条第 2 款（独立权利要求不符合规定），或者依照专利法第 9 条规定不能取得专利的（违背先申请原则）。

3. 申请不符合专利法第 26 条第 3 款（说明书不符合要求）、第 4 款（权利要求书不符合要求）或者第 31 条第 1 款的规定（单一性原则）。

4. 申请的修改不符合专利法第 33 条规定（专利申请文件修改超出原说明书和权利要求书的范围），或者分案申请不符合专利法实施细则第 43 条第 1 款规定的（分案申请超出原申请公开的范围）。

按照专利法第 39 条的规定，发明专利申请经过实质审查没有发现驳回理由的，由国务院专利行政部门作出授予发明专利权的决定，发给发明专利证书，同时予以登记和公告。发明专利权自公告之日起生效。专利法实施细则第 54 条进一步规定，国务院专利行政部门发出授予专利权的通知后，申请人应当自收到通知之日起 2 个月内办理登记手续。申请人按期办理登记手续的，国务院专利行政部门应当授予专利权，颁发专利证书，并予以公告。期满未办理登记手续的，视为放弃取得专利权的权利。

三、复审和无效宣告

为了保证专利授权的准确性，同时确保公众的利益，专利法第 41 条和第 45、46、47 条分别规定了专利申请程序中的复审程序和授权后的无效宣告程序。

（一）复审

专利法第 41 条规定，国务院专利行政部门设立专利复审委员会。专利申请人对国务院专利行政部门驳回申请的决定不服的，可以自收到通知之日起 3 个月内，向专利复审委员会请求复审。专利复审委员会复审后，作出决定，并通知专利申请人。专利申请人对专利复审委员会的复审决定不服的，可以自收到通知之日起 3 个月内向人民法院起诉。

1. 复审程序的本质。复审程序是因专利申请人对专利局驳回专利申请的决定不服而启动的救济程序，同时也是专利审批程序的延续。基于这种本质，复审委员会只对专利局驳回专利申请的决定所依据的理由和证据进行审查，而不承担对专利申请进行全面审查的义务。但是，为了提高授权专利的质量，避免不合理延长专利审批程序，专利复审委员会也可以依照职权对驳回决定未提及的明显实质性缺陷进行审查。

2. 复审委员会的组成。专利法实施细则第 58 条规定,专利复审委员会由国务院专利行政部门指定的技术专家和法律专家组成,主任委员由国务院专利行政部门负责人兼任。

3. 复审程序的启动。依法请求复审的,应当提交复审请求书,并且说明理由,必要时还应当附具有关证据。复审请求书不符合规定格式的,复审请求人应当在收到专利复审委员会指定的期限内补正;期满未补正的,该复审请求视为未提出。复审请求人只限于申请被驳回的人,其他人提出的不予受理。专利申请属于共同申请人的,提出复审请求的,应当是被驳回申请的全部申请人;不是全部申请人的,复审请求人应当在指定期限内补正;期满未补正的,视为未提出复审请求。

4. 复审请求的期限和费用。复审请求应当在专利局作出驳回申请的决定后 3 个月内提出。没有正当理由逾期提出的,复审请求不予受理。同时必须缴纳复审请求费用,没有正当理由逾期不缴纳或者未足额缴纳的,复审请求视为未提出。

5. 复审程序中申请人对专利申请文件的修改。为了消除专利申请的障碍,专利申请人在复审阶段仍然有权修改专利申请文件。专利法实施细则第 60 条规定,请求人在提出复审请求或者在对专利复审委员会的复审通知作出答复时,可以修改专利申请文件。但修改仅限于消除驳回决定或者复审通知书指出的缺陷。

6. 前置审查。专利法实施细则第 61 条规定,专利复审委员会应当将受理的复审请求书转交国务院专利行政部门原审查部门进行审查,这就是所谓的前置审查。原审查部门根据复审请求人的请求,同意撤销原决定的,专利复审委员会应当据此作出复审决定,并通知复审请求人,并且由原审查部门继续进行审批程序。

7. 复审决定。专利法实施细则第 62 条规定,专利复审委员会进行复审后,认为复审请求不符合专利法和专利法实施细则规定的,应当通知复审请求人,要求其在指定期限内陈述意见。期满未答复的,该复审请求视为撤回。经过陈述意见或者进行修改后,专利复审委员会认为仍然不符合相关规定的,应当作出维持原驳回决定的复审决定。专利复审委员会进行复审后,认为原驳回决定不符合专利法及其实施细则规定的,或者认为经过修改的专利申请文件消除了原驳回决定指出的缺陷的,应当撤销原驳回决定,由原审查部门继续进行审查程序。

复审请求人在专利复审委员会作出决定前,可以撤回其复审请求。复审请求人在专利复审委员会作出决定前撤回其复审请求的,复审程序终止。

专利复审委员会的复审决定对原审查部门具有约束力,原审查部门应当执行复审决定,不得以同样的事实、理由和证据作出与该复审决定相反的决定。

8. 不服复审决定的救济。专利申请人对专利复审委员会的复审决定不服的,可以自收到通知之日起 3 个月内向人民法院起诉。该诉讼为行政诉讼,由北京市中级人民法院专属管辖。在规定的期限内未起诉或者人民法院的生效判决维持该复审决定的,复审程序终止。

（二）专利权的无效宣告

专利法第45条至47条规定了专利权的无效宣告及其法律后果。无效宣告既是提前终止专利权的程序，也是专利授权程序的延续。专利法第45条规定，自国务院专利行政部门公告授予专利权之日起，任何单位或者个人认为该专利权的授予不符合本法有关规定的，可以请求专利复审委员会宣告该专利权无效。

1. 无效宣告请求人。按照专利法第45条的规定，任何单位或者个人都可以提出专利权无效宣告请求，因此请求人并不限定于可能涉嫌侵害专利权的人、专利侵权诉讼案件中的被告人、试图实施专利发明创造的人等利害关系人。专利法采取这种规定虽然不免导致公众滥用无效宣告程序，浪费行政和司法资源的危险，但是在撤销了授予专利权的事前异议、事后撤销等程序后，却可以发挥公众的智慧，确保专利授权的质量。

虽然专利法规定任何人都可以提出专利权的无效宣告，但是要具体实现这种请求权，则必须具备民事诉讼主体资格。不具备民事诉讼主体资格者，不得请求宣告专利权无效。从理论上讲，专利权人本人也应当有权提出自己专利权无效宣告的请求，但因专利权人可以采取声明的方式放弃专利权，因此实无必要再利用无效宣告程序。为了节省资源，专利权人请求宣告自己的专利权无效的，不予受理为宜。

要特别注意的是，以授予专利权的外观设计与他人在先取得的合法权利相冲突为理由，请求宣告外观设计专利权无效，但是未提交能够证明权利冲突的生效的处理决定或者判决的，专利复审委员会不予受理。

2. 无效宣告请求的客体。无效宣告请求的客体，也就是哪些专利权可以请求宣告无效。无效宣告请求的客体应当是已经公告授权的专利权，包括已经终止或者放弃的专利权（但是自申请日起就放弃的专利除外）。允许对已经终止或者放弃的专利权提出无效宣告请求，除了可以保证专利授权的权威性和高质量外，还可能恢复因为专利权的许可、转让或者侵权等原因而发生的一系列法律关系。

根据一事不再理的原则，对于专利复审委员会作出宣告专利权全部或者部分无效的审查决定后，当事人未在收到该审查决定之日起3个月内向人民法院起诉，或者人民法院生效判决维持该审查决定的，针对已经被该决定宣告无效的专利权提出的无效宣告请求不予受理。

3. 无效宣告请求的范围。无效宣告请求书中应当明确无效宣告请求的范围，是请求宣告专利权全部无效还是部分无效。未明确的，专利复审委员会应当通知申请人在指定期限内补正。期满未补正的，该无效宣告请求视为未提出。

4. 无效宣告请求的理由。由于专利权是一种私权，因此，请求专利权无效宣告的理由有严格规定，只限于专利法实施细则第64条第2款规定的理由，具体包括：

（1）不符合专利法第22条规定的授予发明或者实用新型专利权的新颖性、创造性、实用性要求的。

(2) 不符合专利法第 23 条规定的授予外观设计专利权的条件的。

(3) 不符合专利法第 26 条第 3 款和第 4 款规定的说明书和权利要求书的条件的。

(4) 不符合专利法第 33 条规定的专利申请文件的修改限制的。

(5) 不符合专利法实施细则第 2 条关于发明、实用新型、外观设计的要件规定的。

(6) 不符合专利法实施细则第 13 条第 1 款规定的单一性原则的。

(7) 不符合专利法实施细则第 20 条第 1 款权利要求书的规定的。

(8) 不符合专利法实施细则第 21 条第 2 款独立权利要求的规定的。

(9) 不符合专利法第 5 条、第 25 条不授予专利权的客体的规定的。

(10) 违背专利法第 9 条先申请原则规定的。

按照专利法实施细则第 64 条第 1 款的规定，无效宣告请求书应当结合提交的所有证据，具体说明无效宣告请求的理由，并指明每项理由所依据的证据，否则不予受理。

特别要注意的是，按照专利法实施细则第 66 条的规定，在专利复审委员会受理无效宣告请求后，请求人可以在提出无效宣告请求之日起 1 个月内增加理由或者补充证据。逾期增加理由或者补充证据的，除非以下两种情况，专利复审委员会一般不应当予以考虑：一是针对权利人以合并方式修改的权利要求，在专利复审委员会指定期限内增加无效宣告理由，并且具体说明理由的；二是对明显与提交的证据不相对应的无效宣告理由进行变更的。

5. 无效宣告请求的审查原则。无效宣告请求审查应当坚持以下三个原则：

(1) 一事不再理原则。对已经作出决定的无效宣告案件涉及的专利权，不得以同样的理由和证据再次提出无效宣告请求，否则不予受理和审查，但是有新的理由和证据的除外。

(2) 当事人处分原则。请求人可以放弃全部或者部分无效宣告理由和证据，对请求人已经放弃的理由和证据，专利复审委员会通常不得再行查证。在无效宣告程序进行中，当事人有权自行和对方进行和解。特别重要的是，在无效宣告程序中，专利权人针对请求人提出的无效宣告请求主动缩小专利权保护范围而且相应的修改已经被专利复审委员会接受的，视为专利权人承认该权利要求不符合专利法的规定，视为承认对方对该权利范围的无效宣告的请求，从而可以免去请求人的相关举证责任。

(3) 保密原则。在作出审查决定之前，合议组的成员不得私自向任何一方当事人透露自己的观点，并且原则上不得会见任何一方当事人。

6. 无效宣告程序中专利权人的补救措施。为了对抗请求人的无效宣告请求，维持专利权的有效性，专利法实施细则第 68 条规定，在无效宣告请求的审查过程中，发明或者实用新型专利的专利权人可以修改其权利要求书，但是不得扩大原专利的保护范围。而且发明或者实用新型专利的专利权人不得修改专利说明书和附图，外观设计专利的专利权人不得修改图片、照片和简要说明。

7. 无效宣告请求的审查决定及其救济。按照专利法第 46 条的规定，专利复审委员会对宣告专利权无效的请求应当及时审查和作出决定，并通知请求人和专利权人。宣告专利权无效的决定，由国务院专利行政部门登记和公告。专利权自公告之日起失效。对专利复审委员会宣告专利权无效或者维持专利权的决定不服的，可以自收到通知书之日起 3 个月内向人民法院起诉。人民法院应当通知无效宣告请求程序的对方当事人作为第三人参加诉讼。

8. 无效宣告决定的法律效果。专利复审委员会作出专利权无效宣告的决定，按照专利法第 47 条的规定，产生以下法律后果：

(1) 效力。宣告无效的专利权视为自始即不存在。

(2) 溯及力。宣告专利权无效的决定，对在宣告专利权无效前人民法院作出并已执行的专利侵权的判决、裁定，已经履行或者强制执行的专利侵权纠纷处理决定，以及已经履行的专利实施许可合同和专利权转让合同，不具有溯及力。但是因专利权人的恶意给他人造成的损失，应当给予赔偿。如果专利权人或者专利权转让人不向被许可实施专利人或者专利权受让人返还专利使用费或者专利权转让费，明显违反公平原则，专利权人或者专利权转让人应当向被许可实施专利人或者专利权受让人返还全部或者部分专利使用费或者专利权转让费。

可见，宣告专利权无效的决定，对尚未执行的判决、裁定或者有关决定，尚未履行的合同依然具有拘束力，尚未执行的判决、裁定或者有关决定不应当再执行，尚未履行的合同不应当再履行。而对于已经执行或者履行的判决、裁定或者有关决定，已经履行的合同，原则上没有溯及力，但是也存在例外。即专利权人或者专利权转让人不向被许可实施专利人或者专利权受让人返还专利使用费或者专利权转让费，明显违反公平原则，则应当全部或者部分返还。此外，不管宣告专利权无效的决定是否具有溯及力，因专利权人的恶意给他人造成的损失，应当给予赔偿。

从上述规定看，我国专利法立法者显然试图在维护交易安全价值和维护公平价值之间取得平衡。但是，这样的价值追求和立法模式给执法和司法活动带来了很大的麻烦。究竟什么是专利权人的恶意给他人造成的损失？这种损失是否就等同于使用费或者转让费或者侵权赔偿费用的支出？既然宣告专利权无效的决定原则上不具有溯及力，许可使用费、转让费、侵权赔偿费就不应当返还给相对方。但专利法第 47 条又规定不返还明显违反公平原则的，必须全部或者部分返还。这里的公平原则做何种解释？不返还有关费用会给相对方造成一定的损失，从而明显违反公平原则，所以不管在哪种情况下都必须返还。这样解释的话，就会推翻专利法第 47 条第 2 款关于宣告专利权无效的决定原则上不具有溯及力的规定。

由此可见，从立法论的角度看，专利法第 47 条第 2 款、第 3 款的规定存在很大问题，实践中会使执法者和司法者产生无所适从之感觉。实际上，既然被宣告无效的专利权视为自始就不存在，则原专利权人、专利权转让人获得的许可使用费、转让费、侵权赔偿费等就没有合法根据，并且使相对方受到了损失，因此应当作为不当得利处理。有人可能会以相对方使用了原专利权获得了利益为由反对将已经支付的使用费、转让费、侵权赔偿费作为不当得利处理。问题在于，购买了原专利产品的消费者可能会根据消费者权益保护法追究相对方应当承担的双倍返还责任，因此相对方很难存在获利的可能性，所以说不应当以相对方存在获利的可能性而反对将许可使用费、转让费、侵权赔偿费作为不当得利处理。

（3）后用权。自无效决定公告之日起，由于信赖专利复审委员会的决定而实施了原拥有专利权的发明创造者，如果由于司法审查撤销了专利复审委员会的决定而恢复了专利权的效力，专利权得以恢复后的专利权人是否有权追究实施或者准备实施人的侵权责任？是否应当赋予实施或者准备实施人普通的实施权？专利的实施通常需要准备很多条件，比如建筑厂房、购置设备、招聘人才，如果允许专利权得以恢复后的专利权人以侵权为由起诉实施人，将给实施人造成不可预测的损害，因此应当赋予实施或者准备实施人具有对抗效力的普通实施权。这种普通实施权在国外通常被称为后用权。由于是一种抗辩权，因此，除非发生合并、继承的事实，或者经过专利权人许可，这种普通实施权不得进行许可和转让。为了不给权利得到恢复后的专利权人造成过大的损害，拥有普通实施权的人只能在原有范围实施，并且实施行为只能发生在无效宣告公告之日前。

由于对专利复审委员会的无效宣告决定还能提出司法审查，因此实践中通常很少发生无效宣告公告后实施原专利发明创造的情况，因而后用权的规定实际意义并不大。

（4）中用权。还有一个值得研究的问题是，由于专利局审查的原因，对于一项发明创造授予了两个相互冲突的专利权，如果申请在后的专利事后被宣告无效，那么不知道无效事由存在，但由于信赖专利局授权并且已经开始实施或者已经做好了实施准备的原专利权人是否能够在原有的范围内继续实施呢？申请在先的维持专利有效性的专利权人是否能够控告申请在后的人侵害其专利权呢？为了不给在后申请的原专利权人造成不可预测的损害，也应当赋予其具有对抗效力的普通实施权。这种普通实施权在国外通常被称为中用权。由于是一种抗辩权，和后用权一样，除非发生合并、继承，中用权不得许可使用和转让，并且只能在原有范围内继续实施，并且实施行为只能发生在无效宣告公告之日前。

和后用权不同，中用权的意义则非常重大，原因是实践中经常发生专利局由于审查原因而授予相同发明创造两个甚至两个以上专利权的现象。在这种情况下，赋予不知道无效事由存在因而主观上没有过错的后申请的原专利权人一种抗辩权实有必要。

9. 专利侵权诉讼中无效宣告请求的处理。作为对抗专利权人侵权诉讼的一种手段和策略，在专利侵权诉讼中，被控侵权人经常提出专利权无效宣告的请求，在这种情况下，人民法院是否应当中止诉讼，直到无效宣告程序以及针对无效宣告提出的司法诉讼程序结束后再行恢复案件的审理？

人民法院是否应当中止诉讼涉及两个问题。一是诉讼成本和效率的关系问题。如果法院必须中止诉讼，则意味着本案的审理必须等到无效宣告程序以及针对无效宣告决定提出的一审、二审司法程序结束后，才能再行恢复本案的审理，时间非常漫长，虽然符合被控侵权人的意愿，但不利于权利人的保护，更为重要的是，需要耗费非常巨大的行政和司法成本。二是行政权和司法权的关系问题。众所周知，专利权的授予、无效宣告都是作为行政机关的国家专利局的权力范围。如果不中止诉讼，则意味着作为司法机关的人民法院可以直接通过判决决定专利权是否有效。可见，如果不能很好地处理专利侵权诉讼中提出的无效宣告请求，很可能引发专利局和法院的权力范围之争。

我国专利法及其实施细则并没有明确规定应该如何处理上述问题。2001 年最高人民法院《关于审理专利纠纷案件适用法律问题的若干规定》第 9 条至第 11 条规定从节省诉讼成本、提高诉讼效率、便利当事人诉讼的角度，对专利侵权诉讼中被告提出专利权无效宣告请求，人民法院是否应当中止诉讼的问题作出了司法解释。

按照司法解释第 9 条的规定，人民法院受理的侵犯实用新型、外观设计专利权纠纷案件，被告在答辩期内请求宣告该项专利权无效的，人民法院应当中止诉讼，但具备下列情形之一的，可以不中止诉讼：原告出具的检索报告未发现导致实用新型专利丧失新颖性、创造性的技术文献的；被告提供的证据足以证明其使用的技术已经公知的；被告请求宣告该项专利权无效所提供的证据或者依据的理由明显不充分的；人民法院认为不应当中止诉讼的其他情形。

司法解释第 10 条规定，人民法院受理的侵犯实用新型、外观设计专利权纠纷案件，被告在答辩期间届满后请求宣告该项专利权无效的，人民法院不应当中止诉讼，但经审理认为有必要中止诉讼的除外。

司法解释第 11 条规定，人民法院受理的侵犯发明专利权纠纷案件或者经专利复审委员会审查维持专利权的侵犯实用新型、外观设计专利权纠纷案件，被告在答辩期间内请求宣告该项专利权无效的，人民法院可以不中止诉讼。

由上可见，以答辩期间是否届满为时间界限。在答辩期满内，对于一般的实用新型和外观设计专利，原则上应当中止诉讼，除非几种特殊情况下才不应当中止诉讼；而对于侵犯发明专利权的纠纷案件或者经过专利复审委员会审查维持专利权的侵犯实用新型、外观设计专利权纠纷案件，人民法院可以不中止诉讼，也可以中止诉讼，决定权基本上在法院。

中止诉讼意味着法院可以直接对专利权是否有效作出认定，也就是赋予了法院认定专利权是否有效的权力。问题在于，法院的这种认定是否具有对世效果。如果承认法院的认定具有对世效果，则意味着法院分享甚至完全取代了专利复审委员会宣告专利权无效的职能，专利复审委员会是否还有存在的必要就不无疑问。同时，鉴于法院的专业知识相比专利复审委员会大为逊色的现实，能否承认法院的认定和专利复审委员会的认定具有一样的效果，能否承认法院具有认定专利权是否有效的权力就不能不说是一个问题。而如果不承认法院的认定具有对世效果，只承认法院的认定在个案中有效，依然将具有对世效果的专利权无效宣告权留给专利复审委员会，虽然可以克服法院和专利复审委员会的权力冲突问题，却难以保证司法的统一性和严肃性。理由在于，难免出现在一个案件中法院认定某专利权无效，而在另一个案件中其他法院认定相同的专利权有效的情况。同时，在审理不中止的情况下，如果专利复审委员会的决定在先，法院的判决在后，假设专利复审委员会决定维持专利权的有效性或者作出了专利权无效的决定，此时，专利复审委员会关于专利权是否有效的决定对法院是否具有约束力呢？如果没有约束力，法院就完全可能作出与专利复审委员会不一样的认定。再假设另一种情形，法院的判决在先，专利复审委员会的决定在后，同样会出现认定不一致的情况。不管出现哪一种情况，针对专利复审委员会的复审决定都可能再提出一审、二审司法程序，针对法院的判决也可能再提出二审司法程序，这样立法者赋予法院认定专利权无效的权力以便节省行政和司法资源的初衷根本就无法实现。

为了真正节省行政和司法资源，也为了维持专利局和法院的职能分工，并使它们各自发挥自己的特长，也为了真正便利当事人诉讼，从立法论的角度看，可以考虑采取两种处理方案。方案之一是在专利法中规定专利复审委员会对专利无效宣告请求所作出的决定，可以使法院相反并且尚未执行的判决，不再具有执行力。已经执行的，如果判决行为人构成侵权而且行为人已经支付给专利权人赔偿费用，则该赔偿费用应当作为不当得利返还给行为人。如果判决行为人不构成侵权，由于专利权被专利复审委员会决定维持有效性，则专利权人可以重新提起侵权诉讼，并且要求侵权行为人一并赔偿。但这种处理方法存在行政权力凌驾于司法权力之上，并且违背 TRIPs 协议关于行政决定或者裁定最终都必须接受司法审查的要求的嫌疑，因而并不可取。方案之二是在专利法中对在专利侵权诉讼过程中提出的无效宣告请求的复审时间，以及因此而发生的一审、二审行政诉讼时间作出特别规定，以缩短其中的时间。这种方案应该是一种比较可行的方案。

第四节　专利申请权和专利权的归属

专利申请权和专利权的归属所要解决的是究竟谁有权提出专利申请，在专利申请获得批准后，究竟由谁享有专利权的问题。

一、非职务发明创造专利申请权和专利权的归属

非职务发明创造，也就是和职务没有任何关系的纯个人发明创造。非职务发明创造的发明人或者设计人，也就是对非职务发明创造的实质性特点作出创造性贡献的人。在完成发明创造过程中，只负责组织工作的人、为物质技术条件的利用提供方便的人或者从事其他辅助工作的人，不是发明人或者设计人。由于发明或者设计属于事实行为，因此发明人或者设计人和作品的创作者一样，不受民事行为能力的限制，而只受发明或者设计能力的限制，即无民事行为能力人、限制民事行为能力人和完全民事行为能力人一样，只要具备发明或者设计能力，能够作出发明创造，就可以成为专利申请权和专利权的主体。当然，要真正实现专利申请，无民事行为能力人需要由监护人作为其法定代理人代为申请。

要注意的是，为物质技术条件的利用提供方便的人并不等同于提供物质技术条件的人。发明创造的最终完成既依赖物质技术条件的投入，也依赖智力的投入，因此在决定最终谁拥有专利申请权和专利权时，物质技术条件和智力缺一不可。当然，发明人或者设计人只可能是自然人，所以无论是职务发明还是非职务发明专利申请，在申请书中的发明或者设计人栏目，填写的必须是自然人。由此可见，发明人或者设计人并不必然能够成为专利申请权以及专利权的主体。

二、职务发明创造专利申请权和专利权的归属

(一)职务发明创造的含义

按照专利法第 6 条的规定，职务发明创造是指执行本单位的任务或者主要利用本单位的物质技术条件所完成的发明创造。结合专利法实施细则第 11 条的规定，可以看出职务发明创造包括下列四种情况：

1. 在本职工作中作出的发明创造。所谓在本职工作中作出的发明创造，也就是在作为日常工作内容的研究开发活动中作出的发明创造。但是，本职工作中作出的发明创造并不等同于在上班时间作出的发明创造。本职工作中作出的发明创造往往有单位在人、财、物等方面的投入和支持。在上班时间作出的和本职工作无关的发明创造，应当属于非职务发明创造。

2. 履行本单位交付的本职工作以外的任务所作出的发明创造。所谓本单位交付的本职工作以外的任务，包括时间较长的任务和临时性任务。不管是长期任务还是临时性任务，都必须是具体的、明确的，而不能是一般性口号、方针和努力的方向。所谓本单位，包括存在长期劳动合同关系的单位和临时工作单位。

3. 退职、退休或者调动工作后 1 年内作出的，与其在原单位承担的本职工作或者原单位分配的任务有关的发明创造。要注意的是，这种发明创造的完成不仅仅是一个时间的界限问题，也不仅仅是一个和原单位承担的本职工作或者分配的任务是

否有关的问题。这种发明创造的完成还必须主要利用了原单位的物质技术条件。虽然是在退职、退休或者调动工作后 1 年内作出的，与其在原单位承担的本职工作或者原单位分配的任务有关的发明创造，但如果主要利用的是自己的物质技术条件或者是新单位的物质技术条件，发明创造就不能简单地作为职务发明创造处理，专利申请权和专利权也不能简单地归属于原单位。由于发明创造的完成属于继续本单位原来的工作或者分配的任务，但离开本单位后又主要利用了自己的物质技术条件，因此应当作为共同发明创造处理。

4. 主要利用本单位的物质技术条件完成的发明创造。本单位的物质技术条件，是指本单位的资金、设备、零部件、原材料或者不对外公开的技术资料等。在理解这种职务发明创造时，应当把握以下几点：

(1) 物质条件的利用应当是为了完成发明创造，而不是发明创造完成后，为了实施该发明创造。发明创造完成后为了实施发明创造，主要利用或者利用了单位的物质技术条件，发明创造不能作为职务发明创造处理。

所谓发明创造的完成，是指发明创造说明书公开的技术内容达到了一定的程度，即所属技术领域的普通技术人员能够实现发明或者实用新型的技术方案，解决其技术问题，并且产生预期的技术效果。如果发明创造属于产品发明，所属技术领域的普通技术人员根据相关技术资料可以制造出产品；如果发明创造属于方法发明，所属技术领域的普通技术人员根据相关技术资料可以使用该方法制造产品，或者将该方法应用到生产活动中。以下所说的发明创造不能视为已经完成的发明创造：

说明书只给出了任务或者设想，或者只是表明了一种愿望或者结果，而未给出使任何所属技术领域的普通技术人员能够实施的技术手段；

说明书中虽然给出了技术手段，但对所属技术领域的普通技术人员来说，该手段是含糊不清的，根据说明书记载的内容无法具体实施；

说明书虽给出了清楚的技术手段，但是所属技术领域的普通技术人员采用该技术手段不能解决发明或者实用新型所要解决的技术问题；

发明创造为多个技术手段构成的技术方案，对于其中某个技术方案来说，所属技术领域的普通技术人员按照说明书记载的内容无法实现；

说明书虽然给出了具体的技术方案，但未给出实验证据，而该方案又必须依赖实验结果加以证实才能成立。

(2) 所谓主要利用，应该是指缺少了该物质技术条件，发明创造不可能完成；否则，物质技术条件的利用不能称为主要利用。比如，在发明创造过程中利用了单位的计算机、车辆等，就不能称为主要利用。

(二) 职务发明创造专利申请权和专利权的归属

按照专利法第 6 条的规定，职务发明创造申请专利的权利属于单位。申请被批准后，单位为专利权人。

不是主要利用而是利用了单位的物质技术条件完成的发明创造，专利法第6条第3款采取了特殊的处理方式，规定单位与发明人或者设计人订有合同，对申请专利的权利和专利权的归属作出约定的，从其约定。

（三）立法上的问题

由上可见，我国专利法关于职务发明创造专利申请权和专利权归属的处理，至少存在以下两个问题。

1. 纯粹采取物质主义的态度，将利益的天平过分倾向了单位。发明创造的完成不仅仅需要物质技术条件的投入，更加需要智力的投入，仅仅因为存在劳动合同关系而将主要利用单位的物质技术条件完成的发明创造的专利申请权和专利权归属于单位，不免有些牵强附会，非常不利于作为劳动者的发明创造者权益的保护。特别是在外国资本投入占据优势地位而我国智力投入占据优势地位的现阶段，我国专利法的这种处理方式对外资企业、合资企业中我国广大劳动者的利益非常不利。当然，从专利申请的角度来看，我国专利法的这种处理方式也不利于提高我国的专利申请量。理由在于，拥有职务发明创造的外资企业、合资企业往往去本国申请专利，而不在中国申请专利。

2. 区分"主要利用"和"利用"，并进一步规定专利申请权和专利权归属的不同处理方式，实践中很难操作。何谓主要利用，何谓利用？利用单位5万元资金是主要利用还是利用？难以说清楚这一点，就不可避免地会导致发明人或者设计人和单位串通，将利用单位物质技术条件完成的发明创造的专利申请权和专利权约定归发明人或者设计人，损害单位利益的情况。这很可能导致更多损害单位利益以及国有资产流失事件的发生。

为了提高可操作性，更为了保护劳动者的发明创造利益，同时也为了保护单位的利益，我国专利法有必要借鉴日本特许法第35条的规定。按照日本特许法第35条的规定，如果职务发明创造申请专利的权利和专利权通过合同约定授予发明人或者设计人，则单位拥有免费的一般实施权；而如果合同约定、或者勤务规则规定职务发明创造申请专利的权利属于单位，则发明人或者设计人拥有报酬请求权。同时，单位如果事先通过合同约定，或者通过勤务规则规定非职务发明创造申请专利的权利和专利权归单位，或者设定专用实施权，则该合同或者勤务规则中的相关条款无效。这种规定，既保护了单位的利益，又坚持了发明人或者设计人的利益，平等地保护了资本和智力在发明创造过程中的作用，应当说是一种比较可行的处理方式。

（四）职务发明创造的发明人或者设计人获得奖励和报酬的权利

专利法第16条原则上规定了职务发明人或者设计人获得奖励的权利和获得报酬的权利，专利法实施细则第74至76条则进一步细化了职务发明创造的发明人或者设计人获得奖励和获得报酬的权利。第74条规定的是获得奖励的权利：被授予专利权的国有企业事业单位应当自专利权公告之日起3个月内发给发明人或者设计人奖金。

一项发明专利的奖金最低不少于 2000 元，一项实用新型或者外观设计专利的奖金最低不少于 500 元。由于发明人或者设计人的建议被采纳而完成的发明创造，被授予专利权的国有企业事业单位应当从优发给奖金。发给发明人或者设计人的奖金，企业可以计入成本，事业单位可以从事业费中列支。

第 75 条和第 76 条规定的是发明人或者设计人获得报酬的权利。具体内容是，被授予专利权的国有企业事业单位在专利权有效期限内，实施发明创造专利后，每年应当从实施该项发明或者实用新型专利所得利润纳税后提取不低于 2%或者从实施该项外观设计专利所得利润纳税后提取不低于 0.2%，作为报酬支付发明人或者设计人；或者参照上述比例，发给发明人或者设计人一次性报酬。如果被授予专利权的国有企业事业单位许可其他单位或者个人实施其专利的，应当从许可实施该项专利收取的使用费纳税后提取不低于 10%作为报酬支付发明人或者设计人。

三、共同发明创造和委托发明创造专利申请权和专利权的归属

专利法第 8 条规定了共同发明创造和委托发明创造专利申请权和专利权的归属。按照该条规定，两个以上单位或者个人合作完成的发明创造、一个单位或者个人接受其他单位或者个人委托所完成的发明创造，除另有协议的以外，申请专利的权利属于完成或者共同完成的单位或者个人；申请被批准后，申请的单位或者个人为专利权人。

按照上述规定，委托发明创造完成后，如果协议没有约定或者没有明确约定，或者没有协议的情况下，申请专利的权利和专利权归属完成的单位或者个人。这种情况下专利法保护的显然是实际付出智力劳动的受托人。但是，委托他人作出的发明创造往往和委托人的业务关系密切。在申请专利的权利和专利权都归属受托人的情况下，作为委托人虽然可以追究受托人合同法上的相关责任，但因不能在业务范围内实施发明创造，业务上很可能或者必将遭受很大损失。为了适当平衡委托人和受托人的利益关系，从立法的角度讲，我国专利法有必要规定，在申请专利的权利或者专利权属于受托人的情况下，委托人在业务范围内拥有普通实施权，但除了集成、合并等一般继承事由外，该种普通实施权不得进行许可和转让。

四、外国人在中国专利法上的地位

专利法第 18 条和第 19 条第 1 款规定了外国人在中国专利法上的地位。按照专利法第 18 条的规定，在中国没有经常居所或者营业所的外国人、外国企业或者外国其他组织在中国申请专利的，依照其所属国同中国签订的协议或者共同参加的国际条

约，或者依照互惠原则，根据专利法办理。可见，申请人是外国人的情况下，申请人的国籍、营业所或者总部所在地国家应当符合下列条件之一才能按照我国专利法向我国国家专利局申请专利：申请人所属国同我国签订有相互给予对方国民以专利保护的协议；申请人所属国是巴黎公约或者世界贸易组织成员国；申请人所属国依照互惠原则给外国人以专利保护。

第19条第1款规定，在中国没有经常居所或者营业所的外国人、外国企业或者外国其他组织在中国申请专利的，应当委托国务院专利行政部门指定的专利代理机构办理。

五、冒认专利申请的处理

没有专利申请权的人提出的申请，称为冒认专利申请。比如单位将职务发明人或者设计人的非职务发明创造作为职务发明创造提出的专利申请，发明人或者设计人将单位的职务发明创造作为非职务发明创造提出的专利申请，非发明人或者设计人对发明人或者设计人的发明创造提出的专利申请，共同发明创造中某个发明人或者设计人将全体发明人或者设计人的发明创造提出的专利申请，没有专利申请继承权的人提出的专利申请。

1. 冒认专利申请是否能够作为先申请。在有人提出冒认专利先申请的情况下，如果真正的专利申请人提出了在后专利申请，冒认的在先申请能否作为先申请而使在后的真正申请丧失新颖性？我国专利法及其实施细则对此没有作出明确规定。日本特许法第39条第6款规定，冒认申请不作为先申请处理，因此，真正发明创造者的在后专利申请、对专利申请权有继承权的人提出的专利申请仍然有可能具有新颖性，可以获得专利权。也就是说，在冒认申请的情况下，视为先申请不存在，冒认申请的申请日不能保留，因此不能仅仅将申请人的名称改为真正拥有专利申请权的人。这就意味着在冒认申请之后、真正拥有专利申请权的人提出专利申请之前，如果有第三人就相同主题的发明创造提出了专利申请，则仍然会使真正拥有专利申请权的人在后的申请丧失新颖性而无法获得专利权。可见，真正拥有专利申请权的人事实上要想获得专利权，其提出的专利申请还必须先于第三人就相同主题提出的专利申请。

2. 冒认专利申请获得批准后，是否能够成为无效宣告的理由。从我国专利法实施细则第64条第2款的规定看，冒认专利申请并不是提出专利无效宣告请求的理由，因此因冒认申请而获得批准的专利仍然是有效的专利。但因专利权主体非真正的发明创造人，必须采取适当的程序保证真正的发明创造者成为专利权的主体。为了简化程序、节约资源，就立法而言，专利法应当规定，冒认专利申请获得批准后，真正的发明创造人有权提出专利权主体的变更。

第五节　专利权人的权利及其限制

一、专利权的保护范围

(一) 权利要求书和说明书

为了不给社会公众造成不可预测的损害,专利法对专利权保护范围采取了申请人自己要求和明确划定的原则。专利法第 56 条规定,发明或者实用新型专利权的保护范围以其权利要求的内容为准,说明书及附图可以用于解释权利要求。2001 年最高人民法院《关于审理专利纠纷案件适用法律问题的若干规定》第 17 条对此作出了进一步的解释。按照该解释,专利权的保护范围应当以权利要求书中明确记载的必要技术特征所确定的范围为准,也包括与该必要技术特征相等同的特征所确定的范围。所谓等同特征,是指与所记载的技术特征以基本相同的手段,实现基本相同的功能,达到基本相同的效果,并且本领域的普通技术人员无须经过创造性劳动就能够联想到的特征。

划定知识产权的保护范围是知识产权保护中的一个极为重要的问题。知识产权的保护范围通常采用两种方式加以划定:一种是直接划定权利的保护范围,在该保护范围以外的区域成为公有知识产权领域或者他人所有的知识产权领域;另一种是首先划定公有知识产权领域或者他人所有的知识产权领域,该范围自然不能成为知识产权人的权利保护范围。由于专利权的获取以公开发明创造为代价,专利权的保护范围也被专利局公开的专利文件所公布,因此在划定专利权的保护范围时,通常采用第一种方式。具体方式是,首先由专利申请人自己要求,然后由专利局在审查过程中加以修正,最后由社会公众通过无效宣告程序加以确认完成。

专利权利要求按照性质划分,可以分为物的权利要求和活动的权利要求,又称产品权利要求和方法权利要求。物的权利要求包括人类技术生产的所有物品,比如物品、物质、材料、工具、装置、设备等权利要求。活动的权利要求包括有时间过程要素的所有活动,比如制造方法、使用方法、通信方法、处理方法、用途方法等权利要求。

专利权利要求按照地位划分,可以分为独立权利要求和从属权利要求。独立权利要求应当从整体上反映发明或者实用新型的技术方案,记载解决技术问题的必要技术特征。所谓必要技术特征,是指发明或者实用新型为解决其技术问题所不可缺少的技术特征,其总和足以构成发明或者实用新型的技术方案,使之区别于背景技术中的其他技术特征。判断某一技术特征是否为必要技术特征,应当从所要解决的技术问题出发并考虑说明书的整体内容,而不能简单地将实施例子中的技术特征直接认定为必要技术特征。一项权利要求书中至少应当包含一项独立权利要求。

从属权利要求是指这样的一种权利要求，其包含了另一项同类型权利要求中的所有技术特征，而且对该另一项权利要求的技术方案进行了进一步的限定。由于从属权利要求用附加的技术特征对所引用的权利要求进行了进一步的限定，因此其保护范围落入所引用的权利要求保护的范围内。

不管是上述哪种类型的权利要求，按照专利法第26条第4款的规定，都应当以说明书为依据，说明要求专利保护的范围。专利法实施细则第20条第1款进一步规定，权利要求书应当说明发明或者实用新型的技术特征，清楚、简要地表述请求保护的范围。

权利要求书应当以说明书为依据，是指权利要求书应当得到说明书的支持。权利要求书中所要求保护的每一项技术方案都应当是所属技术领域中的普通技术人员能够从说明书充分公开的内容中得到或者概括得出的技术方案，并且不得超出说明书公开的范围。

权利要求通常由说明书记载的一个或者多个实施方式或者实施例子概括而成。但是概括不能超出说明书公开的范围。特别要注意的是，如果所属技术领域中的普通技术人员可以合理预测说明书给出的实施方式的所有等同替代方式或者明显变型方式都具备相同的性能或者用途，则应当允许申请人将权利要求概括至覆盖其所有的等同替代或者明显变型方式。

对于用上位概念概括或用并列选择方式概括的权利要求，应当特别注意是否能够得到说明书的支持。如果权利要求的概括使所属技术领域的普通技术人员有理由怀疑该上位概括或者并列概括所包含的一种或者多种下位概念或者选择方式不能解决发明或者实用新型所要解决的技术问题，并达到相同的技术效果，则应当认为该权利要求没有得到说明书的支持。比如，"控制冷冻时间和冷冻程度处理植物种子的方法"这样一个概括权利要求，如果说明书中仅仅记载了处理一种植物种子的方法，而未涉及其他种子的处理方法，而且园艺技术人员也难以确定处理其他植物种子的效果，则应当认为该权利要求没有得到说明书的支持。

在判断权利要求书是否得到说明书的支持时，应当考虑说明书的全部内容，而不仅仅是具体实施方式部分的内容。如果说明书的其他部分也记载了有关具体实施方式或者实施例子的内容，从说明书的全部内容来看，能够说明权利要求书的概括是适当的，则应当认为权利要求书得到了说明书的支持。

对于包含独立权利要求和从属权利要求或者不同类型权利要求（产品专利还是方法专利）的权利要求书，应当逐一考察每项权利要求是否都得到了说明书的支持。独立权利要求得到说明书支持并不意味着从属权利要求也得到说明书支持，产品权利要求得到说明书支持并不意味着方法权利要求也得到说明书支持；反之亦然。

(二) 权利要求书和说明书不一致时的处理

权利要求书和说明书不一致包括两种情况。一是权利要求过宽，得不到说明书的全部支持。二是权利要求过窄，说明书过宽。第一种情况下，为了防止专利权人攫取本应属于公有领域中的知识财富，保护公共利益，对于得不到说明书支持的权利要求，应当作为无效的权利要求处理。具体解决方式是，一是任何人都可以按照专利法实施细则第 64 条的规定提出宣告专利权部分无效或者全部无效的请求，二是允许相对人作公知技术或者专利权滥用的抗辩。第二种情况下，虽然专利权利要求能够得到说明书的支持，但是说明书公开的技术内容要宽于权利要求，也就是说发生了权利人本该要求保护却没有要求保护的情况。这种情况下，由于专利法第 56 条明确规定发明或者实用新型专利权的保护范围以其权利要求的内容为准，没有要求保护的部分应该适用禁反言的原则，不再提供保护。这样处理应该说是符合专利立法者的意图的，因为权利人没有要求保护的部分也就是公众可以自由实施的部分，对整个社会而言是非常有益的。

二、专利权人的权利

专利权是一种以营业为目的的排他的独占实施权。专利法第 10 条到第 12 条、第 15 条、第 17 条规定了专利权人应当享有的权利。具体来说包括：

1. 实施权。专利法第 11 条规定了专利权人的实施权。按照该条的规定，发明和实用新型专利权被授予后，除本法另有规定的以外，任何单位或者个人未经专利权人许可，都不得实施其专利，即不得为生产经营目的制造、使用、许诺销售、销售、进口其专利产品，或者使用其专利方法以及使用、许诺销售、销售、进口依照该专利方法直接获得的产品。外观设计专利权被授予后，任何单位或者个人未经专利权人许可，都不得实施其专利，即不得为生产经营目的制造、销售、进口其外观设计专利产品。

所谓许诺销售，是指通过广告、展示等方式许诺销售专利产品或者依照专利方法直接获得的产品的行为。

从专利法第 11 条的规定看，发明或者实用新型专利权人拥有的实施权包括制造权、使用权、许诺销售权、销售权、进口权五项积极意义上的权利和禁止权一项消极意义上的权利，而外观设计专利权人只拥有制造、销售、进口三项积极意义上的权利和禁止权一项消极意义上的权利，而不拥有使用、许诺销售两项积极意义上的权利。从立法论的角度看，在外观设计越来越重要的工业化社会，没有理由不赋予外观设计专利权人使用权和许诺销售权。

我国专利法也没有规定专利权人的出租权和出口权。之所以没有规定出租权，即专门以营业为目的出租他人专利产品的行为应当受专利权人的控制，大概是因为出租人在出租专利产品之前，首先必须取得专利产品的所有权，而一旦取得专利产品的所有权，所有权人对其所有物就拥有包括出租在内的处分权，这种处分权不应当再受专利权人的控制，否则将过分妨碍所有权人的权利和商品的自由流通。但是，出租人出租的如果是侵权的专利产品，尽管出租人取得了侵权专利产品的所有权，也应当允许专利权人进行控制。出口权之所以不在专利权人权利范围内，通常的解释是将专利产品出口到国外不会对专利权人造成危害。还有一个可能的理由是，如果出口经过了国内的中间层次，专利权人可以通过销售权进行控制，至少产品尚在国内市场时是如此。但是，从发展的眼光和长远的角度看，不赋予专利权人出口权仍然存在危害专利权人利益的可能性。原因是专利权人完全可能将专利产品销往国外同一市场。如果在此之前非专利权人早就将专利产品销往并已经占据了该市场，专利权人的市场份额就会受到很大挤压。所以从立法论的角度看，赋予专利权人出口权以及出租权具有必要性。

要指出的是，专利法虽没有规定专利权人的出口权，知识产权海关保护条例第3条却规定：国家禁止侵犯知识产权的货物进出口。海关依照有关法律和本条例的规定实施知识产权保护，行使海关法规定的有关权力。很明显，海关保护条例赋予了知识产权人出口权。但是，从给行为人提供明确的行为预期的角度看，学习日本2006年最新的修改专利法成果，在专利法等法律中明确赋予专利权人等知识产权人出口权是非常必要的。

2. 转让权。转让权包括专利申请权转让和专利权的转让。按照专利法第10条的规定，转让专利申请权或者专利权的，当事人应当订立书面合同，并向国家专利局登记，由国家专利局予以公告。专利申请权或者专利权的转让自登记之日起生效。可见，专利法对专利申请权和专利权的转让采取了登记要件主义。也就是说，虽然当事人之间签订的合同已经生效，但是只有经过登记，专利申请权和专利权才真正发生转移。在专利申请权人和专利权人进行多重转让的情况下，只有经过了登记的受让人才能取得专利申请权和专利权，未取得专利申请权和专利权的合同相对方只能追究转让人的违约责任。专利法如此处理的好处在于，为专利申请权人和专利权人提供了将专利申请权和专利权效率最大化的市场机会。

但是，按照专利法第10条第2款的规定，中国单位或者个人向外国人转让专利申请权或者专利权的，必须经过国务院有关主管部门批准。这里的主管部门，按照专利法实施细则第14条的规定，包括国务院对外经济贸易主管部门和国务院科学技术行政部门。也就是说，中国单位或者个人向外国人转让专利申请权或者专利权的，转让合同只有经过批准才能生效。非但如此，结合专利法第10条第3款的规定，这种合同也必须到国家专利局进行登记和公告，专利申请权或者专利权的转让也只有经过登记后才能发生真正转移。

3. 许可实施权。专利法第12条规定了专利权人的许可实施权。所谓许可实施权，也就是许可他人实施其专利并且获得报酬的权利。

4. 标记权。专利法第 15 条规定了专利权人的标记权。所谓标记权，即专利人在其专利产品或者该产品的包装上标明专利标记和专利号的权利。

5. 身份权。根据专利法第 17 条的规定，发明人或者设计人不管是否是最终的专利申请人和专利权人，都有在专利文件中写明自己是发明人或者设计人的权利。

三、专利权的限制

(一) 专利权用尽

所谓专利权用尽，按照专利法第 63 条第 1 款第 1 项的规定，是指专利权人制造、进口或者经专利权人许可而制造、进口的专利产品或者依照专利方法直接获得的产品售出之后，使用、许诺销售或者销售该产品的，不视为侵害专利权的行为。为了保证产品的自由流通，协调所有权人和专利权人之间的利益关系，同时不至于使专利权人发生多重收取专利使用费的不合理现象，确保消费者的利益，在专利产品合法流向市场之后，专利权人无权再进行控制。

专利权适用国内用尽原则一般没有疑问，但专利权是否适用国际用尽原则则众说纷纭，莫衷一是。反对专利权国际用尽最主要的理由大概是知识产权的属地属性。所谓知识产权的属地属性，是指根据一国法律产生的知识产权只在该国法律效力范围内有效。但其属地属性难以推导出知识产权不能适用国际用尽原则的结论，因为这两者解决的不是同样的问题。知识产权的属地属性解决的本质上是一个国家的主权问题，而知识产权用尽所解决的本质上是知识产权和所有权的冲突、知识产权和商品自由流通以及自由贸易的冲突问题。如果承认知识产权的属地属性能够推导出专利权人有权控制合法专利产品的进口，虽然能够解释同一个专利权人就同样的发明创造在甲国和乙国都拥有专利权时的平行进口现象的非法性，却难以解释如下现象：当同一个专利权人在甲国拥有一个专利权 A，在 A 产品合法流向乙国之后，平行进口商再将 A 产品进口到甲国。很显然，在这种情况下，知识产权的属地属性就无法适用。因为对甲国的专利法律而言，A 专利仍然是一个合法有效的专利，所以平行进口商进口的专利产品仍然属于合法（甲国法律）的专利产品。既然属于合法的专利产品，专利权人就无权再加以控制。

其实，承认知识产权用尽，不管是国内用尽还是国际用尽，本质上就是承认在一定条件下，所有权具有限制知识产权的效力。以此为前提，只要是合法流向市场的专利产品，不管最初的市场是在国内还是在国外，也不管最后的市场是否又回到了最初的市场，他人再进行使用、许诺销售和销售，专利权人就不应当再干涉。由此可以得出以下两点相关的结论：

1. 专利产品平行进口的合法性。主要由于价格差别而发生的专利产品在不同国家市场流动之后又回到最初的国内市场的平行进口现象，虽然受知识产权属地属性的影响，但如果从所有权、消费者权益、自由贸易对专利权的限制的角度进行理解，则应当认为属于合法行为。当然，在发生平行进口现象时，独占许可使用人的权益会受到一定的影响。对于独占许可使用人而言，如果与专利权人签订合同，可以追究专利权人的违约责任；如果不存在明确的合同约定，也可以从独占许可合同的性质出发，追究专利权人的默示保证责任。

2. 专利权人的进口权所能控制的只是非法的专利产品。所谓非法的专利产品，就是未经专利权人授权生产的专利产品。

（二）先使用

所谓先使用，按照专利法第 63 条第 1 款第 2 项的规定，是指在专利申请日前已经制造相同产品、使用相同方法或者已经作好制造、使用的必要准备，并且仅在原有范围内继续制造、使用的行为。专利法规定先使用的目的在于弥补先申请原则所带来的弊端，避免有限社会资源的浪费，协调专利权人和其他发明创造者的利益关系。先使用的保护本质上是对既有使用事实和既有利益的保护。

为了不给专利权人的权利造成不可预测的损害，先使用的构成必须具备以下要件：

1. 在专利申请日前已经制造相同产品、使用相同方法或者已经作好制造、使用的必要准备。所谓已经制造相同产品、使用相同方法，是指已经使用和专利发明创造相同的发明创造生产出了产品或者正在生产产品，或者已经或者正在使用和专利发明方法相同的方法进行其他产业上的利用。但是，这种制造或者使用以不公开发明创造为限。否则，将使发明创造申请丧失新颖性。若使专利申请丧失新颖性，虽然制造或者使用者有权继续制造或者使用，但就性质而言，属于自由制造或者使用，和先使用不同。

所谓已经作好制造、使用的必要准备，是指从社会通识看，从外在的、可见的事实看，先使用人为了制造或者使用已经付出了足够的投资，比如建筑厂房、购买原材料、招聘人员、订立相关合同（比如贷款合同、购买原材料合同、劳动合同），等等。刚刚完成相同发明创造，为了制造、使用而进行的尚未达成协议的相关谈判，不能认为是已经做好了制造、使用的必要准备。

2. 作为先使用发生原因的制造相同产品、使用相同方法的事实只能发生在申请日之前。具体来说：第一，在专利申请日之后发生的制造、使用行为事实不再发生先使用问题。相反，在专利申请日之后发生的制造、使用行为从性质上看，要么属于侵害发明创造者合法利益的行为（专利申请公开后授予专利权之前），要么属于侵害专利权的行为（授予专利权之后）。第二，作为先使用发生原因的行为不得包括销售、许诺销售、进口、使用相同产品等形式。理由是，一旦发生了销售、许诺销售、进口、使用相同产品等行为，就会使发明创造公开，从而使相同发明创造的专利申请丧失新颖性，制造、使用行为性质上也就属于自由利用的范畴，因而不再发生这里所讲的先使用问题。但是，这并不是说在申请日之后，先使用人不能继续制造相同产品或者使用相同方法，也不是说，在专利申请日之后先使用人不能销售、许诺销售、使用相同产品。在专利申请日之后先使用人若不能销售、许诺销售相同产品的话，专利法的规定就毫无意义了。

3. 只能在原有的范围内继续制造、使用。所谓原有的范围，应当是指原有的技术范围，而不是指原有的设备或者准备可以达到的生产能力，或者原有的实施形式，或者目的不同但是形式相同的实施。以生产能力来限定原有范围，不但对先使用权限制过大，而且过于死板、机械，也存在很大的不确定性。如果考虑劳动人数和劳动效率，单纯以生产能力来限定先使用的范围就毫无意义。以原有的实施形式或者实施的目的来限定原有范围，和以生产能力限定原有范围一样，对先使用权人限制过大。比如，就实施形式而言，先使用人原计划是销售，按照以原有实施形式进行限定的观点，先使用人的许诺销售或者使用就将构成专利权侵害；就实施目的而言，先使用权人原计划是销售给企业以外的一般人使用，按照以原有实施目的进行限定的观点，先使用人企业内部的使用就将构成专利权侵害。

要弄清原有的范围，必须首先弄清楚专利法规定先使用的目的。如上所述，专利法规定先使用的目的在于弥补先申请原则所带来的弊端、避免有限社会资源的浪费，协调专利权人和其他发明创造者的利益关系。先使用的保护本质上是对既有使用事实和既有利益的保护。既然是对既有使用事实和既有利益的保护，在解释原有范围的时候，就不能拘泥于原有的生产能力、实施形式或者实施目的，而应当考察原有的技术范围。也就是说，只要先使用人没有超出原有的技术范围，不管是否超出原有的生产能力、实施形式或者目的，都应当认为制造、使用行为仍然在原有的范围之内。

4. 先使用人主观上应当是善意的。所谓善意，是指先使用人在专利申请日之前不知道他人发明创造存在而独立作出相同的发明创造，或者从专利申请日之前不知道他人发明创造存在而从独立作出相同发明创造者那里通过契约等合法途径获得发明创造。在冒认专利申请的情况下，由于作出同样发明创造的第三人无法判断申请人是否是真正的发明创造者，因此在冒认专利申请日之前，善意制造或者使用者，即使日后专利申请人或者专利权人得以确认，也应当拥有先使用的利益。

由于先使用属于一种不侵害专利权的抗辩权，因此在申请日之后先使用人不能通过契约等积极处分行为而进行转让或者使用许可，而只能因为企业合并或者继承等一般的承继方式发生转移。

（三）临时过境的外国运输工具使用专利的行为

这种行为是指专利法第 63 条第 1 款第 3 项规定的合理使用行为。具体内容是，临时通过中国领陆、领水、领空的外国运输工具，依照其所属国同中国签订的协议或者共同参加的国际条约，或者依照互惠原则，为运输工具自身需要而在其装置和设备中使用有关专利的行为。这是为了确保国际之间的运输安全依照巴黎公约制定的。

构成上述行为必须具备以下几个要件：

1. 必须是临时通过中国领陆、领水、领空的外国运输工具。所谓临时通过，包括偶然通过和暂时通过。偶然通过是指因为不可抗力的原因，比如风暴、船舶相撞、机械故障而导致的通过。暂时通过是指因为客运、货运等原因而导致的定期或者不定期的通过。领陆是指我国管辖的陆地。领水包括领海和内河，以及包括码头在内的全部港口。领空是指我国领域的上空。但我国香港特区、澳门特区、台湾特区适用各自的专利法规则。外国运输工具，是指在中国以外的国家和地区登记注册的船舶、航空器和陆地运输工具。

2. 必须是同我国签订协议或者共同参加国际条约，或者规定有互惠原则的国家或者地区的运输工具。

3. 必须是外国运输工具为了自身需要而在其装置和设备中使用有关专利。运输工具的需要多种多样，临时过境的外国运输工具使用专利的合理使用行为，只限于为了运输工具自身需要的使用行为，而且在使用有关专利时，必须使用在运输工具的装置和设备中，比如修补运输工具损坏的零部件的需要而使用有关专利的行为，提高运输工具性能的需要而使用有关专利的行为，就属于此种合理使用行为。但是，使用他人拥有专利权的滑车将货物从飞机上运送到货物大厅的行为，就不是为了飞机自身的需要而在飞机的装置和设备中使用他人专利的行为，因而不属于合理使用行为。

所谓使用专利，是狭义上的使用，也就是利用专利用途的行为，不包括制造、销售、许诺销售或者进口等行为。

（四）专为科学研究和实验而使用专利的行为

也就是专利法第63条第1款第4项规定的行为。所谓专为科学研究和实验而使用专利的行为，是指为了验证专利发明的技术效果、发明创造是否符合授予专利权的实质性要件、改进发明等科学研究和实验目的而使用专利的行为，一般认为，该种行为的特征主要在于科学研究和实验的对象本身就是专利发明创造。

按照上述一般观点，如果科学研究和实验的对象不是专利发明创造，而是其他发明创造，也就是将专利发明创造作为其他发明创造的研究和实验工具，则不再属于专为科学研究和实验目的而使用专利的合理行为。这种观点是站不住脚的。按照专利法的目的进行解释，将专利发明创造作为研究和实验工具的其他发明创造行为，只要没有进行生产活动（更谈不上销售、许诺销售、进口等活动），不管是否申请专利（即使申请专利，也可以授予专利权，只要专利权人不实施其专利权即可），就不会对专利权人的市场造成任何实质性的冲击，相反却可以促进科学技术的进步，因此仍然应当理解为专为科学研究和实验而使用专利的合理行为。当然，这里的使用也应当限定于狭义上的使用行为，不包括制造、销售、许诺销售、进口等实施行为。

由此可以得出一个结论，仅就使用专利行为而言，科学研究和实验即使具有商业性目的，只要没有其他实施行为，该行为的合法性质也不因此而发生改变。

(五)"Bolar 例外"原则问题

为了获得和提供药品或者医疗器械的行政审批所需要的信息，不得不对药品专利和医疗器械专利进行商业性质的制造、销售、使用或者进口的行为，是否仍然属于专为科学研究和实验而使用专利的行为呢？这个问题就是国外专利法领域已经广泛讨论的"Bolar 例外"原则问题。

所谓"Bolar 例外"原则，最基本的含义是指为了药品和医疗器械进行临床实验和申报注册目的，在专利权有效期限内，实施药品和医疗器械专利产品或者方法的行为，不视为侵犯专利权的行为。"Bolar 例外"原则最早由美国 1984 年颁布的《哈奇——威克斯曼法案》(Hatch-Waxman Act)确立，确立之初仅适用于药品领域，后于 1990 年由美国联邦最高法院通过 Eli Lilly 公司诉 Medtronic 公司一案的判决而将其扩展适用到医疗器械领域。目前，该例外原则已经在日本、欧盟、加拿大、澳大利亚等主要发达国家和地区通过判例或者立法形式加以确立。日本是 1999 年通过日本最高裁判所在小野制药公司诉京都制药公司一案的终审判决中最终确立"Bolar 例外"原则的。在该案件中，日本最高裁判所指出：第三人在专利保护期限内生产、使用属于专利保护范围的化合物或者药品，用来进行必要的实验，以获得依据药事法第 14 条申请生产许可时需要提交的数据，即使其目的是为了在专利保护期限届满后生产、销售专利药品的仿制药品，也应当认为属于特许法第 69 条第一款所规定的"为了实验和研究目的而实施特许发明的行为"，因此不能被认为是侵害专利权的行为。欧盟是在 2004 年 3 月由欧盟部长理事会通过一项新的欧洲药品管理一揽子方案中的第 27 号指令确立"Bolar 例外"原则的。关于该原则的条款规定，为了申请仿制药品的上市许可而进行必要的研究和实验以及附随的实际需要的行为，不构成对专利权侵犯。欧盟同时要求各成员国应当在 2004 年 4 月 30 日起的 18 个月内将上述规定落实到国内法中去。由于规定过分含混，各成员国理解不一，导致欧盟内部各国非常不一致的情况。

我国现行专利法没有明确规定"Bolar 例外"原则，因而在实践中理解很不一致。发生于 1995 年的英国葛兰素集团有限公司诉西南合成制药厂"盐酸恩丹西酮"专利侵权案件中，被告由于在新药临床实验期间为新药注册目的使用原告专利药品而被判决侵权，并且被判决赔偿 32 万元经济损失。[①] 但发生于 2006 年的日本三共株式会社诉北京万生药业有限责任公司专利侵权案中[②]，被告由于于 2005 年向国家药监局申请使用原告专利方法生产的药品"奥酶沙坦酯片"注册和申请上市，以及在

---

① 参见重庆市第一中级人民法院（1995）重经初字第 406 号民事判决书。
② 参见北京市二中院（2006）二中民初字第 04134 号民事判决书。

临床实验阶段和申请上市阶段生产了相应的"奥酶沙坦酯片"，而被原告以侵犯专利权为由起诉至北京市二中院。北京市二中院认为，虽然被告在临床实验和申请生产许可阶段使用了和原告专利方法基本相同的方法生产了药品，但目的是满足国家相关部门对药品注册行政审批的需要，是为了检验其生产的涉案药品的安全性和有效性，而不是直接以销售为目的，并且被告生产的药品尚处于药品注册审批阶段，因此不属于为生产经营目的实施专利的行为，不构成对原告专利权的侵害。

不但司法判决存在不同意见，有关国家机关的意见也不尽统一。2003年10月最高人民法院公布过一个未生效的关于审理专利侵权纠纷案件若干问题的规定（会议讨论稿），该规定第48条曾对专利法第63条第1款第4项作出过进一步解释。该条规定，为能够在专利有效期限届满后立即实施该技术，在申请药品注册过程中，以临床实验为目的，制造、使用专利产品或者使用专利方法以及使用依照专利方法直接获得的产品的，人民法院应当依据专利法第63条第1款第4项的规定处理。由于未生效，该解释并没有起到指导作用。2007年国家药监局为了行业和公众的利益，在其颁布的《药品注册管理办法》第19条规定，对他人已获得中国专利权的药品，申请人在该药品专利期满前2年内可以提出注册申请。国家食品药品监督管理局按照本办法予以审查，符合规定的，在专利期满后批准生产或者进口。由于属于行政规章，并且只能适用于药品监督管理部门的药品注册审批行为，对人民法院的审判活动没有拘束力，因此该规定发挥作用的空间很小。2006年最后征求意见的专利法第3次修订草案送审稿第74条第5项则规定，专为获得和提供药品或者医疗器械的行政审批所需要的信息而制造、使用、进口专利药品或者专利医疗器械的，以及为其制造、进口并向其销售专利药品或者专利医疗器械的行为，不视为侵害专利权的行为。相比最高人民法院和国家药监局的规定，专利法第3次修订草案的规定更加宽泛。

究竟如何处理为了获得和提供药品或者医疗器械的行政审批所需要的信息，不得不对药品专利和医疗器械专利进行商业性质的制造、销售、使用或者进口的行为？由于这个问题涉及专利权人、仿制药品生产者、广大消费者的利益，因此利益的天平不能过分倾向任何一方。虽然为了促进药品价格的正当竞争，确保公共健康，有必要将为了获得和提供药品或者医疗器械的行政审批所需要的信息，而不得不对药品专利和医疗器械专利进行商业性质的制造、销售、使用或者进口的行为，解释为是为了科学研究和实验目的而使用专利的行为，或者作出单独的豁免规定。但是，制造、销售、使用或者进口的规模可大可小。以一种药品的临床实验为例，起码可以分为四个阶段：

一期临床实验。主要内容是进行初步的临床药理及人体安全性评价试验，考察人体对新药的耐受程度和药物代谢动力。

二期临床试验。主要内容是采用随即盲法进行对照临床实验，对新药的有效及安全性作出初步评价，确定剂量。

三期临床实验。主要内容是进行扩大的多中心临床试验，进一步评价新药的安全性和有效性。

四期临床试验。主要内容是新药上市后的监测，在广泛的使用条件下观察疗效和不良反应。

如果每个临床实验阶段都抽取 10 个病院进行，每个病院抽取 100 个病人进行实验，四个阶段就会有 4000 人参与临床实验。假设每个病人在整个实验过程中使用 200 元的专利药物，则要花费 80 万元的专利药物。如果不加任何规模限制地允许为了临床实验制造、销售、使用或者进口专利药物，则意味着专利权人要丧失 80 万元的市场份额。实践中，那些临床仿制药品或者医疗器械，往往打着新药或者新的医疗器械的名义以不低于甚至高于专利药品或者医疗器械的普通价格卖出，加上各种腐败现象，设置"Bolar 例外"原则以牺牲专利权人利益为代价来确保公共健康利益的目的往往难以得到有效实现。

可见，只有那种为了获得和提供药品或者医疗器械的行政审批所需要的信息，不得不对药品专利和医疗器械专利进行商业性质的少量制造、销售、使用或者进口，并且不给专利人权利造成实质性损害的行为，才能享受不侵害专利权的豁免。至于究竟多少数量才算少量，何为实质性损害，应当根据药品和医疗器械的不同性质、公共健康的具体情况，由法官进行自由裁量。

四、专利权的保护期限以及相关问题

(一) 专利权的保护期限

基于公共利益和专利技术自身的原因，不能让专利权人永久占有专利技术。专利法第 42 条规定，发明专利权的保护期限为 20 年，实用新型和外观设计专利权的保护期限为 10 年，均自申请日起计算。

对于医药品专利而言，由于医药品在正式生产上市之前需要花费很长时间进行临床实验，因此实际享受专利保护的时间可能很短。为了给予医药品专利权人足够的保护，有些国家的专利法规定，对于医药品专利，可以在原有的保护时间基础上，申请延长 5 年的保护时间。但是，医药品专利尽早进入公共领域对于增加仿制药品数量，降低药品价格，确保公共健康是非常必要的。因此，我国在进行专利法第 3 次修正时，是否需要借鉴西方发达国家的立法经验，规定医药品专利保护期延长制度，必须非常慎重。

(二) 专利权的提前终止

一般情况下，只有保护期限届满，专利权才得以终止。但是，如果出现了专利法规定的事由，专利权会提前终止。按照专利法第 44 条的规定，如果出现以下情形之一，专利权将在期限届满前终止：

1. 没有按照规定缴纳年费的。专利权人应当自被授予专利权的当年开始缴纳年费。缴纳年费是维持专利有效性的要件，专利权人不按照规定交纳专利年费的，专利权提前终止。

2. 专利权人以书面声明放弃其专利权的。放弃专利权必须采用书面、明示的形式，口头声明放弃专利权的，不视为放弃，同样，默示方式也不产生放弃专利权的效果。容忍他人侵害自己的专利权，尽管超过了2年诉讼时效专利权人在诉讼程序上丧失了胜诉权，但是专利权依然为有效的专利权，而不发生所谓默示放弃专利权的效果。

由于专利授权采取登记和公告的形式以达到公示效果，同样，专利权的终止也应当由国务院专利行政部门登记和公告才发生法律效力。也就是说，只有在国务院专利行政部门登记和公告之后，专利权才得以真正终止。在没有进行登记和公告前得知上述法定事由存在而实施他人专利发明创造的，仍然构成侵权行为。不过，既然专利权人决定不缴纳年费或者放弃专利权，一般也就不会再主动耗费成本去追究行为人的侵权责任。

在专利权设定了许可使用权、质权时，只有征得这些权利人的同意，专利权人才能放弃专利权。在专利权共有的情况下，必须经过全体共有人同意才能放弃专利权。

3. 由于专利权无效宣告而终止。除了专利法第44条规定的两种情形可以导致专利权提前终止之外，按照专利法第45条的规定，专利权被无效宣告也会导致专利权提前终止。

4. 由于违反反垄断法被剥夺专利权而终止。有些国家的反垄断法规定，专利权人如果违反反垄断法行使专利权，法院可以判决剥夺其专利权。在这种情况下，也会导致专利权提前终止。

(三) 专利权终止后的使用问题

按照专利法的规定，专利权无论是保护期限届满、声明放弃而发生的正常终止还是不缴纳专利年费而发生的非正常终止之后，专利发明创造就应当自动进入公有领域，人人可得而自由实施。但是，原专利权人在专利权有效期限内将专利产品申请了立体商标注册的情况下，虽然专利权已经终止，但是注册商标权可能依然处在有效保护期限内。在这种情况下，一般社会主体的实施行为仍然必须受原专利权人的注册商标权控制。但是，原专利权人的被许可实施人，如果许可实施的事实发生在注册商标成立之前，则被许可人的实施行为构成合法的在先使用，原专利权人（即商标权人）无权加以干涉。如果许可实施的事实发生在注册商标成立之后，则应当赋予被许可实施人在原有的范围内继续实施的普通实施权，以防止其遭受不可预测的损害。和上述情况不同的是，在专利权有效期限内，原专利权人没有将专利产品申请商标注册，而是由他人在专利权终止后申请了商标注册，此时，原专利权人的继续实施也构成合法的在先使用,新的注册商标权人也无权加以干涉。

第六节　侵害专利权的效果

一、侵害行为

(一)直接侵害行为以及均等论

直接侵害专利权的行为,是指行为人直接实施他人专利权的行为。即未经发明和实用新型专利权人许可,为生产经营目的制造、使用、许诺销售、销售、进口其专利产品,或者使用其专利方法以及使用、许诺销售、销售、进口依照该方法直接获得的产品的行为,或者为生产经营目的制造、销售、进口其外观设计专利产品的行为。

由于发明或者实用新型专利权的保护范围以其权利要求的内容为准,因此,直接侵害行为应当限于实施专利权利要求的技术范围。按照专利法的规定,权利要求必须得到说明书以及附图的支持,得不到说明书以及附图支持的权利要求不能得到保护,因此当行为人实施的是无法得到说明书以及附图支持的专利权利要求的技术内容时,不能作为侵权行为处理。也就是说,权利要求过宽以致超出了说明书和附图的范围时,应当由专利权人承担不利的后果。同样,权利要求过窄而说明书和附图说明的技术范围过宽时,由于专利权保护范围以权利要求的内容为准,没有要求保护的专利法不提供保护,因此当行为人实施的是超出了权利要求范围的说明书以及附图中的技术时,也不能作为侵权行为处理。也就是说,权利要求过窄以致达不到说明书和附图的范围时,也应当由专利权人承担不利的后果。

严格按照权利要求的范围确定专利权的保护范围,并不是机械地按照权利要求的字面意思解释权利要求,因而均等论经常被提倡。所谓均等论,按照最高人民法院2001年发布的《关于审理专利纠纷案件适用法律问题的若干规定》第17条第2款的规定,是指和专利权利要求中记载的必要技术特征相比,以基本相同的手段,实现基本相同的功能,达到基本相同的效果,并且本领域内的普通技术人员无须经过创造性劳动就能够联想到的技术特征,也应当属于专利权利要求范围内的技术特征。可见,均等论的适用应当具备以下两个基本要件:

1. 客观要件。与专利权利要求中的必要技术特征相比,以基本相同的手段,实现基本相同的功能,达到基本相同的效果。也就是说,等同特征与专利权利要求中记载的必要技术特征相比,在手段、功能和效果三个方面没有实质性差别,只是简单的替换或者变换。

2. 主观要件。上述手段、功能、效果是本领域的普通技术人员无须经过创造性劳动就能够联想到的。也就是说，替换或者变换的手段、功能、效果对本技术领域中的普通技术人员而言，是显而易见的。所谓普通技术人员，是指具有该技术领域中一般知识和能力的假想的技术人员，既不是该领域的技术专家，也不是不懂技术的人。司法实践中，在判断被控侵权产品与原告权利要求中的技术特征是否属于等同技术特征时，如果委托有关技术鉴定单位进行鉴定或者请相关专家发表意见，应当注意鉴定结论或者专家意见是否是从普通技术人员的角度出发作出的鉴定结论或者意见。

实践中，如果属于以下四种情形之一，则通常适用均等论判定被告的行为属于侵权行为：

1. 产品零部件的简单位置移动或者方法步骤、顺序的简单变换。如果这种位移或者步骤、顺序的简单变换在所属技术领域的普通技术人员看来是显而易见的，并且产生和专利技术基本相同的效果，应当认定被控行为属于等同侵权。

2. 等同替换。如果被控侵权产品或者方法中存在与专利权利要求中的必要技术特征相对应的某个技术特征，并且这个技术特征在产品或者方法中所起的作用或者效果基本相同，所属技术领域中的普通技术人员认为这两个特征能够相互替换，应当认定被控行为构成等同侵权。

3. 分解或者合并技术特征。分解是指被控侵权产品或者方法使用两个或者两个以上技术特征代替专利权利要求中的某一个必要技术特征。合并是指被控侵权产品或者方法使用一个技术特征替代专利权利要求中的两个或者两个以上技术特征。不管是分解还是合并，只要对所属技术领域中的普通技术人员而言属于显而易见的，并且能够实现基本相同的技术效果，应当认定被控行为构成等同侵权。

4. 使用劣质化技术。是指被控侵权产品或者方法故意省略专利权利要求中的一个或者一个以上的技术特征，使其技术方案成为在性能和效果都不如专利技术方案的劣质化技术。只要这种省略在所属技术领域的普通技术人员看来属于显而易见的，虽然技术效果有所差别，但只要没有本质上的差别，则应当认定为等同侵权。但如果技术效果上存在本质差别，则难以认定为等同技术特征，加上劣质化产品对专利权人市场构不成任何威胁，因此以不作为侵权处理为宜。要注意的是，如果省略专利权利要求中的一个或者几个技术特征，不但没有使技术方案在性能和效果上劣质化，反而产生了意想不到的技术效果，则可能成为改进发明而不构成专利权侵害。

深圳市中院判决的许锡明诉深圳市龙岗区布吉镇岗头特露莲拉练厂侵害专利权案件，就属于使用劣质化技术构成等同侵权的典型案例。被告产品"不散口花边剪断机"与原告专利权利要求相比，面板、立柱、托板、托板上连接的汽缸、通过活塞杆连接的法兰、与法兰连接的模架、连接在模架活动板下方的冲刀架、冲刀，与模架底版连接的面板与压板座、触头开关、导向件、冲压板等完全相同，唯一不同的是被告产品结构部件没有"在活动板侧面固连的安全防护罩"，尽管没有解决使用该机械的安全问题，但仍然被判侵权。

在适用均等原则处理有关案件时，应当注意以下问题：

1. 不能按照整体等同原则而应当按照技术特征一一对应原则进行处理。虽然从整体上看，被控侵权产品或者方法与专利权利要求中的必要技术特征相比，属于采用实质相同的方法，实现实质相同的功能，并且达到实质相同的效果的技术特征，但只要被控侵权产品或者方法中的技术特征不是所属技术领域中的技术人员显而易见的，就不能认定被控侵权产品或者方法侵权。

2. 注意抽象出能够和专利权利要求中的必要技术特征进行对比的技术特征。虽然专利说明书中一般存在实施例，但由于专利权保护范围以权利要求的内容为准，因此在具体判断被控侵权产品或者方法是否构成侵权时，不能以实施例中表现出的技术特征作为判断标准，而应当以权利要求中记载的必要技术特征为准。但是，专利权利要求中记载的必要技术特征为文字，而被控侵权产品为实物，被控侵权方法也表现为步骤、流程、时间、温度、压力等具体特征，因此难以进行直接比较。这就要求法官在进行侵权判断时，首先必须从实物或者具体的工艺流程中提炼出技术特征，然后再和专利权利要求中的必要技术特征进行比照。

实践中多有法院应用均等论处理专利侵权案件。比如，2004年发生的北京康体休闲设备开发中心诉北京鹰搏蓝天科技有限公司和北京颐方园体育娱乐有限责任公司体育健康城一案，审案法院就应用均等论进行了判决。原告2003年获得一项名为"模拟激光射击系统"的发明专利，权利要求书第一项记载的内容为：一种模拟激光射击系统，包括激光枪和目标靶，其特征在于：还包括摄像头、采集卡、主控计算机和音响设备 (1)。其中，目标靶为高清晰度显示器 (2)，主控计算机内部含有激光点测量软件系统和主控软件系统 (3)，主控计算机控制所述音响设备并通过其内部的主控制软件系统控制高清晰度显示器 (4)；上述摄像头、采集卡和激光点测量软件系统构成激光点测量系统 (5)；所述摄像头置于可以摄入所述高清晰度显示器显示的图像的位置 (6)，其输出端连接采集卡的输入端，采集卡的输出端接入主控计算机内的激光点测量软件系统，激光点测量软件系统连接主控制软件系统 (7)；所述主控制软件系统执行如下操作：首先生成目标未被击中时新的动画帧，再收集经激光点测量软件系统处理后的图像信号，判断图像内是否有激光点，若有，则再判断激光点是否击中目标，若否，则再次回到上述生成目标未被击中时新的动画帧的步骤，同时记分，若是，则切换目标被击中后的新的动画帧并记分 (8)。

被告北京鹰搏蓝天科技有限公司制造并在北京颐方园体育娱乐有限责任公司体育健康城安装了一台模拟激光射击系统。该系统的特征为：模拟激光射击系统，包括激光发射装置（激光枪）、显示屏（显示器）、摄像装置（摄像头）、鼠标接口装置、主机（主控计算机）、音响设备；目标靶与显示器；主机内部含有主控制软件系统；主控制音响设备和显示屏；激光点测量系统由摄像装置、鼠标接口装置构成；

摄像发射装置与鼠标接口装置通过无线信号连接，摄像装置与鼠标接口装置连接，鼠标接口装置与主机连接；主控制软件执行步骤。游戏开始（显示屏上显示出画面）；收集鼠标格式的数据（包括激光点坐标和无线信号）；是否有扣动扳机按键，判断鼠标光标位置与目标位置是否一致，若否，则显示射击画面，在显示屏上显示相应得分；若没有按键，返回，显示动态画面。

比较原被告发明的技术特征可以发现，被控侵权产品具备专利特征（2）、（4）、（6），而且相同。与专利技术特征（8）比较，被控侵权产品相应的技术特征虽然将收集的激光点坐标再行转换为鼠标光标的相对坐标，但是作为程序步骤，完全属于覆盖了原告专利的相应步骤，因而也和原告的相同。同时，在被告的技术方案中，具备与专利特征（1）、（3）、（5）、（7）相对应的特征，但不相同。然而进一步分析可以发现，专利技术特征（1）中的采集卡即是被控侵权产品中的鼠标处理装置中的视频处理装置，属于等同技术特征。与专利技术特征（3）中的激光测量软件系统相对应，在被控侵权技术中，将其移位至鼠标处理装置中，但这种功能模块的位置变化，并不影响功能、效果，而且是本技术领域中的普通技术人员显而易见的，因此也属于等同技术。与原告专利技术特征（5）比较，原告的技术特征是由摄像头、采集卡、激光点测量软件系统构成的激光点测量系统，被控侵权产品相应的技术特征由摄像装置和鼠标接口装置构成，鼠标接口装置中包括视频处理装置和激光点处理软件系统，二者的摄像头与摄像装置，采集卡与视频处理装置是相同的，不同的是原告的激光点测量软件系统处于计算机中，而被告的激光点处理软件系统处于鼠标接口装置中，由于这种位置的不同并没有影响相应功能和效果，并且是所属技术领域中的普通技术人员显而易见的，因此也属于等同技术特征。与原告专利技术特征（7）比较，被控侵权产品相应的技术特征是将摄像装置与鼠标接口装置连接，鼠标接口装置与主机连接，虽然被控产品使用鼠标接口装置代替了采集卡和激光点测量软件系统，但只不过是将原告的外部连接变为了内部连接，这种变化并不影响相应功能和效果，并且是本技术领域中的普通技术人员显而易见的，因此也属于等同技术特征。

基于上述理由，法院判决被告构成专利权侵害。

由于专利权的保护范围以权利要求的内容为准是一个基本原则，为了不给他人的行动自由造成过大的妨碍，在应用均等论处理专利权侵害案件时，对其适用条件应该加以严格把握。

（二）间接侵害行为

生产、销售用来实施专利发明的产品的行为，由于并不属于直接实施专利权利请求保护技术范围内的行为，虽然很多情况下可以成立教唆、帮助的共同侵害行为，但必须以直接行为构成专利权侵害为前提，而且主观上应该和直接侵害行为人存在共同的故意或者过失。在直接行为不构成专利权侵害或者和直接行为人之间不存在共同故意或者过失的情况下，生产、销售用来实施专利发明产品的行为，就难以成立共同侵害行为。但是，如果任由这种生产、销售行为存在，则会给专利权人造成不可预测的损害。基于这种原因，出现了专利权间接侵害行为理论。

1. 间接侵害行为的性质。关于专利权间接侵害行为的性质，和著作权间接侵害行为的性质一样，也存在独立说、从属说和折中说三种观点。独立说认为间接侵害行为属于独立的侵害行为，不依赖直接行为而存在。也就是说，即使直接行为不构成专利权侵害行为，间接行为一样可以构成专利权侵害行为。从属说认为，间接侵害行为的存在以直接行为构成专利权侵害行为为前提，如果直接行为不构成侵权行为，则间接行为也不构成专利权侵害行为。折中说则认为，应当结合专利权法某种行为是否侵权的规定，具体情况具体分析。比如，专利法主要规制的是以生产经营为目的实施专利权的行为，因此一般情况下为了私人目的的实施行为专利法不加以规制。但是，大量存在为了私人目的的实施行为时，不能说对专利权人的市场没有大影响，因此生产、销售为了私人目的实施专利权的零部件行为构成间接侵害。与此相反，为了实验、研究目的的实施行为不构成专利权侵害，因此生产、销售为实验、研究目的实施专利权而必须具备的零部件的行为，不构成专利权间接侵害。按照折中说的观点，在许可实施专利权的情况下，如果专利权人要求被许可实施人必须购买自己的零部件，则属于反垄断法禁止的搭售行为、附拘束条件的行为或者滥用优势地位的行为。基于这个原因，折中说认为，被许可实施人制造、销售零部件的行为，不能认定为间接侵害行为。

比较三种观点，从属说过于死板，不利于专利权人权利的保护，而折中说过于活泛，不利于他人的行为自由。比较而言，独立说较为可取。理由在于，专利权和其他知识产权一样，具有类物权性质，因而可以排除一切妨碍权利的行为。生产、销售用于实施专利权的产品的行为，显然妨碍了专利权的行使，因此应当属于独立的侵害行为，而不应当以直接行为构成侵权行为为前提条件。

2. 间接侵害行为的种类。和著作权间接侵害行为一样，专利权间接侵害行为也可以分为以下两大类：

(1) 作用唯一型的间接侵害。是指以生产经营为目的，生产、销售、许诺销售、进口专门用来实施专利发明创造的产品的间接侵害行为。也就是说，该种产品除了用来实施专利发明创造，从经济的角度看，没有其他任何实质性用途。在发生作用唯一型间接侵害行为时，推定行为人主观上具有过错，因而专利权人没有必要举证加以证明。

(2) 多机能型的间接侵害。是指明知专利发明创造的存在以及某产品可以用来实施专利发明创造，而以生产经营为目的，生产、销售、许诺销售、进口该种产品的行为。某种产品虽然具有其他实质性的商业用途，但如果同时可以用来实施专利发明创造，而且行为人主观上知道专利发明创造的存在，也知道该产品可以用来实施专利发明创造，却仍然出于生产经营目的进行生产、销售、许诺销售或者进口，则构成多机能型的间接侵害行为。与作用唯一型的间接侵害行为不同的是，对于多机能型的间接侵害行为，专利权人必须举证证明行为人主观上明知专利发明创造的存在以及某产品可以用来实施专利发明创造，否则行为人的行为不构成侵害行为。

（三）修理、零部件更换与专利权侵害

专利产品合法流向市场后，购入专利产品者根据权利用尽理论，可以自由进行使用。在专利产品耗损或者损坏的情况下进行修理或者零部件更换后，也可以自由进行使用。但是，以生产经营为目的，为了提供给他人再次使用而对耗损或者损坏的专利产品进行修理或者零部件更换，是否构成专利权侵害？这主要应当根据修理或者零部件更换后的产品是否仍然属于专利权利要求保护范围内的产品进行判断。经过修理或者零部件更换后的产品如果仍然属于专利权利要求保护范围内的产品，则以生产经营为目的专门从事修理或者零部件更换行为，相当于专利产品的生产行为，应当作为专利侵权行为处理；相反，如果经过修理或者零部件更换后的产品不再属于专利权利要求保护范围内的产品，则不能将修理或者零部件更换行为作为专利侵权行为处理。判断修理或者零部件更换后的产品是否属于专利权利要求保护范围内的产品，应当注重均等原则的应用。比如，为了重复利用一次性圆珠笔，对圆珠笔的圆芯管结构加以改变，使其能够重复填充圆芯从而达到反复利用的行为，如果经过结构改变后的圆珠笔不再属于专利权利保护的范围，则以生产经营为目的专门从事改变圆珠笔圆芯管的行为，就不能作为专利侵权行为处理。相反，如果经过结构改变后的圆珠笔仍然属于专利权利保护的范围，则以生产经营为目的专门从事改变圆珠笔圆芯管的行为，应当作为专利侵权行为处理。

（四）假冒他人专利的行为

假冒他人专利的行为，是指行为人并不实施他人的专利技术，而是使用他人的专利号，使人误认为其使用的技术属于他人专利技术的行为。按照专利法实施细则第84条的规定，假冒他人专利行为包括：

1. 未经许可，在其制造或者销售的产品、产品的包装上标注他人的专利号；

2. 未经许可，在广告或者其他宣传材料中使用他人的专利号，使人将所涉及的技术误认是他人的专利技术；

3. 未经许可，在合同中使用他人的专利号，使人将合同涉及的技术误认为是他人的专利技术；

4. 伪造或者变造他人的专利证书、专利文件或者专利申请文件。

专利法第59条规定了冒充专利行为。冒充专利行为并不侵害他人的专利权，而是一种欺骗国家和公众的行为，因此和侵害他人专利的假冒行为并不相同。按照专利法实施细则第85条的规定，下列行为属于以非专利产品冒充专利产品、以非专利方法冒充专利方法的行为：

1. 制造或者销售标有专利标记的非专利产品;

2. 专利权被宣告无效后,继续在制造或者销售的产品上标注专利标记;

3. 在广告或者其他宣传材料中将非专利技术称为专利技术;

4. 在合同中将非专利技术称为专利技术;

5. 伪造或者变造专利证书、专利文件或者专利申请文件。

按照专利法第58条的规定,冒充专利行为承担改正和5万元以下罚款的行政责任。

（五）即发侵害行为

即发侵害行为,又称为侵害危险行为,是指行为人已经做好了实施他人专利权的准备,即将实施侵害他人专利权的行为。为了不至于给他人的行动自由造成过大的妨碍,即发侵害行为应当严格加以把握。只有从社会常识的角度看,行为人已经做好了充分实施他人专利权的准备,行为一旦继续发展下去,势必会造成侵害他人专利权的后果,才能构成即发侵权。比如,购置专门用来实施他人专利权的器具、材料,招聘了相关的技术人员,由于器具、材料唯一的作用就是供相关的技术人员实施他人专利权,因此只要行为人使用该器具、材料和相关技术人员,势必会造成侵害他人专利权的后果,所以其购置器具、材料,招聘相关技术人员的行为,应当属于即发侵害行为。

二、侵害专利权的法律后果

（一）停止侵害行为、排除侵害危险行为

侵害专利权首先应当承担停止侵害和排除侵害危险行为的责任。非常有意思的是,专利法并没有像著作权法第46条和第47条一样,明确规定侵害行为人应当承担的停止侵害责任,而是采取了一种非常奇特的方式,即在第61条规定专利权人的诉前临时禁止令请求权当中,变相规定了侵害行为人应当承担的停止侵害行为、排除侵害危险行为的责任。但由于规定在诉前临时禁止令请求权当中,在具体的诉讼过程中,侵害行为人承担停止侵害行为、排除侵害危险行为的责任反而没有了法律依据。基于专利法立法上的这种缺陷,侵害行为人承担停止侵害的责任就只能适用作为一般法的民法通则第118条的规定:公民、法人的著作权（版权）、专利权、商标专用权、发现权、发明权和其他科技成果权受到剽窃、篡改、假冒等侵害的,有权要求停止侵害,消除影响,赔偿损失。民法通则虽然规定的是知识产权人的停止侵害等请求权,但从侵害行为人的角度看,也就是规定了侵害行为人的停止侵害的责任。但是,对于侵害行为人应当承担的排除侵害危险行为的责任而言,仍然缺乏一般意义上的规定。

（二）赔偿损失

有损害必有救济。我国专利法和著作权法一样,对于专利侵权损害赔偿采取了填平原则而非惩罚性原则。按照专利法第60条的规定以及最高人民法院《关于审理专利纠纷案件适用法律问题的若干规定》第20至22条的规定，采取填平原则赔偿专利权人的经济损失时，计算标准有如下几个：

1. 专利权人因被侵权所受到的损失。专利权人因被侵权所受到的损失可以根据专利权人的专利产品因侵权所造成销售量减少的总数乘以每件专利产品的合理利润所得之积计算。权利人销售量减少的总数难以确定的，侵权产品在市场上销售的总数乘以每件专利产品的合理利润所得之积可以视为权利人因被侵权所受到的损失。这个标准的应用以专利权人生产并且销售了专利产品为前提。在计算专利权人因被侵权所受到的损失时，应当酌情扣除专利权人没有能力（比如侵害行为人特有的渠道）销售的专利产品的数量。

2. 侵权人因侵权所获得的利益。侵权人因侵权所获得的利益可以根据该侵权产品在市场上销售的总数乘以每件侵权产品的合理利润所得之积计算。侵权人因侵权所获得的利益一般按照侵权人的营业利润计算，对于完全以侵权为业的侵权人，可以按照销售利润计算。侵权人的营业利润等于销售收入减去成本和税收，销售利润则等于销售收入减去成本。

3. 专利许可使用费的合理倍数。被侵权人的损失或者侵权人获得的利益难以确定，有专利许可使用费可以参照的，人民法院可以根据专利权的类别、侵权人侵权的性质和情节、专利许可使用费的数额、该专利许可的性质、范围、时间等因素，参照该专利许可使用费的1至3倍合理确定赔偿数额。

4. 法定赔偿。没有专利许可使用费可以参照或者专利许可使用费明显不合理的，人民法院可以根据专利权的类别、侵权人侵权的性质和情节等因素，一般在人民币5000元以上30万元以下确定赔偿数额，最多不得超过人民币50万元。从立法论的角度看，法定赔偿标准过于机械，倒不如改成酌定标准更加有利于法官根据具体案情确定赔偿数额。

5. 合理费用。人民法院根据权利人的请求以及具体案情，可以将权利人因调查、制止侵权所支付的合理费用计算在赔偿数额范围之内。具体来说，包括调查费、鉴定费、案件代理费等。和最高人民法院2002年《关于审理著作权民事纠纷案件适用法律若干问题的解释》第26条第2款和最高人民法院2002年《关于审理商标民事纠纷案件适用法律若干问题的解释》第17条第2款规定不同的是，最高人民法院2001年《关于审理专利纠纷案件适用法律问题的若干规定》第22条在规定合理费用时，并没有明确规定合理开支包括合理的律师费，而是使用了"制止侵权所支付的合理费用"的字眼，这种规定反而为权利人主张包括律师、一般诉讼代理人在内的案件代理费提供了法律依据。关于"合理"的解释，请参见著作权法相关章节。

（三）赔偿责任的例外和不当得利

按照专利法第63条第2款的规定，为生产经营目的使用或者销售不知道是未经专利权人许可而制造并售出的专利产品或者依照专利方法直接获得的产品，能证明其产品合法来源的，不承担赔偿责任。也就是说，在这种情况下，使用者或者销售者的行为仍然构成侵权，仍然必须停止使用或者销售行为，只不过不用承担赔偿责任罢了。虽然如此，和主观上没有过错的侵害著作权的行为人一样，主观上没有过错的专利权使用者或者销售者仍然应当承担不当得利责任，标准则为一般的许可使用费标准。

（四）诉前临时禁令和财产保全

专利法第 61 条规定，专利权人或者利害关系人有证据证明他人正在实施或者即将实施侵犯其专利权的行为，如不及时制止将会使其合法权益受到难以弥补的损害的，可以在起诉前向人民法院申请采取责令停止有关行为和财产保全的措施。利害关系人包括专利实施许可合同的被许可人、专利财产权利的合法继承人等。专利实施许可合同的被许可人中，独占实施许可合同的被许可人可以单独向人民法院提出申请，排他实施许可合同的被许可人在专利权人不申请的情况下，可以提出申请。根据 2001 年最高人民法院《关于对诉前停止侵犯专利权行为适用法律问题的若干规定》第 1 条的规定，普通实施许可合同中的被许可人无权提出申请。但在司法实践中，普通被许可人在专利权人的同意下，可以提起侵权诉讼，如此理解，在专利权人同意的前提下，似乎也应当允许普通实施许可合同中的被许可人提出临时禁令和财产保全。

诉前责令停止侵犯专利权行为的申请，应当向有专利侵权案件管辖权的人民法院提出。专利权人或者利害关系人向人民法院提出申请，应当递交书面申请状。申请状应当载明当事人及其基本情况，申请的具体内容、范围和理由等事项。申请的理由包括有关行为如不及时制止会使申请人合法权益受到难以弥补的损害的具体说明。申请人提出申请时，应当提交下列证据：

1. 专利权人应当提交证明其专利权真实有效的文件，包括专利证书、权利要求书、说明书、专利年费缴纳凭证。提出的申请涉及实用新型专利的，申请人应当提交国务院专利行政部门出具的检索报告。

2. 利害关系人应当提供有关专利实施许可合同及其在国务院专利行政部门备案的证明材料，未经备案的应当提交专利权人的证明，或者证明其享有权利的其他证据。排他实施许可合同的被许可人单独提出申请的，应当提交专利权人放弃申请的证明材料。专利财产权利的继承人应当提交已继承或者正在继承的证据材料。

3. 提交证明被申请人正在实施或者即将实施侵犯其专利权的行为的证据，包括被控侵权产品以及专利技术与被控侵权产品技术特征对比材料等。

申请人提出责令停止有关行为时，应当提供担保，申请人不提供担保的，人民法院应当驳回其申请。当事人提供保证、抵押等形式的担保合理、有效的，人民法院应当准许。人民法院确定担保范围时，应当考虑责令停止有关行为所涉及产品的销售收入，以及合理的仓储、保管等费用，被申请停止有关行为可能造成的损失，人员工资等合理费用的支出等因素。在执行停止有关行为裁定过程中，被申请人可能因采取该项措施造成更大损失的，人民法院可以责令申请人追加相应的担保。申请人不追加担保的，解除有关停止措施。

停止侵犯专利权行为裁定所采取的措施，不因被申请人提出反担保而解除。

人民法院接受专利权人或者利害关系人提出责令停止侵犯专利权行为的申请后，经审查符合法律规定的，应当在 48 小时内作出书面裁定。裁定责令被申请人停止侵犯专利权行为的，应当立即开始执行。人民法院作出诉前责令被申请人停止有关行为的裁定，应当及时通知被申请人，至迟不得超过 5 日。当事人对裁定不服的，可以在收到裁定之日起 10 日内申请复议一次，但复议期间不停止裁定的执行。

人民法院作出裁定后，专利权人或者利害关系人应当在法院采取停止有关行为的措施后 15 日内起诉，否则人民法院解除裁定采取的措施。申请人不起诉或者申请错误造成被申请人损失的，被申请人可以向有管辖权的人民法院起诉请求申请人赔偿，也可以在专利权人或者利害关系人提起的专利权侵权诉讼中提出损害赔偿的请求，人民法院可以一并处理。

停止侵犯专利权行为裁定的效力，一般应当维持到终审法律文书生效时为止。人民法院也可以根据案情，确定具体期限。期限届满时，人民法院根据当事人的请求仍可作出继续停止有关行为的裁定。

人民法院在作出责令停止有关行为的同时，还可以根据当事人的申请，同时作出证据保全和财产保全。具体适用民事诉讼法第 74、92、93 条的规定。

（五）举证责任倒置

由于技术的复杂性，专利权人要证明行为人侵权往往存在举证的困难，特别是在方法专利侵权的情况下更是如此。为了减轻方法专利权人举证的责任，专利法第 57 条第 2 款规定，专利侵权纠纷涉及新产品制造方法的发明专利的，制造同样产品的单位或者个人应当提供其产品制造方法不同于专利方法的证明。据此，行为人不能提供这种证明的，推定其使用的方法为专利方法。

（六）诉讼时效

按照专利法第 62 条的规定，侵犯专利权的诉讼时效为 2 年，自权利人或者利害关系人得知或者应当得知侵权行为之日起计算。发明专利申请公布后至专利权授予前使用该发明未支付适当使用费的，专利权人要求支付使用费的诉讼时效为 2 年，自专利权人得知或者应当得知他人使用其发明之日起计算，但是，专利权人于专利权授予之日前即已得知或者应当得知的，自专利权授予之日起计算。

实践中常常发生权利人超过 2 年诉讼时效才起诉并且侵权行为仍然在继续的情况。为了确保专利权人的利益，最高人民法院 2001 年《关于审理专利纠纷案件适用法律问题的若干规定》第 23 条规定，权利人超过 2 年起诉的，如果侵权行为在起诉时仍在继续，在该项专利权有效期限内，人民法院应当判决被告停止侵权行为，侵权损害赔偿数额应当自权利人向人民法院起诉之日起向前推算2年计算。也就是说，对超过了2年诉讼时效的侵害行为不再追究。从理论上说，对超过了2年诉讼时效的侵害行为可以解释为专利权人进行了默认，但对连续发生的侵害行为并未进行默认，因此其仍然有权主张，并且在诉讼法上拥有胜诉的权利。

（七）管辖问题

专利侵权案件由于涉及复杂的技术问题，因此最高人民法院2001年《关于审理专利纠纷案件适用法律问题的若干规定》第2条规定，专利纠纷第一审案件，由各省、自治区、直辖市人民政府所在地的中级人民法院和最高人民法院指定的中级人民法院管辖。

在地域管辖问题上，专利侵权案件仍然遵从民事诉讼法确定地域管辖的一般原则，即因侵犯专利权行为提起的诉讼，由侵权行为地或者被告住所地人民法院管辖。侵权行为地包括：被控侵犯发明、实用新型专利权的产品的制造、使用、许诺销售、销售、进口等行为的实施地；专利方法使用行为的实施地，依照该专利方法直接获得的产品的使用、许诺销售、销售、进口等行为的实施地；外观设计专利产品的制造、销售、进口等行为的实施地；假冒他人专利的行为实施地。上述侵权行为的侵权结果发生地。

但是，按照最高人民法院2001年关于审理专利纠纷案件适用法律问题的若干规定第6条的规定，原告仅对侵权产品制造者提起诉讼，未起诉销售者，侵权产品制造地与销售地不一致的，制造地人民法院有管辖权；以制造者与销售者为共同被告起诉的，销售地人民法院有管辖权。销售者是制造者分支机构，原告在销售地起诉侵权产品制造者制造、销售行为的，销售地人民法院有管辖权。

（八）诉讼过程中的特殊问题

1. 原告请求确认不侵害专利权案件法院是否应当受理。关于这个问题，最高人民法院2002年以批复的形式进行了肯定。由于苏州朗力福保健品有限公司向苏州龙宝生物工程实业公司的销售商发函称龙宝公司的产品涉嫌侵害其专利权，导致龙宝公司的经销商停止销售龙宝公司产品，龙宝公司遂以朗力福公司为被告，向法院请求确认其不侵害被告的专利权。江苏省高院在该案件进行二审时，向最高人民法院进行了请示。最高人民法院认为，由于被告的发函行为导致原告的经销商停止销售其商品，原告的利益受到了损害，因此原告与案件有直接利害关系；原告在起诉中，有明确的被告；有具体的诉讼请求和事实、理由；属于人民法院受理民事诉讼的范围和受诉人民法院管辖，因此人民法院应当受理。

2. 在专利侵权诉讼中，当事人都拥有专利权应该如何处理。对于相同或者类似产品，不同的人拥有专利权包括三种情形：一是不同的发明人对该产品所作出的发明创造的发明点不同，其技术方案有本质差别；二是在后的专利技术是对在先的专利技术的改进或者改良，比在先的专利技术技术上更加先进，但实施又依赖于前一专利技术的实施；三是因为实用新型专利未经实质审查，前后两项实用新型专利的技术方案相同或者等同，后一项实用新型专利属于重复授权。在第一种情况下，由于原被告的技术方案存在本质差别，因而被告不构成侵权。第二种情况下，由于被告没有经过原告同意实施了其专利技术，因而构成侵权。第三种情况下，由于前后两项实用新型的技术方案相同或者等同，尽管被告拥有专利权，但同样构成专利侵害行为。所以说，人民法院不应当仅以被告拥有专利权为由，不进行具体分析就驳回原告的诉讼请求，而应当分析被告拥有专利权的具体情况以及与原告专利权的具体关系，从而判断是否构成侵权。

（九）行政责任和刑事责任

侵害专利权行为，除了承担民事责任外，在一定条件下，还必须承担行政责任和刑事责任。

对于未经专利权人许可实施其专利的行为，根据专利法第57条的规定，专利管理机关可以责令侵权人立即停止侵权行为。对于假冒他人专利的行为，专利法第58条规定，专利管理机关可以责令改正并予以公告，没收违法所得，可以并处违法所得3倍以下的罚款，没有违法所得的，可以处5万元以下的罚款。

假冒他人专利，情节严重的，依据刑法第216的规定，处3年以下有期徒刑或者拘役，并处或者单处罚金。按照《关于办理侵犯知识产权刑事案件具体应用法律若干问题的解释》第4条的规定，假冒他人专利，具有以下情形之一的，为情节严重：非法经营数额在20万元以上或者违法所得数额在10万元以上的；给专利权人造成直接经济损失50万元以上的；假冒两项以上他人专利，非法经营数额在10万元以上或者违法所得数额在5万元以上的；其他情节严重的情形。

按照上述解释第12条的规定，非法经营数额，是指行为人在实施侵犯专利权行为过程中，制造、储存、运输、销售侵权产品的价值。已销售的侵权产品的价值，按照实际销售的价格计算。制造、储存、运输和未销售的侵权产品的价值，按照标价或者已经查清的侵权产品的实际销售平均价格计算。侵权产品没有标价或者无法查清其实际销售价格的，按照被侵权产品的市场中间价格计算。多次实施侵犯专利权行为，未经行政处理或者刑事处罚的，非法经营数额、违法所得数额或者销售金额累计计算。按照上述解释第15条的规定，单位实施上述犯罪的，按照本解释规定的相应个人犯罪的定罪量刑标准的3倍定罪量刑。

对于冒充专利的行为，虽然不涉及他人的专利权，但因属欺骗国家和消费者的行为，因此专利法第59条规定，对冒充专利行为，可由专利管理机关责令改正并予以公告，并可以处5万元以下罚款。冒充专利行为中的伪造或者变造他人的专利证书、专利文件，还可能涉及伪造、变造国家机关证件罪，可依刑法第280条第1款的规定，处3年以下有期徒刑、拘役、管制或者剥夺政治权利，情节严重的，处3年以上 10 年以下有期徒刑。

第七节　专利权的经济利用

专利权和著作权一样，可以分为积极意义上的使用权和消极意义上的禁止权，积极意义上的使用权又可以分为自己使用权和许可他人使用权。无论是自己使用还是许可他人使用，或者完全转让给他人，目的都是为了对专利权进行市场化应用，从而获得金钱上的对价。

一、实施许可

许可他人实施专利权是专利权人利用其专利权的最基本的一种方式。专利法第12 条对专利权人的实施许可权作了最基本的规定。按照该条规定，任何单位或者个人实施他人专利的，应当与专利权人订立书面实施许可合同，向专利权人支付专利使用费。被许可人无权允许合同规定以外的任何单位或者个人实施该专利。专利法实施细则第 15 条第 2 款对专利实施许可合同进一步作出了应当自合同生效之日起 3个月内向国务院专利行政部门备案的规定。结合这两条规定，可以看出，专利实施许可合同只要双方当事人达成协议就可以生效。关于备案的作用，专利法并没有作出明确规定。从日本特许法第 99 条第 1 款的规定看，就普通实施许可而言，登记或者备案发挥的是对抗专利权人或者独占实施权人的作用。也就是说，在专利权转让或者设定了独占实施许可的情况下，原来的实施许可人仍然拥有普通实施权。

实施许可包括独占实施许可、排他实施许可和普通实施许可。独占实施许可，是指在合同期限和地域范围内，被许可人拥有独占实施专利权利的许可。在这种许可形式中，在合同有效期限和约定地域范围内，专利权人不但不能再许可其他任何人实施其专利，而且自己也不能实施其专利。独占实施许可中，由于独占实施权人拥有受保障的债权，因此对于侵害专利权的行为，应当作为债权人代位行使停止侵害和赔偿损失请求权，可以独立提出诉前禁止令，财产保全、证据保全请求和诉讼请求。

排他实施许可，是指在合同期限和地域范围内，被许可人拥有排他实施专利权利的许可。在这种许可形式中，由于排除的是第三人的实施行为，因此专利权人自己保留了实施权。排他实施许可中，由于排他实施权人并不拥有受保障的债权，因此对于侵害专利权的行为，在专利权人提出了诉前禁止令，财产保全、证据保全请求和诉讼请求的情况下，无权再提出这些请求。但是，在专利权人不提出这些请求的情况下，其债权将受到侵害，因此排他实施权人仍然可以作为利害关系人提出诉前禁止令，财产保全、证据保全请求和诉讼请求。

普通实施许可，是指在合同期限和地域范围内，被许可人拥有普通实施权的许可。在这种许可形式中，不但专利权人保留了自己实施的权利，而且保留了许可他人实施专利的权利。普通实施许可中的被许可人由于和侵害专利权行为之间缺少实质上的利害关系，因此一般情况下不能以自己的名义提出诉前禁止令，财产保全、证据保全请求和诉讼请求，除非专利权人自己不提出这些请求，并且明确授权其提出这些请求。

二、担保

最主要的是将专利权作为质权的标的设定质权。将专利权作为质权的标的设定质权，必须经过登记才能生效。除非有契约的特别约定，质权人不得实施专利权。为了促进专利发明的市场化应用，作为出质人的专利权人可以实施其专利权。但为了保护质权人的利益，质权人应当拥有优先受偿权。

要注意的是，按照最高人民法院2001年《关于审理专利纠纷案件适用法律问题的若干规定》第13条第3款的规定，人民法院对出质的专利权仍然可以采取保全措施，但质权人的优先受偿权不受保全措施的影响。

三、转让

按照专利法第10条的规定，专利权和专利申请权可以转让。中国单位或者个人向外国人转让专利权或者专利申请权的，必须经过国务院有关主管部门批准。转让专利权或者专利申请权的，当事人应当订立书面合同，并向国务院专利行政部门登记，由国务院专利行政部门予以公告。专利权或者专利申请权的转让自登记之日起生效。所谓专利权或者专利申请权的转让自登记之日起生效，并不是指转让合同自登记之日起生效，而是指专利权或者专利申请权只有经过登记才能事实上发生转移。由此可见，我国专利法明确将登记作为了专利权发生转让的要件而非专利权或者专利申请权转让合同的生效要件。也就是说，专利权或者专利申请权转让合同自成立时起生效，但专利权或者专利申请权只有经过登记才能实际发生转移。在专利权人或者专利申请权人多次进行转让的情况下，只有经过登记的受让人才能实际获得专利权或者专利申请权。没有经过登记的受让人只能追究专利权人或者专利申请权人合同不履行的责任。

按照专利法实施细则第15条第1款的规定，除了合同转让外，专利权因为企业合并、继承等事项而发生转移的，当事人应当凭有关证明文件或者法律文书向国务院专利行政部门办理专利权人变更手续。很显然，如果不办理变更手续，视为专利权没有发生转移。

四、专利权的相对化

专利法之所以授予专利权人独占权和排他权，目的在于促进发明创造以及发明创造的应用和产业的进步。为此，必须对专利权人的独占权和排他权的行使进行必要的制约，以达到将发明创造最大市场化的目的。

(一) 专利权相对化的种类

1. 计划推广实施。按照专利法第14条的规定，国有企业事业单位的发明专利，对国家利益或者公共利益具有重大意义的，国务院有关主管部门和省、自治区、直辖市人民政府报经国务院批准，可以决定在批准的范围内推广应用，允许指定的单位实施，由实施单位按照国家规定向专利权人支付使用费。中国集体所有制单位和个人的发明专利，对国家或者公共利益具有重大意义，需要推广应用的，也可以由有关主管部门决定推广应用。

2. 合理条件的强制实施许可。专利法第48条规定，具备实施条件的单位以合理的条件请求发明或者实用新型专利权人许可实施其专利，而未能在合理长的时间内获得这种许可时，国务院专利行政部门根据该单位的申请，可以给予实施该发明或者实用新型专利的强制许可。从此规定可以看出，只要具备实施条件的单位未能以合理的条件和专利权人达成实施专利发明创造的契约，就可以请求给予实施发明创造的强制许可。专利权是一种独占和排他的私权利，究竟如何处分应该属于专利权人可以控制的内容。合理条件的强制许可完全不以专利权人的意思自治为依据，而将利益的天平完全倾向于具备实施条件的单位，似乎不妥。为此，从立法的角度而言，有必要引入基础设施理论，以较严格限制合理条件的强制实施许可。按照基础设施理论，除非专利权人的专利发明创造构成具备实施条件的单位的基础设施，并且该单位不管从法律还是从商业的角度看，都无法绕开该专利发明创造时，才能给予具备实施条件的单位以强制实施许可。

3. 国家紧急状态或者公共利益的强制实施许可。专利法第49条规定，在国家出现紧急状态或者非常情况时，或者为了公共利益的目的，国务院专利行政部门可以给予实施发明专利或者实用新型专利的强制许可。所谓紧急状态或者非常情况，一般是指威胁到整个国家安全的突发性情况，比如战争、恐怖性的饥荒或者疾病、恐怖性的天灾，等等。公共利益的含义则更为宽泛。所谓公共利益，从最一般的意义上讲，凡是需要国家投资创设或者维护的、在使用和消费上没有竞争性的利益，都是公共利益，比如公共健康。

从立法论上看，计划推广实施完全可以包含在国家紧急状态或者公共利益的强制许可当中，因此，完全没有必要在国家紧急状态或者公共利益的强制许可之外再单独规定计划推广实施。

4. 牵连强制实施许可。专利法第50条规定，一项取得专利权的发明或者实用新型比前已经取得专利权的发明或者实用新型具有显著经济意义的重大技术进步，其实施又有赖于前一发明或者实用新型的实施的，国务院专利行政部门根据后一专利权人的申请，可以给予实施前一发明或者实用新型的强制许可；也可以根据前一专利权人的申请，给予实施后一发明或者实用新型的强制许可。在给予这种强制许可时，一定要严格把握两个要件：一是要求给予强制实施许可的专利发明创造必须比另一发明创造具有显著经济意义的重大进步；二是要求给予强制实施许可的专利发明创造与另一专利发明创造的实施相互具有依赖性，不实施另一专利发明创造就无法进行实施。

（二）专利权相对化的程序

申请强制实施许可的单位或者个人，应当提出未能以合理条件与专利权人签订实施许可合同的证明。国务院专利行政部门作出的给予实施强制许可的决定，应当及时通知专利权人，并予以登记和公告。给予实施强制许可的决定，应当根据强制许可的理由规定实施的范围和时间。强制许可的理由消除并不再发生时，国务院专利行政部门应当根据专利权人的请求，经审查后作出终止实施强制许可的决定。

（三）专利权相对化的限制

强制实施许可不是免费许可，更不是自由利用，取得实施强制许可的单位或者个人不享有独占的实施权，并且无权允许他人实施，但可以通过合并或者继承等方式而发生转移。取得实施强制许可的单位或者个人应当付给专利权人合理的使用费，具体数额由双方协商确定；双方不能达成协议的，由国务院专利行政部门裁决。

（四）专利权相对化的司法救济

按照专利法第 55 条的规定，专利权人对国务院专利行政部门关于实施强制许可的决定不服的，专利权人和取得实施强制许可的单位或者个人对国务院专利行政部门关于实施强制许可的使用费的裁决不服的，可以自收到通知之日起 3 个月内向人民法院起诉。前者为行政诉讼，后者为民事诉讼。

第三章

外观设计的保护——专利法(2)

第一节　外观设计专利制度的趣旨

外观设计专利制度，目的在于鼓励工业品外观设计的创作。对于鼓励工业品外观设计的创作的原因，存在三种观点。一是机能说。机能说认为，外观设计专利制度的着眼点和发明专利法、实用新型专利法一样，都是产品解决某一技术问题的机能。二是审美说。审美说认为，外观设计和作品一样，重在解决产品具有欣赏价值的美的外观。三是需要说。需要说认为，外观设计意在通过产品的外观设计引起的美感从而激发购买者的购买欲望。机能说将产品的外观设计和解决某一技术问题的技术方案等同了起来，混淆了外观设计和发明、实用新型的界限，因此不可取。审美说则将外观设计和纯粹的美术作品等同起来，使其脱离了产品的依附媒介，因此也不可取。需要说将美感与产品的外观设计结合在一起，注重的是产品的外观设计引起的美感以及这种美感和购买者购买欲望之间的关系，克服了机能说和审美说存在的缺点，因此是比较可取的观点。

从世界各国专利法的规定看，申请专利的外观设计应当同申请日之前在国内外公开出版物上发表过或者使用过的外观设计不相同和不相近似，虽然这种要求目的在于保证申请专利的外观设计的非显而易见性，但不相同和不相近似的要求客观也可以起到防止混同的后果。从这个意义上来说，外观设计专利制度具有和商标制度一样的功能。但相比注册商标而言，获得外观设计专利的要求更高，需要具备新颖性、非显而易见性、实用性。可以说，外观设计专利制度是介于专利和商标之间的一种非常特有而生动的制度。

第二节　获得外观设计专利权的要件

一、外观设计专利权保护的客体

(一) 外观设计

按照专利法实施细则第 2 条第 3 款的规定，所谓外观设计，是指对产品的形状、图案或其结合以及色彩与形状、图案的结合所作出的富有美感并适于工业应用的新设计。最简单地说，外观设计就是对产品美的外观所作出的设计。据此，作为专利法保护对象的外观设计必须具备以下几个要件：

1. 必须是对产品所作出的设计。产品一般应当为动产。不动产，除了土地上少数附着物，比如电线杆、电话亭、铁塔等以外，一般不能申请外观设计专利权。但是有的国家（比如日本），道路和桥梁也可以具有外观设计的观念，因此可以申请外观设计专利权。不过对于土地而言，不论在哪种情况下都不能申请外观设计专利。组合家具虽然缺乏灵活性，但由于在销售时仍然可以移动，因此也可以申请外观设计专利权。

产品不但一般应当为动产，而且一般应当为有体物。印刷用的字体、游戏形象等无体物不能申请外观设计专利。产品不但必须是有体物，而且必须具备特定的形状。液体、粉状物、颗粒状物等产品虽然可以申请专利权，但是不能申请外观设计专利权。

2. 必须是对产品的形状、图案或者形状与图案的结合所作出的设计，或者是色彩与形状、图案的结合所作出的设计。形状、图案、色彩或其结合必须是产品本身具有的形状、图案或者色彩。烟花爆炸后产生的形状、图案、色彩，喷水池喷出的水柱形状等虽然具有形状、图案、色彩，但都不能申请外观设计专利权。纸箱中折叠的几块手绢形成的形状，不是手绢本身所具有的形状，虽然可以通过反不正当竞争法进行保护，但是也不能申请外观设计专利权。

日本 2006 年 4 月参议院已经通过修改外观设计法的修正案，该修正案于 2007 年 4 月 1 日开始施行。按照修正后的外观设计法第 2 条第 2 款的规定，用来进行产品操作的画面设计也可以作为部分外观设计受到保护。具体来说，数码照相机设定的操作画面和录像机设定的操作画面以及可以连续放映的机器中的操作画面都可以作为部分外观设计受到保护。但是，这些画面作为部分外观设计保护时，只限于产品机能发挥之前的画面，在产品机能发挥后的画面不受保护。据此，游戏机的内容画面、一般计算机里所安装的应用画面、通过互联网表示的画面由于是产品发挥机能后的画面，都不受保护。

这种修正实质上是像欧洲共同体外观设计规则一样，将外观设计法的保护对象扩大到了无体物的保护范围内。由于这种保护很可能使整个计算机软件面临侵权的危险，因此在修正的时候遭到了业界的反对，但是日本参议院并没有采纳业界的意见。

3. 必须是通过视觉能够感知的设计。外观设计专利制度的功能，主要是为了刺激需要者的购买欲。而能够提高消费者的购买欲望的外观设计，应当是用肉眼能够看得见的外观设计。只能用显微镜才能分辨的外观设计，除非其用途必须使用显微镜之外，不能申请外观设计专利。比如，集成电路布图设计。产品的内部构造如果和产品紧密结合不可分离，不能独立进行交易，由于包括生产者和销售者在内的最终消费者用肉眼从外面看不见，无法刺激需要者的购买欲，虽然有可能通过不正当竞争防止法的酷似性模仿来保护，但不能申请外观设计专利。零部件等可以单独进行交易的产品，虽然最终消费者看不见，但由于可以吸引生产者和销售者等中间需要者，其外观设计也应当可以通过外观设计法进行保护。

关于外观设计的视觉性问题，在日本也有学者认为，虽然用肉眼无法直接感知，但是按照商业惯例通过放大镜、显微镜能够观察到的产品的外观，比如钻石、发光二极管等，也应当作为例外，准许申请外观设计权。从日本特许厅批准的外观设计专利看，曾经授予过极其微小的发光二极管外观设计权。比如登记号为 677492 的二极管外观设计，高仅为 1.2 毫米、宽仅为 1.27 毫米、长仅为 3.2 毫米。登记号为 998189 的外观设计及其类似外观设计，长和宽都仅为 0.5 毫米。登记号为 998190 的外观设计，长和宽都仅为 0.5 毫米。[①] 总的来看，对于外观设计所需要的视觉性应当根据具体产品的具体外观以及商业惯例来进行判断。

4. 必须是能够引起美感的设计。外观设计之所以需要具备这个特征，一是因为外观设计的功能主要在于刺激需要者的眼球，提升其购买欲望；二是为了区分外观设计制度保护的产品形状和实用新型专利制度保护的产品形状、构造。不能引起人任何美感、只是具有功能作用的形状或者构造，虽可以申请实用新型专利权，但不能申请外观设计专利权。但要指出的是，在有些情况下，尽管某产品的外观设计能够引起需要者的美感，如果该设计属于确保产品机能不可缺少的，也不能属于外观设计专利权。

(二) 不能授予外观设计专利权的客体

按照我国《专利审查指南》的规定，如下客体不授予外观设计专利权：

1. 取决于特定地理条件、不能重复再现的固定建筑物、桥梁等。例如，包括特定山水在内的"山水别墅"。

---

① 参见〔日〕藤本升：《外观设计法上的视觉性》，载《外观设计法及其周边的现代课题》，33～34页，日本，社团法人发明协会，2005。

2. 因其包含有气体、液体及粉末状等无固定形状的物质而导致其形状、图案、色彩不固定的产品。

3. 产品的不能分割、不能单独出售或者使用的局部或部分设计。例如袜跟、帽檐、杯把、棋子等。

4. 对于由多个不同特定形状或图案的构件组成的产品，如果构件本身不能成为具有独立使用价值的产品，则该构件不属于外观设计专利保护的客体。例如，对于一组由不同形状的插接块组成的拼图玩具，只有将所有插接块共同作为一项外观设计申请时，才属于外观设计专利保护的客体。

5. 不能作用于视觉或者肉眼难以确定，需要借助特定的工具才能分辨其形状、图案、色彩的产品。例如，其图案是在紫外灯照射下才能显现的产品。

6. 要求保护的外观设计不是产品本身常规的形态。例如手帕扎成动物形态的外观设计。

7. 以自然物原有形状、图案、色彩作为主体的设计。

8. 纯属美术范畴的作品。

9. 仅以在其产品所属领域内司空见惯的几何形状和图案构成的外观设计。

10. 文字和数字的字音、字义不属于外观设计保护的内容。

11. 产品通电后显示的图案。例如，电子表表盘显示的图案、手机显示屏上显示的图案、软件界面等。

由上可见，在我国现行专利法体制下，尚不保护部分外观设计和数字化外观设计。

二、授予外观设计专利权的实质性要件

符合上述基本要件的外观设计，要想获得专利权，还必须符合专利法第23条规定的实质性要件，即应当同申请日以前在国内外出版物上公开发表过或者国内公开使用过的外观设计不相同和不相近似，并不得与他人在先取得的合法权利相冲突。结合专利法实施细则第2条第3款的规定，授予外观设计专利权需要具备如下实质性要件：

（一）新颖性

新颖性是指申请专利权的外观设计，应当同申请日以前在国内外出版物上公开发表过或者国内公开使用过的外观设计不相同和不相近似。可见，对于外观设计的新颖性，如果是出版物公开，我国专利法采取的是世界新颖性的标准；如果是使用公开，采取的则是国内新颖性的标准。不相同和不相近似涉及以下问题：

1. 判断客体。即在判断外观设计是否相同或者相近似时进行比较的对象。在确定判断客体的类型时，应当根据外观设计的图片、照片、产品进行确定；对于被比较的外观设计，还应当根据简要说明中是否有"请求保护的外观设计包含有色彩"

(即要求限定色彩)、"平面产品中单元图案二方连续或者四方连续等无限定边界的情况"(简称为不限定边界)等内容加以确定。

2. 判断主体。在判断外观设计是否相同或者相近似时,应当以外观设计产品的一般需要者的一般注意力是否容易混淆为判断标准。一般需要者在购买被比外观设计产品时,仅以被比外观设计产品具有的要素作为辨认是否为同一产品的因素,不会注意和分辨其他产品包含的其他要素,不会注意和分辨产品的大小、材料、功能、技术性能和内部结构等因素。设计的构思方法、设计者的观念以及产品的图案中所使用的题材和文字的含义都不是一般消费者所考虑的因素。

3. 判断原则。如果一般需要者在试图购买被比外观设计产品时,在只能凭其购买和使用所留印象而不能见到被比外观设计的情况下,会将在先设计误认为是被比外观设计,即产生混同,则被比外观设计与在先设计相同或者与在先设计相近似;否则,两者既不相同,也不相近似。应当注意的是,在判断被比外观设计是否与在先设计相同或者相近似时,应当根据被比外观设计的类型确定所采用的在先设计,进行相同以及相近似性的判断。

4. 判断方式。(1)按一般需要者水平判断。专利审查人员要从一般需要者的角度进行判断,而不是从专业设计人员或者专家等的角度进行判断。(2)单独对比。在相同和相近似性判断中,一般只能用一项在先设计与被比外观设计进行单独对比,而不能将两项或者两项以上在先设计结合起来与被比外观设计进行对比。被比外观设计是由只能组装在一起使用的至少两个构件构成的产品的外观设计的,可以将与其构件数量相对应的组装使用过的构件的外观结合起来作为一项在先设计与被比外观设计进行对比。(3)直接观察。在对外观设计进行相同和相近似性判断时,应当通过视觉进行直接观察,不能借助放大镜、显微镜、化学分析等其他工具或者手段进行比较,即不能由视觉直接分辨的部分或要素不能作为判断的依据。(4)隔离对比。隔离对比的方法就是不得将两种产品并列放在一起进行比较,而是按一般需要者在观察时间上、空间上有一定间隔的方式进行比较,如产生混同就应认为是相同或相近似的外观设计。(5)仅以产品的外观作为判断的对象。对于外表使用透明材料的产品而言,通过人的视觉能观察到的其透明部分以内的形状、图案和色彩,应视为该产品的外观设计的一部分。对于插接件和插接组件玩具产品而言,在购买和插接这种产品的过程中,一般消费者会对单个的插接件及插接组件的构件的外观留下印象,所以,应当以插接件的外观或者插接组件的所有单个构件的外观为对象,而不是以插接后的整体的形态为对象来判断相同和相近似性。插接组件玩具产品的外观设计属于一种产品的一项外观设计,其外观设计是指全部组件的外观设计,插接组件中的每个构件的外观仅被认为是插接组件外观设计的一部分。(6)综合观察。经过对产品进行整体观察,仍难以确定该产品中容易引起一般消费者注意的部位的,对其外观设计可以使用综合判断的方式进行相同和相近似性判断。

5. 判断基准。（1）外观设计相同性的判断。外观设计相同是指被比外观设计与在先设计是同一种类的产品的外观设计，并且被比外观设计的全部外观设计要素与在先设计的相应要素相同，其中外观设计要素是指形状、图案以及色彩。同一种类的产品是指具有相同用途的产品。产品种类不同的，即使其外观设计的三要素相同，也不应认为是外观设计相同。（2）外观设计相近似。只有对于相同或者相近种类的产品，才可能存在外观设计相近似的情况。所谓相近种类的产品是指用途相近的产品。如果被比外观设计和在先设计的相应要素相似，则属于近似的外观设计。（3）外观设计不相近似。对于产品种类不相同也不相近的外观设计而言，不再进行被比外观设计与在先设计的比较和判断，即可认定被比外观设计与在先设计不相近似。（4）形状相近似性的判断。就产品的几何形状而言，圆形和三角形、四边形相比其形状有较大差异，不能定为相近似；就处于变化状态的产品而言，对于在先设计，所述产品的不同的外观均可用作与被比外观设计进行比较的对象。对于被比外观设计而言，应当以其使用状态的外观作为与在先设计进行比较的对象，产品的相同和相近似性取决于产品使用状态的外观设计的相同和相近似性；对于包装盒这类产品，应当以其使用状态下的形状来作为判断相近似性的依据。（5）图案相近似性的判断。图案变换包括题材、构图方法、表现方式及花样大小几个因素的改变，色彩的改变也可能使图案改变；题材相同，而其构图方法、表现方式、花样大小不相同的，也会使图案不相近似，从而使外观设计不相近似。（6）色彩相近似性的判断。对色彩是否相同、相近似的判断要根据颜色的色相、纯度和明度三个属性以及两种以上颜色的组合、搭配进行综合判断。色相包括赤、橙、黄、绿、青、蓝、紫及其组合；纯度指鲜艳程度；明度指明暗情况，也即亮度。

（二）实用性

申请专利权的外观设计，应当是适合于工业应用的新设计。所谓适合于工业上应用的新设计，是指外观设计能够利用工业的方法反复进行具有同一外形的产品的批量生产。那种单纯依靠生物自身繁殖的生产，不是利用工业方法进行的批量生产。这里所讲的工业包括农业、商业、矿业等其他行业，是一个含义广泛的概念。

由于实用性要求能够进行批量生产，因此，只能利用自然条件进行加工处理的独一无二的产品，本身不能作为申请专利权的外观设计。但是，绘画、雕刻、工艺美术品等，虽然本身不能作为外观设计申请专利，但是其复制物却能够批量进行生产，因此只要其复制物符合外观设计所说的产品，就可以申请外观设计专利权。比如壁画、彩碟、插花盆，等等，都可以申请外观设计专利权。

（三）不和他人在先取得的合法权利相冲突

按照2001年我国最高人民法院发布的关于审理专利纠纷案件适用法律问题的若干规定第16条规定，他人在先取得的合法权利包括商标权、著作权、企业名称权、肖像权、知名商品特有包装或者装潢使用权等。申请专利权的外观设计不能侵害这些权利，否则不能授予外观设计专利权。

从立法论的角度而言，我国专利法关于申请专利权的外观设计的实质要件的规定，至少存在以下四个方面的问题：

1. 没有规定抵触申请对于申请专利权的外观设计新颖性的影响。抵触申请是指申请日以前由他人就相同的发明创造向国务院专利行政部门提出并且记载在申请日以后公布的专利申请文件中的申请。按照专利法第22条第2款的规定，抵触申请将使在后相同的发明或者实用新型专利申请丧失新颖性，从而确保申请专利权的发明创造的绝对新颖性。外观设计虽不着眼于产品的机能，但因专利权效力的强大，为了不给他人行动过大的干涉，有必要向发明和实用新型一样，规定抵触申请存在对申请专利的外观设计新颖性的影响，否则将难以保证申请专利的外观设计在设计方面的先进性，并且会引发诸多重复授权的现象。

2. 没有规定申请专利的外观设计应该具备的创造性。为了促进外观设计创作能力的提高，减轻国家专利局审查的负担，在外观设计创作条件已经大为改善、人们创作能力已经普遍提高的形势下，完全有必要规定申请专利的外观设计应该不同于现有设计的明显区别性要求，即创造性。创造性又称为非显而易见性，是指申请专利的外观设计对于所属领域具有普通水平的设计人员而言，与现有设计相比或者与现有设计特征的组合相比，不是通过简单劳动而必须是通过创造性劳动才能够创作出来的形状、图案及其结合，或者色彩与形状、图案的结合。在申请日之前，所属领域具有普通水平的设计人员根据国内外公知的形状、图案及其结合，或者色彩与形状、图案的结合，通过简单劳动就可以完成的下列外观设计缺乏创造性，不能授予专利权：

(1) 简单置换的外观设计。只是以极为简单的手段置换公知外观设计中特定要素的外观设计，缺少创造力，不能授予专利权。比如，在一个建筑用的栅栏的外观设计专利申请中，申请人仅仅用猫的模样置换了公知外观设计中的花朵，创作极为容易，因此不能被授予外观设计权。

(2) 简单拼凑的外观设计。指将几个公知外观设计简单地拼凑在一起的外观设计。比如将衣服挂钩上的夹子简单的连接在一起的外观设计。

(3) 只是简单改变外观设计构成要素位置关系的外观设计。比如改变上下位置、左右位置、前后位置。

(4) 只是简单增减公知外观设计的数量或者大小的外观设计。比如在一个有关旋转警示灯的外观设计申请中，申请人只是简单地将公知外观设计正面图和左侧面图中的警示灯的个数分别由2个增加到6个，创作极为容易，因此不能获得外观设计权。

(5) 以自然物或者公知的著作物、建筑物的全部或者一部分的形状、图案等作为外观设计，并且以极为普通的手法表现产品的外观设计。

（6）商业上惯用的转用外观设计。

3. 没有规定确保产品机能不可缺少的形状不能申请外观设计专利权的例外。虽然具备新颖性、创造性和实用性，但如果属于确保产品机能不可缺少的形状，比如轮胎的形状，由于会给他人行动造成过大的妨害，因此不能被授予专利权。

4. 将他人在先权利作为阻止申请外观设计专利权的事由并不合适。由于商标权、著作权、企业名称权、肖像权、知名商品特有包装或者装潢使用权等在先权利和外观设计专利申请之间并不存在先后申请的关系，因此，外观设计专利申请的审查员难以判断申请专利的外观设计和这些在先权利之间是否存在冲突关系，而且判断申请专利的外观设计是否和在先权利冲突也不是专利审查员的特长，而是法官的特长，因此将他人在先权利作为阻止申请外观设计专利权的事由并不合适，只是徒增审查员的负担。根据有些国家的立法经验，和他人在先权利相冲突的外观设计仍然可以授予专利权，只是专利权不能行使罢了。

事实上，我国《专利审查指南》第二部分第三章规定，以授予专利权的外观设计与他人在先取得的合法权利相冲突为理由请求宣告外观设计专利权无效的，请求人有责任提供能够证明外观设计专利权与在先的商标权、著作权等在先权利相冲突的生效的处理决定或者判决。从这里可以看出，负责专利无效宣告的专利复审委员会根本没有主动审查授予专利权的外观设计是否与他人在先取得的合法权利相冲突的义务，这也从一个侧面证明了将他人在先权利作为申请外观设计专利权的事由并不合适。

以上几个问题，有待于专利法第三次修改时加以解决。要指出的是，专利法修正草案送审稿第23条已经部分解决了上述问题，并且对新颖性的判断采取了世界新颖性标准。该送审稿第23条第1款规定，授予专利权的外观设计，应当不属于现有设计，也没有同样的外观设计由他人在申请日以前向国务院专利行政部门提出过申请并且记载在申请日以后公布的专利文件中，并且对于所属领域的设计人员而言，与现有设计相比或者与现有设计特征的组合相比有明显区别。第3款进一步规定，本法所称现有设计，是指申请日以前在国内外通过在出版物上公开发表、公开使用或者其他方式为公众所知的设计。但该草案最后是否能够获得通过，尚需等待。

第三节 特殊外观设计制度

一、组合物外观设计

我国专利法没有独立规定组合物外观设计制度，只是在规定专利申请的单一性原则时，在第31条第2款进行了附属性的规定，其内容为：一件外观设计专利申请应当限于一种产品所使用的一项外观设计。用于同一类别并且成套出售或者使用的产品的两项以上的外观设计，可以作为一件申请提出。根据我国《专利审查指南》第一部分第三章的规定，能够合案申请的外观设计应当同时满足四个构成要件。

1. 构成成套产品。所谓成套产品的外观设计，是指两项以上外观设计的产品属于国际外观设计分类表中的同一小类。例如，餐用盘、碟、杯、碗，烹调用的锅、盆，餐刀、餐叉，都属于07类（其他类未列入的家用品），但餐用盘、碟、杯、碗属于07—01小类，锅、盆属于07—02小类，餐刀、餐叉属于07—03小类，因此锅、碗、餐刀不属于同一小类产品，不能合案申请。碗、碟属于同一小类产品，满足可以合案申请的同一类别的要求。

2. 除了属于同一小类外，能够合案申请的外观设计，还必须满足成套出售或者使用的要求。成套出售或者使用的产品为成套产品，成套产品是指由两件以上各自独立的产品组成，其中每一件产品有独立的使用价值，而各件产品组合在一起又能体现出其组合使用价值的产品，例如由咖啡杯、咖啡壶、牛奶壶和糖罐组成的咖啡器具。由数件产品组合为一体的产品，其中每一件单独的构成部分没有独立的使用价值，组合成一体时才能使用的产品为组件产品，例如扑克牌、积木、插接组件玩具等，这些产品应当视为一件产品，只能作为一件申请提出，不属于成套产品。所谓同时出售是指外观设计产品习惯上同时出售，例如由床罩、床单和枕套等组成的多件套床上用品。为促销而随意搭配出售的产品，例如书包和铅笔盒，虽然在销售书包时赠送铅笔盒，但是这不应认为是习惯上同时出售，不能作为成套产品提出申请。所谓同时使用，是指产品习惯上同时使用，也就是说，使用其中一件产品时，会产生使用联想，从而想到另一件或另几件产品的存在，而不是指在同一时刻同时使用这几件产品。例如咖啡器具中的咖啡杯、糖罐、牛奶壶等。

3. 各产品的设计构思相同。设计构思相同，是指各产品的设计风格是统一的，即对各产品的形状、图案或者其结合以及色彩与形状、图案的结合所作出的设计是统一的。（1）形状的统一，是指各个构成产品都以同一种特定的造型为特征，或者各构成产品之间以特定的造型构成组合关系。形状的统一，并不是指构成组合物的各个产品的具体形象必须完全一模一样。比如刀子、叉子、勺子，虽然具体的形象不同，却可以按照统一的形状进行设计。（2）图案的统一，是指各产品上图案设计的题材、构图、表现形式等方面应当统一。若其中有一方面不同，则认为图案不统一，例如咖啡壶上的设计以兰花图案为设计题材，而咖啡杯上的设计图案为熊猫，由于图案所选设计题材不同，则认为图案不统一，不符合统一和谐的原则，因此不能作为成套产品合案申请。（3）对于色彩的统一，不能单独考虑，应当与各产品的形状、图案综合考虑。当各产品的形状、图案符合统一协调的原则时，在简要说明中没有"请求保护的外观设计包含色彩"的情况下，设计构思相同；在简要说明中有"请求保护的外观设计包含色彩"时，如果产品的色彩风格一致则设计构思相同；如果各产品的色彩变化较大，破坏了整体的和谐，不能作为成套产品合案申请。

4. 构成成套产品的各产品必须分别具备授权条件。成套产品外观设计专利申请除了应当满足上述一般条件以外，构成成套产品的每一件产品都必须分别具备授权条件；其中一件产品不具备授权条件的，除非删除该件产品的外观设计，否则该专利申请不具备授权条件。但如果其中单个产品符合申请要件，可以作为一个或者两个以上的独立外观设计提出分案申请。

由于组合物外观设计是一个完整而不可分割的整体，因此其效力也只及于组合物全体。对组合物组成部分外观设计产品的生产，不会构成组合物外观设计专利权的侵害。要想使组合物各个组成部分的外观设计受到保护，应当对每个组成部分的产品申请外观设计专利。

二、部分外观设计

我国专利法没有规定部分外观设计制度，为了开阔视野，下面简要介绍一下日本意匠法关于部分外观设计的规定。

部分外观设计制度是日本 1998 年修改意匠法时在第 2 条第 1 款括号里导入的新制度，目的在于保护产品某个部分的外观设计。导入的主要原因在于自昭和 34 年（1959 年）以来，日本的外观设计开发活动已经相当成熟，在产品整体外观设计之外，大量的部分外观设计开发活动也已经出现，并且在刺激消费者的购买欲方面发挥着越来越重大的作用，所以有加以保护的必要。

（一）部分外观设计的含义

所谓部分外观设计，按照日本外观设计法第 2 条第 1 款的规定，是指对产品某个部分的形状、图案、色彩或者其结合所做出的通过视觉能够引起美感的设计。但是，第 8 条规定的组合物外观设计除外。在日本常见的部分外观设计有咖啡杯的把手、帽子的帽檐、手表上的对角图案、T 恤衫上的图案、剪刀上的把手、手机上的按键，等等。

所谓产品的部分，是指本身不能成为交易对象的产品的某个部分。零部件作为产品的一部分，如果和成品构成一个不可分割的整体、本身不能独立成为交易的对象时，不是产品，但是可以作为成品的一个部分，成立部分外观设计。如果零部件可以和整体分离、能够独立成为交易的对象时，也应当是产品，本身可以存在整体外观设计。可见，在这种情况下，部分外观设计如果和成品分离，则成为独立的零部件外观设计。

组合物不能申请部分外观设计。原因在于，组合物外观设计的价值在于其组合成整体时给人的美感。[①] 不过，有的日本学者认为，组合物和其他一般产品并没有本质差别，因此构成组合物的两个以上的产品的外观设计，如果符合申请要件，也应

---

① 参见 1997 年 11 月 20 日日本工业所有权审议会外观设计小委员会报告书。

该可以成立部分外观设计。[①]

（二）部分外观设计申请外观设计权的要件

部分外观设计申请外观设计权，也必须具备一般外观设计申请外观设计专利权的要件。即新颖性、创作非容易性、工业上利用的可能性，不存在扩大先申请，符合一外观设计一申请原则，符合先申请原则，以及不存在不授予外观设计的事由。

但是，一外观设计一申请的原则在应用到部分外观设计时具有一些特殊性。为了刺激消费者的购买欲望，部分外观设计申请者常常将形状相同的设计形态放置在产品的不同位置提出申请，在这种情况下，是否还符合一外观设计一申请的原则呢？按照日本特许厅处理的部分外观设计申请实务，尽管相同形状的设计形态放置在产品的几个不同地方，只要是在交易时作为一个整体对消费者发挥美感作用，仍然应当作为一个部分外观设计对待。最典型的是手机的按键、剪刀的两个把手、衬衫上的几个相同形状的图案（比如三角形、五角形等）。

按照日本现行外观设计法第3条之2的规定，就产品全体外观设计提出申请后，不得再就该产品的某个部分提出部分外观设计申请。但是为了强化模仿品对策，日本2006年修改于2007年4月1日施行的意匠法对此种限制作出了修正。按照修正后的外观设计法第3条之2的规定，即使后申请的零部件外观设计或者部分外观设计和先申请外观设计的一部分相同或者类似，在登载先申请外观设计的外观设计公报发行前，如果是由同一个人提出申请的话，在后零部件外观设计申请或者部分外观设计申请应当允许。

（三）部分外观设计类似性的认定

部分外观设计类似性的判断，在日本存在两种学说，即独立说和要部说。独立说认为，只要使用了外观设计权人主张权利的部分，不管使用在相同或者类似产品的什么部位，就应当认定为属于和登记外观设计类似的外观设计。[②] 要部说则认为，类似外观设计的认定应当以申请书中公开的外观设计为基点进行判断。如果某外观设计使用的位置、大小和公开的部分外观设计申请中所记载的图面不一致的话，则不应当判断为类似外观设计。[③] 要部说是主流学说，日本裁判所也基本上坚持要部说。

和一般外观设计一样，部分外观设计的认定，通常也必须通过申请书中记载的外观设计使用的产品、外观设计说明、外观设计所使用的产品的说明，以及申请书

---

① 参见［日］加藤恒久：《改正外观设计法概观》，30页，1999。

② 参见［日］佐藤惠太：《部分外观设计的权利范围》，载《知识产权与现代社会》，693页，日本，信山社。

③ 参见［日］吉原省三：《部分外观设计的问题点》，载《知识产权与现代社会》，117页，日本，信山社；［日］加藤恒久：《部分外观设计论》，228页，日本，尚学社；［日］田村善之：《知识产权法》，3版，334页，日本，有斐阁，2003。

所添附的图面的记载（包括部分以外的部分的记载）来把握。但是，和一般外观设计认定不同的是，在认定部分外观设计时，外观设计申请书所添附的申请外观设计权的部分外观设计以外的部分也必须作为判断的依据，因为从中可以看出部分外观设计在整个产品中的位置、大小、比率等关系。即使对比外观设计和部分外观设计相同或者类似，但位置、大小如果显著不同的话，也应当判断为非类似外观设计。同时，为了认定部分外观设计，申请人在申请时必须用实线明确标明部分外观设计所在的位置，用虚线明确标明产品的其他部分。

部分外观设计是否类似的判断，和一般外观设计是否类似的判断一样，也应当以需要者作为判断主体，看部分外观设计给人的美感是否相同。但是，由于部分外观设计存在申请外观设计权的部分和不申请外观设计权的其他部分的区别，因此判断稍微有些不同。一般来说，即使不申请部分外观设计权的部分不同，只要申请外观设计权的部分相同或者类似，也应当作为类似的部分外观设计对待。

关于部分外观设计和整体外观设计之间的关系问题，按照日本特许厅的运用基准，部分外观设计（包括成品部分外观设计和零部件的部分外观设计）和整体外观设计（包括成品的整体外观设计和零部件的整体外观设计）之间，不存在产品类似性的关系，因此部分外观设计和整体外观设计之间，不管事实上形成了怎样的利用关系，也不构成类似关系。[①]

部分外观设计和零部件外观设计很容易混淆，而且可以重合，但是二者并不是一回事。以自行车和自行车的把手为例，它们之间至少存在下列区别：

1. 部分外观设计使用的产品是自行车，而零部件外观设计使用的产品是自行车的把手。因此在部分外观设计的情况下，制造包含部分外观设计的自行车的行为将构成部分外观设计权侵害，而且这种侵害及于整个自行车。而在零部件外观设计的情况下，生产包含车把手的自行车的行为虽然构成对零部件外观设计的侵害，但是这种侵害只及于车把手，而不及于自行车本身。

2. 在部分外观设计的情况下，差止请求的对象为自行车全体。而在零部件外观设计的情况下，差止请求的对象为自行车把手。

3. 从损害赔偿的角度看，在部分外观设计的情况下，应当以自行车的全体价格来计算损害赔偿额。而在零部件外观设计的情况下，只考虑把手本身的价格。不管在哪种情况下，计算损害赔偿数额时，都要考虑部分外观设计和零部件外观设计对于整个自行车的贡献，因此最终计算的损害赔偿额往往趋于相同。

三、秘密外观设计

我国专利法没有规定秘密外观设计制度。因此也以日本意匠法的规定为例加以说明。

---

① 参见［日］加藤恒久：《改正外观设计法概观》，47页，1999。

秘密外观设计制度是 1998 年日本修改意匠法之前就有的制度。日本之所以设计了这个制度，主要是因为外观设计非常容易模仿。按照日本现行意匠法第 14 条的规定，秘密外观设计制度是指申请人从外观设计权设定登记（批准授权）之日起 3 年以内，可以请求将其外观设计作为秘密保存的制度。该请求如果被批准，则在设定登记时，只将申请人的姓名或者名称、住所或者居所、申请号码和时间、登记号码和时间等事项在外观设计公报上公布，申请书、照片、仿真模型形状、样品等内容则不予公布。关于具体的保密时间，只要在 3 年以内，可在原申请的基础上申请延长或者缩短。但是，只要申请人指定的保密期间一过，其申请书、照片等保密内容应当立即在外观设计公报上公布。

但是 2006 年修改于 2007 年 4 月 1 日后施行的日本意匠法第 14 条第 2 款延长了秘密外观设计能够提出请求的时间。按照该项规定，在提出外观设计申请时或者缴纳第一年份的注册费用时就可以提出秘密外观设计申请。

秘密外观设计，一般情况下任何第三人不得阅览，除非经过秘密外观设计权人的许可。但是，按照日本意匠法第 14 条第 4 款的规定，秘密外观设计的保护并不是绝对的，在和秘密外观设计同一或者类似的外观设计的审查、准司法审查、再审以及诉讼过程中，如果当事人或者参加人提出请求，或者裁判所提出请求，或者其他利害关系人提出请求，特许厅应当向这些人开示秘密外观设计的保密内容。当然，这些人员看过后负有保密义务。

按照日本意匠法第 37 条第 3 款和第 40 条但书的规定，秘密外观设计将产生下列法律后果：

1. 由于第三者无法知道秘密外观设计的内容，因此外观设计权人或者专用实施权人在主张权利的时候，必须将申请书、照片、仿真模型形状、样品等内容以及获得特许厅许可的证明等材料向相对人提示并且进行警告后，才能行使差止请求权。

2. 对于第三人的侵权行为不适用过错推定规则。也就是说，秘密外观设计权人不但要进行提示和警告，而且必须证明侵权行为人主观上存在过错时，才能行使差止请求权。

上述法律后果只在外观设计保密期间才发生，一旦秘密指定期间经过，就不再适用。

由于日本不正当竞争防止法第 2 条第 1 款第 3 项规定了商品形态的酷似性模仿，外观设计的保密没有太大的必要，因此实际的利用率很低。目前，主要是汽车制造者利用该制度来暂时保护新款车的外观设计。[①]

---

① 我国专利法没有规定秘密外观设计制度，关于秘密外观设计制度，是否能够真正起到保护设计者的作用，还有待于观察。因为只要设计者的产品投放市场，不管是否公开权利要求书和图面，他人一样可以对其设计进行完全的解构。

四、关联外观设计

我国专利法也没有规定关联外观设计制度。仍以日本意匠法的规定为例加以说明。

关联外观设计制度在 1959 年的意匠法就有设定，1998 年日本在修改意匠法时进一步完善了该制度。关联外观设计制度主要是为了弥补一外观设计一申请原则存在的缺陷而设计的制度。按照日本意匠法第 9 条第 2 款规定的一外观设计一申请的原则，如果一申请中包含两个以上的外观设计，申请将被驳回。这不利于基于一个创作观念同时创作的类似外观设计的保护，而关联外观设计制度恰好可以弥补这一制度的不足。

(一) 关联外观设计的构成要件

所谓关联外观设计，就是和本外观设计类似的外观设计。具体说来，按照日本意匠法第 10 条的规定，构成关联外观设计必须具备下列条件：

1. 必须和本外观设计同日申请。所谓本外观设计，是申请人任意选择的外观设计，和该外观设计类似的外观设计就构成关联外观设计。关联外观设计必须和本外观设计同日提出申请。和本外观设计不同日提出申请的，或者构成在后申请，或者由于丧失新颖性，不能获得外观设计权。

但是按照日本 2006 年修改于 2007 年 4 月 1 日后施行的意匠法第 10 条第 1 款规定，在登载本外观设计的外观设计公报发行前（在申请秘密外观设计的情况下，在最初的外观设计公报发行前），关联外观设计可以在本外观设计提出申请后再行提出，但是按照第 10 条第 2 款的规定，如果本外观设计设定了专用实施权，则不能再提出关联外观设计申请，除非消除专用实施权的设定。日本之所以做这样的修改，原因在于在实际的外观设计申请中，外观设计申请人为了对付模仿品，往往对最初提出的外观设计加以改变后再提出申请，允许关联外观设计和本外观设计分开申请迎合了市场变化的需要。

2. 必须由同一个申请人提出申请。

3. 必须是和本外观设计类似的 1 个或者 2 个以上的外观设计。关联外观设计，必须全部是和本外观设计类似的外观设计，仅仅和其他关联外观设计类似的外观设计不是关联外观设计，按照日本意匠法第 10 条第 2 款的规定，不能作为关联外观设计提出申请。也就是说，本外观设计和关联外观设计之间，应当是花瓣形的关系，而不是连锁型的关系。① 比如 A＝B＼C＼D 和 A＝B＝C＝D 之间，前者中的 B、C、D 由于都和 A 相似，因此可以作为 A 的关联外观设计同时或者分开提出申请；而后者由于 A 和 B 相似，B 和 C 相似，C 和 D 相似，属于典型的连锁型相似，因此不能

---

① 参见［日］涩谷达纪：《知识产权法讲义二》，293 页，日本，有斐阁，2005。

作为关联外观设计提出申请。在 A＝B＼C＼D 中，正由于 B、C、D 都和 A 相似，才不适用第 9 条的一外观设计一申请原则，而能够作为关联外观设计同时提出申请。

(二) 关联外观设计的法律地位

关联外观设计的法律地位，从日本意匠法的规定看，既有附从本外观设计的一面，也有独立于本外观设计的一面。

按照日本意匠法第 21、22、27 条的规定，关联外观设计的附从性主要表现在以下几个方面：

1. 随本外观设计权的存续期间终了而终了。但例外情形下本外观设计消灭时，关联外观设计继续存在。

2. 本外观设计和关联外观设计不得分开许可或者转让。在设定了专用实施权时，本外观设计和所有关联外观设计必须同时针对一个人设定。而且在本外观设计权由于不缴纳维持费、被宣告无效或者放弃等原因而消灭的情况下，关联外观设计权也不能分开进行许可或者转让，或者在关联外观设计上分别设定专用实施权。

除了上述情况外，关联外观设计和本外观设计一样应当作为独立的外观设计对待。也就是说，和本外观设计一样，申请关联外观设计的实质性要件、先申请的判断、申请费用和维持费用的缴纳、权利的范围、无效宣告请求、放弃等事项，都应当独立进行。[①]

第四节 获得外观设计专利权的手续

为了提高审查的效率，早日实现权利化，我国专利法对实用新型和外观设计专利申请不采申请公开、请求审查的制度，而是实行了形式审查制度，从而使授予的手续大为简化。

一、申请

按照专利法第 27 条的规定，申请外观设计专利的，应当提交请求书以及该外观设计的图片或者照片等文件，并且应当写明使用该外观设计的产品及其所属的类别。专利法实施细则第 27 条进一步规定，申请时提交的图片或者照片，不得小于 3 厘米×8 厘米，并不得大于 15 厘米×22 厘米。同时请求保护色彩的外观设计专利申请，

---

① 关联外观设计制度极大地扩展了外观设计设计者可以申请外观设计权的范围。由于实施成本和消费者偏好等因素，关联外观设计设计者即使申请了关联外观设计，也并不一定会实施。而不实施的话，就会发生外观设计囤积现象，这对于他人的外观设计选择来说将是一个极大的限制。我国专利法是否有必要借鉴关联外观设计制度，尚需进一步讨论。

应当提交彩色图片或者照片一式两份。申请人应当就每件外观设计产品所需要保护的内容提交有关视图或者照片，清楚地显示请求保护的内容。专利法实施细则第 28 条进一步规定，申请外观设计专利的，必要时应当写明对外观设计的简要说明。外观设计的简要说明应当写明使用该外观设计的产品的设计要点、请求保护色彩、省略视图等情况。简要说明不得使用商业性宣传用语，也不能用来说明产品的性能。专利法实施细则第 29 条进一步规定，国务院专利行政部门认为必要时，可以要求外观设计专利申请人提交使用外观设计的产品样品或者模型。样品或者模型的体积不得超过 30 厘米×30 厘米×30 厘米，重量不得超过 15 公斤。易腐、易损或者危险品不得作为样品或者模型提交。

申请外观设计专利，和发明或者实用新型一样，也可以按照专利法第 29 条第 1 款的规定要求国际优先权，和发明或者实用新型优先权不一样的是，外观设计专利申请要求优先权的，应当自外观设计在外国第一次提出专利申请之日起 6 个月内，又在中国就相同主题提出专利申请。

和发明或者实用新型专利申请一样，外观设计专利申请也必须遵守一申请一专利的原则，即一件外观设计专利申请应当限于一种产品所使用的一项外观设计，除非是用于同一类别并且成套出售或者使用的产品的两项以上的外观设计。

申请外观设计专利的，申请人也可以对专利申请文件进行修改，但修改不得超出原图片或者照片表示的范围。

二、审查和授权

由于外观设计专利申请不实行申请公开、请求审查制度，而是采取形式审查制度，因此相对发明专利申请而言，手续要简单得多。按照专利法第 40 条的规定，实用新型和外观设计专利申请经过初步审查没有发现驳回理由的，国务院专利行政部门就应当作出授予实用新型或者外观设计专利权的决定，发给相应的专利证书，同时予以登记和公告。实用新型专利权和外观设计专利权自公告之日起生效。按照专利法实施细则第 44 条的规定，外观设计初步审查的主要内容如下：

1. 外观设计专利申请是否明显属于专利法第 5 条规定的情况（对违反国家法律、社会公德或者妨害社会公共利益的发明创造，不授予专利权）。

2. 外观设计专利申请是否不符合专利法第 18 条规定的情形（在中国没有经常居所或者营业所的外国人、外国企业或者外国其他组织在中国申请专利的，依照其所属国同中国签订的协议或者共同参加的国际条约，或者依照互惠原则，根据本法办理）。

3. 外观设计专利申请是否不符合专利法第 19 条第 1 款规定的情况（在中国没有经常居所或者营业所的外国人、外国企业或者外国其他组织在中国申请专利和办理其他专利事务的，应当委托国务院专利行政部门指定的专利代理机构办理）。

4. 外观设计专利申请是否明显不符合专利法第 31 条第 2 款的规定（一件外观设计专利申请应当限于一种产品所使用的一项外观设计。用于同一种类并且成套出售或者使用的产品的两项以上的外观设计，可以作为一件申请提出）。

5. 外观设计专利申请是否明显不符合专利法第 33 条的规定（对外观设计专利申请文件的修改不得超出原图片或者照片表示的范围）。

6. 外观设计专利申请是否明显不符合专利法实施细则第 2 条第 3 款的规定（专利法所称外观设计，是指对产品的形状、图案或者其结合以及色彩与形状、图案的结合所作出的富有美感并适于工业应用的新设计）。

7. 外观设计专利申请是否明显不符合专利法实施细则第 13 条第 1 款的规定（同样的发明创造只能被授予一项专利）。

8. 外观设计专利申请是否明显不符合专利法实施细则第 43 条第 1 款的规定（分案申请可以保留原申请日，享有优先权的，可以保留优先权日，但是不得超出原申请公开的范围）。

9. 外观设计专利申请是否依照专利法第 9 条规定不能取得专利权（两个以上的申请人分别就同样的发明创造申请专利的，专利权授予最先申请的人）。

关于获得外观设计专利权的其他手续，比如申请文件的修改、分案申请、驳回申请及其救济、无效宣告及其救济，等等，都与发明和实用新型专利申请相同，不再赘述。

第五节　外观设计专利权的保护

一、外观设计专利权的保护范围和保护期限

按照现行专利法第 56 条第 2 款的规定，外观设计专利权的保护范围以表示在图片或者照片中的该外观设计专利产品为准。这与发明或者实用新型专利权的保护范围以其权利要求的内容为准不同。还有一点不同的是，按照现行专利法第 56 条第 1 款的规定，说明书及附图可以用来解释权利要求，而外观设计专利申请的简要说明不能用来解释权利的保护范围。从立法论而言，简要说明可以更加清楚地表明外观设计专利权人要求保护的图片或者照片的边界，因此用来解释图片或者照片是完全可以成立的。

外观设计专利权的保护期限和实用新型专利权的保护期限一样，为 10 年，均自申请日起计算。

二、外观设计专利权的内容及其行使

按照专利法第 11 条第 2 款的规定，外观设计专利权被授予后，任何单位或者个人未经专利权人许可，都不得实施其专利，即不得为生产经营目的制造、销售、进口其外观设计专利产品。从该条可看出，我国现行专利法并没有赋予外观设计权人使用权和许诺销售权。从立法论的角度看，外观设计虽不讲求产品的机能性，但在刺激需要者的购买欲望、促进外观设计的创作、活跃市场方面发挥着发明和实用新型不可比拟的作用，在权利内容方面没有理由厚此薄彼，因此，授予外观设计专利权人使用权和许诺销售权也是非常必要的。

在国家专利局作出授予专利权的决定之前，如果有人实施了已经提出实用新型或者外观设计专利申请的技术方案或者外观设计，实用新型或者外观设计专利申请人是否能够像发明已经公开的发明专利申请人一样，可以要求实施其发明的单位或者个人支付适当的费用？就发明专利申请人而言，由于发明专利申请已经公开，具有了公示效果，他人未经许可实施可以推定其存在过错，因此必须对其过错行为承担损害赔偿责任，发明专利申请人自然有权直接要求行为人承担这种侵害利益的损害赔偿责任。但对于外观设计和实用新型专利申请而言，不实行申请公开和请求审查制度，因此某个外观设计是否已经申请专利并不像发明专利申请那样，在申请阶段就具有公示效果，除非已经授权并且已经登记和公告。在这种情况下，行为人的实施行为就缺乏预见性，因而外观设计或者实用新型专利申请人不能直接请求实施行为人向其支付实施费用，除非向实施行为人已提示专利申请文件，并且发出警告。经过提示和警告，行为人再行实施的话，主观上就有了过错，因而必须对其过错行为承担相应责任，以此为基础，外观设计或者实用新型专利权人也就获得了行使债权性请求权的基础。我国现行专利法并没有作出这方面的规定，这属于立法应该加以解决的问题。

那么，在外观设计或者实用新型专利申请正式被授予专利权之后，外观设计或者实用新型专利权人在行使权利的时候，是否应当提示由国家专利局作出的检索报告并且发出警告呢？关于这个问题，我国专利法第 57 条第 2 款作出了一个含混不清的规定，即涉及实用新型专利的，人民法院或者管理专利工作的部门可以要求专利权人出具由国务院专利行政部门作出的检索报告。之所以说这是一个含混不清的规定是因为，国务院专利行政部门作出的检索报告究竟发挥何种作用不明确。从日本实用新案法第 29 条之 2 的规定来看，对于侵害实用新型专利权的行为，实用新型专利权必须提示由日本特许厅作出的技术评价书并且警告之后，才能提起诉讼，才能提出差止请求和损害赔偿。最高人民法院 2001 年关于审理专利纠纷案件适用法律问题的若干规定吸取了日本的立法经验，第 8 条规定，提起侵犯实用新型专利权诉讼的原告，应当在起诉时出具由国务院专利行政部门作出的检索报告。其理由在于，实用新型专利申请不经过实质审查，因此专利权带有很大的不确定性。而在发生实用新型专利权侵害的时候，被告经常提起专利权无效宣告程序，并要求中止诉讼，大大延长了诉讼的时间，影响了诉讼的效率。而由专利行政部门出具的检索报告虽然只就新颖性和创造性作出检索，但仍然可以作为实用新型专利权有效的初步证据。正是因为如此，司法解释第9条规定，原告出具的检索报告未发现导致实用新型专利权丧失新颖性、创造性的技术文献的，尽管被告在答辩期间内请求宣告该项专利权无效，人民法院也可以不中止诉讼。

从立法论的角度看，外观设计专利申请和实用新型专利申请一样，也不进行实质审查，专利权同样带有很大的不确定性，因此，在发生外观设计专利权被侵害的时候，规定专利权人或者利害关系人出具由国务院专利行政部门作出的检索报告，以作为专利权有效性的初步证据也是必要的。对此，专利法第三次修订草案送审稿第61条第2款已经有所修正。该款规定，专利侵权纠纷涉及实用新型专利或者外观设计专利的，专利权人或者利害关系人应当向人民法院或者专利行政管理部门出具由国务院专利行政部门作出的检索报告。但是，这种修正是不彻底的。原因在于，未能像日本实用新案法那样，从根本上明确检索报告对于行使诉权以及物权性请求权和债权性请求权的影响，这一空白仍然依赖于最高人民法院进行司法解释。

三、外观设计专利侵权的判断

根据外观设计不同于发明和实用新型的特征，侵害外观设计专利权的行为，除了行为人主观上必须具有生产经营目的外，在客观行为表现上，只有在以下四种情况下，才构成外观设计专利权直接侵害行为：外观设计同一、产品同一；外观设计同一、产品类似；外观设计类似、产品同一；外观设计类似、产品类似。可见，外观设计专利侵权的判断方法和注册商标权侵权的判断方法完全相同。

除了上述四种情形外的利用，在其他情况下的利用，比如产品不同而外观设计同一或者类似，或者外观设计不同而产品同一或者类似，都不会构成外观设计专利权的侵害。前一种情况下的利用称之为"实施上的利用外观设计"，后一种情况下的利用称之为"创作上的利用外观设计"。前一种情况，比如将拥有外观设计专利权的自行车把手用作自行车本身的外观设计。后一种情况，比如拥有外观设计专利权的产品是钢笔，外观设计专利为圆柱形，利用者生产的虽然是钢笔，但是外观设计为六角形，因此也不会构成对外观设计专利权的侵害。但是，在"实施上的利用外观设计"的情况下，行为人的行为有可能构成日本不正当竞争防止法上所称的混淆行为或者商品形态酷似性模仿行为。

关于外观设计专利权的其他问题，比如权利限制、侵权的后果、经济利用等，都和发明专利、实用新型专利相同，请参见相关章节，此处不再赘述。

第四章

秘密管理机制的保护——商业秘密的保护

第一节　商业秘密保护制度的趣旨

在市场竞争中，企业所利用的成果主要分为两大类，即技术信息和经营信息。不管哪一类信息，一旦公开，就面临着被竞争者免费利用的危险，进而面临着使自己丧失竞争优势的威胁。当然，就技术信息而言，企业可以申请专利，从而避免被他人免费利用的危险。然而，申请专利不但对技术本身要求很高，程序复杂，而且需要缴纳一系列费用，对专利技术的市场前景也并不存在必然的把握，加上专利保护期限的有限性，许多企业并不愿意利用专利制度保护技术信息，而宁可将技术信息保密起来，以避免专利制度的缺陷，并且达到竞争上的优势。就经营信息而言，由于非利用自然法则所创作的成果，无法申请专利，性质上只能通过保密方式加以保护。但是，由于商业间谍行为的存在，企业要想完全通过自力救济方式保守其商业秘密是非常困难的。为了促进通过秘密方式管理的技术信息和经营信息的开发，通过法律禁止突破秘密管理机制的行为是非常必要的。

当然，即使不进行特别的法律设置，通过公司法中关于董事、高级管理人员在任职期间不得自营或者为他人经营与所任职公司同类的业务的竞业禁止的规定，劳动合同法中关于单位和员工之间可以签订在解除劳动合同后员工 2 年内不得到具有竞争关系的单位工作的竞业禁止协议的规定，以及和员工签订的保护商业秘密的协议，企业也是可以保护自己的商业秘密的。但是，前者限于董事、高级管理人员在职期间的义务，后者限于单位和员工契约关系期间的义务，在董事、高级管理人员退职后，或者基本契约关系解除后，企业将难以保护自己的商业秘密。再者，即使在法定义务或者契约义务期间，也难以控制第三人的商业间谍行为。更为重要的是，虽然民法通则第 5 条规定了公民、法人的合法的民事权益受法律保护，任何组织和个人不得侵犯，但在第五章第三节"知识产权"当中，却没有明确规定公民、法人等应当享有的商业秘密权益，从而使商业秘密权人难以针对侵害行为行使物权性请求权和债权性请求权。基于这些理由，1993 年我国在制定反不正当竞争法时，明确将不正当获得、使用、泄露商业秘密的行为规定为不正当竞争行为，从而导入了通过反不正当竞争法保护商业秘密的制度。

但要指出的是，信息的秘密管理虽然避免了公开信息的危险，却无法达到专利一样的独占效果。在专利制度下，某信息即使公开，他人也不得以生产经营为目的进行利用。也就是说，在专利制度下，信息保有者虽然付出了公开信息的代价，却换取了在一定期限内独占使用该信息的权利，以及阻止他人获得和使用同样信息的权利。而在商业秘密保护制度中，虽然信息的秘密管理在一定程度上和一定时间内使其保有者可以独占利用该信息，却无法阻止他人通过独立的劳动和投资获得和使用同样的信息。可见，专利制度和秘密管理制度各有优缺点。为了最大限度地利用专利制度和秘密管理制度的优点，并且克服各自的缺点，企业的通常做法是将最核心的信息通过商业秘密进行保护，而将非核心信息通过专利进行保护。

第二节　商业秘密的构成要件和保护范围

一、构成要件

按照反不正当竞争法第 10 条第 3 款的规定，商业秘密，是指不为公众所知悉、能为权利人带来经济利益、具有实用性并经权利人采取保密措施的技术信息和经营信息。据此，构成商业秘密必须具备以下几个要件：

（一）非公知性

所谓非公知性，即受商业秘密保护的信息应当是不为公众所知悉的信息。之所以如此，主要存在三个方面的原因：一是某信息如果是公众所知悉的信息，其保有者难以获得市场竞争上的优势，就不存在应该受保护的财产价值。二是一旦将公众知悉的信息作为商业秘密保护，将过分妨害公众利用信息的自由。比如，将公众知悉信息作为商业秘密保护，受保护商业秘密协议约束的员工的择业自由不可避免地会受到侵害。三是将公众知悉信息作为商业秘密保护，会强化不正当竞争，或者过度阻碍正当竞争。公众，是指和商业秘密所使用的产品或者服务可能发生交易关系的不特定多数人，而不是泛指社会一般大众。

所谓不为公众所知悉，是指受商业秘密保护的信息不为其所属领域的相关人员普遍知悉，不能从公开的渠道获得，并且是其保有者通过独立的劳动和投资所获得的，具有某种不同于公知信息的最低限度的区别性特征，相对于竞争者而言，该信息能使其保有者获得竞争上的某种相对优势。能够从公开渠道获得的信息，即使是其保有者通过独立的劳动和投资所获得的，具有不同于公知信息的最低限度的某种区别性特征，对于竞争者而言，该信息也能使其保有者获得竞争上的某种相对优势，但已不是商业秘密，比如已经公开的专利申请中的发明创造信息。不能够从公开渠道获得的信息，如果不是其保有者通过独立的劳动和投资获得的，比如窃取的商业秘密，或者和公知信息相比不存在最低限度的区别性特征，也不是商业秘密。

非公知性强调的是除非通过盗窃、利诱等不正当手段，否则便不能从公开的渠道获得某个技术信息或者经营信息，因而只要某个信息已经可以通过合法手段从公开渠道获得，不管公众是否实际上获得、是否理解某个信息所包含的技术信息或者经营信息，该信息便不再具有非公知性。这是必须特别注意的。

商业秘密的非公知性和申请专利的发明创造所要求的非公知性并不是完全同一的。申请专利的发明创造所要求的非公知性，往往是世界范围内的非公知性，至少也必须是国内范围的非公知性。作为商业秘密表现形式之一的某些创新性技术信息，往往可以达到申请专利的发明创造所要求的非公知性。但是，某些技术信息，即使因为很多人同时在使用而不符合专利法所说的非公知性，也完全可能符合商业秘密的非公知性。比如，某技术方案同时被几家企业通过秘密的方式使用来制造某产品，按照专利法的非公知性要求，该技术方案仍可能被视为现有技术而导致任何一家企业都无法获得专利，但该技术方案却可以成为几家企业各自的商业秘密。至于商业秘密中的经营信息，从根本上不属于可以授予专利权的主题，其公知性相比申请专利的发明创造的非公知性，要求的程度则更加简单。

实践中争议最大的就是客户名单的商业秘密性问题。发生在1999年由浙江省衢州市中级人民法院一审、浙江省高级人民法院二审的浙江华鑫集团有限公司诉衢州司莱弗拉链有限公司、衢县友合日用五金公司、徐发有侵犯商业秘密一案，就是最典型的涉及客户名单是否构成商业秘密的案件。被告之一的徐发有1983年到原告处工作，1995年与原告签订无固定期限的劳动合同，1996年1月任原告下属的拉链一厂厂长，1997年任原告主管生产的副总经理，1998年7月向原告递交辞职报告和病休证明，但原告未准许，徐发有从此不再上班。1998年7月徐发有在衢县申办友合公司，8月与外商合资开办司莱弗公司，徐发有任总经理。司莱弗公司成立后，原告职工多人相继离开原告到司莱弗公司担任拉链推销员业务，其中13家客户与原告原来存在业务往来。1999年8月原告向衢州市中级人民法院起诉，诉三被告侵害客户名单商业秘密和其他合法权益，其中商业秘密损害要求赔偿为656 648.98元。一审法院经过审理后认为，司莱弗公司接受原告职工多人，继续从事拉链推销业务，将产品销售给予原告相同的13家客户，其行为违反了原告的保密制度和原劳动合同的约定，侵犯了原告的商业秘密，造成了原告实际损失 72 073 元，构成不正当竞争。二审法院经过审理后认为，华鑫公司虽提供了作为其商业秘密而被徐发有等侵犯的13 家客户名单，但该名单都可以从《中国工业产品信息库》中查询到，加上华鑫公司提供的作为保密措施证据的《浙江华鑫公司保密制度》是复印件，因而判决撤销了一审，驳回了华鑫公司侵害商业秘密的诉讼请求。

此案件中的核心问题就是客户名单是否构成商业秘密。二审法院否认涉案客户名单商业秘密属性的主要法律依据之一是 13 家客户名单都可以从《中国工业产品信息库》中查询到，属于公知信息。这里需要解决的问题是，能够从《中国工业产品信息库》中查询到的究竟是何种信息？经过登记成立的企业是一种客观存在，通过工商查询、报刊网络查询、数据库查询一般都可以查到这些企业的名称、电话号码、法定代表人、经营范围等信息，这些信息当然不构成商业秘密。但是，一个客户名单的构成除了这些信息之外，最核心最本质的还是客户对某种产品或者服务的特殊偏好或者需要，比如产品规格，数量、质量、大小、体积等方面的要求，价格要求，颜色要求，售前和售后服务要求，等等。客户对某种产品或者服务的特殊偏好或者需要，并不是能够从公开的渠道获得的，从而决定了客户名单和能够从公开渠道查询获得的客户名称、电话号码、法定代表人、经营范围等单个信息或者信息集合体的区别，也决定了客户名单的商业秘密属性。由此可见，所谓客户名单，一般是指客户的名称、地址、联系方式以及交易的习惯、意向、内容等构成的区别于相关公知信息的特殊客户信息。将客户名单等同于能够从公开渠道查询获得的客户名称、电话号码、法定代表人、经营范围等单个信息或者信息集合体，进而否定客户名单的商业秘密属性是不正确的。当然，司法实践中判断被告是否侵害了原告的客户名单，还必须结合侵害商业秘密的证明规则进行具体判断。按照侵害商业秘密的特殊证明规则，如果客户名单的保有者能够证明被告所使用的客户名单与自己的客户名单具有一致性或者相同性，同时能够证明被告具有获得自己客户名单的条件，而被告不能提供或者拒不提供所使用的客户名单是合法获得或者使用的证据的，可以认定被告使用的客户名单就是作为原告商业秘密的客户名单。

对于律师、医生等具有特殊性的职业，其客户往往具有对律师、医生个人能力和品德的信赖，并且流动性也比较强，在律师、医生等特殊职业的人员离开原单位后，如果强制性规定其原来的客户不能再与其有业务往来，显得过分不公平。因此在客户基于对职工个人的信赖与职工所在单位进行市场交易，该职工离开该单位后，如果能够证明客户自愿选择与其或者其所在单位进行市场交易的，应当认定为没有采取不正当手段，但职工与原单位存在竞业禁止协议的除外。

（二）价值性

所谓价值性，是指受商业秘密保护的信息应该具备财产价值，能够为其保有者带来现实的或者潜在的经济利益，使其保有者获得竞争上的时间、市场、成本等方面的优势。现实的或者潜在的经济利益，既可以表现为积极的获利，也可以表现为消极的节省成本、避免损失。在理解商业秘密保护的信息的价值性时，应当把握以下几点：

1. 某信息是否具有价值，既应当从该信息保有者主观的角度进行判断，更应当从行为人的角度进行判断。也就是说，只要行为人试图突破某信息保有者的秘密管理机制以获得、使用或者披露该信息，就说明该信息具有价值性。

2. 某信息是否具有价值，和该信息的法律或者道德状态无关。某些信息，比如偷漏税信息、商业贿赂信息、经营者的丑闻，等等，虽然从激励成果开发的角度讲，应当排除在商业秘密的保护范围之内，但从价值性的角度看，这些信息对企业而言，仍然属于具有价值性的信息，对于不正当获取、使用或者披露的行为，仍然必须加以规范。

3. 某信息是否具有价值，和该信息本身的状态无关。信息有积极信息和消极信息之分。不管是积极信息还是消极信息，只要能够使其保有者获得某种竞争上的优势，只要行为人试图突破保有者采取的秘密管理机制以获得、使用或者披露，该信息就具有价值。比如，实验过程中失败的数据、有关医药产品副作用的信息，等等，仍然可以为其获得者节省开发的时间、费用等成本，因此属于具有价值性的信息。

(三) 实用性

实用性是我国反不正当竞争法对构成商业秘密的信息的独特要求，并因其独特性而经常受到国外学者的批评。学界通常认为，实用性是指商业秘密必须是具体的和明确的，可以转化为据以实施的方案或形式，而不仅仅是构想、原理和抽象的概念。这种观点大大提高了商业秘密的构成要件。某些构想、原理或者抽象的概念，以及某些消极信息，往往难以转化为据以实施的方案或者形式，不具备可再现性，但仍然可以为其保有者获得某种竞争上的优势，并且成为商业间谍窃取的对象，因而完全可以成为商业秘密保护的对象。从立法论的角度看，要求商业秘密具备实用性无异于将商业秘密提高到了专利性的高度，因此是非常不可取的。

(四) 秘密管理性

即商业秘密必须是经过保有者采取保密措施加以控制的信息。专利信息由于经过了申请、登记和公告，具有公示效果，因而容易和其他信息区别开来。没有经过申请、登记和公告的信息缺少公示效果，如果处于自由流通的状态，将和其他各种信息混杂在一起，既不利于保护，徒增保护成本，也不利于信息的自由利用。为了区别受保护的信息和其他信息，增进保有者将信息作为秘密管理的自我意识和相应努力，立法规定受商业秘密保护的信息必须具备秘密管理性。

秘密管理性强调的是秘密保有者是否真正地将某信息作为秘密信息进行保护的主观意识问题。采取保密措施控制某个信息，说明该信息对于保有者而言具有财产价值，说明保有者具有将该信息进行秘密管理的主观意愿，因而有耗费法律成本保护该信息、以激励该信息生产的必要性。保有者不采取任何措施进行控制的信息，说明该信息对其并不存在财产价值，说明保有者并不具有将该信息作为秘密进行管理的主观意愿，因而没有必要耗费法律成本保护该信息、以激励该信息生产的必要性。

保密措施可分为硬件措施和软件措施。硬件措施是物理上的措施，软件措施是制度上的措施。硬件措施，比如将商业秘密装入保险柜、将商业秘密装入档案袋并粘贴密封条和盖章、将商业秘密放入抽屉里并上锁、指派专门的人看守等等。软件措施，比如建立保密制度、签订保密协议、控制接触商业秘密的人员范围等等。

如何判断商业秘密保有者采取了保密措施，或者说，商业秘密保有者采取的措施要达到何种程度才能认为是采取了保密措施？关于这个问题，存在三种观点。一是主观主义的观点。该种观点认为保密措施是针对权利人而不是侵害行为人而言的，只要商业秘密保有者自己认为采取的措施足以保护商业秘密，就应当认为采取了合理的保密措施。二是客观主义的观点。该种观点认为只有当商业秘密的保有者采取的措施达到了万无一失的程度，才能认为采取了合理的保密措施。三是折中主义的观点。这种观点认为，只要从社会常识的角度看，商业秘密保有者采取的与其商业价值等具体情况相适应的措施足以保护商业秘密，就应当认为采取了合理的保密措施。主观主义的观点完全将保密措施的合理性委付于商业秘密保有者的主观意志，将利益的天平过分倾向于商业秘密保有者，结果很可能过度妨害信息的自由流通。比如按照这种观点，商业秘密保有者很可能认为放在办公桌上的技术资料也属于采取了合理保密措施保护的商业秘密。客观主义的观点则对商业秘密保有者提出了近乎苛刻的要求，将利益的天平过分倾向于行为人，结果很可能导致许多商业秘密得不到应有的保护。比如，按照这种观点，从空中拍摄新建尚未封顶的生产线的行为，就不会构成商业秘密侵害行为，理由是，生产线的保有者仅仅指派了看守生产线的门卫，而没有在生产线周围架设机关枪和高射炮，因此没有做到万无一失的地步。主观主义和客观主义的观点都不可取。比较合理的是折中主义的观点。

总之，按照现行反不正当竞争法的规定，从解释论的角度看，只有具备非公知性、价值性、实用性、秘密管理性的信息，才构成受反不正当竞争法保护的商业秘密。

二、保护范围

商业秘密的保护范围包括技术信息和经营信息两大类。技术信息是以物理、化学、生物或者其他形式的载体所表现的技术设计、技术诀窍、技术配方、工艺流程和相关数据等信息。经营信息是企业在经营管理过程中形成的管理诀窍、货源情报、产销策略、客户名单以及招投标中的标底以及标书内容等信息。但是，如上所述，并不是所有的技术信息和经营信息都可以成为受保护的商业秘密，只有符合非公知性、价值性、实用性、秘密管理性的技术信息和经营信息才能称为商业秘密，受反不正当竞争法的保护。

第三节 侵害商业秘密的行为以及适用除外

一、侵害商业秘密行为的种类

并不是所有利用商业秘密的行为都必须作为不正当利用行为加以禁止。如果行为人通过独立的劳动和投资开发出了与他人相同的商业秘密，同样可以作为合法的权利人进行独立使用。法律所禁止的只限于通过突破秘密管理机制的手段非法获得、使用、披露他人秘密信息的行为，而且为了不过分妨害信息的自由流通，在一定情况下，还必须考虑行为人的主观心理状态。按照反不正当竞争法第 10 条、国家工商行政管理局 1995 年发布 1998 年修改的《关于禁止侵犯商业秘密行为的若干规定》以及其他相关规定，侵害商业秘密的行为包括以下几大类：

（一）来源非法的侵害行为

来源非法的侵害行为，是指通过非法的手段获取他人商业秘密的侵害行为，以及事后的披露、使用侵害行为。具体来说包括反不正当竞争法第 10 条第 1 款第 1 项和第 2 项规定的两种行为：

1. 通过非法手段获取他人商业秘密的行为，即以盗窃、利诱、胁迫或者其他不正当手段获取他人商业秘密的行为，由于盗窃、利诱、胁迫或者其他不正当手段的行为人主观上都表现为故意，因此，通过非法手段获取他人商业秘密的侵害行为人主观上也表现为故意。

2. 披露、使用或者允许他人使用通过非法手段获取的他人商业秘密的行为，即通过非法手段获取他人商业秘密的行为人，在获取他人商业秘密后，进行披露、使用或者许可他人使用的行为。由于通过非法手段获取他人商业秘密的行为人主观上表现为故意，因此披露、使用，或者允许他人使用通过非法手段获取的他人商业秘密的侵害行为，行为人主观上也表现为故意。

（二）来源合法的侵害行为

来源合法的侵害行为，是指行为人虽然是通过合法手段知悉或者获取他人商业秘密，却违反合同约定或者法律的规定披露、使用或者允许他人使用他人商业秘密的行为。具体来说包括反不正当竞争法第 10 条第 1 款第 3 项、国家工商行政管理局发布的《关于禁止侵犯商业秘密行为的若干规定》第 3 条第 1 款第 3、第 4 项以及合同法第 43 条规定的下列 3 种行为：

1. 与权利人有业务关系者违反合同约定或者权利人保守商业秘密的要求，披露、使用或者允许他人使用其所掌握的商业秘密的行为。

2. 权利人的职工违反合同约定或者权利人保守商业秘密的要求，披露、使用或者允许他人使用其所掌握的权利人的商业秘密的行为。

3. 当事人违反缔约诚信义务,披露、不正当使用在订立合同过程中知悉的商业秘密的行为。按照合同法第 43 条的规定,当事人在订立合同过程中知悉的商业秘密,无论合同是否成立,不得泄露或者不正当使用。泄露或者不正当使用该商业秘密给对方造成损失的,应当承担损害赔偿责任。

(三) 第三人的过失侵害行为

第三人的过失侵害行为,是指第三人明知或者应当知道上述来源非法的侵害行为或者来源合法的侵害行为,仍然获取、使用、允许他人使用或者披露他人商业秘密的侵害行为。

二、适用除外

(一) 善意取得、使用、披露的问题

我国反不正当竞争法没有从正面明确规定侵害商业秘密行为的适用除外。但是,根据反不正当竞争法第 10 条第 2 款的规定可以推导出第三人善意取得商业秘密的制度,即第三人如果不知道或者不应当知道来源非法的侵害行为或者来源合法的侵害行为,获取、使用或者披露他人的商业秘密的,不视为侵害商业秘密的行为。但是,以下几个问题尚需进一步探讨:

1. 商业秘密一旦被公开,就如同作品被发表一样,是无法恢复原有状态的。这种情况下,善意第三人披露他人的商业秘密的行为属于适用除外就不无疑问。但是,如果善意第三人的披露行为不视为侵害行为,那么其他人获取、使用善意第三人披露的他人商业秘密的行为也就无法作为侵权行为处理,这样,商业秘密的保护事实上将失去存在的价值。从日本不正当竞争防止法第 19 条第 6 项的规定看,也将善意无重大过失的第三人通过交易取得的商业秘密进行披露的行为规定为适用除外范围,但从立法论的角度看,这种规定的合理性尚需进一步研究。

2. 取得的方式多种多样,有通过支付对价的交易方式取得和通过不支付对价的非交易方式,比如捡拾、赠与、继承等方式的取得。是否第三人通过任何方式的善意取得都属于适用除外呢?从日本不正当竞争防止法第 19 条第 6 项的规定看,只有使用通过市场交易手段获得的他人商业秘密的行为才属于适用除外范围。

3. 没有明确善意发生的时间。这种善意应该发生在第三人取得他人商业秘密的时候,还是应该发生在取得他人商业秘密后进行使用的时候?显然不能以取得他人商业秘密后进行使用的时间作为判断的时间标准,否则就会导致恶意取得而事后善意使用的奇特现象,因而善意只能发生在取得他人商业秘密的时候。也就是说,第三人只有在取得他人商业秘密时没有恶意并且没有重大过失的情况下,事后的使用行为才能享受侵害豁免。

需要注意的是,通过契约善意取得他人商业秘密者,如果超过契约许可的范围和期限使用他人的商业秘密，则不能享受侵害豁免。

尽管从我国反不正当竞争法第10条第2款的规定可以推导出存在善意取得并加以使用甚至披露的适用除外，但是根据最高人民法院2004年12月16日发布、2005年1月1日开始实施的《关于审理技术合同纠纷案件适用法律若干问题的解释》第12条第1款的规定，侵害他人技术秘密的技术合同被确认无效后，除法律、行政法规另有规定的以外，善意取得该技术秘密的一方当事人可以在其取得时的范围内继续使用该技术秘密，但应当向权利人支付合理的使用费并承担保密义务。这条司法解释显然与反不正当竞争法的规定相冲突，并且显得特别奇怪。最高人民法院的司法解释显然不是一个关于善意取得者使用行为的侵害豁免性解释，因为属于豁免的话，善意取得者的使用就不能视为侵害行为，既然不是侵害行为，就不应当承担法律责任，更不应向商业秘密保有者支付任何费用，而司法解释赋予了商业秘密保有者一个债权性请求权，显然不符合关于侵害豁免的基本含义。

更加奇怪的是上述司法解释第13条第1款的规定。按照该规定，因为善意取得而可以继续使用技术秘密的人与权利人就使用费支付发生纠纷的，当事人任何一方都可以请求人民法院予以处理。继续使用技术秘密但又拒不支付使用费的，人民法院可以根据权利人的请求判令使用人停止使用。最高人民法院的司法解释似乎很不愿意承认善意取得者的使用行为属于侵害商业秘密的行为，否则就不会措辞为"使用人停止使用"。这样措辞引起的困惑是，既然不是侵害行为，商业秘密保有者请求权的基础在哪里呢？结合上述司法解释第12条第1款的规定可以看出，该司法解释相当于在技术秘密的善意取得使用人和商业秘密保有者之间强制性设定了一个许可合同关系，而完全没有从侵权行为法的角度考虑问题。

结合国外立法经验，从立法论的角度看，将因为交易而善意取得者的使用行为规定为侵害豁免行为是最能解决问题的方法，而没有必要将问题越搞越复杂化。

（二）消灭时效问题

我国反不正当竞争法并没有规定商业秘密保有者对侵害行为的物权性请求权和债权性请求权的消灭时效。这里只就日本不正当竞争防止法的规定进行简要介绍，是否需要借鉴日本不正当竞争防止法的立法经验，是需要立法加以解决的问题。

为了保护因为长期利用商业秘密而形成的事实状态和交易安全，日本不正当竞争防止法第15条规定，商业秘密保有者从知道不正当使用商业秘密的事实和不正当使用者开始经过3年不行使差止请求权（停止侵害请求权和排除侵害危险行为请求权），或者从不正当使用行为开始经过10年不行使差止请求权，则差止请求权因为时效而消灭。同时，按照日本不正当竞争防止法第4条但书的规定，对差止请求权消灭后的继续使用行为而发生的损害，损害赔偿请求权也消灭。具体来说，如果差止请求权是因为商业秘密保有者从知道不正当使用商业秘密的事实和不正当使用者开始经过3年不行使而消灭，其对第3年以后他人继续使用而造成的损害的损害赔偿请求权也消灭。如果差止请求权是因为从不正当使用行为开始经过 10 年不行使差止请求权而消灭，则商业秘密保有者对第 10 年以后他人继续使用行为而造成的损害，损害赔偿请求权消灭。

至于差止请求权因为时效而消灭之前的损害赔偿，按照日本民法典第 724 条的规定，对不法行为损害赔偿请求权，从受害人或者其法定代理人得知侵害事实和侵害人之日起经过 3 年不行使的时候，因为时效而消灭。据此，商业秘密保有者从知道不正当使用商业秘密的事实和不正当使用者开始经过 3 年不行使差止请求权，不但差止请求权完全消灭，而且对第 3 年之前和之后的损害赔偿请求权也完全消灭。但是，从不正当使用行为开始经过 10 年不行使差止请求权而导致差止请求权因为时效而消灭的情况下，虽然商业秘密保有者对第 10 年以后继续使用行为而造成的损害的赔偿请求权消灭，但是对第 10 年以前的使用行为而造成的损害的赔偿请求权并不因此而当然消灭，而应当根据日本民法典第 724 条的规定进行处理。

（三）反向工程问题

所谓反向工程，是指通过技术手段对从公开渠道取得的产品进行拆卸、测绘、分析等而获得该产品的有关技术信息。通过反向工程，行为人完全可以获得和商业秘密保有者保有的同样的技术信息并加以使用，从而构成和商业秘密保有者竞争的局面。反向工程是否应当定性为商业秘密侵害行为？如前所述，反不正当竞争法控制的只是非法突破商业秘密保有者秘密管理机制获得、使用或者披露的"搭便车"行为，对于通过独立的劳动和投资所获得的信息，即使和商业秘密保有者保有的秘密相同，也没有必要绝对地进行控制，以促进市场竞争，增进消费者利益。反向工程虽然利用了商业秘密保有者的产品，但行为人并没有非法地突破秘密保有者的秘密管理机制，并且付出了独立的劳动和投资，因此不应当视为侵害行为。

但是，反向工程毕竟不同于独立开发新技术信息的创新性行为，而是对包含他人商业秘密的已有产品的拆解、测绘、分析，相比开发新技术信息的创新性行为，可以节省很多投资。更为重要的是，由于涉及和他人商业秘密的关系，如果允许其随意披露，对商业秘密保有者将造成不可预测的损害，因此对于通过反向工程获得的技术信息，反向工程行为人必须承担保密义务，这种义务可以理解为反向工程行为人必须承担的默示保密义务。

此外，当事人通过不正当手段获取他人商业秘密之后，又以反向工程为由主张获取行为合法的，法院不应当予以支持。

三、侵权行为的证明

反不正当竞争法并没有规定侵害商业秘密特殊的证明规则，民事诉讼法也没有规定对于侵害商业秘密的行为应当实行特殊证明规则，因此从反不正当竞争法和民事诉讼法的现有规定看，对于侵害商业秘密的行为仍然应当实行民事诉讼法规定的一般证明规则，即"谁主张，谁举证"的规则。

但是，国家工商行政管理局发布的《关于禁止侵犯商业秘密行为的若干规定》鉴于实践中原告证明被告实施不正当竞争行为的困难性，因此规定了一条特殊的证明规则，即所谓的"相似性加接触原则"。按照该规定第 5 条第 3 款的规定，该原则的具体内容为：权利人能够证明被申请人所使用的信息与自己的商业秘密具有一致性或者相同性，同时能证明被申请人有获取其商业秘密的条件，而被申请人不能提供或者拒不提供其所使用的信息是合法获得或者使用的证据的，工商行政管理机关可以根据有关证据，认定被申请人有侵权行为。虽然该原则减轻了原告的证明责任，但由于违反了作为基本法律的民事诉讼法或者作为法律的反不正当竞争法关于诉讼证明规则的一般性规定，并且属于部门规章，效力层次低，又不存在授权立法的情况，因此无法成为人民法院审理案件的依据。"相似性加接触原则"是否能够成为侵害商业秘密诉讼过程中的一般证明规则，属于立法论应当加以解决的问题。

第四节　侵害商业秘密的效果

侵害商业秘密的行为人应当承担民事、行政和刑事责任。

一、民事责任

民事责任包括停止侵害行为、排除侵害危险行为和赔偿损失。但是，反不正当竞争法并没有规定行为人停止侵害行为、排除侵害危险行为的民事责任，因此只能适用民法通则第 134 条关于承担民事责任的方式的一般性规定。关于侵害商业秘密的损害赔偿责任，反不正当竞争法第 20 条则作出了明确规定。按此规定，经营者侵害其他经营者的商业秘密，给被侵害的经营者造成损害的，应当承担损害赔偿责任，被侵害的经营者的损失难以计算的，赔偿额为侵权人在侵权期间因侵权所获得的利润；并且应当承担被侵害的经营者因调查该经营者侵害其合法权益的不正当竞争行为所支付的合理费用。

关于停止侵害商业行为的时间长短问题，带有特殊性。一般情况下，行为人停止侵害的时间应持续到该商业秘密已经为公众所知悉时为止。但是，如果商业秘密本身的获得难度不是很大，本领域的相关人员在一定的时间内即可通过自己的努力获取，或者此项商业秘密仅在一定的范围内具有竞争优势，超出这个范围对原告不会构成任何威胁时，只要确保原告的竞争优势即可，因而如果判决行为停止侵害的时间明显不合理的，可以依法在保护权利人该项商业秘密竞争优势的情况下，判决行为人在一定期限或者范围内停止使用该项商业秘密即可。

二、行政责任

按照反不正当竞争法第 25 条的规定，侵犯他人商业秘密的，监督检查部门应当责令停止违法行为，可以根据情节处以 1 万元以上 20 万元以下的罚款。按照国家工商行政管理局发布的《关于禁止侵犯商业秘密行为的若干规定》第 7、8 条的规定，工商行政管理机关在处罚侵害商业秘密的行为时，对侵权物品可以作出如下处理：责令并监督侵权人将载有商业秘密的图纸、软件及其有关资料返还权利人，监督侵权人销毁使用权利人商业秘密生产的、流失市场将会造成商业秘密公开的产品。但权利人同意收购、销售等其他处理方式的除外。对侵权人拒不执行处罚决定，继续实施侵犯商业秘密行为的，视为新的违法行为，从重予以处罚。

按照反不正当竞争法第 17 条的规定，监督检查部门在监督检查不正当竞争行为时，有权行使下列职权：按照规定程序询问被检查的经营者、利害关系人、证明人，并要求提供证明材料或者与不正当竞争行为有关的其他资料；查询、复制与不正当竞争行为有关的协议、账册、单据、文件、记录、业务函电和其他资料；检查与本法第 5 条规定的不正当竞争行为有关的财物，必要时可以责令被检查的经营者说明该商品的来源和数量，暂停销售，听候检查，不得转移、隐匿、销毁该财物。

三、刑事责任

刑法第 219 条规定，侵犯商业秘密，给商业秘密的权利人造成重大损失的，处 3 年以下有期徒刑或者拘役，并处或者单处罚金；造成特别严重后果的，处 3 年以上 7 年以下有期徒刑，并处罚金。最高人民法院、最高人民检察院《关于办理侵犯知识产权刑事案件具体应用法律若干问题的解释》第 7 条进一步解释规定，实施刑法第 219 条规定的行为之一，给商业秘密的权利人造成损失数额在 50 万元以上的，属于"给商业秘密的权利人造成重大损失"，应当以侵犯商业秘密罪判处 3 年以下有期徒刑或者拘役，并处或者单处罚金。给商业秘密的权利人造成损失数额在 250 万元以上的，属于刑法第 219 条规定的"造成特别严重后果"，应当以侵犯商业秘密罪判处 3 年以上 7 年以下有期徒刑，并处罚金。

刑法区分了个人侵犯知识产权的犯罪和单位侵犯知识产权的犯罪。按照刑法第 220 条的规定，单位犯侵犯商业秘密罪的，对单位判处罚金，并对其直接负责的主管人员和其他直接责任人员，依照个人侵犯商业秘密犯罪的规定处罚。按照最高人民法院、最高人民检察院《关于办理侵犯知识产权刑事案件具体应用法律若干问题的解释》第 15 条的规定，单位实施商业秘密犯罪的，按照本解释规定的相应个人犯罪的定罪量刑标准的 3 倍定罪量刑。也就是说，单位犯侵犯知识产权犯罪的定罪量刑标准相较以前规定的"个人的 5 倍"标准大大降低了。

按照最高人民法院、最高人民检察院《关于办理侵犯知识产权刑事案件具体应用法律若干问题的解释》第 16 条的规定，明知他人实施侵犯知识产权犯罪，而为其提供贷款、资金、账号、发票、证明、许可证件，或者提供生产、经营场所或运输、储存、代理进出口等便利条件、帮助的，以侵犯知识产权犯罪的共犯论处。

第五节　竞业禁止与商业秘密的保护

一、竞业禁止的含义和种类

追求个人自由的现代社会，人员的流动性增强。由于商业秘密往往与个人的学识、经验掺杂在一起，难以进行明确的区分，流入新单位的人员为了生存的需要，往往不可避免地使用原商业秘密保有者的商业秘密，以发挥自己职业上的优势。在这种情况下，竞业禁止就成了有效减少和堵塞侵害商业秘密行为的手段。

所谓竞业禁止，是指负有特定义务的工作人员在任职期间或者离职后一定期限内，不得自营或者为他人经营与其所任职单位相同或者类似的业务，即具有直接竞争关系的业务。竞业禁止分为两大类：

（一）法定的竞业禁止

即法律直接规定的竞业禁止，其特征在于受竞业禁止约束的人员以及法律责任都由法律直接规定。目前，法定的竞业禁止主要体现在公司法、合伙企业法中。公司法第 149 条第 1 款第 4、5 项规定了董事、高级管理人员的竞业禁止义务：不得违反公司章程的规定或者未经股东会、股东大会同意，与本公司订立合同或者进行交易；不得未经股东会或者股东大会同意，利用职务便利为自己或者他人谋取属于公司的商业机会，自营或者为他人经营与所任职公司同类的业务。董事、高级管理人员违反竞业禁止义务的，所得的收入应当归公司所有。合伙企业法第 32 条第 1 款规定，合伙人不得自营或者同他人合作经营与本合伙企业相竞争的业务。第 99 条进一步规定，合伙人违反规定或者合伙协议的约定，从事与本合伙企业相竞争的业务或者与本合伙企业进行交易的，该收益归合伙企业所有；给合伙企业或者其他合伙人造成损失的，依法承担赔偿责任。刑法第 165 条规定，国有公司、企业的董事、经理利用职务便利，为自己经营或者为他人经营与其所任职公司同类的营业，获取非法利益，数额巨大的，处 3 年以下有期徒刑或者拘役，并处或者单处罚金；数额特别巨大的，处 3 年以上 7 年以下有期徒刑，并处罚金，此即非法经营同类营业罪。

（二）约定的竞业禁止

即通过合同约定的竞业禁止。约定的竞业禁止主要体现在劳动合同法中。劳动合同法第 23 条规定，用人单位与劳动者可以在劳动合同中约定保守用人单位的商业秘密和与知识产权相关的保密事项。对负有保密义务的劳动者，用人单位可以在劳动合同或者保密协议中与劳动者约定竞业限制条款，并约定在解除或者终止劳动合同后，在竞业限制期限内按月给予劳动者经济补偿。劳动者违反竞业限制约定的，应当按照约定向用人单位支付违约金。劳动合同法第 24 条规定，竞业限制的人员限于用人单位的高级管理人员、高级技术人员和其他负有保密义务的人员。竞业限制的范围、地域、期限由用人单位与劳动者约定，竞业限制的约定不得违反法律、法规的规定。在解除或者终止劳动合同后，前款规定的人员到与本单位生产或者经营同类产品、从事同类业务的有竞争关系的其他用人单位，或者自己开业生产或者经营同类产品、从事同类业务的竞业限制期限，不得超过 2 年。

关于用人单位向劳动者补偿的标准，按照劳动合同法的规定，首先可以由受竞业禁止的劳动者和原用人单位进行约定。没有约定的，则按照劳动合同的规定处理。劳动合同法第 47 条规定，经济补偿按劳动者在本单位工作的年限，每满 1 年支付 1 个月工资的标准向劳动者支付。6 个月以上不满 1 年的，按 1 年计算；不满 6 个月的，向劳动者支付半个月工资的经济补偿。劳动者月工资高于用人单位所在直辖市、设区的市级人民政府公布的本地区上年度职工月平均工资 3 倍的，向其支付经济补偿的标准按职工月平均工资 3 倍的数额支付，向其支付经济补偿的年限最高不超过 12 年。所谓月工资，是指劳动者在劳动合同解除或者终止前 12 个月的平均工资。

劳动合同法第 90 条同时规定，劳动者违法解除劳动合同，或者违反劳动合同中约定的保密义务或者竞业限制，给用人单位造成损失的，应当承担赔偿责任。

二、竞业禁止与商业秘密保护的关系

法定的竞业禁止虽然具有保护商业秘密的作用，但更多的是确保公司或者企业的董事、高级管理人员对公司的忠实义务。在法定的竞业禁止中，公司董事、高级管理人员的忠实义务发生在任职期间，因此其择业自由并不因竞业禁止而发生影响，也不存在经济补偿问题。法定的竞业禁止可以确保董事、高级管理人员在任职期间不非法使用单位的商业秘密，但无法禁止董事、高级管理人员离职后非法使用或者披露单位的商业秘密，除非原单位和他们约定离职后的竞业禁止。同时，法定的竞业禁止无法禁止可以接触到单位商业秘密的普通职工以及单位以外的人员非法获取、使用或者披露单位商业秘密的行为。可见，法定的竞业禁止对商业秘密的保护只能发挥非常有限的作用。

约定的竞业禁止发生在解除或者终止劳动合同关系之后，极大地限制了劳动者的择业自由，由此也发生约定或者法定的补偿问题。约定的竞业禁止通常以劳动者和用人单位在劳动关系存续期间签订保密协议为前提，禁止的又是劳动合同关系解除或者终止后的竞业行为，因此可以发挥法定的竞业禁止发挥不了的作用。但是，由于合同相对性的先天性缺陷，其无法禁止第三人非法获取、使用或者披露商业秘密的行为。

正是由于法定竞业禁止和约定竞业禁止在保护商业秘密方面的上述缺点，才有通过反不正当竞争法保护商业秘密的必要性。反不正当竞争法一方面可以禁止上述来源非法的侵害行为，以打击和商业秘密保有者没有合同关系的第三人侵害商业秘密的行为；另一方面可以禁止上述来源合法的侵害行为，以打击和商业秘密保有者存在合同关系的相对方侵害商业秘密的行为，从而克服了法定竞业禁止和约定竞业禁止的缺陷，较好地发挥了保护商业秘密的作用。

第五章

植物新品种的保护——植物新品种保护法

第一节 植物新品种保护制度的意义

开发出品质、产量、耐虫性、耐病性都不一样的新品种，不但可以提高农业、林业生产量，而且可以极大丰富人们的生活，改善人们的生活环境。但是，新品种的育成需要付出巨大的投资，承担巨大的风险，而一个新品种上市后，直接采用新品种以提高产量或者育成其他新的品种却容易得多，对此种"搭便车"的行为如果不加制止，开发新品种的激励必将受到巨大挫伤。为此，必须授予新品种育成者独占使用其新品种的权利。

保护植物新品种育成技术的法律，专利法也不失为一种选择。但是，植物的利用更多的依赖人的美感、味觉等嗜好，与专利法讲求的技术进步性趣旨存在很大差异，因此专利法第 25 条第 1 款第 4 项明确规定，植物品种不作为专利保护的对象。反不正当竞争法和民法通则也可以用来保护植物新品种，但是都没有赋予新品种育成者具有特定内容的财产权，不足以给新品种育成者提供应有的激励，因此也不适合用来单独保护植物新品种育成者的权利。植物新品种只能寻求效力不低于反不正当竞争法和民法通则但又不同于专利法，却可以达到类似专利法保护效果的专门法保护方式。

1957 年在法国巴黎召开的第一次植物新品种保护外交大会拟定了《国际植物新品种保护公约》，并于 1961 年在巴黎讨论通过该公约，1968 年正式生效。此后又于 1972 年、1978 年、1991 年进行了三次修改。截止到 2003 年 1 月 5 日，世界上已经有 52 个国家加入该公约。公约规定，各成员国可以采用公约规定的专门方式保护植物新品种，也可以采用专利的方式保护植物新品种。TRIPs 协议第 27 条规定，应当给予植物新品种以专利保护或者专门的保护，或者任何组合制度的保护。目前，世界上绝大多数国家对植物新品种采用了授予品种权的专门保护模式。

我国于 1997 年由国务院制定、颁布和实施了《中华人民共和国植物新品种保护条例》，对植物新品种采取了专门的保护模式，并于 1999 年正式加入《国际植物新品种保护公约》。同时还于 1999 年发布实施了《中华人民共和国植物新品种保护条例实施细则》的农业部分和林业部分，并于 2007 年 8 月修改了实施细则农业部分。全国人大常委会 2000 年制定通过、2004 年修订的《中华人民共和国种子法》第 12 条进一步明确规定，国家实行植物新品种保护制度，对经过人工培育或者发现的野生植物加以开发的植物品种，具备新颖性、特异性、一致性和稳定性的，授予植物新品种权，保护植物新品种权所有人的合法权益。具体办法按照国家有关规定执行。

第二节　授予植物新品种权的要件

一、主体的适格性

一般情况下，申请品种权的应当是育种人本人。申请获得批准后，育种人获得植物新品种权。所谓育种人，是指对新品种的培育作出创造性贡献的人。仅仅负责组织管理工作、为物质条件提供方便或者从事其他辅助工作的人不是育种人。

但是，《中华人民共和国植物新品种保护条例》（以下简称条例）第 7 条第 1 款规定，执行本单位的任务或者主要是利用本单位的物质条件所完成的职务品种，植物新品种的申请权属于该单位。申请被批准后，品种权属于该单位。这种情形就是所谓的职务育种。按照《中华人民共和国植物新品种保护条例实施细则（林业部分）》（以下简称细则林业部分）第 5 条和《中华人民共和国植物新品种保护条例实施细则（农业部分）》（以下简称细则农业部分）第 7 条的规定，职务育种包含以下四种情况：在本职工作中完成的育种；履行本单位分配的本职工作之外的任务所完成的育种；离开原单位后 3 年内完成的与其在原单位承担的本职工作或者分配的任务有关的育种；利用本单位的资金、仪器设备、试验场所、育种资源和其他繁殖材料以及不对外公开的技术资料等所完成的育种。

条例第 7 条第 2 款规定，委托育种或者合作育种，品种权的归属由当事人在合同中约定；没有合同约定的，品种权属于受委托完成或者共同完成育种的单位或者个人。但条例没有规定在此种情况下，委托单位的利益应当如何保护。考虑到委托单位业务的需要，条例应当规定委托单位在业务范围内拥有免费实施该新品种的权利。

关于外国人在植物新品种保护条例中的地位，条例第 20 条规定，外国人、外国企业或者外国其他组织在中国申请品种权的，应当按其所属国和我国签订的协议或者共同参加的国际条约办理，或者根据互惠原则，根据条例办理。

二、客体的适格性

（一）保护对象的适格性

申请品种权的对象，应当属于植物新品种。按照条例第2条的规定，植物新品种，是指经过人工培育的或者对发现的野生植物加以开发，具备新颖性、特异性、一致性和稳定性并有适当命名的植物品种。如果是林业方面的植物品种，按照细则林业部分第2条的规定，则是指符合条例第2条规定的林木、竹、木质藤本、木本观赏植物（包括木本花卉）、果树（干果部分）以及木本油料、饮料、调料、木本药材等植物品种。如果是农业方面的植物品种，按照细则农业部分第2条的规定，则是指粮食、棉花、油料、麻类、糖料、蔬菜（含西甜瓜）、烟草、桑树、茶树、果树（干果除外）、观赏植物（木本除外）、草类、绿肥、草本药材、食用菌、藻类等植物以及橡胶树等植物的新品种。

（二）保护对象实体上的适格性

虽属于上述林业新品种或者农业新品种，也不必然就可以获得品种权，除非同时具备以下实体上的要件：

1. 新颖性。条例第14条规定，授予品种权的植物新品种应当具备新颖性。新颖性，是指申请品种权的植物新品种在申请日前该品种繁殖材料未被销售，或者经育种者许可，在中国境内销售该品种繁殖材料未超过1年，在中国境外销售藤本植物、林木、果树和观赏树木品种繁殖材料未超过6年，销售其他植物品种繁殖材料未超过4年。繁殖材料，按照细则林业部分第4条的规定，是指整株植物（包括苗木）、种子（包括根、茎、叶、花、果实等）以及构成植物体的任何部分（包括组织、细胞）。按照细则农业部分第5条的规定，则是指可繁殖植物的种植材料或植物体的其他部分，包括籽粒、果实和根、茎、苗、芽、叶等。两者意思大致相同。

由此可见，植物新品种的新颖性主要是从是否已经销售的角度，而不是从是否已经存在的角度进行考察的。在申请日之前一定期限内进行销售的繁殖新品种仍然具备新颖性，应当说植物新品种要求的新颖性程度很低，和授予专利权的发明创造所要求的新颖性无法比拟。

2. 特异性。条例第15条规定，授予品种权的植物新品种应当具备特异性。特异性，是指申请品种权的植物新品种应当明显区别于在递交申请以前已知的植物品种。

但是，授予品种权的植物新品种的特异性不应当仅仅从耐虫性、耐病性、产量等效率性的角度进行判断，更多的应当从人的美感、味觉等嗜好的角度进行判断。

3. 一致性。条例第16条规定，授予品种权的植物新品种应当具备一致性。一致性，是指申请品种权的植物新品种经过繁殖，除可以预见的变异外，其相关的特征或者特性应当一致。

4. 稳定性。条例第 17 条规定，授予品种权的植物新品种应当具备稳定性。稳定性，是指申请品种权的植物新品种经过反复繁殖后或者在特定繁殖周期结束时，其相关的特征或者特性保持不变。

5. 命名性。条例第 18 条第 1 款规定，授予品种权的植物新品种应当具备适当的名称，并与相同或者相近的植物属或者种中已知品种的名称相区别。但是，该名称经过注册登记后即成为该植物新品种的通用名称。

按照条例第 18 条第 2 款的规定，下列名称不得用于品种命名：仅以数字组成的；违反社会公德的；对植物新品种的特征、特性或者育种者的身份等容易引起误解的。细则林业部分第 13 条进一步规定，除了上述情形外，有下列情形之一的，也不得用于植物新品种命名：违反国家法律、行政法规规定或者带有民族歧视性的；以国家名称命名的；以县级以上行政区划的地名或者公众知晓的外国地名命名的；同政府间国际组织或者其他国际知名组织的标识名称相同或者近似的；属于相同或者近似植物属或者种的已知名称的。细则农业部分第 18 条除了增加夸大宣传的标识不得作为植物新品种的名称外，其他的禁止性规定大致与细则林业部分第 13 条的规定相同。

三、申请的适格性

经过申请、审查和授权的植物新品种权，和专利权一样，权利人拥有排他独占权，对相同品种进行重复授权的话，不但可能造成混淆，而且将使公众受到两个或者两个以上绝对权的支配，利益将受到很大损害。为此，条例第 8 条规定，一个植物新品种只能授予一项品种权。两个以上的申请人分别就同一个植物新品种申请品种权的，品种权授予最先申请的人。同时申请的，品种权授予最先完成该植物新品种育种的人。

申请的先后以申请日为标准计算。按照条例第 22 条的规定，申请日是审批机关收到品种权申请文件之日。申请文件是邮寄的，以寄出的邮戳日为申请日。

两个以上申请人就同一个植物新品种在同一日分别提出品种权申请的，按照细则林业部分第 7 条的规定，植物新品种保护办公室可以要求申请人自行协商确定申请权的归属。协商达不成一致意见的，农业部植物新品种保护办公室可以要求申请人在规定的期限内提供证明自己是最先完成该植物新品种育种的证据；逾期不提供证据的，视为放弃申请。细则农业部分第 10 条则规定，一个新品种由两个以上申请人分别于同一日申请品种权的，农业部植物新品种保护办公室可以要求申请人在指定期限内提供证据证明自己是最先完成该新品种育种的人。预期不提供证据或者所提供证据不足以作为判定依据的，由申请人自行协商确定申请权的归属。协商达不成一致意见的，农业部植物新品种保护办公室可以驳回申请。

第三节　获得植物新品种权的手续

植物新品种权的授予和专利权一样，采取申请、形式审查和实质审查的制度。

一、植物新品种权的申请和受理

1. 申请文件。申请植物新品种权的，应当向审批机关提交符合规定格式要求的请求书、说明书和该品种的照片。申请文件应当使用中文书写。如果是中国单位和个人提出申请，可以直接或者委托国家林业局或者农业部植物新品种保护办公室指定的代理机构向国家林业局或者农业部植物新品种保护办公室提出申请。如果是外国人、外国企业或者其他外国组织提出申请或者办理其他有关品种权的事务，则应当委托指定的代理机构办理。必要的时候，审查机关可以要求申请人提交符合要求的繁殖材料、繁殖材料的检疫合格证明材料等相关材料。

条例第26条规定，中国的单位或者个人将国内培育的植物新品种向外申请品种权的，应当向审批机关登记。

2. 优先权。品种权申请人可以要求优先权。条例第23条规定，申请人自在外国第一次提出品种权之日起12个月内，又在中国就该植物新品种提出品种权申请的，依照该外国同我国签订的协议或者共同参加的国际条约，或者根据相互承认优先权的原则，可以享有优先权。申请人要求优先权的，应当在申请时提出书面说明，并在3个月内提交经原受理机关确认的第一次提出的品种权申请文件的副本；未提出书面说明后者提交申请文件副本的，视为未要求优先权。

3. 受理。条例第24条规定，申请文件符合要求的，审批机关应当予以受理，明确申请日、给予申请号，并且自收到申请之日起1个月内通知申请人缴纳申请费。

申请人可以在品种权授予前修改或者撤回品种权申请。

二、植物新品种权申请的审查和批准

1. 形式审查。条例第27条规定，申请人缴纳申请费用后，审批机关对品种权申请的下列内容进行初步审查：是否属于植物品种保护名录列举的植物属或者种的范围；是否符合条例第20条的规定（外国人申请是否符合要求）；是否符合新颖性的规定；植物新品种的命名是否适当。

条例第28条规定，审批机关应当自受理品种权申请之日起6个月内完成初步审查。对经初步审查合格的品种权申请，审批机关予以公告，并通知申请人在3个月内缴纳审查费。对经过初步审查不合格的品种权申请，审批机关应当通知申请人在3个月内陈述意见或者予以修正。逾期未答复或者修正后仍然不合格的，驳回申请。

2. 分案申请。一个品种权申请包括两个以上品种权申请的，可以提出分案申请。细则林业部分第 33 条规定，在林业植物品种权申请进行实质审查前，植物新品种保护办公室应当要求申请人在规定的期限内提出分案申请。申请人在规定的期限内未提出分案申请的或者期满未答复的，该申请视为放弃。细则农业部分第 34 条则规定，一件农业植物品种权申请包括两个以上新品种的，品种保护办公室应当要求申请人提出分案申请。申请人在指定期限内对其申请未进行分案修正或者期满未答复的，视为撤回申请。

同时，按照细则林业部分第 34 条和细则农业部分第 37 条的规定，依法提出分案申请的，可以保留原申请日。享有优先权的，可以保留优先权日，但不得超出原申请的范围。

3. 异议。经过初步审查公告的品种权申请，自公告之日起至授予品种权之日前，任何人都可以对不符合条例以及细则规定的品种权申请向国家林业局或者品种保护办公室提出异议，并说明理由。

4. 实质审查和批准。条例第 29 条规定，申请人按照规定缴纳审查费用后，审批机关对品种权申请的特异性、一致性和稳定性进行实质审查。申请人未按照规定缴纳审查费的，品种权申请视为撤回。

实质审查主要是进行书面审查。但是，按照条例第 30 条的规定，审批机关认为必要时，可以委托指定的测试机构进行测试或者考察业已完成的种植或者其他试验的结果。因审查需要，申请人应当根据审批机关的要求提供必要的资料和该植物新品种的繁殖材料。

对经过实质审查符合条例规定的品种权申请，审批机关应当作出授予品种权的决定，颁发品种权证书，并予以登记和公告。对经过实质审查不符合条例规定的品种权申请，审批机关予以驳回，并通知申请人。

按照细则林业部分第 37 条的规定，品种权人应当自收到领取品种权证书通知之日起 3 个月内领取品种权证书，并按照国家有关规定缴纳第一年的年费。逾期未领取品种权证书并未缴纳年费的，视为放弃品种权，但有正当理由的除外。林业植物新品种权自作出授予品种权的决定之日起生效。按照细则农业部分第 41 条规定，农业植物新品种权自授权公告之日起生效。

5. 救济。条例第 32 条规定，审批机关设立植物新品种复审委员会。对审批机关驳回品种权申请的决定不服的，申请人可以自收到通知之日起 3 个月内，向植物新品种复审委员会请求复审。植物新品种复审委员会应当自收到复审请求书之日起 6 个月内作出决定，并通知申请人。申请人对植物新品种复审委员会的决定不服的，可以自接到通知之日起 15 日向人民法院提起诉讼。

三、追偿权

在专利申请初步审查公告后、商标注册申请公告异议阶段，他人未经申请人许可，实施申请专利的发明创造，或者使用申请注册的商标的，申请人可以请求行为人支付一定的金钱补偿。授权后，行为人继续原来的行为的，则构成对专利权或者注册商标权侵害，权利人可以行使停止侵害请求权和损害赔偿请求权。品种权申请自初步审查合格公告之日至被授予品种权之日止的期间，他人未经许可，为商业目的生产或者销售该授权品种的繁殖材料的，申请人是否拥有金钱求偿权呢？

按照条例第33条的规定，品种权被授予后，在自初步审查合格公告之日起至被授予品种权之日止的期间，对未经申请人许可，为商业目的生产或者销售该授权品种的繁殖材料的单位和个人，品种权人享有追偿的权利。据此规定，如果品种权申请没有获得批准，则自初步审查合格公告之日起至被授予品种权之日止的期间，对未经申请人许可，为商业目的生产或者销售该授权品种的繁殖材料的单位和个人，申请人不得进行追偿。

第四节　植物新品种权的期限、终止和无效

一、植物新品种权的保护期限

为了保护公共利益，促进产业竞争，条例第34条规定，品种权的保护期限，自授权之日起，藤本植物、林木、果树和观赏树木为20年，其他植物为15年。

二、植物新品种权的终止

品种权未到保护期，但因为法定事由的出现，可以提前终止。按照条例第36条、细则林业部分第42条的规定，出现以下情形之一的，品种权在保护期限届满前终止：

1. 品种权人以书面声明放弃品种权的，自声明放弃之日起终止。

2. 品种权人未按照规定缴纳年费的，自补交年费期限届满之日起终止。

3. 品种权人未按照审批机关的要求提供检测所需要的该授权品种的繁殖材料的，由审批机关进行登记，品种权自登记之日起终止。

4. 经检测该授权品种不再符合被授予品种权时的特征和特性的，自审批机关登记之日起终止。

品种权的终止，由审批机关登记和公告。

三、植物新品种权的无效宣告和更名

为了保证品种权授予和命名的准确性，条例第 37 条规定了品种权的无效宣告程序和更名程序。按照该条规定，自审批机关公告授予品种权之日起，植物新品种复审委员会可以依照职权或者依据任何单位或者个人的书面请求，对不符合新颖性、特异性、一致性、稳定性的品种授权，宣告品种权无效。对不符合命名规定的，予以更名。宣告品种权无效或者更名的决定，由审批机关登记和公告，并通知当事人。

对复审委员会的决定不服的，可以自收到通知之日起 3 个月内向人民法院提起诉讼。

宣告无效的后果。条例第 38 条规定，被宣告无效的品种权视为自始不存在。宣告品种权无效的决定，对在宣告无效前人民法院作出并已执行的植物新品种侵权的判决、裁定，省级以上人民政府农业、林业行政部门作出并已执行的植物新品种侵权处理决定，以及已经履行的植物新品种实施许可合同和植物新品种权转让合同，不具有溯及力。但是，因品种权人的恶意给他人造成损失的，应当给予合理赔偿。依照上述规定，品种权人或者品种权转让人不向被许可实施人或者受让人返还使用费或者转让费，明显违反公平原则的，品种权人或者品种权转让人应当向被许可实施人或者受让人返还全部或者部分使用费或者转让费。

此种处理方法完全借鉴了专利法第 47 条的规定。缺点是含混不清，难以操作。可取的处理方法是将使用费、转让费、侵权所得赔偿作为不当得利返还。

第五节　植物新品种权的内容、限制以及侵权救济

一、植物新品种权的内容

和专利权一样，植物新品种权人拥有效力非常强大的权利。条例第 6 条规定，除了条例另有规定的以外，完成育种的单位或者个人对其授权品种，享有排他的独占权。任何单位或者个人未经品种权所有人许可，不得为商业目的生产或者销售该授权品种的繁殖材料，不得为商业目的将该授权品种的繁殖材料重复使用于生产另一品种的繁殖材料。

按照条例第 9 条的规定，植物新品种的申请权和品种权可以依法转让。但是，中国的单位或者个人就其在国内培育的植物新品种向外国人转让申请权或者品种权的，应当经审批机关批准。国有单位在国内转让申请权或者品种权的，应当按照国家有关规定报经有关行政主管部门批准。转让申请权或者品种权的，当事人应当订

立书面合同，并向审批机关登记，由审批机关予以公告。按照细则林业部分第 8 条的规定，转让林业植物新品种申请权或者品种权的，自登记之日起生效。而按照细则农业部分第 11 条的规定，转让农业植物新品种申请权或者品种权的，自农业部公告之日起生效。

应该注意，不管是登记还是公告，都不是合同生效的要件，而是申请权或者品种权发生转移的要件。

品种权也可以依法进行使用许可。使用许可应当向审批机关备案。备案不是许可使用合同的生效要件，而是对抗第三人的要件。

二、植物新品种权的限制

1. 合理使用。为了保证科研自由和广大农民利益，条例第 10 条规定，在下列情况下使用授权品种的，可以不经品种权人许可，不向其支付使用费：

（1）利用授权品种进行育种以及其他科研活动；

（2）农民自繁自用授权品种的繁殖材料。

2. 强制许可。为了维护国家利益或者公共利益等原因，审批机关可以作出实施植物新品种权的非自愿许可，即强制许可。条例第 11 条规定的强制许可主要是为了国家利益或者公共利益的强制许可。细则林业部分第 9 条则规定了以下两种形式的强制许可：

（1）为了满足国家利益或者公共利益等特殊需要，国家林业局可以作出或者依照当事人的请求作出实施植物新品种的强制许可决定。

（2）品种权人无正当理由自己不实施或者实施不完全，又不许可他人以合理条件实施的，国家林业局可以作出或者依照当事人的请求作出实施植物新品种的强制许可决定。

细则农业部分第 12 条则规定，出现以下三种情形之一的，农业部可以作出实施植物新品种权的强制许可：

（1）为了国家利益或者公共利益的需要。

（2）品种权人无正当理由自己不实施，又不许可他人以合理条件实施的。

（3）对重要农作物品种，品种权人虽已实施，但明显不能满足国内市场需求，又不许可他人以合理条件实施的。

无论是哪种形式的强制许可，取得实施强制许可的单位或者个人应当付给品种权人合理的使用费，具体数额由双方商定。双方不能达成协议的，由审批机关裁决。品种权人对强制许可决定或者强制许可使用费的裁决不服的，可以自收到通知之日起 3 个月内向法院起诉。前者为行政诉讼，后者为民事诉讼。

三、侵权救济

(一) 管辖

植物新品种权纠纷案件专业性强、法律问题复杂，为了顺利解决案件，最高人民法院 2001 年发布实施的《关于审理植物新品种纠纷案件若干问题的解释》（以下简称解释）对该类案件采取了相对集中管辖的原则。按照解释第 3 条的规定，是否应当授予植物新品种权纠纷案件，宣告授予的植物新品种权无效或者维持植物新品种权的纠纷案件，授予品种权的植物新品种更名的纠纷案件，实施强制许可的纠纷案件，实施强制许可使用费的纠纷案件，由北京市第二中级人民法院作为第一审法院专属管辖。植物新品种申请权纠纷案件，植物新品种权权利归属纠纷案件，转让植物新品种申请权和转让植物新品种权的纠纷案件，侵犯植物新品种权的纠纷案件，不服省级以上农业、林业行政管理部门依据职权对侵犯植物新品种权处罚的纠纷案件，不服县级以上农业、林业行政管理部门依据职权对假冒授权品种处罚的纠纷案件，由各省、自治区、直辖市人民政府所在地和最高人民法院指定的中级人民法院作为第一审人民法院审理。

在地域管辖方面，虽然植物新品种权纠纷案件仍然适用民事诉讼法第 29 条规定的一般原则，即因侵权行为提起的诉讼，由侵权行为地或者被告住所地人民法院管辖，但对侵权行为地，解释第 4 条作出了特殊规定。按照解释第 4 条的规定，侵犯植物新品种权的侵权行为地，是指未经品种权所有人许可，以商业目的生产、销售该授权植物新品种的繁殖材料的所在地，或者将该授权品种的繁殖材料重复使用于生产另一品种的繁殖材料的所在地。

(二) 侵害植物新品种权行为的法律责任

侵害植物新品种权的行为，应当承担的法律责任主要是民事责任和行政责任。

1. 民事责任。侵害植物新品种权的行为，应当依照民法通则第 118 条、第 134 条的规定承担停止侵害、排除妨碍、消除危险、赔偿损失、消除影响、恢复名誉等民事责任。损害赔偿的标准为侵权人因为侵权所获得的利益或者被侵权人因为被侵权所受到的损失。

2. 行政责任。条例第 39 条规定，省级以上人民政府农业、林业行政部门依据各自的职权处理品种权侵权案件时，为维护社会公共利益，可以责令确认停止侵权行为，没收违法所得，可以并处违法所得 5 倍以下的罚款。

(三) 其他违法行为的行政责任

1. 条例第 40 条规定，假冒授权品种的，由县级以上人民政府农业、林业行政部门依据各自的职权责令停止假冒行为，没收违法所得和植物品种繁殖材料，并处违法所得 1 倍以上 5 倍以下的罚款；情节严重，构成犯罪的，依法追究刑事责任。

所谓假冒授权品种，分为假冒授权的林业植物新品种的行为和假冒授权的农业植物新品种的行为。按照细则林业部分第 64 条的规定，假冒授权的林业植物新品种的行为，是指下列情形之一的行为：使用伪造的品种权证书、品种权号的行为；使用已经被终止或者被宣告无效品种权的品种权证书、品种权号的行为；以非授权品种冒充授权品种的行为；以此种授权品种冒充他种授权品种的行为；其他足以使他人将非授权品种误认为授权品种的行为。按照细则农业部分第 74 条的规定，假冒授权的农业植物新品种的行为，是指下列情形之一的行为：印制或者使用伪造的授权品种证书、品种权申请号、品种权号或者其他品种权申请标记、品种权标记；印制或者使用已经被驳回、视为撤回或者撤回的品种权申请的申请号或者其他品种权申请标记；印制或者使用已经被终止或者被宣告无效的品种权的品种权证书、品种权号或者其他品种权标记；生产或者销售上述三项所标记的品种；生产或销售冒充品种权申请或者授权品种名称的品种；其他足以使他人将非品种权申请或者非授权品种误认为品种权申请或者授权品种的行为。

省级以上人民政府农业、林业部门在查处品种权侵权案件时，县级以上人民政府农业、林业部门在查处假冒授权品种案件时，根据需要，可以封存或者扣押与案件有关的植物品种的繁殖材料，查阅、复制或者封存与案件有关的合同、账册以及有关文件。

2. 销售授权品种未使用其注册登记的名称的，由县级以上人民政府农业、林业行政部门依据各自的职权责令限期改正，可以处 1 000 元以下的罚款。

第六章

集成电路布图设计的保护——集成电路布图设计保护法

第一节 集成电路布图设计专有利用权保护制度的意义

集成电路，又称半导体集成电路，是指以半导体材料为基片，将至少有一个是有源元件的两个以上元件和部分或者全部互联线路集成在基片之中或者基片之上，以执行某种电子功能的中间产品或者最终产品。集成电路布图设计，是指集成电路中至少有一个是有源元件的两个以上元件和部分或者全部互联线路的三维配置，或者为制造集成电路而准备的上述三维配置。

集成电路是信息社会的基石，集成电路产业已经成为信息时代最为重要的基础产业之一。集成电路布图设计的开发需要付出巨大成本，模仿、复制却极为容易，对此如果置之不理，将会减杀开发集成电路的积极性，从而阻碍集成电路布图设计的创新，延缓信息产业以及相关产业的进步。

理论上讲，在可以选择的保护模式中，著作权法、专利法、反不正当竞争法也可以用来保护集成电路布图设计。但是，著作权法只能保护集成电路布图设计的平面图，对于将平面的集成电路布图设计图形转化为立体的集成电路布图设计的行为、直接复制具有三维特征的集成电路布图设计的行为、生产或者销售含有集成电路布图设计的集成电路产品的行为，著作权法无法进行规制，因此著作权法不足以为集成电路布图设计者提供足够的激励。专利法是保护力度最强的知识产权法，利用专利法保护集成电路布图设计来保护集成电路布图设计的技术思想，对设计者保护虽然到位，但不利于集成电路布图设计领域中的竞争，相比著作权法保护过头了，因此也不适合用来保护集成电路布图设计。反不正当竞争法规制的是侵害集成电路布图设计的不正当竞争行为，不能为集成电路布图设计者配置具有特定内容的财产权，和著作权法一样，不能给集成电路布图设计者提供足够的激励，因此也不适合用来保护集成电路布图设计。由此可见，集成电路布图设计需要这样一种保护力度高于反不正当竞争法和著作权法但低于专利法的模式，即专有权的保护模式。

1989 年 5 月 26 日于华盛顿签署了《关于集成电路的知识产权条约》，并原则规定签约方必须为集成电路布图设计提供法律保护，至于是通过著作权法、专利权法、反不正当竞争法还是其他法律进行保护，该条约允许签约方进行选择。TRIPs 协议也规定了集成电路布图设计的保护。协议规定，依照《关于集成电路的知识产权条约》的相关规定为集成电路布图设计提供保护，并拓宽了保护范围，规定未经权利持有人许可而从事的下列行为非法：为商业目的进口、销售或以其他方式发行受保护的布图设计；为商业目的进口、销售或者以其他方式发行含有受保护的布图设计的集成电路；为商业目的进口、销售或以其他方式发行含有上述集成电路的产品。

我国于 1990 年 5 月 1 日签署了《关于集成电路的知识产权条约》，但直到 2001 年才由国务院颁布实施了《集成电路布图设计保护条例》。同年，国家知识产权局颁布实施了《集成电路布图设计保护条例实施细则》。

第二节　获得集成电路布图设计专有权的要件

一、主体的适格性

集成电路布图设计专有权属于集成电路布图设计的创作者。所谓创作者，是指对集成电路布图设计作出创造性贡献的人，仅仅提供辅助工作的人，不是创作者。

创作者包括两种情况。一是单位创作者。按照《集成电路布图设计保护条例》（以下简称条例）第 9 条第 2 款的规定，由法人或者其他组织主持，依据法人或者其他组织的意志创作，并由法人或者其他组织承担责任的集成电路布图设计，该法人或者其他组织是创作者。由自然人创作的集成电路布图设计，该自然人是创作者。

但是，按照条例第 10 条的规定，两个以上自然人、法人或者其他组织合作创作的集成电路布图设计，其专有权的归属由合作者约定；未约定或者约定不明确的，其专有权由合作者共同享有。这点与著作权法第 13 条规定的合作作品著作权由合作作者共同享有的归属原则存在很大不同。

按照条例第 11 条的规定，受委托创作的布图设计，其专有权的归属由委托人和受托人双方约定；未约定或者约定不明的，其专有权由受托人享有。在这种情况下，委托人的权益如何保护，条例未作规定。为了保护委托人的利益，条例应当规定，在专有权属于受托人的情况下，委托人应当享有在业务范围内的免费实施权。

主体的适格性还应当注意中国人和外国人的区别。按照条例第 3 条的规定，中国自然人、法人或者其他组织创作的集成电路布图设计，依照条例享有布图设计专有权。外国人创作的集成电路布图设计首先在中国境内投入商业利用的，也依照条例享有专有权。但是，外国人创作的未首先在中国境内投入商业利用的，如果其创作者所属国同中国签订有关集成电路布图设计保护协议或者与中国共同参加有关集成电路布图设计保护国际条约的，也依照条例享有专有权。

二、客体的适格性

1. 申请保护对象形式上的适格性。申请集成电路布图设计专有权的客体必须是集成电路布图设计，即集成电路中至少有一个是有源元件的两个以上元件和部分或者全部互联线路的三维配置，或者为制造集成电路而准备的上述三维配置。但是，按照条例第 5 条的规定，集成电路布图设计的思想、处理过程、操作方法或者数学概念等，不得申请集成电路布图设计专有权。

2. 申请保护对象实体上的适格性。申请保护的对象虽然是集成电路布图设计，但并不是任何集成电路布图设计都可以享有专有权。按照条例第 4 条的规定，受保护的集成电路布图设计，应当具备独创性，即该集成电路布图设计是创作者自己的智力劳动成果，并且在其创作时该集成电路布图设计在集成电路布图设计创作者和集成电路制造者中不是公认的常规设计。受保护的由常规设计组成的集成电路布图设计，其组合作为整体应当具备独创性和非常规性。据此，缺乏独创性和非常规性的集成电路布图设计，不能申请专有权。反之，只要是自己独自创作的集成电路布图设计，即使从一开始就和他人创作的集成电路布图设计相同，也不妨害其获得专有权。同时，也不以申请登记的先后作为获得专有权的要件。只要具备独创性和非常规性要件，在先登记申请并不阻碍在后申请获得同样的专用权。

一个值得探讨的问题是，申请专有权的集成电路布图设计同时需要具备独创性和非常规性是否合适。具备独创性的集成电路布图设计，同时应当就是具备非常规性的集成电路布图设计，因此没有必要在独创性以外再规定非常规性的要件。如果从新颖性的角度理解非常规性，则会使集成电路布图设计保护的要件过高，使许多在技术思想上缺乏新颖性的集成电路布图设计得不到应有的保护。结论是，申请专有权的集成电路布图设计，只要具备独创性即可，没有必要再规定非常规性的要件。

三、程序的适格性

按照条例第 8 条的规定，集成电路布图设计要获得专用权，必须到国务院知识产权行政部门即国家知识产权局申请登记。未经登记的集成电路布图设计，不受条例的保护，即不得享有专有权。

但是，任何时候都可以申请进行登记的话，必然剥夺第三人进行自由模仿的预测可能性，不利于集成电路布图设计的竞争，不利于创新。为此，条例对申请登记的时间进行了限制。按照条例第 17 条的规定，集成电路布图设计自其在世界任何地方首次商业利用之日起 2 年内，未向国务院知识产权行政部门提出登记申请的，国务院知识产权行政部门不再予以登记。也就是说，在这种情况下，集成电路布图设计创作者不能再获得专有权。

所谓商业利用，按照条例第 2 条第 5 项的规定，是指为商业目的进口、销售或者以其他方式提供受保护的集成电路布图设计、含有该集成电路布图设计的集成电路或者含有该集成电路的物品的行为。

总之，只有主体适格、客体适格、程序适格的集成电路布图设计，才能依法申请登记，才能获得专有使用权。

第三节　获得集成电路布图设计专有权的登记程序

一、登记申请

要想获得集成电路布图设计专有权，必须依法向国家知识产权局提出登记申请。

按照条例第 16 条的规定，提出登记申请，应当提交以下文件：

（一）集成电路布图设计申请表

按照国家知识产权局发布的《集成电路布图设计保护条例实施细则》（以下简称细则）第 13 条的规定，申请表应当记载下列内容：申请人姓名或者名称、地址或者居住地；申请人的国籍；集成电路布图设计的名称；集成电路布图设计创作者的姓名或者名称；集成电路布图设计的创作完成日期；该集成电路布图设计所用于的简称电路的分类；申请人委托专利代理机构的，应当注明的有关事项，申请人未委托专利独立机构的，其联系人的姓名、地址、邮政编码以及联系电话；集成电路布图设计存在商业利用行为的，该行为的发生日；集成电路布图设计申请有保密信息的，含有该保密信息的图层的复制件或者图样页码编号以及总页数；申请人或者专利代理机构的签字或者盖章；申请文件清单；附加文件以及样品清单；其他需要注明的事项。

（二）集成电路布图设计的复制件或者图样

按照细则第 14 条的规定，复制件或者图样应当符合下列要求：

1. 复制件或者图样的纸件应当至少放大到用该集成电路布图设计生产的集成电路的 20 倍以上。申请人可以同时提供该复制件或者图样的电子版本。提交电子版本的复制件或者图样的，应当包含该集成电路布图设计的全部信息，并注明文件的数据格式。

2. 复制件或者图样有多张纸件的，应当顺序编号并附具目录。

3. 复制件或者图样的纸件应当使用 A4 纸格式。如果大于 A4 纸的，应当折叠成 A4 纸格式。

4. 复制件或者图样可以附具简单的文字说明，说明该集成电路布图设计的结构、技术、功能和其他需要说明的事项。

（三）集成电路布图设计样品

集成电路布图设计已投入商业利用的，申请登记时应当提交含有该集成电路布图设计的集成电路样品。按照细则第 16 条的规定，提供的样品为 4 份，并应当符合下列要求：

1. 所提交的 4 件样品应当置于能保证其不受损坏的专有器具中，并附具填写好的国家知识产权局统一编制的表格。

2. 器具表面应当写明申请人的姓名、申请号和集成电路名称。

3. 器具中的集成电路样品应当采用适当的方式固定，不得有损坏，并能够在干燥器中至少存放 10 年。

（四）国务院知识产权行政部门规定的其他材料

此外，按照细则第 15 条的规定，集成电路布图设计在申请日之前没有投入商业使用的，在登记申请时可以有保密信息，但其比例最多不得超过该集成电路布图设计总面积的 50%。含有保密信息的图层的复制件或者图样页码编号以及总页数应当与集成电路布图设计登记申请表中所填写的一致。

按照细则第 17 条的规定，登记申请存在下列情形的，国际知识产权局不予受理，并通知申请人：

1. 未提交集成电路布图设计申请表或者复制件或者图样的，已投入商业利用而未提交集成电路样品的。

2. 外国人申请的所属国未与中国签订有关集成电路布图设计保护协议或者与中国共同参加有关国际条约的。

3. 所涉及的集成电路布图设计属于自创作完成之日起超过 15 年因而不予保护的。

4. 所涉及的集成电路布图设计自首次商业利用后超过 2 年没有申请登记因而不予保护的。

5. 申请文件未使用中文的。

6. 申请类别不明确或者难以确定其属于集成电路布图设计的。

7. 未按规定委托代理机构的。

8. 登记申请表填写不完整的。

二、登记申请审查

集成电路布图设计登记申请实行形式审查制度。按照条例第 18 条的规定，经过初步审查，没有发现驳回理由的，国家知识产权局应当予以登记，发给登记证明文件，并予以公告。按照细则第 20 条的规定，集成电路布图设计专有权自申请日起生效。

按照细则第 19 条的规定，经过初步审查，发现下列情形之一的，国家知识产权局应当作出驳回申请的决定，并说明理由：

（1）登记申请的对象明显不属于集成电路或者集成电路布图设计的。

（2）登记申请的对象明显属于集成电路布图设计思想、处理过程、操作方法或者数学概念的。

除了上述规定外，按照细则第 18 条的规定，申请文件不符合条例和细则规定的条件的，申请应当在收到国家知识产权局的审查意见通知之日起 2 个月内进行补正。逾期未答复的，该申请视为撤回。申请人按照国家知识产权局的审查意见补正后，申请文件仍不符合条例和细则的规定的，国家知识产权局应当作出驳回申请的决定。

三、登记申请中的救济

按照条例第 19 条的规定，集成电路布图设计登记申请人对国家知识产权局驳回其登记申请的决定不服的，可以自收到通知之日起 3 个月内，向国家知识产权局专利复审委员会请求复审。专利复审委员会作出复审决定后，登记申请人仍然不服的，可以自收到通知之日起 3 个月内向人民法院起诉。

集成电路布图设计获准登记后，专利复审委员会发现登记不符合条例规定的，可以撤销该集成电路布图设计专用权。集成电路布图设计专用权人不服撤销决定的，可以自收到通知之日起 3 个月内向人民法院起诉。期满不起诉或者法院维持撤销的判决发生法律效力后，国家知识产权局应当将撤销决定在国家知识产权局互联网站和中国知识产权报上公告。

被撤销的集成电路布图设计权视为自始即不存在。在撤销前因为侵权获得的赔偿、转让或者许可获得的转让费或者使用费，应当作为不当得利返还。

第四节　集成电路布图设计专有权的内容及其限制

一、集成电路布图设计专有权的内容

按照条例第 7 条的规定，集成电路布图设计人享有下列专有权：

1. 复制权。即有权对受保护的集成电路布图设计的全部或者其中任何具有独创性的部分进行复制。所谓复制，是指重复制作集成电路布图设计或者含有该集成电路布图设计的集成电路的行为。

2. 商业利用权。即有权将受保护的集成电路布图设计、含有该集成电路布图设计的集成电路或者含有该集成电路的物品投入商业利用。

由上可见，未经集成电路布图设计专有权人许可，对集成电路布图设计进行复制或者商业利用的行为，除非条例有明确规定，都构成侵害集成电路布图设计专有权的行为。

按照条例第22条的规定，上述专有权可以转让或者许可他人使用。转让集成电路布图设计专有权的，应当签订书面合同，并向国家知识产权局登记，由国家知识产权局予以公告。集成电路布图设计专有权的转让自登记之日起生效。许可他人使用集成电路布图设计专有权的，当事人应当订立书面合同。由此可见，登记是集成电路布图设计专有权发生转移的要件，而不是转让合同的生效要件。许可使用合同则自合同签订之日起生效，无须登记。

集成电路布图设计专有权也可以依法发生承继。按照条例第13条的规定，集成电路布图设计专有权属于自然人的，该自然人死亡后，其专有权在规定的保护期限内依照继承法的规定转移。集成电路布图设计专有权属于法人或者其他组织的，法人或者其他组织变更、终止后，其专有权在保护期限内由承继其权利、义务的法人或者其他组织享有。没有承继其权利、义务的法人或者其他组织的，该集成电路布图设计进入公有领域。

二、集成电路布图设计专有权的限制

为了保护公众的利益，促进产业的竞争，条例对集成电路布图设计专有权规定了如下限制：

（一）合理使用行为

条例第23条规定，下列行为可以不经集成电路布图设计权利人许可，不向其支付报酬：

1. 为了个人目的或者单纯为了评价、分析、研究、教学等目的而复制受保护的集成电路布图设计的。

2. 在依据前项评价、分析受保护的集成电路布图设计的基础上，创作出具有独创性的集成电路布图设计的。即通过反向工程获得和他人相同的集成电路布图设计的行为属于合理使用行为。

3. 对自己独立创作的与他人相同的集成电路布图设计进行复制或者将其投入商业利用的。

（二）权利用尽

条例第 24 条规定，受保护的集成电路布图设计、含有该集成电路布图设计的集成电路或者含有该集成电路的物品，由集成电路布图设计权利人或者经其许可投放市场后，他人再次进行商业利用的，可以不经权利人许可，不向其支付报酬。这主要是为了保证商品的自由流通作出的限制。

（三）强制许可

又称非自愿许可。条例第 25 条规定，在国家出现紧急状态或者非常情况时，或者为了公共利益的目的，或者经人民法院、不正当竞争行为监督检查部门依法认定集成电路布图设计权利人有不正当竞争行为而需要给予补救时，国家知识产权局可以给予使用其集成电路布图设计的非自愿许可。和专利强制使用许可相比，集成电路布图设计的强制使用许可中，经人民法院、不正当竞争行为监督检查部门依法认定集成电路布图设计权利人有不正当竞争行为而需要给予救济时，国家知识产权局也可以给予强制使用许可。

条例第 26 条规定，国家知识产权局作出强制使用许可决定的，应当及时通知集成电路布图设计权利人。给予使用集成电路布图设计的强制许可决定，应当根据强制许可的理由，规定使用的范围和时间，其范围应当限于为公共利益目的非商业性使用，或者限于经人民法院、不正当竞争行为监督检查部门依法认定集成电路布图设计权利人有不正当竞争行为而需要给予的补救。强制使用许可的理由消除并不在发生时，国家知识产权局应当根据权利人的请求，经审查后作出终止强制使用许可的决定。

取得强制使用许可的自然人、法人或者其他组织不享有独占使用权，并且无权允许他人使用，并应当向权利人支付使用费。具体数额由双方协商确定。双方不能达成协议的，由国家知识产权局裁决。

对国家知识产权局强制使用许可决定不服的，或者对强制使用许可报酬的裁决不服的，可以自收到通知之日起 3 个月内向人民法院起诉。前者为行政诉讼，以国家知识产权局为被告；后者为民事诉讼。

（四）保护期限

条例第 12 条规定，集成电路图设计专有权的保护期限为 10 年，自集成电路布图设计申请之日或者在世界任何地方首次投入商业利用之日其计算，以较前日期为准。但是，无论是否登记或者投入商业利用，集成电路布图设计自创作完成之日起 15 年后，不再受条例保护。

按照细则第 31 条的规定，集成电路布图设计权利人在其集成电路布图设计专有权保护期限届满前，可以向国家知识产权局提交书面声明放弃该专有权。但是专有权已经许可他人实施或者已经设定质权的，该专有权的放弃应当征得被许可人或者质权人的同意。

第五节　侵害集成电路布图设计专有权的法律后果

一、申请登记前的救济

在集成电路布图设计者向国家知识产权局提出登记申请前，未经许可使用其集成电路布图设计，又无合法依据的，上述条例以及实施细则都没有规定救济的方式。在这种情况下，由于设计者付出了巨大的投资，因此仍然应当作为一种合法的利益，受到反不正当竞争法或者民法通则的保护，赋予设计者一定的金钱请求权。在提出登记申请并获得登记后，则可以追究行为人的侵权责任。

二、侵权行为及其后果

未经集成电路布图设计专有权人许可，又没有法律上的依据，复制或者商业利用其集成电路布图设计的，构成侵犯集成电路布图设计专有权的行为。但是，集成电路布图设计专有权人应当提供证据证明行为人使用的集成电路布图设计与自己的集成电路布图设计全部相同或者与其集成电路布图设计中任何具有独创性的部分相同。集成电路布图设计没有投入商业利用的，集成电路布图设计专有权人应当提供证据证明行为人存在获知其集成电路布图设计的实际可能性。

按照条例第 30 条的规定，行为人应当立即停止侵权行为，并且应当承担赔偿责任。赔偿数额，为侵权人所获得的利益或者被侵权人所受到的损失，包括被侵权人为制止侵权行为所支付的合理开支。

行为人除了承担上述民事责任外，还应当承担一定的行政责任。

对于侵害集成电路布图设计专有权的行为，目前尚未设定刑事责任。

为了切实保护集成电路布图设计专有权人的利益，条例第 32 条规定了诉前禁止令和财产保全措施。按照此条的规定，集成电路布图设计权利人或者利害关系人有证据证明他人正在实施或者即将实施侵犯其专有权的行为，如不及时制止将会使其合法权益受到难以弥补的损害的，可以在起诉前依法向人民法院申请采取责令停止有关行为和财产保全的措施。

三、适用除外

条例第 33 条规定，在获得含有受保护的集成电路布图设计的集成电路或者含有该集成电路的物品时，不知道也没有合理理由应当知道其中含有非法复制的集成电路布图设计，而将其投入商业利用的，不视为侵权。但在行为人得到其中含有非法复制的集成电路布图设计的明确通知后，可以继续将现有的存货或者此前的订货投入商业利用，不过应当向集成电路布图设计权利人支付合理的报酬。

　　在上述第一种情况下，虽可以不追究侵权责任，但权利人仍然可以要求行为人承担不当得利返还的责任。

21 世纪民商法学系列教材

21 Shiji minshang faxue xilie jiaocai

知识产权法总论

第二编

标识法

信用的保护(1)——商标法

第一节　商标法的趣旨

商标法属于标识法，和属于创作法讲求技术先进性的专利法、讲求文化多样性的著作权法不同，商标法讲求的是标识的识别性，因而即使没有创造性的极为普通的标识，只要经过使用获得了识别力，也可以作为商标申请注册。

标识之间的混淆性使用很可能增加经营者的搜索成本，使需要者买不到自己真正想要的商品或者服务，因而商标法在保护注册商标的专用权、维护注册商标识别力的同时，也间接维护经营者和需要者的利益。正是因为如此，商标法在保护注册商标的同时，对未注册的知名商标也提供最低限度的消极保护（商标法第31条）。

在授予注册商标专用权的同时，商标法也禁止对注册商标进行混淆性使用，以维护公平的竞争。从这个角度看，商标法不但和专利法一样，属于权利赋予法，而且属于行为规制法，具有强烈的竞争政策法特征。

商标法的识别法特征，决定了商标的本质功能。虽然具有广告功能和品质保证功能，但商标作为区别不同商品或者服务来源的标志，最本质的还在于识别功能，这一点在实践中具有特别重要的意义。合法投放市场的商品，他人进行再销售，甚至是平行进口，商标权人之所以没有权利再进行控制，根本原因就在于再销售者、平行进口者未改变商标的识别功能。

第二节　商标注册的要件

一、注册主义和使用主义

1. 注册主义和使用主义。按照注册主义，某个标识即使没有实际使用，没有凝聚使用者的市场信用，只要符合商标法关于注册商标要件的规定，就可以取得专用权。而按照使用主义，某个标识没有实际使用，没有凝聚使用者一定市场信用的情况下，不能作为商标申请注册。使用主义的弊端在于，对于已经付出了相当投资，凝聚了一定市场信用的商标使用人来说，由于担心相同或者近似的商标存在他人在先使用的现象，该商标即使申请注册，也很可能难以获得注册，因而对已经使用的商标用心进行经营的激励就会大大减小。这对于塑造品牌是非常不利的。注册主义正好可以消除使用主义存在的这种弊端。由于不以实际使用作为获得注册的要件，并且在提出申请后未予核准前，就可以给予一定的保护，因此，申请人在提出商标注册申请后，就可以放心投入广告宣传费用经营自己的商标，塑造自己的品牌。由此可见，注册主义具有商标发展助成作用。此外，采取注册主义也可以避免使用主义举证的困难。

当然，即使采取注册主义，申请人也必须具备使用商标的意思，并且从核准注册之日起3年没有正当理由不使用的，主管机关可以主动撤销该注册商标，也可由任何人申请撤销该注册商标。可以说，商标法最终保护的是实际使用、获得一定市场信用的商标。

2. 注册主义的补充。严格实行注册主义，会引发一系列的缺陷：一是没有使用的商标能够获得注册，将会妨害他人选择商标的自由；二是会增大申请量，从而增加审查机关的审查负担，延缓审查的期限；三是注册商标数量过于庞大，将会增大其他申请人的搜索成本；四是可能导致注册制度被滥用。为此，必须从制度上对注册主义进行补充和完善。主要措施包括不使用撤销、存续期间更新、先使用制度、禁止滥用注册制度等等。

二、商标注册主体要件（人的要件）

商标法第4条规定，自然人、法人或者其他组织对其生产、制造、加工、拣选或者经销的商品，或者对其提供的服务项目，需要取得商标专用权的，应当向商标局申请商标注册。在理解这条规定时，必须把握以下几点：

（一）申请人必须具备使用商标的意思

申请人必须具有在自己业务所属商品或者服务上使用商标的意思。申请注册的商标必须从一开始就具有在自己业务所属商品或者服务上进行使用的意思。理由在于，从一开始就没有使用的意思而赋予申请者排他性的独占权会过度妨碍他人选择商标的自由，有失妥当。从一开始就出于让他人使用的目的而申请商标注册的，不应当授予其商标独占权，以抑制出于防御目的和囤积目的的商标注册申请。

按照上述标准，如果某个商标注册申请者的业务从一开始就被法律禁止，比如按照银行法的规定，银行不得从事银行业以外的业务，如果银行申请注册的商标指定使用的商品为化学品或者饮食服务，则不具有在自己所属商品或者服务上使用商标的意思，不符合申请注册的要件。这种情况属于业务受禁止而不符合商标法第4条的规定。此外，如果营业主体资格不符合法律的规定，也会导致申请者的申请不符合商标法第4条所要求的具有在自己所属商品或者服务上使用商标的意思的规定。比如，刑事辩护业务只有具有律师资格的自然人才有资格从事，如果法人将辩护服务作为指定服务申请商标注册，其申请不得被允许。

对于不同于普通的商品商标和服务商标的集体商标和证明商标而言，申请商标注册的目的在于让其成员使用，或者是监督管理对象使用，申请者从一开始就不具备自己使用的意思，因此属于特殊情况。

要指出的是，即使申请人在申请商标注册时提交了营业执照等文件，或者以言语表明将来有使用商标的计划，申请人将来实际是否使用商标在申请时也无法进行确切的判断。为此，只有通过连续3年不使用撤销制度（商标法第44条第4项）和存续期间更新制度（商标法第38条）进行事后的控制。

（二）申请人必须是为了业务目的的使用

所谓业务目的，是指业务具有反复性和继续性，并不是为了特定时间和地点的一次性使用。比如，如果有证据表明，某个商标只是为了在某个特定节庆日使用，则不能够获得注册。至于业务是否具有营利目的在所不问。即使将商标使用在广告和赠品上，也是为了业务目的的使用，只要符合商标注册的其他要件，就应当允许申请注册。同时，自己营业所属的商品或者服务，自己是否拥有最后的所有权也在所不问。此外，使用是实际使用还是为了将来使用也在所不问。由于商标法采取注册主义原则，因此，只要商标标识本身符合注册的要件，即使在申请时自己没有实际使用或者给予他人实际使用，也可以获得注册。与此相适应的是，商标法并不要求申请人在提出商标注册申请时提交使用计划、记载自己业务的制度。

（三）申请人必须具备权利能力

按照商标法第4条的规定，能够申请商标注册的主体包括自然人、法人和其他组织，主体非常广泛。但是按照商标法第17条的规定，外国自然人或者外国企业在我国申请商标注册的，应当按照其所属国和我国签订的协议或者共同参加的国际条约办理，或者按照对等原则办理。这里所指的外国人或者外国企业，按照商标法实施条例第7条的规定，是指在我国没有经常居所或者营业所的外国人或者外国企业。

由此可见，在我国没有经常居所或者营业所的外国人或者外国企业，原则上不得在我国申请商标注册，除非和我国签订了协议，或者共同参加了国际条约，或者存在对等原则。

申请人不具备权利能力申请商标注册的，除非经过法定代理人事先同意或者事后追认，或者消除了其他不具备权利能力的事由，应当驳回申请。已经注册的，应当准许利害关系人申请撤销，或者由国家商标局依照职权主动撤销。

三、商标注册的识别力要件（一般要件）

（一）识别力

从需要者的角度看，可以识别商品或者服务的标识既可以是视觉器官可以感知的标识，比如文字、图形、字母、数字、三维标志和颜色组合，以及上述标识的组合，也可以是嗅觉器官可以感知的某种气味，或者听觉器官可以感知的某种声音，甚至是触觉器官可以感知的质感，但因商标必须附着在商品上，从附着的成本、需要者识别的便利等因素考虑，现行商标法第 8 条只允许文字等可视性标识作为商标申请注册，而不允许气味、声音等标识作为商标申请注册。

然而，并不是任何可视性标识都可以作为商标申请注册。在可视性前提下，申请注册的商标应当具备识别力。所谓识别力，即商标能够使需要者将一种商品或者服务与另一种商品或者服务区别开来的能力。商标法第 8 条规定，任何能够将自然人、法人或者其他组织的商品与他人的商品区别开的可视性标志，包括文字、图形、字母、数字、三维标志和颜色组合，以及上述要素的组合，均可以作为商标申请注册。该条虽然规定的是哪些标识可以作为商标申请注册，但也间接规定了申请注册的商标应当具备的识别力要件，即商标应该能够将商品区别开来。

商标法第 9 条进一步对申请注册的商标应该具备的识别力作了规定。按照该规定，申请注册的商标应该具备显著特征，便于识别。一般说来，商标本身的设计独特，具有个性化特征，也就容易给需要者留下比较深刻的印象，因而一般就具备了识别力。但是，必须注意以下两点：

1. 并不是任何具有显著性和识别力的商标都可以作为商标申请注册。考虑到公序良俗、国家和国际组织的尊严、需要者利益、不同权益人之间的关系，某些标识，比如国家名称、国旗、国徽、勋章，国际组织名称、旗帜、徽记，容易产生出所混同或者品质误认的标识，损害民族情感的标识，等等，虽然具备识别力，也不得申请注册。

2. 某些商标设计本身虽然没有显著性和识别力，但如果经过长期使用获得了识别力，仍然可以作为商标申请注册。在这种情况下，商标本身的设计虽然不会因长期使用而变得独特和个性化，却可以给需要者留下深刻印象，从而使需要者将一种商品或者服务与其他商品或者服务区别开来。比如商标法第 11 条规定的标识就属于这种情况。从这里可以看出，商标的显著性和识别力之间并不是一一对应的关系。虽然具有显著性的商标一般具有识别力，但不能由此推出没有显著性的标识就无法获得识别力从而不能作为商标申请注册的结论。

基于上述理由，从立法论的角度看，商标法第9条在规定申请注册的商标需要具备的要件的时候，要求商标应当具备显著性。第11条在规定不能作为商标申请注册的标识时，规定"缺乏显著特征的"不能作为申请商标注册的标识，在规定例外时规定"经过使用取得显著特征，并便于识别的，可以作为商标注册"应当说存在问题。商品的通用名称、图形、型号，表示商品质量、主要原料、功能、用途、重量、数量以及其他特点的标识，不管如何使用，设计本身并不会变得个性化，因此是无法取得显著性的。所以从立法论的角度看，倒不如将商标法第9条修改为"申请注册的商标，应当具有识别力，并不得与他人在先取得的合法权利相冲突"，将第11条第1款第3项改为"缺乏识别力的"，第2款改为"前款所列标志经过使用获得识别力的，可以作为商标注册"，更为确切。

要指出的是，申请注册的商标是否具有识别力，在进行初步审查时不大容易进行判断。为了克服这种困难，各国的商标法往往采取列举的方式，以说明哪些标识不具备识别力，比如我国商标法第11条的规定就是如此。

（二）欠缺识别力的标识

商标法第11条第1款规定的标识都属于欠缺识别力的标识，因此原则上不能作为商标申请注册，但这并不说明这些标识在任何情况下都不得作为商标申请注册。欠缺识别力的标识只有在具备以下两个要件的情况下，才不能作为商标申请注册。

1. 必须采用普通的方法表示。所谓普通的方法，是指交易圈普遍认为的无须付出任何创造力、无法起到识别商品或者服务来源的方法。如果欠缺识别力的标识采用特别的方法表示，能够发挥识别商品或者服务来源的作用，则即使没有使用，也可以作为商标申请注册。但要特别注意的是，对极为简单而普通的某些标识，比如一根直线、一个逗号、一个句号、一个圆圈，即使采用特别的方法表示，也难以获得识别力，因而也不得作为商标申请注册。

2. 欠缺识别力的标识没有通过使用获得识别力。欠缺识别力的标识虽然使用普通的方法表示，但如果通过使用获得了识别力，则可以作为商标申请注册。所谓通过使用获得了识别力，包含两层含义：一是商标法第11条规定的各种标识已经作为商标被实际使用，二是通过使用这些标识达到了需要者能够识别商品或者服务来源的程度，获得了第二含义。至于识别力的大小，虽不要求达到著名的程度，最起码也必须达到知名的状态。某个标识从没有识别力到获得识别力，是一个交易圈、广告量等不断扩大的渐进、积累过程，也是知名度不断拓展的过程。某个欠缺识别力的标识虽然使用了，但如果没有获得任何知名度，也就难以获得识别力，因而也不得作为商标申请注册。

在判断某个标识是否属于通过使用获得识别力的标识时，应当严格加以把握。通过使用获得识别力的标识在申请商标注册时，申请注册的标识必须和通过使用获得识别力的标识具有同一性，即不但标识本身应当相同，而且标注的商品或者服务必须相同。如果其中有任何一个不同，则不能作为商标申请注册。就标识来看，如果存在以下情况，不能作为获得了识别力的标识申请商标注册：

（1）申请注册的商标是草书体汉字，而证明书提供的使用商标是楷书体或者行书体的汉字，或者相反；

（2）申请注册的商标是汉字，而证明书提供的使用商标是少数民族文字、拼音或者罗马字，或者相反；

（3）申请注册的商标是阿拉伯数字，而证明书提供的使用商标是中国汉字数字，或者相反；

（4）申请注册的商标使用竖写文字，而证明书提供的使用商标是横写文字，或者相反；

（5）申请注册的商标的图案和证明书提供的使用商标的图案没有完全一致，比如申请注册的商标是一个圆圈中加上一个符号 P，而证明书提供的使用商标是一个正方形中加上一个 P；

（6）申请注册的商标是立体商标，而证明书提供的使用商标是平面商标，或者相反；

（7）申请注册的商标是英文，而证明书提供的使用商标是中文或者其他文字，或者相反。

（三）除斥期间

欠缺识别力的标识是否适用除斥期间的规定，应当视具体情况而定。欠缺识别力的标识如果由于商标局审查的失误而给予了注册，在注册后 5 年内如果通过使用获得了识别力，从维护交易安全和既有事实的角度出发，应当适用除斥期间规定，不得再行撤销。如果在注册后 5 年内没有通过使用获得识别力，则应当允许商标局主动撤销或允许公众请求撤销。商标法第 41 条不区分实际情况，一律准许商标局主动撤销或者允许公众请求撤销是不科学的。

（四）欠缺识别力的具体标识及其判断

按照商标法第 11 条的规定，以下标识属于欠缺识别力的标识：

1. 仅有本商品的通用名称、图形和型号。所谓本商品的通用名称、图形、型号，是指国家标准、行业标准规定的或者约定俗成的名称、图形、型号，其中名称包括全称、简称、缩写、俗称，比如面包、咖啡、电视机、洗衣机等等。仅有本商品的通用名称，比如指定商品为人参的 **高麗白** GAO LI BAI 就属于通用名称。仅有本商品的通用图形的,比如指定商品为鞋垫的图形就属于通用图形。仅有本商品的通用型号的,比如指定商品为服装的"XL"(大号)、"XXL"(特大号)就属于通用型号。

对于新开发的商品或者服务名称,比如"方便面"、"快递服务",也应当作为商品或者服务的通用名称对待。

服务的通用名称,包括略称、俗称,比如银行、保险、理发、美容、土木建筑、医疗卫生、法律咨询、烹调、房屋租赁等等,和商品的通用名称一样,也属于相对禁用的标识。

某个名称是否是商品或者服务的通用名称的判断主体,不能仅仅简单地以消费者作为判断主体,而应当看该名称在特定的交易市场内,是否一般地、普遍地作为商品或者服务的一般名称加以使用。如,在日本,"味の素"作为谷安酸苏打的商标,虽然日本消费者普遍认为该标识是谷安酸苏打的别称,但是在交易圈中,"味の素"作为"味の素株式会社"的个性化商品——谷安酸苏打的商标被普遍认知,因此被日本特许厅批准进行了注册。

要特别注意的是,商品或者服务的普通名称采用普通的方法进行表示,虽然作为本商品或者服务的商标没有识别力,但是作为其他商品或者服务的商标时却可能具有识别力。比如将"あんみつ"(豆沙水果凉粉)使用在"ウイスキー"(威士忌)上,将"保险"使用在银行提供的服务上,等等。话虽如此,这样的商标仍然难以获得注册。理由在于,将某商品或者服务的普通名称使用到与该商品或者服务毫不相干的其他商品或者服务上作为商标使用,往往会引起商品或者服务的品质误认。比如将"ウイスキー"(威士忌)作为珍珠果米酒的商标进行使用,将"牛奶"作为矿泉水的商标进行使用,由于威士忌和珍珠果米酒、牛奶和矿泉水毫无关系,需要者往往会对珍珠果米酒或者矿泉水的品质等感到迷惑不解。对这种情况下的商标注册申请,虽然商标法第11条第1款第1项无法阻止其注册,但是商标法第10条第1款第8项关于存在其他不良影响的商标不能申请注册的规定却可以阻止其注册。

2. 仅仅直接表示商品的质量、主要原料、功能、用途、重量、数量及其他特点的。具体是指商标仅由对指定使用商品的质量、主要原料、功能、用途、重量、数量及其他特点具有直接说明性和描述性的标志构成。具体包括:

(1) 仅仅直接表示指定商品的质量的,比如,指定商品为面粉的"真的好"。但是未仅仅直接表示指定商品质量的除外,比如指定商品为肉和食油的"纯净山谷"。

(2) 仅仅直接表示指定商品的主要原材料的,比如指定商品为调味品的"柴鸡"。指定商标为苹果罐头的"苹果熟了"。

(3) 仅仅直接表示指定商品的用途或者功能的,比如指定商品为漏电保护器的

"安全"，指定商品为空气净化器的"纯净气"。

（4）仅仅直接表示指定商品的重量、数量的，比如指定商品为玉米的"100KG"，指定商品为雪茄的"100 支"。

（5）仅仅直接表示指定商品的特定消费者的，比如指定商品为非医用营养液的"女过五十"。

（6）仅仅直接表示指定商品价格的，比如指定商品为磁带、眼镜、光盘的 ⑤。

（7）仅仅直接表示指定商品的内容的，比如指定商品为光盘、计算机软件的"法律之星"。

（8）仅仅直接表示指定商品的使用方法的，比如指定商品为方便面的"冲泡"，指定服务为自助餐厅的"自助"。

（9）仅仅直接表示指定商品的生产工艺的，比如指定商品为服装的"湘绣"、"蜡染"。

（10）仅仅直接表示指定商品的生产地点、时间、年份的。比如指定商品为香烟的"西藏阿里"，指定商品为酒的"19190909"。

（11）仅仅直接表示指定商品的形态的，比如指定商品为食盐的"固体颗粒"，指定商品为无酒精果汁饮料的"果晶"。

（12）仅仅直接表示指定使用商品的有效期限、保质期或者服务时间的。比如指定服务为有线电视的"全天"，指定服务为银行的"24 小时"。

（13）仅仅直接表示商品的销售场所或者地域范围的。比如，指定使用服务为餐馆的"大食堂"。

（14）仅仅直接表示商品的技术特点的。比如指定商品为电话机的"蓝牙"（无线上网的意思），指定商品为浴室装潢的"NAMI 纳米"，指定商品为防冻剂的"共晶"。

值得注意的是，商标表示了其指定使用商品的质量、主要原料、功能、用途、重量、数量及其他特点，如果指定商品具备该特点的，按照商标法第 11 条第 1 款第 2 项的规定，不予注册，除非申请人提供了通过使用获得识别力的证据。如果指定使用商品不具备该特点，可能误导公众的，在适用商标法第 11 条第 1 款第 2 项规定的同时，还可以适用商标法第 10 条第 1 款第 8 项的规定。比如，指定商品为非医用营养品的"山楂"，指定服务为出租车运营的"生命保险"。

商品的通用名称、图形、型号、直接表示商品的质量、主要原料、功能、用途、重量、数量以及其他特点的标识，属于描述性标识。在判断某个标识是否属于描述性标识时，需要注意，外国语中的描述性标识如果翻译到我国使用，是否仍然属于描述性标识的问题。由于语言本身的转换和理解问题，在语言所属国被认为属于描述性标识的，我国的需要者可能根本就不理解，在这种情况下，就不能根据外国语言本身是否是描述性标识来进行判断，而应当根据我国需要者对该标识本身的认知来进行判断。一般来说，由于英语语言属于世界性语言，我国了解者甚多，因此一般应当按照或者完全按照汉语语言来进行判断。比如"super"、"good"、"wonderful"、"deluxe"（豪华的、高级的）、"smart"等形容词，"lion"、"king"、"cherry"、"apple"、"food"等名词，如果用来作为商标，应当准照汉语语言的认知习惯进行判断。除了英文以外的其他语言，比如俄罗斯语、印度尼西亚语、西班牙语，等等，用来表示商品或者服务的时候，由于我国一般的需要者并不理解，因此一般情况下应当允许作为商标申请注册。但即使如此，该等商标权的效力也应当依法受到限制。随着我国和世界各国交往的不断扩大，语言障碍正在逐渐消除，逐渐紧缩授予描述性的外国语商标权应当成为一个发展趋势。

3. 缺乏显著性的。所谓缺乏显著性的标识，是指商标法第 11 条第 1 款第 1 项、第 2 项规定以外的、按照社会一般观念其构成本身或者作为商标使用在指定商品上不具备识别商品来源作用的标识。具体来说包括：

(1) 过于简单的线条、普通的几何图形。比如一根直线、一个正方形或者长方形、一个圆柱体，等等。但是简单的线条、普通的几何图形和文字或者其他标识结合整体具有识别力的除外。比如，指定商品为电炉的 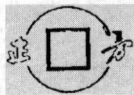，指定商品为白酒的 。

(2) 过于复杂的文字、图形、数字、字母或上述标识的组合。比如，指定商品为茶和茶饮料的 ，指定商品为糖果的 。

(3) 一个或者两个以普通方式表现的字母。比如，指定商品为服装的 A 或者 B、指定商品为钟表的 RO。但是非普通字体或者和其他标识结合而整体具有识别力的除外。比如，指定商品为首饰的 ，指定商品为缝纫机油的 。

(4) 普通形式的阿拉伯数字指定使用于习惯以数字做型号或货号的商品上。比如，指定商品为口红的 ，指定使用商品为消毒剂的 。

但是采取非普通形式表现或者与其他标识组合而整体具有识别力，或者指定使用于不以数字做型号或者货号的商品上的除外。比如，指定商品为工业用脂的

，指定商品为动物饲养设备的 。

（5）指定使用商品的常用包装、容器或者装饰性图案。比如，指定商品为香烟的 ，指定商品为盘子的 。

但是与其他标识结合而整体具有识别力的除外。比如指定商品为矿泉水的

，指定商品为巧克力块的 。

（6）单一颜色。任何单独一种颜色，都不得作为商标申请注册。

（7）非独创的表示商品或者服务特点的短语或者句子。比如，指定商品为箱包的"一旦拥有、别无所求"（对使用对象进行引导、带有广告效果），指定商品为饲料的"让养殖业充满生机"（暗示使用商品的效果）。

但独创且非流行或者与其他标识组合而整体具有识别力的除外。比如指定商品为片剂的"抓住它，别让它轻易飞走"，指定商品为工业黏合剂的"木匠是朋友"。

（8）本行业或者相关行业常用的贸易场所名称。比如指定服务为服装的"衣店"。但与其他标识组合而整体具有识别力的除外。比如，指定服务为推销的

，指定商品为金属地板、五金器具的 。

（9）本行业或者相关行业通用的商贸用语或者标志。比如指定商品为录制好的

电脑软件的"网购",指定商品为修指甲工具的 。

但是与其他标识结合并且整体上具有识别力的除外。比如,指定服务为推销的"卓越网购",指定服务为美容院的"微微美容"。

(10)企业的组织形式、本行业名称或者简称。比如指定商品为印刷出版物的

Inc,或者"公司"、"Co."、"轻工"、"重工",等等。但带有其他构成标

识而整体具有识别力的除外。比如指定商品为挖掘机的 。

由上面的分析可以看出,我国商标法第 11 条第 1 款第 1 项、第 2 项列举的不具备识别力的标识虽然并不完备,但由于该条第 3 项做了一个概括性规定,因此并不妨碍审查机关将前两项没有列举的事项解释为"缺乏显著特征"的标识。然而,这种立法模式虽不妨碍审查机关的审查工作,对商标注册申请人来说,却缺乏可预见性,难以避免会将那些缺乏识别力而商标法第 11 条第 1、2 项又没有列举的标识作为商标申请注册,徒增申请成本。

(五)商标注册申请中包含欠缺标识力的标识的处理

根据我国商标局的审查实践,如果申请注册的商标中包含了第 11 条规定的欠缺识别力的标识,应当按照下列规则处理:

1. 如果商标由不具备识别力的标识和其他标识构成,则其中不具备识别力的标识应当与其指定使用商品的特点相一致,或者依据商业惯例和消费习惯,不会造成相关公众误认,否则申请注册的商标中不得包含不具备识别力的标识。比如,指定使用商品为纳米碳酸钙的"东华纳米",指定商品为服装和鞋的"利郎商务男装",由于商标中不具备识别力的部分与该商标指定使用的商品特点相一致,因而可以获得注册。

商标含有不具备识别力的标识,申请人可以在《商品和服务分类表》的基础上对指定使用商品进行限定,从而使商标中没有识别力的标识所描述的内容与指定使用商品的特点相一致。比如指定商品为果汁饮料(橙子饮料)的 ,指定商品为红木家具的"红木太阳"。

2. 商标由不具备识别力的标识和其他标识构成,使用在其指定的商品上容易使

相关公众对商品的特点产生误认的，即使申请人声明放弃专用权的，仍应按照商标法第 10 条第 1 款第 8 项的规定，不予注册。这种情况包括：

（1）容易使相关公众对商品种类发生误认的。比如指定商品为茶、糖、巧克力、

蛋糕的 。

（2）容易使相关公众对商品型号发生误认的。比如指定商品为黏合剂的"红太阳 505"。

（3）容易使相关公众对商品质量发生误认的。比如指定商品为仿金制品、项链、戒指的"关西 24K"。

（4）容易使相关公众对商品的原材料发生误认的。比如指定商品为果汁饮料的

，指定商品为卫生纸的 。

（5）容易使相关公众对商品功能、用途发生误认的。比如指定商品为人用药的"喜马拉雅肠舒宝"。

（6）容易使相关公众对商品重量、数量发生误认的。比如指定商品为白酒的"金地 1000ml"，指定商品为火柴的"湘麓 500"。

（7）容易使相关公众对商品风味发生误认的。比如啤酒、矿泉水、汽水

的 。

（8）容易使相关公众对商品价格发生误认的。比如指定商品为磁带、光盘（音

像）、眼镜的 ，指定商品为糖果、面包的 。

（9）容易使相关公众对商品生产时间发生误认的。比如指定商品为白酒的"华邦 2005－11－7"。但依照商业惯例和消费习惯不会使相关公众对商品生产时间发生

误认的除外。比如指定商品为服装和鞋的 （文字上方为"ES-TABLISHED 1874"字样，含义为"建于 1874 年"）。

（10）容易使相关公众对商品的技术特点发生误认的。比如指定商品为服装的 *Tianlongnami* 天龙纳米 。

3. 商标由不具备识别力的标识和其他标识构成，但相关公众难以通过该商标中的其他标识或者商标整体识别商品来源的，认定为缺乏识别力的商标，按照商标法第11条第1款第3项的规定，不予注册。比如指定使用商品为鞋子的 shoes ，指定使用商品为金属箱的 **Reliable** 。

但该其他标识或者商标整体能够起到区分商品来源作用的除外。比如指定使用商品为502黏合剂的 SHNEGHUA 502，指定使用商品为纳米服装的 纳 米。

四、商标注册的阻却要件（特别要件）

如上所述，欠缺识别力的标识原则上不能作为商标申请注册，但这并不说明凡是具备识别力的标识都可以作为商标申请注册。考虑他人的行动自由、公序良俗等公益或者私益因素，某些标识，即使具备识别力，也不能作为商标申请注册。这些标识，称为商标注册的阻却标识。商标法第10条、第12条、第13条、第15条、第16条、第28条、第31条、第46条规定的标识，都属于这种性质的标识。

（一）是否存在商标注册阻却事由的判断时间

是否存在商标注册阻却事由的判断时间，商标法没有作出明确规定。但根据商标法第27条的规定，申请注册的商标，如果符合商标法有关规定，由商标局初步审定，予以公告。如果申请注册的商标不符合商标法的规定，按照商标法第28条的规定，由商标局驳回申请，不予公告。由此可见，以初步审定公告之日而不是申请之日作为是否存在商标注册阻却事由的判断时间，应该是比较合理的。申请之日虽然存在商标注册阻却事由，但在初步审定公告之前，申请人可以申请修改或者按照商标局的要求修改申请文件，从而消除商标注册阻却事由，因此以申请之日作为是否存在商标注册阻却事由的时间点不合适。

经过初步审定公告的商标，在初步审定公告之后3个月的异议期内，一般不会发生阻却商标注册的事由。但有一种情况属于例外，即未注册商标使用人得知他人申请商标注册后，为了阻止他人注册，通过广告等突击手段迅速使其商标在很短的时间内达到知名状态，这样就会出现在商标初步审定公告后3个月内出现未注册知名商标的情况。此时，未注册的知名商标是否具有阻止他人商标注册的效果呢？显然，如果以初步审定公告后3个月的异议期满之日作为判断是否存在注册商标的阻却事由的时间点，则在异议期间内通过突击手段达到知名状态的商标可以阻止他人在先的商标注册申请，如果以初步审定公告之日作为判断是否存在注册商标的阻却事由的时间点，则在异议期间内通过突击手段达到知名状态的商标不能阻止他人在先的商标注册申请。但在这种情况下，仍然会出现一种情况，即在申请之日到初步审定公告期间，得知他人提出了商标注册申请的人，也可以通过突击手段使其商标达到知名状态，从而阻止他人在先的商标注册申请。无论哪种情况出现，对于在先的商标注册申请人来说，都是不公平的。结论是，在未注册知名商标构成商标注册阻却事由的情况下，是否知名发生的时间应该以商标注册申请之日为时间判断点。

（二）除斥期间

对商标注册的阻却事由是否适用除斥期间，商标法第41条区分了两种情况。按照该条第1款的规定，如果阻却事由属于商标法第10条、第12条规定的情况，则不适用除斥期间的规定，对于已经注册的商标，在注册商标有效期限内，自商标注册之日起的任何时间，商标局可以主动撤销，也可以应他人的请求由商标评审委员会裁定加以撤销。按照第41条第2款的规定，如果阻却事由属于商标法第13条、第15条、第16条、第31条规定的情况，对于已经注册的商标，自商标注册之日起5年内，商标所有人或者利害关系人可以请求商标评审委员会裁定撤销该注册商标。对于恶意注册的，驰名商标所有人不受5年的时间限制。商标法之所以作出这样的区别规定，原因是商标法第10条、第12条的阻却事由更多的涉及公共利益，因而不能适用除斥期间的规定，而商标法第13、15、16、31条的阻却事由主要处理的是私人之间的利益关系，因此为了维护既有社会事实和交易安全，强化权利人的权利意识，可以适用除斥期间的规定。

对于商标法第28条、第46条规定的阻却事由是否应当适用除斥期间的规定，商标法没有作出规定。从解释论角度看，由于第28条处理的是申请注册的商标和已经注册的商标、在先申请注册的商标之间的冲突关系，第46条处理的是申请注册的商标和效力已经终止的商标之间的关系，都属于私人之间的利益关系，因此也应当适用除斥期间的规定。

适用除斥期间的规定后，注册商标与注册商标之间、注册商标与未注册商标之间、注册商标与其他商业标记之间将发生共存现象。为了避免混淆现象的发生，商标法有必要规定共存各方附加区别性标记的义务，并且应当规定违反这种义务进行混淆性使用的法律后果。当然，这更多地属于立法应该加以解决的问题。

(三) 商标注册的具体阻却事由

1. 同中华人民共和国的国家名称、国旗、国徽、军旗、勋章相同或者近似的，以及同中央国家机关所在地特定地点的名称或者标志性建筑物的名称、图形相同的。

"国家名称"包括全称、简称和缩写，我国国家名称的全称是"中华人民共和国"，简称为"中国"、"中华"，英文简称或者缩写为"CN"、"CHN"、"P. R. C"、"CHINA"、"P. R. CHINA"、"PR OF CHINA"；"国旗"是五星红旗；国徽的中间是五星照耀下的天安门，周围是谷穗和齿轮；"军旗"是中国人民解放军的"八一"军旗，军旗为红底，左上角缀金黄色五角星和"八一"两字；"勋章"是国家有关部门授给对国家、社会有贡献的人或者组织的表示荣誉的证章；"中央国家机关所在地特定地点或者标志性建筑物"包括"中南海"、"钓鱼台"、"天安门"、"新华门"、"紫光阁"、"怀仁堂"、"人民大会堂"等名称以及建筑物。

(1) 同我国的国家名称相同或者近似的标识不得作为商标申请注册。具体来说包括以下几种情况。

第一，商标的文字、字母构成与我国国家名称相同的，认定为和我国国家名称相同。比如中国、China。

第二，商标的含义、读音或者外观与我国国家名称近似，容易使公众误认为我国国家名称的，认定为与我国国家名称近似。比如 ZHONGGUO、CHINAR。但是不会导致误认的除外。比如 CHAIN、CRINA。

第三，商标含有与我国国家名称相同或者近似的文字，应当认定为与我国国家

名称近似。比如，　　　　　　、　　　　　　。

但是下列情况除外：第一，描述的是客观存在的事物，不会使公众误认的。比

如，　　　　　　、　　　　　　。第二，商标含有与我国国家名称相同或近似的文字，但其整体是报纸、期刊、杂志名称或者依法登记的企事业单位名称的。

比如　　　　　　、　　　　　　、　　　　　　。第三，我国

申请人商标所含我国国名与其他具备显著特征的标志相互独立，国名仅起表示申请

人所属国作用的。比如，中 **长城** 国 。但是，申请人为外国人或者外国企

业的，应当认定为容易使公众发生误认而具有不良影响的商标，依据商标法第 10 条

第 1 款第 8 项的规定不予注册。比如， 申请人：（比利时）PAPER-
LOOP S. P. R. L. 。

（2）同我国的国旗、国徽相同或者近似的，不得申请注册。具体判断规则为：

第一，商标的文字、图形或者其组合与我国国旗（五星红旗）、国徽的名称或者
图案相同或者近似，足以使公众将其与我国国旗、国徽相联系的，应当认定为与我

国国旗、国徽相同或者近似。比如，**五★红旗** 、 。

第二，商标含有"五星"、"红旗"字样或者"五星图案"、"红旗图案"，但不会
使公众将其与国旗相联系的，不应当认定为与我国国旗、国徽相同或者近似。比如，

红旗 、 **五 星** 。

（3）同我国的军旗、勋章相同或者近似的，不得申请注册。具体判断规则为：

第一，商标的文字、图形或者其组合与我国军旗的名称或者图案相同或近似，
足以使公众将其与军旗相联系的，应当认定为与我国军旗相同或者近似。比如，

。商标虽然含有"军旗"字样，但在发音、含义或者外观上明显有别于

军旗，从而不会造成公众误认的除外。比如，

第二，商标的文字、图形或者其组合与我国勋章的名称、图案相同或者近似，
足以使公众将其与特定勋章相联系的，应当认定为与我国勋章相同或者近似。

例如：

（独立自由勋章）　　　　（解放勋章）　　　　（八一勋章）

（4）同中央国家机关所在地特定地点的名称或者标志性建筑物的名称、图形相同的。比如：

2.同外国的国家名称、国旗、国徽、军旗相同或者近似的，但该国政府同意的除外。

（1）商标的文字构成与外国国家名称相同的，应当认定为与外国国家名称相同。商标的文字（包括汉字和拼音）与外国国家名称近似或者含有与外国国家名称相同

或者近似的文字的，应当认定为与外国国家名称近似。例如： 、

但是，下列情况除外：

第一，经该国政府同意的。但申请人应当提交经该国政府同意的书面证明文件。申请人就该商标在该外国已经获得注册的，视为该外国政府同意。

第二，具有明确的其他含义且不会造成公众误认的。例如：  ，TUR-

275

KEY 与土耳其国名相同，但英文含义为"火鸡"。

第三，商标同外国国名的旧称相同或者近似的。例如：指定使用商品为服装的

花旗，花旗虽为美国旧称，但不会造成误认，因此可以申请注册。

但容易使公众发生商品产地误认的，应当认定为具有不良影响的商标，按照商标法第 10 条第 1 款第 8 项的规定不予注册。例如，指定使用商品为大米的 **暹罗**

第四，商标的文字由容易使公众认为是两个或者两个以上中文国名简称组合而成，不会使公众发生商品产地误认的。比如：**中泰**

但容易使公众发生商品产地误认的，应当认定为具有不良影响的商标不予注册。

比如，指定使用商品为葡萄酒的 **中 F 法 ZHONGFA**。

第五，商标含有与外国国家名称相同或近似的文字，但其整体是企业名称且与申请人名义一致的。比如，申请人为德意志银行指定使用服务为金融服务的 **DEUTSCHE BANK**，申请人为新加坡航空股份有限公司，指定使用服务为空中运输服务的 **SINGAPORE AIRLINES**。

第六，商标所含国名与其他具备识别力的标志相互独立，国名仅起真实表示申请人所属国作用的。例如，申请人为意大利 CIELO E TERRA S. P. A. 的 **MAESTRO ITALIANO**。

（2）商标的文字、图形或者其组合与外国国旗、国徽、军旗的名称或者图案相同或者近似，应当认定为与外国国旗、国徽、军旗相同或者近似的商标，不予注册。

比如：**UNION JACK** 意思为"英国国旗"，**ORIGINAL MARINES** 与美国国旗

近似，与意大利国旗近似。

但经该国政府同意的除外。申请人应当提交经该国政府同意的书面证明文件。申请人就该商标在该外国已经获得注册的，视为该外国政府同意。

虽然我国商标法第 10 条第 1 款第 2 项规定经过外国政府同意的国家名称、国旗、军旗、国徽等相同或者近似的标识可以申请注册，但由于该条维护的是外国国家、国旗、军旗、国徽的尊严，这种尊严属于整个国家，具有绝对性，即使经过外国政府同意，在本国需要者看来，一样存在损害外国国家尊严的后果。另一方面，这些标识的使用客观上也存在导致公众对商品或者服务来源发生误认的危险，因此不得作为商标申请注册。在日本，出于公共利益考量不允许申请注册的标识属于绝对性标识，即使申请人出示了有关国家同意的证明，也不允许申请注册。这点应当值得我国借鉴。

3. 同政府间国际组织的名称、旗帜、徽记相同或者近似的，但经该组织同意或者不易误导公众的除外。

政府间国际组织，是指由若干国家和地区的政府为了特定目的通过条约或者协议建立的有一定规章制度的团体。例如：联合国、欧洲联盟、东南亚国家联盟、非洲统一组织、世界贸易组织、世界知识产权组织等。国际组织的名称包括全称、简称或者缩写。例如：联合国的英文全称为 United Nations，缩写为 UN；欧洲联盟的中文简称为欧盟，英文全称为 European Union，缩写为 EU。其他国际组织，如世界卫生组织（World Health Organization，简称 WHO）、欧洲原子能共同体（EAG，EURATOM）、国际复兴开发银行（IBRD）、国际金融公司（IFC）、国际开发协会（IDA）、联合国粮农组织（FAO）、世界气象组织（WMO）、国际民航组织（ICAO）、联合国教科文组织（UNESCO）、拉丁美洲自由联合贸易协会（ALALE）、国际橡胶研究组织（IRSG）、国际劳工组织（ILO）、国际货币基金组织（IMF）、欧洲原子核研究机构（CERN）、万国邮政同盟（UPU）、欧洲自由贸易联盟（EFTA）、世界知识产权组织（WIPO）、石油输出国机构（OPEC）等等。

商标的文字构成、图形外观或者其组合足以使公众将其与政府间国际组织的名称、旗帜、徽记相联系的，应当认定为与政府间国际组织的名称、旗帜、徽记相同或者近似。比如：联合国的英文缩写、世界贸易组织的英文缩写、亚太经合组织的英文缩写。

但有下列情形之一的除外：

（1）经该政府间国际组织同意的。但申请人应当提交相关证明文件。

（2）具有明确的其他含义或者特定的表现形式，不易误导公众的除外。比如，

指定使用服务为推销的 ，"WHO"虽然与世界卫生组织的英文简称字母构成相同，但具有明确含义"谁"，可以申请注册。指定使用商品为比重计的

，"UN"虽然与联合国英文缩写字母构成相同，但整体表现形式特殊，可以申请注册。

4. 同"红十字"、"红新月"的名称、标志相同或者近似的。

"红十字"标志是国际人道主义保护标志，是武装力量医疗机构的特定标志，是红十字会的专用标志。"红新月"是阿拉伯国家和部分伊斯兰国家红新月会专用的、性质和功能与红十字标志相同。红十字标志是白底红十字，图案为 ；红新月标志是向右弯曲或者向左弯曲的红新月，图案为 。

具体判断规则如下：

（1）商标的文字构成、图形外观或者其组合与"红十字"、"红新月"的名称、图案在视觉上基本无差别的，应当认定为与该名称、标志相同。比如：

、 。

（2）商标的文字构成、图形外观足以使公众将其误认为"红十字"、"红新月"的名称、图案的，应当认定为同"红十字"、"红新月"的名称、标志近似。例如，

指定使用商品为医用药物的 。

但具有明确的其他含义或者特定的表现形式，不会误导公众的除外。例如，指

定使用商品为灭火器械的 ，指定使用商品为印刷油墨、颜料

的 。

5. 与表明实施控制、予以保证的官方标志、检验印记相同或者近似的，但经授权的除外。

官方标志、检验印记，是指官方机构用以表明其对商品质量、性能、成分、原料等实施控制、予以保证或者进行检验的标志或印记。比如，我国强制性产品认证

标志 ，我国国家免检产品标志 。

商标的文字、图形或者其组合足以使公众将其与表明实施控制、予以保证的官方标志、检验印记相联系的，应当认定为与该官方标志、检验印记相同或者近似的

商标。比如，指定使用商品为照明器械以及装置的 ，指定使用商品为阀门的 。

但有下列情形之一的除外：

（1）经该官方机构授权的。但申请人应当提交经授权的书面证明文件。

（2）具有明确的其他含义或者特定的表现形式，不会误导公众的。比如，指定

使用商品为手机用电池和手机用充电器的 ，指定使用商品为水龙头

和淋浴用设备的 。

6. 带有民族歧视性的。

带有民族歧视性的商标，是指商标的文字、图形或者其他构成标识带有对特定民族进行丑化、贬低或者其他不平等看待该民族的内容。带有民族歧视性的商标的认定应综合考虑商标的构成及其指定使用商品、服务。比如，指定使用商品为卫生

洁具的 ，有侮辱印第安人的嫌疑，因此不得申请注册。

但有明确的其他含义或者不会产生民族歧视性的除外。比如，指定使用商品为

花露水的 ，指定使用商品为婴儿全套衣的 。

　　带有民族歧视性的标识同时可以按照商标法第 10 条第 1 款第 8 项的规定，作为具有不良影响的商标不予注册。

　　7. 夸大宣传并带有欺骗性的。

　　所谓夸大宣传并带有欺骗性，是指商标对其指定使用商品或者服务的质量等特点作了超过固有程度的表示，容易使公众对商品或者服务的质量等特点产生错误的认识。商标的文字或者图形对其指定商品或者服务的质量等特点作了夸大表示，从而欺骗公众的，应当认定为夸大宣传并带有欺骗性的商标。比如：指定使用商品为

白酒的 ，指定使用商品为矿泉水的 。

　　但未作夸大宣传，不会误导公众的除外。比如，指定使用商品为失眠用催眠床

垫的 。

　　8. 有害于社会主义道德风尚或者有其他不良影响的。

　　社会主义道德风尚，是指人们共同生活及其行为的准则、规范以及在一定时期内社会上流行的良好风气和习惯。其他不良影响，是指商标的文字、图形或者其他构成标识对我国政治、经济、文化、宗教、民族等社会公共利益和公共秩序产生消极的、负面的影响。有害于社会主义道德风尚或者具有其他不良影响的判断应考虑社会背景、政治背景、历史背景、文化传统、民族风俗、宗教政策等因素，并应考虑商标的构成及其指定使用的商品和服务。

　　以下标识都属于有害社会主义道德风尚或有其他不良影响的商标，不得作为商标申请注册：

　　(1) 有害于社会主义道德风尚的。比如：

 、 、 、

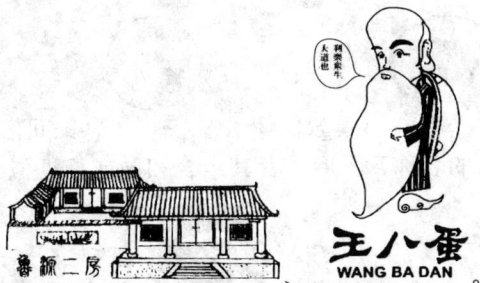

（2）具有政治上不良影响的。具体包括：

第一，与国家、地区或者政治性国际组织领导人姓名相同或近似的。比如：

第二，有损国家主权、尊严和形象的。比如，含有不完整的我国版图的

，殖民主义者对我国台湾地区称谓的 **福爾摩莎**

第三，由具有政治意义的数字等构成的。比如：**七·七**、

九一八、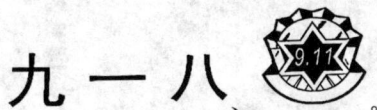。

第四，与恐怖主义组织、邪教组织、黑社会名称或者其领导人物姓名相同或近

似的。比如：。

（3）有害民族尊严或者感情的。比如：**黑**⚉**鬼**、**HONKY** "白鬼子（黑人对白人的蔑称）"。

（4）有害宗教信仰、宗教感情或者民间信仰的。宗教包括佛教、道教、伊斯兰教、基督教、天主教，以及上述宗教的不同教派分支。民间信仰主要指妈祖等民间信仰。申请注册的商标有下列情形之一的，应当认定为有害于宗教信仰、宗教感情或者民间信仰。

第一，与宗教或者民间信仰的偶像名称、图形或者其组合相同或相近似的。比

如：（佛教偶像）、（道教偶像）、（民间信仰）。

第二，与宗教活动地点、场所的名称、图形或者其组合相同或相近似的。比如：

（MECCA 的含义为宗教圣地"麦加"）、（常见道观名称）。

第三，与宗教的教派、经书、用语、仪式、习俗以及宗教人士的称谓、形象相

同或相近似的。比如：　　　　　　　、　　　　。

但是，商标有下列情形之一的，不认为有害宗教信仰、宗教感情或者民间信仰：

第一，根据相关规定，宗教组织和经其授权的宗教企业以专属于自己的宗教活

动场所的名称作为商标申请注册的。比如，申请人为嵩山少林寺的　　　　、申

请人为北京雍和宫管理处的　　　　。

第二，商标的文字或者图形虽然与宗教或者民间信仰有关，但具有其他含义或者其与宗教有关联的含义已经泛化，不会使公众将其与特定宗教或者民间信仰相联

系的。例如，已经泛化使用的道教标志　　　　，浙江普陀、贵州施秉县、辽宁

桓仁县等地都存在的　　　　。

（5）与我国各党派、政府机构、社会团体等单位或者组织的名称、标志相同或者近似的。党派包括中国共产党和被统称为民主党派的八个政党，即中国国民党革命委员会、中国民主同盟、中国民主建国会、中国民主促进会、中国农工民主党、

中国致公党、九三学社、台湾民主自治同盟。名称包括全称、简称、缩写等。标志

包括徽章、旗帜等。比如：  （民建为中国民主建国会的简称）、

（与我国海关关徽近似）、  （与中国消费者协会的标志相同）。

（6）与我国党政机关的职务或者军队的行政职务和职衔的名称相同的。党政机关包括中国共产党机关、人大机关、民主党派机关、政协机关、行政机关、审判机关、检察机关。例如：行政机关的职务包括总理、部长、局（司）长、处长、科长、科员等。军队的行政职务包括军长、师长、团长、营长、连长、排长；军队的职衔包括将官四级即一级上将、上将、中将、少将，校官四级即大校、上校、中校、少校，尉官三级即上尉、中尉、少尉等。

　　商标的文字与我国党政机关的职务或者军队的行政职务和职衔名称相同的，应

当认定为容易产生不良影响的商标。比如：  。

　　但含有与我国党政机关的职务或者军队的行政职务和职衔名称相同或者近似的

文字，具有其他含义不会误导公众的除外。比如： 。

（7）与各国法定货币的图案、名称或者标记相同或者近似的。比如：

 （人民币符号）、  （欧元符号）、 KRONE （丹麦货币名

称"克朗"）、 美金 （美金即"美元"）。

（8）容易误导公众的。具体包括：

第一，容易使公众对商品或者服务的质量等特点产生误认的。比如，指定使用

商品为家具的 。

第二，公众熟知的书籍的名称，指定使用在书籍商品上。比如：

、

第三，公众熟知的游戏名称，指定使用在游戏机或者电子游戏程序的载体等商品及相关服务。比如，指定使用商品为视频游戏的图像及声音软件"俄罗斯方块"。

第四，公众熟知的电影、电视节目、广播节目、歌曲的名称，指定使用在影视、音像载体的电影片、电视片、唱片、光盘（音像）、磁带等商品及相关服务。比如，指定使用商品为动画片的"大闹天宫"，指定使用商品为唱片的"同一首歌"。

（9）商标由企业名称构成或者包含企业名称，该名称与申请人名义存在实质性差异，容易使公众发生商品或者服务来源误认的。企业名称包括全称、简称、中文名称、英文名称以及名称的汉语拼音等。

商标所含企业名称的行政区划或者地域名称、字号、行业或者经营特点、组织形式与申请人名义不符的，认定为与申请人名义存在实质性差异的。比如，申请人

为潍坊体会制衣有限公司，指定使用商品为服装的 。申请

人为郑某，指定使用服务为医院、兽医辅助、动物饲养的 。申请人为北

京中预维他科技有限公司，指定使用服务为学校教育的 。

但商标所含企业名称的组织形式与申请人的组织形式不一致，符合商业惯例且不会使公众对商品或者服务来源发生误认的除外。例如，申请人为沈阳新松机器人

自动化股份有限公司，指定使用商品为机器人的 。

（10）具有其他不良影响的。比如：好帅、SHIKASA 、非典、（该商标图形部分与澳门特别行政区区旗图案近似）。

9.县级以上行政区划的地名或者公众知晓的外国地名，不得作为商标申请注册。但是，地名具有其他含义或者作为集体商标、证明商标组成部分的除外；已经注册使用的继续有效。

县级以上行政区划包括县级的县、自治县、县级市、市辖区；地级的市、自治州、地区、盟；省级的省、直辖市、自治区；两个特别行政区即香港特别行政区、澳门特别行政区；台湾地区。县级以上行政区划的地名以我国民政部编辑出版的《中华人民共和国行政区划简册》为准。县级以上行政区划的地名包括全称、简称以及县级以上的省、自治区、直辖市、省会城市、计划单列市、著名的旅游城市的拼音形式。

公众知晓的外国地名，是指我国公众知晓的我国以外的其他国家和地区的地名，包括全称、简称、外文名称和通用的中文译名。

地名具有其他含义，是指地名作为词汇具有确定含义且该含义强于作为地名的含义，并且不会误导公众。

（1）含有县级以上行政区划地名的商标的判断规则。商标由县级以上行政区划的地名构成，或者含有县级以上行政区划的地名，应当认定为与我国县级以上行政区划的地名相同。比如：Wan 皖、、新疆红。

但是有下列情形之一，可以作为商标申请注册：

第一，地名具有其他含义且该含义强于地名含义的。比如：黄山、 洪湖、 鼓楼。

第二，商标由地名和其他文字构成而在整体上具有识别力，不会使公众发生商品产地误认的。例如，指定使用商品为榨菜的  杭州湾，指定使用商品为白酒

的 。

第三，申请人名称含有地名，申请人以其全称作为商标申请注册的。比如，申请人为长谷川香料（上海）有限公司，指定使用商品为茶和调味品

长谷川香料(上海)有限公司

的 T.HASEGAWA Flavours & Fragrances (Shanghai) Co., Ltd.

第四，商标由两个或者两个以上行政区划的地名的简称组成，不会使公众发生

商品产地等特点误认的。例如，指定使用商品为肥料的 。

但容易使消费者对其指定使用商品的产地或者服务内容等特点发生误认的，应当认定为具有不良影响的商标，按照商标法第 10 条第 1 款第 8 项的规定，驳回注册

申请。比如，指定使用服务为观光旅游的 。

第五，商标由省、自治区、直辖市、省会城市、计划单列市、著名的旅游城市以外的地名的拼音形式构成，且不会使公众发生商品产地误认的。比如，指定使用

商品为传动装置的 （TAI XING 与江苏省泰兴市的拼音相同）。

第六，地名作为集体商标、证明商标组成部分的。

（2）含有公众知晓的外国地名的商标的判断规则。商标由公众知晓的外国地名构成，或者含有公众知晓的外国地名的，应当认定为与公众知晓的外国地名相同。

比如，指定使用商品为啤酒和矿泉水的 ，指定使用商品为服装

的

但商标由公众知晓的外国地名和其他文字构成，整体具有其他含义且使用在其指定商品上不会使公众发生商品产地误认的除外。

（3）除了以上基本规则以外，还必须注意以下比较复杂的规则：

规则一：商标文字构成与我国县级以上行政区划的地名或者公众知晓的外国地名不同，但字形、读音近似足以使公众误认为该地名，从而发生商品产地误认的，应当认定为具有不良影响的商标，按照商标法第 10 条第 1 款第 8 项的规定不予注册。

比如，指定使用商品为酒的 **宁厦**，指定使用商品为含酒精的果酒的 **扎幌**。

规则二：商标由行政区划以外公众熟知的我国地名构成或者含有此类地名，使用在其指定的商品上，容易使公众发生商品产地误认的，应当认定为具有不良影响的商标，按照商标法第 10 条第 1 款第 8 项的规定不予注册。比如，指定使用商品为大米的 **嫩江**。

但指定使用商品与其指示的地点或者地域没有特定联系，不会使公众发生商品

北 戴 河 长 胜
BEI DAI HE CHANG SHENG

产地误认的除外。比如，指定使用商品为摩托车、自行车、游艇的 **北戴河长胜**。

规则三：商标所含地名与其他具备识别力的标志相互独立，地名仅起真实表示申请人所在地作用的，可以申请注册。比如：

红旗谱 中国天津	DONGFENG DF 东上海风
申请人：杨洪来	申请人：凤凰股份有限公司
地址：天津市武清区汉沽港镇一街	地址：上海市浦东新区塘南路 20 号

但是，商标所含地名与申请人所在地不一致，容易使公众发生误认，应当认定为具有不良影响的商标，按照商标法第 10 条第 1 款第 8 项的规定不予注册。比如：

VALLEAU COUTURE / NEW YORK · PARIS

（"NEW YORK"译为"纽约"，"PARIS"译为"巴黎"），申请人：北京盛世杰威服装服饰有限公司。

申请人为自然人的，其所在地以居民身份证或者护照载明的住址为准；申请人为法人或者其他组织的，其所在地以营业执照载明的住所地为准。

10. 以三维标志申请注册商标的，仅由商品自身的性质产生的形状、为获得技术效果而需有的形状或者使商品具有实质性价值的形状，不得注册。

立体商标可以表现为商品本身的形状、商品包装物的形状或者其他三维标志。为了不使他人的行动自由遭受过大的侵害，对三维立体商标注册申请必须进行一定限制。主要限制有以下三个方面：

（1）仅由商品自身的性质产生的形状不得作为立体商标申请注册。由商品自身的性质产生的形状，是指为实现商品固有的功能和用途所必须采用的或者通常采用的形状。比如指定商品为安全扣的下列形状：

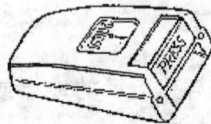

（2）仅仅为获得技术效果而需有的形状。仅仅为了获得技术效果而需有的形状，是指为使商品具备特定的功能，或者使商品固有的功能更容易实现所必须使用的形状。比如，指定商品为容器的下列形状：

（3）仅仅为了使商品具有实质性价值而需有的形状。仅仅为了使商品具有实质性价值而需有的形状，是指为了使商品的外观和造型能够影响商品价值所使用的形状。比如指定商品为瓷器装饰品的　　　　　　，指定商品为胸针（珠宝）的　　　。

仅由商品自身的性质产生的形状和仅仅为了获得技术效果而需有的形状，性质上不能由他人独占，因此禁止将其作为商标申请注册是有道理的。但仅仅为了使商品具有实质性价值而需有的形状，本身并不会妨碍他人的行动自由，因此应当允许他人将其作为商标申请注册。上述例子中瓷器的形状、胸针的形状，与其从商品具有实质性价值而需有的形状角度进行解释，还不如从商品自身的性质角度进行解释更为妥当。

11. 申请注册的商标，同他人在同一种商品或者类似商品上已经注册的或者初步审定的商标相同或者近似的。

这既是先申请原则的体现，也是为了避免将标注相同或者类似商品或者服务的相同或者近似商标授予不同申请人进而造成的混淆后果。按照上述规定，申请注册的商标和已经注册的商标或者初步审定的商标相同或者近似，如果指定使的同一种或者类似商品，则不得申请注册。具体来说，在商标相同、商品相同，商标相同、商品类似，商标近似、商品相同，商标近似、商品类似等四种情况下，都不得申请注册。这里的关键就是如何判断商标的相同或者近似，商品的相同或者类似。

最高人民法院 2002 年发布的《关于审理商标民事纠纷案件适用法律若干问题的解释》第 9 条到第 12 条虽然从司法的角度对商标相同或者近似、商品相同或者类似的判断作出了解释，但这个问题实际上复杂得多。下面主要结合国家工商行政管理局发布的《商标评审规则》的规定，对这个问题进行阐述。

所谓商标相同，是指商标在视觉上基本无差别，使用在同一种或者类似商品或者服务上易使相关公众对商品或者服务的来源产生误认。

所谓商标近似，是指商标文字的字形、读音、含义近似，商标图形的构图、着色、外观近似，或者文字和图形组合的整体排列组合方式和外观近似，立体商标的三维标志的形状和外观近似，颜色商标的颜色或者颜色组合近似，使用在同一种或者类似商品或者服务上易使相关公众对商品或者服务的来源产生误认。

商标相同和近似的认定，首先，应认定指定使用的商品或者服务是否属于同一种或者类似商品或者服务，如果指定使用的商品或者服务不相同，也不类似，除非是驰名商标，否则从商标法的角度看，认定就没有实际意义。其次，应从商标本身的形、音、义和整体表现形式等方面，以相关公众的一般注意力为标准，并采取整体观察与比对主要部分的方法，判断商标标识本身是否相同或者近似。

(1) 商标相同的判断。商标是否相同应当根据商标的具体构成进行具体判断。

第一，文字商标相同的判断。就文字商标来说，如果商标使用的语种相同，且文字构成、排列顺序完全相同，易使相关公众对商品或者服务的来源产生误认，应当认定为相同商标。因字体、字母大小写或者文字排列方式有横排与竖排之分使两商标存在细微差别的，应认定为相同商标。比如：

第二，就图形商标来说，如果商标图形在视觉上基本无差别，易使相关公众对商品或者服务的来源产生误认，应当认定为相同商标。比如：

第三，就组合商标来说，如果商标的文字构成、图形外观及其排列组合方式相同，使商标在称呼和整体视觉上基本无差别，易使相关公众对商品或者服务的来源产生误认，应当认定为相同商标。比如：

（2）商标近似的判断。商标是否近似也应当根据具体情况进行具体判断。

第一，文字商标近似性的判断。文字商标是否近似应当坚持以下判断原则：

原则一，中文商标的汉字构成相同，仅字体或设计、读音、排列顺序不同，易使相关公众对商品或者服务的来源产生误认的，应当认定为近似商标。比如：

原则二，商标由相同外文、字母或数字构成，仅字体或设计不同，易使相关公众对商品或者服务的来源产生误认的，应当认定为近似商标。比如：

但有下列情形之一的除外：

其一，商标由一个或两个非普通字体的外文字母构成，无含义且字形明显不同，使商标整体区别明显，不易使相关公众对商品或者服务的来源产生误认的。比如：

其二，商标由 3 个或者 3 个以上外文字母构成，顺序不同，读音或者字形明显不同，无含义或者含义不同，使商标整体区别明显，不易使相关公众对商品或者服务的来源产生误认的。比如：

原则三，商标由两个外文单词构成，仅单词顺序不同，含义无明显区别，易使相关公众对商品或者服务的来源产生误认的，应当认定为近似商标。比如：

HAWKWOLF
WOLFHAWK

原则四，中文商标由 3 个或者 3 个以上汉字构成，仅个别汉字不同，整体无含义或者含义无明显区别，易使相关公众对商品或者服务的来源产生误认的，应当认定为近似商标。比如：

蒙尔斯特   蒙尔斯吉

但首字读音或者字形明显不同，或者整体含义不同，使商标整体区别明显，不易使相关公众对商品或者服务的来源产生误认的除外。比如：

东方雪   東方雪狼

原则五，外文商标由 4 个或者 4 个以上字母构成，仅个别字母不同，整体无含义或者含义无明显区别，易使相关公众对商品或者服务的来源产生误认的，应当认定为近似商标。例如：

SOMI   **SOMIS**

但首字母发音及字形明显不同，或者整体含义不同，使商标整体区别明显，不易使相关公众对商品或者服务的来源产生误认的除外。比如：

DESIRE   JESIRÉ
("愿望")   (无含义)

   HOUSE

原则六，商标文字字形近似，易使相关公众对商品或者服务的来源产生误认的，应当认定为近似商标。比如：

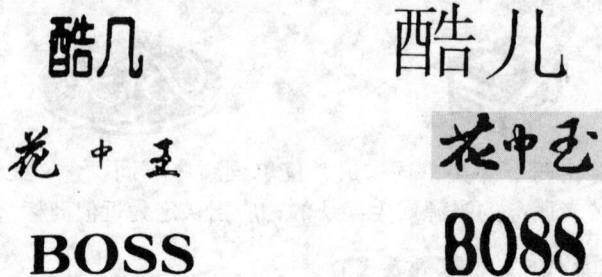

酷几　　　　酷儿

花中王　　　花中玉

BOSS　　**8088**

原则七，商标文字读音相同或者近似，且字形或者整体外观近似，易使相关公众对商品或者服务的来源产生误认的，应当认定为近似商标。比如：

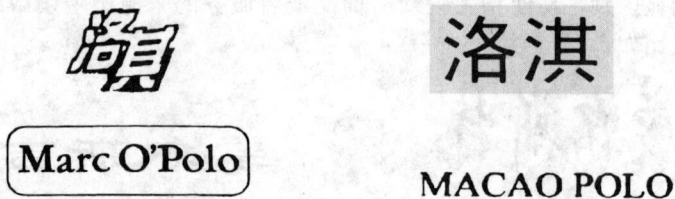

瀚　　　　洛淇

Marc O'Polo　　MACAO POLO

但含义、字形或者整体外观区别明显，不易使相关公众对商品或者服务的来源产生误认的除外。比如：

高太丝　　　高泰斯

幸运树　　　幸运数

原则八，商标文字含义相同或近似，易使相关公众对商品或者服务的来源产生误认的，应当认定为近似商标。比如：

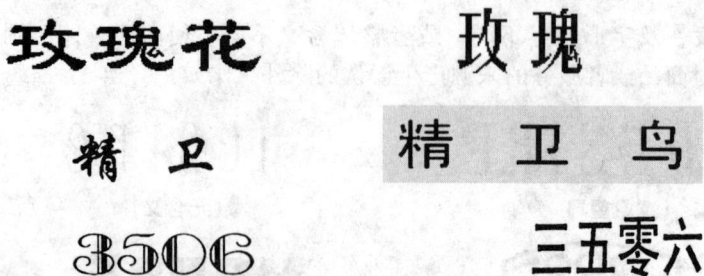

玫瑰花　　　玫瑰

精卫　　　精卫鸟

3506　　　三五零六

原则九，商标文字由字、词重叠而成，易使相关公众对商品或者服务的来源产生误认的，应当认定为近似商标。比如：

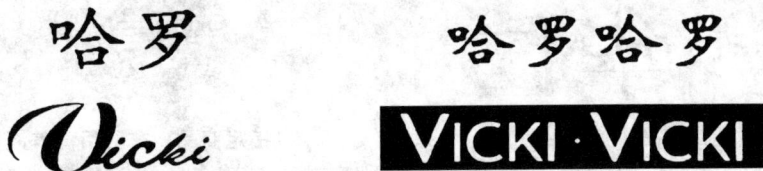

哈罗

哈罗哈罗

Vicki

VICKI·VICKI

原则十，外文商标仅在形式上发生单复数、动名词、缩写、添加冠词、比较级或最高级、词性等变化，但表述的含义基本相同，易使相关公众对商品或者服务的来源产生误认的，应当认定为近似商标。比如：

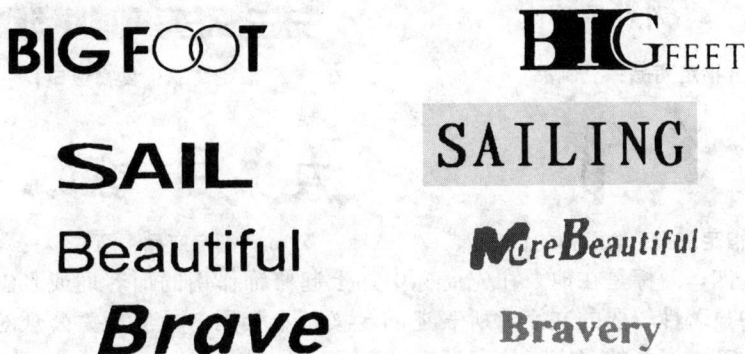

BIG FOOT

BIG FEET

SAIL

SAILING

Beautiful

More Beautiful

Brave

Bravery

原则十一，商标是在他人在先商标中加上本商品的通用名称、型号，易使相关公众对商品或者服务的来源产生误认的，应当认定为近似商标。比如：

蒙 原

蒙原肥羊

（指定商品：加工过的肉）　　　　　　　　　　　（指定商品：肉）

原则十二，商标是在他人在先商标中加上某些表示商品生产、销售或使用场所的文字，易使相关公众对商品或者服务的来源产生误认的，应当认定为近似商标。比如：

麗人

丽人坊

（指定服务：美容院）　　　　　　　　　　　（指定项目：美容院）

华仁

（指定商品：食用蜂胶）

華仁堂 HUA REN TANG

（指定商品：非医用营养液）

原则十三，商标是在他人在先商标中加上直接表示商品的质量、主要原料、功能、用途、重量、数量及其他特点的文字，易使相关公众对商品或者服务的来源产生误认的，应当认定为近似商标。比如：

桃源

（指定商品：豆制品）

生态桃源

（指定商品：食物蛋白）

（指定商品：含酒精的饮料）

九月红

（指定商品：酒）

原则十四，商标是在他人在先商标中加上起修饰作用的形容词或者副词以及其他在商标中显著性较弱的文字，所表述的含义基本相同，易使相关公众对商品或者服务的来源产生误认的，应当认定为近似商标。比如：

吉澳　　**新吉澳**

依丝　　**真　依　絲**

吉祥鸟　　**东方吉祥鸟**

但含义或者整体区别明显，不易使相关公众对商品或者服务的来源产生误认的除外。比如：

球　　　　　**球王**

 聪明小王子

原则十五，两商标或其中之一由两个或者两个以上相对独立的部分构成，其中显著部分近似，易使相关公众对商品或者服务的来源产生误认的，应当认定为近似商标。比如：

精彩生活 愛麗斯　　　　　　愛麗斯

PAL爆果汽　　　　PAL　伙伴

但整体含义区别明显，不易使相关公众对商品或者服务的来源产生误认的除外。比如：

星跃 Xingyue　　　　　兴越 Xingyue

QQ眼　　　e 眼

原则十六，商标完整地包含他人在先具有一定知名度或者显著性较强的文字商标，易使相关公众认为属于系列商标而对商品或者服务的来源产生误认的，应当认定为近似商标。比如：

月圆三千里 三千里

（指定服务：饭店）　　　（指定服务：饭店）

星星梦特娇 夢特嬌

（指定商品：服装）　　　（指定商品：服装）

第二，图形商标近似性的判断。图形商标是否近似应当坚持以下两个判断原则：

原则一，商标图形的构图和整体外观近似，易使相关公众对商品或者服务的来源产生误认的，应当认定为近似商标。比如：

原则二，商标完整地包含他人在先具有一定知名度或者显著性较强的图形商标，易使相关公众认为属于系列商标而对商品或者服务的来源产生误认的，应当认定为近似商标。比如：

（指定商品：服装）　　　（指定商品：服装）

第三，组合商标近似性的判断。组合商标是否近似应当把握以下 5 个原则：

原则一，组合商标汉字部分相同或近似，易使相关公众对商品或者服务的来源产生误认的，应当认定为近似商标。这种情况是指该汉字部分构成商标最关键的标识。比如：

原则二，商标外文、字母、数字部分相同或近似，易使相关公众对商品或者服务的来源产生误认的，应当认定为近似商标。比如：

HERITAGE

但整体称呼、含义或者外观区别明显，不易使相关公众对商品或者服务的来源产生误认的除外。比如：

原则三，商标中不同语种文字的主要含义相同或基本相同，易使相关公众对商品或者服务的来源产生误认的，应当认定为近似商标。比如：

BOSS

（"老板"）

GENTLEMAN PENGUIN

企鹅紳士

（"绅士企鹅"）

但整体构成、称呼或者外观区别明显，不易使相关公众对商品或者服务的来源产生误认的除外。比如：

WELL & WELL
维 尔 玮

DAPPER
好好

HAPPYTREE
开 心 树

KUAILESHU
快樂樹

原则四，商标图形部分近似，易使相关公众对商品或者服务的来源产生误认的，应当认定为近似商标。比如：

迅力
XUN LI

Yannick MarTin

但因图形为本商品常用图案，或者主要起装饰、背景作用而在商标中显著性较弱，商标整体含义、称呼或者外观区别明显，不易使相关公众对商品或者服务的来源产生误认的除外。比如：

原则五，商标文字、图形不同，但排列组合方式或者整体描述的事物基本相同，使商标整体外观或者含义近似，易使相关公众对商品或者服务的来源产生误认的，应当认定为近似商标。例如：

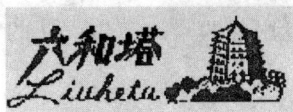

第四，立体商标相互之间相同、近似性的判断。应当考虑以下几个原则进行综合判断：

原则一，两商标均由单一的三维标志构成，两商标的三维标志的结构、形状和整体视觉效果相同或近似，易使相关公众对商品或者服务的来源产生误认的，应当认定为相同或者近似立体商标。

原则二，两商标均由具有显著特征的三维标志和其他具有显著特征的标志组合而成，两商标的三维标志或者其他标志相同或近似，易使相关公众对商品或者服务的来源产生误认的，应当认定为相同或者近似的立体商标。

原则三，两商标均由具有显著特征的其他标志和不具有显著特征的三维标志组合而成，两商标的其他标志相同或近似，易使相关公众对商品或者服务的来源产生误认的，应当认定为相同或者近似的立体商标。

但其他标志区别明显，不会使相关公众对商品或者服务的来源产生误认的除外。比如：

（文字：KURG）　　　　　　　　　　　（文字：LA GRANDE DAME）

立体商标和平面商标之间相同、近似性的判断比较复杂。应当坚持以下两个判断原则：

原则一，立体商标由具有显著特征的其他标志与不具有显著特征的三维标志组合而成，该其他标志与平面商标具有显著特征的部分相同或者近似，易使相关公众对商品或者服务的来源产生误认的，应当认定为相同或者近似立体商标。比如：

la bamba

原则二，立体商标中的三维标志具有显著特征，但在视觉效果上与平面商标具有显著特征的部分相同或近似，易使相关公众对商品或者服务的来源产生误认的，应当认定为相同或者近似立体商标。比如：

PAJARO

第五，颜色组合商标相互之间相同、近似的判断。应当把握以下两个原则：

原则一，两商标均为颜色组合商标，当其组合的颜色和排列的方式相同或近似，易使相关公众对商品或者服务的来源产生误认的，应当认定为相同或者近似商标。比如：

原则二，商标所使用的颜色不同，或者虽然使用的颜色相同或者近似但排列组合方式不同，不会使相关公众对商品或者服务的来源产生误认的，不认定为相同或者近似的商标。比如：

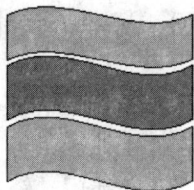

颜色组合商标和平面商标、立体商标相同、近似的判断，应当坚持以下两个基本原则：

原则一，颜色组合商标与平面商标的图形或立体商标指定颜色相同或近似，易使相关公众对商品或者服务的来源产生误认的，应当认定为相同或者近似商标。比如：

原则二，虽然使用的颜色相同或近似，但由于搭配组合不同、整体效果差别较大，不会使相关公众对商品或者服务的来源产生误认的，不认定为相同或者近似的商标。例如：

（3）商品相同或者近似的判断。在适用商标法第28条时，除了必须判断申请注册的商标和已经注册的商标或者初步审定的商标是否相同或者近似外，还必须判断两者标注的商品或者服务是否相同或者类似。如果标注的商品或者服务不相同也不类似，除非已注册或者审定商标是驰名商标，否则不得阻止他人申请注册。可见，和商标相同或者近似的判断一样，商标指定使用的商品或者服务是否相同或者类似的判断，不但在是否侵害商标权的判断过程中十分重要，而且在商标申请注册过程中也同样重要。

我国和世界上绝大多数国家一样，采用了《商标注册用商品和服务国际分类尼斯协定》，并在此基础上制定了《类似商品和服务区分表》。但随着市场交易的变化，商品和服务的项目也在不断发生变化，商品之间、服务之间、商品和服务之间的类似性也会随之发生变化。类似性的判断虽然应当以《类似商品和服务区分表》作为基本前提，但是必须考虑个案特征，进行具体判断。

1）类似商品，是指在功能、用途、主要原料、生产部门、销售渠道、销售场所、消费对象等方面相同或者相近的商品。商品是否类似，应当综合考虑以下因素进行判断：

第一，商品的功能和用途。如果两种商品的功能、用途相同或者相近，能够满足消费者相同需求，一般应当认定为类似商品。如果两种商品在功能、用途上具有互补性或者需要一并使用才能满足消费者的需求的，一般也应当认定为类似商品。

第二，商品的原材料和成分。商品的原材料或者成分，是决定商品功能、用途的重要因素。一般情况下，两种商品的原材料或者成分相同或者相近，应当认定为类似商品。但随着商品的更新换代，商品的原材料或者成分即使不同，而其原材料或者成分具有可替代性，且不影响商品的功能、用途的，一般也应当认定为类似商品。

第三，商品的销售渠道和销售场所。如果两种商品的销售渠道、销售场所相同或者相近，消费者同时接触两者的机会较大，容易使消费者将两者联系起来，一般应当认定为类似商品。

第四，商品与零部件。许多商品是由各个零部件组成的，但不能当然认为该商品与各零部件之间或者各零部件之间都属于类似商品，应当根据消费者对两者之间联系的密切程度的通常认知进行判断。如果特定零部件的用途是为了配合特定商品的使用功能，而该商品欠缺该特定零部件，就无法实现其功能或者会严重减损其经济上的使用目的，一般应当认定为类似商品。

第五，商品的生产者、消费者。两种商品由相同行业或者领域的生产者生产、制造、加工，一般应当认定为类似商品。如果两种商品以从事同一行业的人为消费群体，或者其消费群体具有共同的特点，一般应当认定为类似商品。

第六，消费习惯。类似商品的判定，还应当考虑中国消费者在特定的社会文化背景下所形成的消费习惯。如果消费者在习惯上可将两种商品相互替代，则该两种商品一般应当认定为类似商品。

第七，其他影响类似商品判定的相关因素。

2）类似服务，是指目的、内容、方式、对象等方面相同或者相近的服务。服务商标是否类似应当综合考虑以下因素：

第一，服务的目的。如果两种服务的目的具有相互替代性，能够满足一般服务对象的相同或者相近的需求，一般应当认定为类似服务。

第二，服务的内容。服务的内容越相似，判断为类似服务的可能性就越大。

第三，服务方式与服务提供场所。服务方式或者服务场所相同或者相近，一般服务对象同时接触的机会也就越大，一般应当认定为类似服务。

第四，服务的对象范围。如果服务的对象来自相同或者相近的对象群体，认定为类似服务的可能性比较大。

第五，服务的提供者。服务的提供者如果来自相同的行业或者领域，认定为类似服务的可能性也就增大。

第六，其他影响类似服务判断的因素。

3）商品和服务之间相互类似的判断。所谓商品和服务之间的相互类似，是指商品和服务之间存在某种特定联系，容易使相关公众发生误认。商品和服务之间是否类似，应当综合考虑商品与服务之间联系的密切程度，在用途、用户、通常效用、销售渠道、销售习惯等方面是否具有一致性等因素进行判断。

12. 就相同或者类似商品申请注册的商标是复制、摹仿或者翻译他人未在中国注册的驰名商标，容易导致混淆的，不予注册并禁止使用。就不相同或者不相类似商品申请注册的商标是复制、摹仿或者翻译他人已经在中国注册的驰名商标，误导公众，致使该驰名商标注册人的利益可能受到损害的，不予注册并禁止使用。

商标法第 13 条将驰名商标区分为未在我国注册的驰名商标和已经在我国注册的驰名商标两大类，在保护的要件上也有所不同。

(1) 未在我国注册的驰名商标阻止他人申请商标注册和使用的要件。按照商标法第 13 条第 1 款的规定，就相同或者类似商品申请注册的商标是复制、摹仿或者翻译他人未在中国注册的驰名商标，容易导致混淆的，不予注册并禁止使用。据此，效力只及于相同或者类似商品、未在我国注册的驰名商标阻止他人注册和使用时，必须具备以下要件：

要件一，该商标在系争商标申请日之前已经驰名但未在我国注册。驰名商标是指在我国为相关公众广为知晓并享有较高声誉的商标。相关公众包括商标所标注的商品的生产者或者服务的提供者、商标所标注的商品或者服务的消费者、商标所标注的商品或者服务在经销渠道中所涉及的经营者和相关人员，等等，也就是和该商标标注的商品或者服务可能发生交易关系的人群，简称为需要者。

要特别注意两点：一是驰名商标在注册商标申请人或者侵权案件中被告的交易圈中是否知名在所不问。理由是，商标注册申请人或者侵权案件中的被告之所以将与驰名商标相同或者近似的标识申请注册或者使用，目的就在于不正当地利用驰名商标已有的市场信用，而驰名商标已有的市场信用只可能是在自己的交易圈中形成的市场信用。二是驰名商标的驰名是在自己交易圈中的驰名，意味着受商标所实际使用的商品或者服务范围的限制。比如，某商标指定使用的商品为第 25 类的服装商品，具体指定使用的商品为西服和衬衫，该商标在西服领域的驰名并不一定意味着在衬衫领域也驰名，更不意味着在和西服、衬衫相隔很远的电视机、汽油等领域也驰名。然而，这并不影响将该驰名商标使用在衬衫、电视机、汽油上的行为构成驰名商标侵害行为。

按照我国商标法第 14 条的规定，驰名商标的认定必须考虑以下因素：相关公众对该商标的知晓程度；该商标使用的持续时间；该商标的任何宣传工作的持续时间、程度和地理范围；该商标作为驰名商标受保护的记录；该商标驰名的其他因素。

在考虑上述因素时，要特别注意两点：一是商标驰名的地域因素。由于驰名商标是比知名未注册商标知名度更高的商标，而且享受特殊的保护，因此在判断其是否驰名的地域范围时，应当比知名未注册商标的地域范围更加严格。更为重要的是，在考虑地域因素时，要特别注意互联网对商标使用地域的影响。二是商标驰名的广告因素。在上述例子当中，如果商标拥有者在西服领域每年投入 1 亿元人民币的广告费用，占有的市场份额为 70％，而在衬衫等领域没有投入任何广告费用，各自占有的市场份额为 10％，则该商标只能认定为西服领域中的驰名商标，而不能被认定为衬衫等领域中的驰名商标。当然，和上述情况一样，这也不影响将该驰名商标使用在衬衫等商品或者餐饮等服务上的行为构成驰名商标侵害行为。

为了判断某个商标是否驰名，主张商标驰名的主体可以提供以下证据材料：该商标所使用的商品或者服务的合同、发票、提货单、银行进账单、进出口凭据等；该商标所使用的商品或者服务的销售区域范围、销售网点分布及销售渠道、方式的相关资料；涉及该商标的广播、电影、电视、报纸、期刊、网络、户外等媒体广告、媒体评论及其他宣传活动资料；该商标所使用的商品或者服务参加的展览会、博览会的相关资料；该商标的最早使用时间和持续使用情况的相关资料；该商标在中国、国外及有关地区的注册证明；商标行政主管机关或者司法机关曾认定该商标为驰名商标并给予保护的相关文件，以及该商标被侵权或者假冒的情况；具有合格资质的评估机构出具的该商标无形资产价值评估报告；具有公信力的权威机构、行业协会公布或者出具的涉及该商标所使用的商品或者服务的销售额、利税额、产值的统计及其排名、广告额统计等；该商标获奖情况；其他可以证明该商标知名度的资料。上述证据原则上以系争商标申请日之前的证据为限。

为证明商标驰名所提供的证据材料不以中国为限，但当事人提交的国外证据材料，应当能够据以证明该商标为我国相关公众所知晓。驰名商标的认定，虽不以该商标在我国注册、申请注册或者该商标所使用的商品或者服务在我国实际生产、销售或者提供为前提，该商标所使用的商品或者服务的宣传活动，亦为该商标的使用，与之有关的资料可以作为判断该商标是否驰名的证据。但是，无法证明在我国进行任何使用的商标,虽然在外国驰名,因和我国相关公众没有发生任何交易关系,无法为我国相关公众所知晓,因此不能被认定为驰名商标,不能作为驰名商标进行保护,不能阻止他人在我国申请注册。

用以证明商标持续使用的时间和情况的证据材料,应当能够显示所使用的商标标识、商品或者服务、使用日期和使用人。

在具体案件中,涉及已被商标行政主管机关或者司法机关认定为驰名商标的,如果对方当事人对商标驰名不持异议的,可以予以认可。如果对方当事人对该商标驰名持有异议的,应当依照商标法第14条的规定对驰名商标材料重新进行审查并作出认定。

要件二,系争商标构成对他人驰名商标的复制、摹仿或者翻译。复制是指系争商标与他人驰名商标相同。摹仿是指系争商标抄袭他人驰名商标,沿袭他人驰名商标具有识别力的部分。驰名商标具有识别力的部分是指驰名商标中赖以起主要识别作用的部分或者特征,包括特定的文字或者其组合方式及字体表现形式、特定图形构成方式及表现形式、特定的颜色组合等。翻译是指系争商标将他人驰名商标以不同的语言文字予以表达,且该语言文字已与他人驰名商标建立对应关系,并为相关公众广为知晓或者习惯使用。

要件三,系争商标所使用的商品或者服务与他人驰名商标所使用的商品或者服务相同或者类似。

要件四,系争商标的注册或者使用,容易导致混淆。混淆包括四个方面的含义:一是商标标识本身的混淆,即使需要者把系争商标误认为驰名商标;二是商品或者服务本身的混淆,即将系争商标标注的商品或者服务误认为是驰名商标商品或者服务;三是商品或者服务来源的误认,即使需要者将系争商标标注的商品或者服务误认为是驰名商标所有人生产的商品或者提供的服务;四是法律或经济关系的混淆,即使需要者误认为系争商标标注的商品生产者或者服务提供者与驰名商标所有人之间存在某种联系,如投资关系、许可关系或者合作关系。四种混淆中,第一、第二、第三种混淆属于狭义上的混淆,第四种混淆属于广义上的混淆。在狭义混淆中,第一种混淆往往构成第二、第三种混淆的前提和基础。但是,发生第四种混淆,往往并不以第一种混淆的存在为前提。在不同类别的商品或者服务上使用他人驰名商标,虽然会发生第二、第三、第四种意义上的混淆,但需要者对驰名商标标识本身往往不会发生误认,即不会发生第一种意义上的混淆。

混淆并不以即成事实为要件,只要从需要者的通识看存在混淆的可能性即可。是否存在混淆的可能,可以综合考虑以下因素进行判断:系争商标与引证商标的近似程度;引证商标的独创性;引证商标的知名度;系争商标与引证商标各自使用的商品或者服务的关联程度;其他可能导致混淆的因素。

驰名商标所有人或者利害关系人提出撤销他人注册商标请求的，应当在法定除斥期间内提出。复制、摹仿或者翻译他人驰名商标申请注册的，自该商标注册之日起5年内，驰名商标所有人或者利害关系人可请求商标评审委员会撤销该系争商标。但对属于恶意注册的，驰名商标所有人请求撤销系争商标不受5年的时间限制。

系争商标申请人是否具有主观恶意，应当综合考虑以下因素进行判断：系争商标申请人与驰名商标所有人曾有贸易往来或者合作关系；系争商标申请人与驰名商标所有人共处相同地域或者双方的商品或者服务有相同的销售渠道和地域范围；系争商标申请人与驰名商标所有人曾发生其他纠纷，可知晓该驰名商标；系争商标申请人与驰名商标所有人曾有内部人员往来关系；系争商标申请人注册后具有以牟取不当利益为目的，利用驰名商标的声誉和影响力进行误导宣传，胁迫驰名商标所有人与其进行贸易合作，向驰名商标所有人或者他人索要高额转让费、许可使用费或者侵权赔偿金等行为；驰名商标具有较强独创性；其他可以认定为恶意的情形。

(2) 在我国注册的驰名商标阻止他人申请商标注册和使用的要件。按照商标法第13条第2款的规定，就不相同或者不相类似商品申请注册的商标是复制、摹仿或者翻译他人已经在中国注册的驰名商标，误导公众，致使该驰名商标注册人的利益可能受到损害的，不予注册并禁止使用。据此，已在我国注册的驰名商标阻止他人申请注册和使用应当具备以下要件：

要件一，驰名商标在系争商标申请日之前已经驰名并且已经在我国获得注册。既然已经驰名，就意味着该商标已经在我国使用。在国外驰名但根本不为我国需要者所知悉的商标，尽管在我国获得了注册，也不能作为驰名商标进行保护。

要件二，系争商标构成对他人驰名商标的复制、摹仿或者翻译。

要件三，系争商标所使用的商品或者服务与他人驰名商标所使用的商品或者服务不相同或者不相类似。

要件四，系争商标的注册或者使用，误导公众，致使该驰名商标注册人的利益可能受到损害。

(3) 立法论上的问题。商标法第13条将驰名商标区分为未在我国注册的驰名商标和已经在我国注册的驰名商标，并且规定了不同的保护效力。未在我国注册的驰名商标，只能阻止类似商品范围内的商标注册申请和使用，而已经在我国注册的驰名商标，则能够阻止非类似商品范围内的商标注册申请和使用。这实质上是变相要求驰名商标的跨类保护必须以注册为要件。从国家工商行政管理总局2003年6月1日实施的《驰名商标认定和保护规定》第2条规定的驰名商标的定义看，并不要求驰名商标必须是注册商标。这两者之间明显存在矛盾。从解释论的角度看，商标法是全国人大常委会制定的法律，而《驰名商标认定和保护规定》属于国家工商行政管理总局制定的部门行政规章，效力层次大大低于商标法，因此与商标法相冲突的规定应当作为无效的规定处理。这样，按照商标法第13条的解释，在我国，驰名商标就必须是注册商标。应当说，将驰名商标限定为注册商标对于维护我国市场主体选择商标的自由是比较有利的。未在我国注册但在我国使用的外国驰名商标，虽然可能拥有先使用权，却不拥有专用权，对于侵害行为，主要应当依赖反不正当竞争法而不是商标法来进行规制。

立法上存在的第二个问题是，对于未在我国注册的驰名商标，禁止在类似商品范围内申请商标注册和使用客观上要求"容易导致混淆的"后果，而对于已经在我国注册的驰名商标，禁止在非类似商品范围内申请注册和使用客观上要求的是"误导公众，致使该驰名商标注册人的利益可能受到侵害的"后果，立法语言明显不一致。但就侵害驰名商标的后果而言，不管是侵害未在我国注册的还是已经在我国注册的驰名商标，无非是引起上述四个意义上的混淆，因此根本没有加以区别的必要性。

立法上存在的第三个问题是，商标法第13条第1款规定的是未在我国注册的驰名商标的阻却和禁止效力，商标法第31条同时又规定，申请注册的商标不得损害他人现有的在先权利，也不得以不正当手段抢先注册他人已经使用并有一定影响的商标。"未在中国注册的驰名商标"和"他人已经使用并有一定影响的商标"到底是什么关系，商标法并没有加以明确，很容易造成误解。国家商标局似乎将他人已经使用并有一定影响的商标理解为知名度小于未在中国注册的驰名商标的商标。但如此理解的话，又会产生一个新的问题：按照商标法第13条第1款的规定，未在中国注册的驰名商标，只能在类似范围内阻止他人商标注册申请以及使用，而商标法第31条由于没有对他人已经使用并有一定影响的商标在阻止他人注册申请以及使用的范围上作出任何限制，因此从解释论上讲，至少可以这样理解，已经使用并有一定影响的商标不但可以阻却他人类似范围内的商标注册申请以及使用，而且可以阻止他人非类似范围内的商标注册申请以及使用。这样，就会得出一个非常奇怪的结论：知名度小的未注册商标效力反而强于知名度大的未注册驰名商标。

从立法论上讲，驰名商标，不管注册还是没有注册，都应当给予跨类的特殊保护。而未注册的知名商标，由于知名度小于驰名商标，因此只能给予类似范围内的保护。上述问题，是立法上亟待解决的问题。为了明确商标法第13条第1款规定的未在我国注册的驰名商标和第31条规定的他人已经使用并有一定影响的商标之间的界限，应将后者限定为知名度小于驰名商标、效力范围只及于类似范围内的未注册知名商标。

13. 未经授权，代理人或者代表人以自己的名义将被代理人或者被代表人的商标进行注册，被代理人或者被代表人提出异议的，不予注册并禁止使用。这是商标法第15条的规定，其规定的目的在于确保商标代理人或者代表人的忠实义务。代理人或者代表人违反本条规定的，在商标初步审定公告后的 3 个月内，被代理人或者被代理人可以提出异议，异议成立的，商标申请不予注册并禁止使用。在 3 个月的异议期内没有提出异议而导致注册的，被代理人或者被代表人可以自注册之日起 5 年内，请求商标评审委员会裁定撤销该注册商标。

14. 商标中有商品的地理标志，而该商品并非来源于该标志所标示的地区，误导公众的，不予注册并禁止使用；但是，已经善意取得注册的继续有效。所谓地理标志，是指标示某商品来源于某地区，该商品的特定质量、信誉或者其他特征，主要由该地区的自然因素或者人文因素所决定的标志。由于地理标志主要在集体商标和证明商标中进行使用，因此留待后文详述。

15. 注册商标被撤销的或者期满不再续展的，自撤销或者注销之日起 1 年内，商标局对与该商标相同或者近似的商标注册申请，不予注册。由于被撤销的或者期满不再续展的商标，仍然在需要者心中残存着一定的印象和市场信用，这种印象和信用必须经过一定的时间后才能消失，为了避免混淆，对与此种商标相同或者近似的商标注册申请，应当进行必要的时间限制。

但是，从立法论上，商标法的这种规定至少存在以下两个问题：

一是没有考虑到，在注册商标被撤销或者期满不再续展之前 1 年以上没有使用的商标，是否仍然必须自撤销或者注销之日起经过 1 年，才准许申请注册。在注册商标被撤销或者期满不再续展之前 1 年以上没有使用的商标，在需要者心中的印象基本上消失了，如果再要经过 1 年才允许申请注册，会给他人选择商标的自由造成过大的妨碍，因此应当允许与该商标相同或者近似的商标申请注册。

二是没有考虑到商标所标注的商品或者服务的类别。一概不允许与被撤销或者期满不再续展的商标相同或者近似的商标申请注册，会过大地妨碍他人选择商标的自由。虽然被撤销或者期满不再续展的商标会在需要者心目中残留一定印象，但这种印象受该商标标注的商品或者服务种类的限制，商品或者服务种类不同，就很难残留下这种印象，也很难造成混淆。因此，注册商标被撤销的或者期满不再续展的，自撤销或者注销之日起 1 年内，只有对与该商标撤销或注销之前标注的相同或者类似的商品或者服务的相同或者近似的商标注册申请，商标局才应当不予核准注册。

16. 申请商标注册不得损害他人现有的在先权利，也不得以不正当手段抢先注册他人已经使用并有一定影响的商标。

我国商标法第 10 条第 1 款在规定不得作为商标申请注册的标识时，并没有像日本商标法第 4 条第 1 款第 8 项那样，详细规定包含他人肖像、姓名、名称或者著名的雅号、艺名、笔名，或者姓名、名称、雅号、译名、笔名等的著名略称的商标，不得申请注册。但是，从解释论看，这并不妨碍我国商标法阻止包含肖像、姓名等标识作为商标申请注册。我国商标法中至少存在两个可以利用的条文。一是商标法第

10 条第 1 款第 8 项的规定。按照该条款后段的概括性规定,"有其他不良影响的"标识不得作为商标申请注册。未经肖像权、姓名权等权利主体同意,擅自将包含他人肖像、姓名等的标识作为商标申请注册,不但可能侵害他人人格权,而且可能导致商品出所的混同,可以认定为具有"有其他不良影响的"标识,因而不得作为商标申请注册。二是商标法第 31 条的规定。按照商标法第 31 条的规定,申请商标注册损害他人现有的在先权利,商标局可以依法驳回其注册申请。已经注册的,按照我国商标法第 41 条第 2 款的规定,自商标注册之日起 5 年内,商标所有人或者利害关系人可以请求商标评审委员会裁定撤销该注册商标。

从解释论的角度看,既然我国商标法没有对在先权利的内涵作出限制,就应当从最宽泛的意义上理解,肖像、姓名、名称等当然也应当属于他人的在先权利,可以阻止他人的商标注册申请。

事实上,国家工商行政管理局发布的《商标评审规则》在对在先权利进行解释时,也作出了包含他人肖像等的解释。按照国家商标局损害他人在先权利审查标准引言的解释,商标法第 31 条规定的在先权利是指在系争商标申请注册日之前已经取得的,除商标权以外的其他权利,包括商号权、著作权、外观设计专利权、姓名权、肖像权等。

(1) 在先商号阻止他人申请商标注册的要件。

按照审查指南的规定,将与他人在先登记、使用并具有一定知名度的商号相同或者基本相同的文字申请注册为商标,容易导致中国相关公众混淆,致使在先商号权人的利益可能受到损害的,应当认定为对他人在先商号的侵犯,系争商标应当不予核准注册或者予以撤销。在先商号阻止他人商标注册申请必须具备以下几个要件:

第一,商号的登记、使用日应当早于系争商标注册申请日。是否享有在先商号权益可以通过企业登记资料、使用该商号的商品交易文书、广告宣传材料等加以证明。

第二,该商号在中国相关公众中具有一定的知名度。之所以要求在先商号具有一定知名度,主要是因为只有具有一定知名度的商号,商标注册申请人才具有可预见性,也只有具有一定知名度的商号才具有可保护的法益。

认定在先商号在相关公众中是否具有知名度,应从商号的登记时间,使用该商号从事经营活动的时间跨度、地域范围、经营业绩、广告宣传情况等方面来考察。

第三,系争商标的注册与使用容易导致相关公众产生混淆,致使在先商号使用者的利益可能受到损害。在判断这个要件时,除了要考虑商号的知名度外,还应当考虑在先商号是否具有独创性,系争商标指定使用的商品或者服务与商号使用者提供的商品或者服务原则上是否相同或者类似。

不过从解释论上看,我国《商标评审规则》将在先商号作为可以阻止他人申请商标注册的理由，而没有使用名称权的概念。商号是企业名称中最核心的部分，企业名称的范围显然要广于商号。一般情况下，商标注册申请人只会将他人的商号（理由在于大多数商号具有独创性）作为商标申请注册。但是也不排除将他人名称的著名略称作为商标申请注册的情况，对此如果名称权人不能加以阻止的话，显然不妥。所以与其使用在先商号的概念，还不如像日本商标法第4条第1款第8项那样，直接使用名称的概念，规制的范围将更加广泛。

在先商号使用者或者利害关系人请求商标评审委员会撤销注册商标的，应当自商标注册之日起5年提出。利害关系人包括在先商号使用者的被许可人和其他利害关系人。是否具有利害关系，以提出撤销请求时为准进行判断。

（2）在先姓名权阻止他人申请商标注册的要件。

未经许可，将他人的姓名申请商标注册，给他人姓名权造成或者可能造成损害的，系争商标应当不予核准注册或者予以撤销。在先姓名权阻止他人申请商标注册必须具备下列要件：

第一，系争商标与他人姓名相同。姓名包括本名、笔名、艺名、别名以及著名的略称。《商标评审规则》中并没有将笔名、艺名、别名等的著名略称包括进去，存在不妥。他人一般是指在世的自然人，应当包括中国人和外国人。相同是指申请注册的商标和他人的姓名完全相同，或者是他人姓名的翻译，在社会公众的认知中指向该姓名权人。在社会公众的认知中没有指向特定的自然人的，可以申请注册。

第二，系争商标注册可能给他人姓名权造成损害。我国《商标评审规则》认为，在认定这个要件时，应当考虑姓名权人在社会公众中的知晓程度。这个观点必须仔细分析。如果说包含在姓名中的笔名、艺名、别名等必须具备知名性或者著名性是有道理的，因为笔名、艺名、别名等和其主体并没有必然的人格上的对应关系。但是要求姓名中的本名必须具备知名或者著名性就值得商榷，因为本名和其主体发生必然的人格上的关系，属于绝对权，所以只要某个姓名在社会公众的认知中和某个自然人主体发生必然的指向关系，不管是否有名都必须加以保护。

从审查实务上看，未经许可使用公众人物的姓名申请注册商标的，或者明知为他人的姓名，却基于损害他人利益的目的申请注册商标的，应当认定为对他人姓名权的侵害。

第三，未经姓名权人同意。姓名权属于私权，因此经过姓名权人同意的，申请人可以将他人姓名作为商标申请注册。是否经过同意，申请人负责证明。在系争商标申请注册日之前姓名权人撤回许可的，超出姓名权人许可使用的商品或者服务之外申请注册商标的，在姓名权人未明确许可的使用商品或者服务上申请注册商标的，视为未经许可。

在同名同姓的情况下，其中某姓名权人将该姓名作为商标申请注册时，日本商标法和解释论上都认为必须经过其他姓名权人的同意。日本由于姓氏非常复杂，同名同姓的很少，所以其商标法和解释论才如此要求。我国同名同姓的人非常多，是否需要经过同意不无疑问。

姓名权人或者利害关系人请求商标评审委员会撤销注册商标，应当自商标注册之日起 5 年内提出。利害关系人包括在先商号权的被许可人和其他利害关系人，是否具有利害关系，以提出撤销请求时为准进行判断。

(3) 在先肖像权阻止他人申请商标注册的要件。未经许可，将他人的肖像申请注册商标，给他人肖像权造成或者可能造成损害的，系争商标应当不予核准注册或者予以撤销。在先肖像权阻止他人申请商标注册必须具备以下要件：

第一，系争商标与他人肖像相同或者近似。他人是指在世自然人。他人的肖像包括他人的肖像照片、肖像画等。相同是指申请注册的商标和他人肖像完全相同。近似是指虽然系争商标与他人肖像在构图上有所不同，但反映了他人的主要形象特征，在社会公众的认知中指向该肖像权人。

第二，系争商标注册可能给他人肖像权造成损害。未经许可使用公众人物的肖像申请注册商标的，或者明知为他人的肖像而申请注册商标的，应当认定为对他人肖像权的侵害。

第三，未经肖像权人许可。和姓名一样，肖像也属于私权范畴，拥有者可以进行处分，因此经过肖像权人许可，可以将他人肖像作为商标申请注册。但系争商标注册申请人应当就其主张的取得肖像权人许可的事实承担举证责任。在系争商标申请注册日之前肖像权人撤回许可的，超出肖像权人许可使用的商品或者服务之外申请注册商标的，在肖像权人未明确许可的使用商品或者服务上申请注册商标的，视为未经许可。

在肖像权人或者利害关系人请求商标评审委员会撤销注册商标的，应当自商标注册之日起 5 年提出。利害关系人包括在先商号权的被许可人和其他利害关系人。是否具有利害关系，以提出撤销请求时为准进行判断。

(4) 在先使用的未注册知名商标阻止他人申请商标注册的要件。商标法第 10 条在规定阻止申请商标注册的事由时，虽然没有明确列举对未注册知名商标的保护，但是从解释论上看，该条第 10 条第 1 款第 8 项后段的概括性规定"有其他不良影响的"，仍然可以用来作为未注册知名商标阻止他人申请商标注册的依据。此其一。其二，虽然从立法技术上看和商标法第 13 条第 1 款的规定存在界限不明确问题，但商标法第 31 条后段的规定"也不得以不正当手段抢先注册他人已经使用并有一定影响的商标"，仍然为未注册知名商标提供了明确的保护，从而弥补了严格注册原则造成的缺陷。

未注册知名商标所有人或者利害关系人阻止他人申请商标注册或者使用，必须同时具备以下几个要件：

第一，他人商标在系争商标申请日之前已经使用并且获得了一定知名度。已经使用并获得了一定知名度是指该商标在中国已经使用并为一定地域范围内相关公众所知晓。具体说来，包括如下几个方面的含义：一是他人商标必须已经使用。使用必须是作为商标而不是其他方面的使用，是否已经使用由使用者提供证据证明。二是他人商标必须是在系争商标申请日之前已经使用。在申请日之后通过"短平快"方式使用而获得知名度的，不能阻止他人申请商标注册，也不能请求撤销注册申请。三是他人商标的使用行为必须发生在中国境内。在中国境外使用并在中国境外获得知名度的，不能阻止他人申请注册或者请求撤销注册商标。是否在中国境内使用、是否在中国境内获得知名度，应当考虑互联网技术对商标使用地域的影响。四是他人商标通过使用获得了知名度。知名度是指一定地域范围内的知名度。由于我国采取的是注册主义原则，未注册的知名商标又能够撤销效力及于全国范围的注册商标，因此地域范围应当严格把握，以较广大的地域范围为原则。是否获得知名度，应当根据个案，考虑以下因素进行综合判断：相关公众对该商标的知晓程度；该商标使用的持续时间和地理范围；该商标广告宣传的时间、方式、频率、地域范围；其他因素。为了证明知名度，可以提供以下证据材料：该商标所使用的商品或者服务的合同、发票、提货单、银行进账单、进出口凭据等；该商标所使用的商品或者服务的销售区域范围、销售渠道、销售方式的相关资料；涉及该商标的广播、电影、电视、报纸、期刊、网络、户外等媒体广告、媒体评论及其他宣传活动资料；该商标所使用的商品或服务参加展览会、博览会的相关资料；该商标的最早创用时间和持续使用情况等相关资料；该商标的获奖情况；其他可以证明该商标有一定影响的资料。五是知名的判断主体为相关公众。相关公众包括：商标所标识的商品的生产者或者服务的提供者；商标所标识的商品或者服务的消费者；商标所标识的商品或者服务在经销渠道中所涉及的经营者和相关人员等。

第二，系争商标与未注册知名商标相同或者近似。

第三，系争商标所标注的商品或者服务和未注册知名商标所标注的商品或者服务相同或者类似。

我国《商标评审规则》要求系争商标注册申请人主观上具有恶意。系争商标注册申请人主观上是否具有恶意，应当综合考量下列因素进行判断：系争商标注册申请人与未注册知名商标使用人曾有贸易往来或者合作关系；系争商标注册申请人与未注册知名商标使用人共处相同地域或者双方的商品或者服务有相同的销售渠道和地域范围；系争商标注册申请人与未注册知名商标使用人曾发生过其他纠纷，可知晓未注册知名商标；系争商标申请人与未注册知名商标使用人曾有内部人员往来关系；系争商标申请人注册后具有以牟取不当利益为目的，利用未注册知名商标使用人有一定影响商标的声誉和影响力进行误导宣传，胁迫未注册知名商标使用人与其进行贸易合作，向未注册知名商标使用人或者他人索要高额转让费、许可使用费或者侵权赔偿金等行为；未注册知名商标具有较强独创性；其他可以认定为恶意的情形。

然而，我国《商标评审规则》要求系争商标申请主观上具有恶意不无疑问。日本商标法第4条第1款第10项并没有这样的要求，解释论和判例上的通说也没有作出这样的解释。原因在于，既然未注册知名商标是对既成社会事实的保护，就不管系争商标申请人主观上是否具有恶意，未注册知名商标所有人都应该有权阻止其事先申请注册或者事后请求撤销已经注册的商标。按照我国《商标评审规则》的理解，如果做反对解释的话，就是说系争商标注册申请人主观上没有恶意时，就可以抢注他人未注册的知名商标了，这样未注册知名商标将难以真正得到保护。

未注册知名商标所有人或者利害关系人根据商标法第31条和第41条第2款请求撤销注册商标的，应当自系争商标注册之日起5年之内提出。利害关系人包括被许可人、其他利害关系人。是否具有利害关系，应当以提出撤销请求时为准，但是在具体进行审查时已经具有利害关系的，也认定为利害关系人。

五、商标注册要件存在的立法问题

通过以上的分析可以看出，商标法虽然列举了申请商标注册的诸多标识，为商标注册申请人提供了一定的行为指引和预期，却存在以下几个重大缺陷：

1. 阻却要件的问题。将申请商标注册的阻却要件分散在第10条、12条、13条、15条、16条、28条、31条、46条等不同条文中，显得非常零散、混乱，极大地增加了申请人的搜索成本和理解难度，也增加了执法和司法的难度。

2. 除斥期间的问题。商标法第41条在规定除斥期间时，没有严格区分损害公序良俗等公共利益的商标注册申请和损害私人利益的商标注册申请，并在此基础上规定是否适用除斥期间的规定。最突出的表现在第10条第1款第8项规定的存在其他不良影响的商标中，很大一部分属于侵害私人利益的商标，应当适用除斥期间规定的却没有适用。第11条欠缺识别力的标识虽然也属于侵害公共利益的标识，但如果由于商标局审查失误等原因获得注册后通过使用获得了识别力，甚至成为了知名商标，是否在注册后的任何时间都能够被撤销，一概不适用除斥期间的规定。对此，商标法第41条根本没有加以考虑。

3. 阻却要件发生的时间点问题。对于可以阻止他人申请商标注册的事由发生的时间点，比如，第13条规定的驰名商标发生的时间点、第31条规定的未注册知名商标发生的时间点，没有作出明确的规定。

4. 其他立法技术问题。许多条文显得粗糙、不够细腻，有的条文之间界限不够分明。前者如第46条、第31条后段没有对商标申请注册的商品或者服务范围作出限制，后者如第 13 条第 1 款规定的未在我国注册的驰名商标和第 31 条后段规定的已经使用并有一定影响的商标，等等。

总的来说，我国商标法存在较多需要完善之处，对商标法进行大规模修改刻不容缓。

第三节　获得商标专用权的手续

商标法和专利法一样，属于权利赋予法，因此要获得对某一商标的专用权，也必须经过申请、审查和核准等行政程序。但与专利申请的申请、审查和批准的功能主要在于考察技术的先进性、促进新技术和新知识的开发不同，商标申请、审查和核准的功能主要在于考察商标的识别性，以防止商品或者服务来源的混淆。

一、申请

商标法第 3 条规定，经过商标局核准注册的商标为注册商标，包括商品商标、服务商标和集体商标和证明商标；商标注册人享有商标专用权，受法律保护。可见，要想取得商标专用权，就必须申请商标注册。

（一）商标注册申请原则

按照商标法的规定，申请商标注册，应当遵守以下原则：

1. 自愿申请注册和强制申请注册相结合的原则。按照商标法第 4 条的规定，是否需要取得商标专用权，原则上由商品生产者、制造者、加工者、拣选者、经销者，或者服务的提供者自主决定。但是，按照商标法第 6 条的规定，国家规定必须使用注册商标的商品，必须申请商标注册，未经核准注册的，不得在市场销售。国家规定必须使用注册商标的商品，主要包括人用药品和烟草制品。

但要指出两点：一是国家规定必须使用注册商标的商品，虽然没有申请注册商标，但是只要符合生产许可的条件，仍然可以进行生产，只是不能在市场上销售罢了。未使用注册商标在市场上销售的，按照商标法第 47 条的规定，由地方工商行政管理部门责令限期申请注册，可以并处罚款。二是必须使用注册商标才能进行销售的商品，在申请商标注册时，必须提交国家烟草主管部门和药品主管部门颁发的生产许可证件。意图使用者未提交生产许可证，不得申请注册。

2. 先申请原则。为了避免重复授权，防止混淆，商标法第 29 条规定，两个或者两个以上商标注册申请人，在同一种商品或者类似商品上，以相同或者近似的商标申请注册的，初步审定并公告申请在先的申请。同一天申请的，初步审定并公告使用在先的商标，驳回其他人的申请，不予公告。商标法实施条例第 19 条进一步规定，两个或者两个以上的申请人，在同一种商品或者类似商品上，分别以相同或者近似的商标在同一天申请注册的，各申请人应当自收到商标局通知之日起 30 日内提交其申请注册前在先使用该商标的证据。同日使用或者均未使用的，各申请人可以自收到商标局通知之日起 30 日内自行协商，并将书面协议报送商标局；不愿协商或者协商不成的，商标局通知各申请人以抽签的方式确定一个申请人，驳回其他人的注册申请。商标局已经通知但申请人未参加抽签的，视为放弃申请，商标局应当书面通知未参加抽签的申请人。

是否申请在先，以商标注册的申请日期先后进行判断。商标注册的申请日期，按照商标法实施条例第 18 条的规定，以商标局收到申请文件的日期为准。

3. 一商标一申请原则。为了防止申请人逃缴申请费用和审查的方便，商标法采用了一商标一申请原则。该原则是指一件商标注册申请只能请求注册一件商标，而不能同时请求注册两件以上的商标。但是，一商标一申请原则并不限制一件商标同时申请注册使用在不同类别的商品上，也不限定一件商标同时申请注册使用在同一类别的几种不同的商品上。不过即使如此，在申请商标注册时仍然必须遵守商标法第 19 条、20 条关于程序要件的规定。按照商标法第 19 条的规定，申请商标注册，应当按照规定的商品分类表填报使用商标的商品类别和商品名称。按照商标法第 20 条的规定，商标注册申请人在不同类别的商品上申请注册同一商标的，应当按照商品分类表提出注册申请。

商品分类表是为了便利商标注册和管理而由商标管理机关根据一定标准对商品和服务进行分类而形成的表格，包括本国独立实施的分类表和国际统一分类表。目前，国际上通行的分类是《商标注册用商品和服务国际分类尼斯协定》，我国 1988 年 11 月 1 日开始采用该分类表。该分类表将商品分为 43 大类，服务分为 45 大类。

4. 优先权原则。申请商标注册时，和专利申请一样，可以要求国际优先权和国内优先权。商标法第 24 条规定，商标注册申请人自其商标在外国第一次提出商标注册申请之日起 6 个月内，又在中国就相同商品以同一商标提出商标注册申请的，依照该外国同中国签订的协议或者共同参加的国际条约，或者按照相互承认优先权的原则，可以享有优先权。这种优先权即国际优先权。要求国际优先权的，应当在提出商标注册申请时提出书面声明，并且在 3 个月内提交第一次提出的商标注册申请文件的副本。未提出书面声明或者逾期未提交商标注册申请文件副本的，视为未要求优先权。同时，按照商标法实施条例第 20 条第 1 款的规定，申请人提交的第一次提出商标注册申请文件的副本应当经受理该申请的商标主管机关证明，并注明申请日期和申请号。

商标法第 25 条规定，商标在中国政府主办或者承认的国际展览会展出的商品上首次使用的，自该商品展出之日起 6 个月内，该商标的注册申请人可以享有优先权。

该种优先权即为国内优先权。要求国内优先权的，应当在提出商标注册申请时提出书面声明，并且在 3 个月内提交展出其商品的展览会名称、在展出商品上使用该商标的证据、展出日期等证明文件。未提出书面声明或者逾期未提交证明文件的，视为未要求优先权。同时，按照商标法实施条例第 20 条第 2 款的规定，申请人提交的证明文件应当经国务院工商行政管理部门规定的机构认证，但展出其商品的国际展览会是在中国境内举办的除外。

优先权的好处在于，在优先权期限内，商标注册申请人可以就相同商标在相同的商品范围对抗其他人的申请。

（二）商标注册申请文件

申请商标注册，应当提交申请文件。申请文件包含申请书和其他相关文件。按照商标法实施条例第 8 条的规定，申请文件应当使用中文，以外文申请的，必须附送中文译文；未附送的，视为未提交申请文件。

按照商标法实施条例第 13 条的规定，申请商标注册，应当按照公布的商品和服务分类表按类申请。每一件商标注册申请应当向商标局提交《商标注册申请书》一份，商标图样 5 份。指定颜色的，并应当提交着色图样 5 份，黑白稿 1 份。商标图样必须清晰、便于粘贴，用光洁耐用的纸张印制或者用照片代替，长或宽应当不大于10 厘米，不小于 5 厘米。以三维标志申请商标注册的，应当在申请书中予以声明，并提交能够确定三维形状的图样。以颜色组合申请商标注册的，应当在申请书中予以声明，并提交文字说明。申请注册集体商标、证明商标的，应当在申请书中予以说明，并提交主体资格证明文件和使用管理规则。商标为外文或者包含外文的，应当说明含义。

按照商标法实施条例第 14 条的规定，申请商标注册，申请人应当提交能够证明其身份的有效证件的复印件。商标注册申请人的名义应当与所提交的证件相互一致。

按照商标法实施条例第 16 条的规定，共同申请注册同一商标的，应当在申请书中指定一个代表人。没有指定的，以申请书中顺序排列的第一人为代表人。

对于必须使用注册商标才能进行销售的人用药品和烟草制品，申请人还必须提交主管机关颁发的生产许可证。除了这两种商品外，有些商品的商标注册申请，比如报刊、杂志商标注册申请，也应当提交有关主管部门的证明文件。

（三）三种特殊申请

1. 另行申请。商标法第 21 条规定，注册商标需要在同一类的其他商品上使用的，应当另行提出注册申请。即注册商标需要在同一类商品中扩大使用范围的，需要另行提出申请。

2. 重新申请。商标法第 22 条规定，注册商标需要改变其标志的，应当重新提出注册申请。商标标识的改变意味着商标本质的变化，因而需要获得专用权的，必须重新提出注册申请。

3. 变更申请。商标法第 23 条规定，注册商标需要变更注册人的名义、地址或者其他注册事项的，应当提出变更申请。商标法实施条例第 17 条进一步规定，在商标注册申请过程中，申请人需要变更其名义、地址、代理人，或者删除指定的商品的，可以向商标局办理变更手续。申请人转让商标注册申请的，应当向商标局办理转让手续。

按照商标法实施条例第 24 条的规定，变更商标注册人名义、地址或者其他注册事项的，应当向商标局提交变更申请书。商标局核准后，发给商标注册人相应注明，并予以公告。不予核准的，应当书面通知申请人并说明理由。变更商标注册人名义的，还应当提交有关登记机关出具的变更注明文件。未提交变更注明文件的，可以自提出申请之日起 30 日内补交；期满不提交的，视为放弃变更申请，商标局应当书面通知申请人。变更商标注册人名义或者地址的，商标注册人应当将其全部注册商标一并变更。未一并变更的，视为放弃变更申请，商标局应当书面通知申请人。

二、审查

(一) 初步审定公告

按照商标法实施条例第 18 条的规定，申请手续齐备并按照规定填写申请文件的，商标局予以受理并书面通知申请人；申请手续不齐备或者未按照规定填写申请文件的，商标局不予受理，书面通知申请人并说明理由。申请手续基本齐备或者申请文件基本符合规定，但是需要补正的，商标局通知申请人予以补正，限其自收到通知之日起 30 日内，按照指定内容补正并交回商标局。在规定期限内补正并交回商标局的，保留申请日期。期满未补正的，视为放弃申请，商标局应当书面通知申请人。

申请注册的商标，经过商标局初步审定，如果没有发现驳回理由的，予以公告。相反，申请注册的商标，经过商标局审定，发现不符合商标法有关规定的，则由商标局驳回申请，不予公告。

商标局对在部分指定商品上使用商标的注册申请予以初步审定的，申请人可以在异议期满之日前，申请放弃在部分指定商品上使用商标的注册申请。申请人放弃在部分指定商品上使用商标的注册申请的，商标局应当撤回原初步审定，终止审查程序，并重新公告。

(二) 异议

商标注册申请仍然保留了授权前的异议程序。按照商标法第 30 条的规定，对初步审定的商标，自公告之日起 3 个月内，任何人均可提出异议。任何人不仅仅指利害关系人，而且包括和申请注册的商标没有任何利害关系的人。

对商标局初步审定予以公告的商标提出异议的，异议人应当向商标局提交商标异议书一式两份。商标异议书应当写明被异议商标刊登《商标公告》的期号以及初步审定号。商标异议书应当有明确的请求和事实依据，并附送有关证据材料。商标局应当将商标异议书副本及时送交被异议人，限其自收到商标局异议书副本之日起30日内答辩。被异议人不答辩的，不影响商标局的异议裁定。当事人需要在提出异议申请或者答辩后补充有关证据材料的，应当在申请书或者答辩书中声明，并自提交申请书或者答辩书之日起3个月内提交。期满未提交的，视为当事人放弃补充有关证据材料。

（三）复审

复审包括两个方面的复审：一是商标法第32条第1款规定的对商标局驳回申请、不予公告的决定的复审，即对驳回申请、不予公告的商标，商标注册申请人如果不服的，可以自收到商标局的通知之日起15日内向商标评审委员会申请复审，由商标评审委员会作出决定，并书面通知申请人。二是商标法第33条第1款规定的对商标局异议裁定的复审，即对初步审定、予以公告的商标提出异议的，商标局应当听取异议人和被异议人陈述事实和理由，经调查核实后，作出裁定。当事人不服裁定的，可以自收到通知之日起15日内向商标评审委员会申请复审，由商标评审委员会作出裁定，并书面通知异议人和被异议人。

（四）司法救济

按照商标法第32条第2款和第33条第2款的规定，当事人对商标评审委员会上述复审决定、裁定不服的，可以自收到通知之日起30日内向人民法院起诉。

三、核准注册及公告

按照商标法第30条的规定，对初步审定公告的商标，自公告之日起3个月内，任何人均可以提出异议。公告期满无异议的，予以核准注册，发给商标注册证，并予以公告，自初步审定公告3个月期满之日起，商标注册申请人取得商标专用权。

按照商标法第34条的规定，自公告之日起3个月内有人提出异议，经过商标局的裁定异议不成立的，予以核准注册，发给商标注册证，并予以公告，自初步审定公告3个月期满之日起，商标注册申请人取得商标专用权。经过裁定异议成立的，不予核准注册。按照商标法实施条例第23条的规定，异议成立，包括在部分指定商品上成立。异议在部分指定商品上成立的，在该部分指定商品上的商标注册申请不予核准。被异议商品在异议裁定生效前以及刊发注册公告的，撤销原注册公告，经异议裁定核准注册的商标重新公告。

四、申请注册的商标核准注册公告前的效果

申请注册的商标在核准注册公告前，虽然尚不拥有专用权，但是为了发挥注册主义的优点，同时为了防止发生阻止申请商标注册的不正当先使用现象，赋予核准

注册公告前商标注册申请人一定的金钱请求权是必要的。但是，赋予这种请求权应当具备以下要件：

1. 商标注册申请人向行为人提示了商标注册申请文件并且发出了警告。

在商标注册申请人提示了商标注册申请文件并且发出警告后，行为人仍然使用的，主观上就具有了恶意。

2. 行为人使用的商标应当和申请注册的商标相同或者近似。

3. 行为应当将和申请注册的商标相同或者近似的商标使用在和申请注册的商标标注的商品或者服务相同或者类似的商品或者服务上。

4. 行为人的恶意使用行为给商标注册申请人造成了损失。申请注册的商标如果还没有使用，行为人的行为就不会给商标注册申请人造成任何损失，此时赋予商标注册申请人金钱请求权就没有了意义。

5. 在商标注册申请人放弃申请、申请人撤回申请、申请被驳回、裁定异议成立等情况下，这种请求权视为自始就不存在。

我国商标法对上述问题没有涉及，但商标法实施条例第 23 条第 3 款规定，经异议裁定核准注册的商标，自该商标异议期满之日起至异议裁定生效前，对他人在同一种或者类似商品上使用与该商标相同或者近似的标志的行为不具有溯及力；但是，因该使用人的恶意给商标注册人造成的损失，应当给予赔偿。但是该款并没有涉及在初步审定公告之前、在异议期间，以及在异议期满之日至异议裁定生效之日期间，作为商标注册申请人而不是注册商标权人，是否可以对他人在同一种或者类似商品上使用与该商标相同或者近似的标志的行为行使金钱请求权。

作为尚未获得核准注册、尚未拥有专用权的申请注册商标，如果已经使用并且已经获得了一定的知名度，针对他人在同一种或者类似商品上使用与该商标相同或者近似的标志的行为，本来可以通过反不正当竞争法进行规制。但是，对于处在申请注册过程中但尚未使用的商标而言，要想通过反不正当竞争法进行规制就比较困难。理由在于，反不正当竞争法保护未注册商标时，要证明存在混淆的可能性，如果某种行为不存在任何混淆的可能，就难以适用反不正当竞争法。行为人在同一种商品或者类似商品上使用处在申请注册过程中但尚未使用的商标或者近似商标，根本就不存在混淆的可能，因此无法适用反不正当竞争法。这说明，将处于申请注册过程中但尚未获得核准注册的商标作为一个合法的利益，在商标法中作出保护性规定，赋予注册申请人一般性的债权请求权仍然是必要的。当然，这有赖于立法加以解决。

五、注册商标的撤销和争议

商标法不但规定了商标注册申请核准前的事前异议程序，而且规定了核准注册后的事后撤销和争议程序。

（一）注册商标的撤销程序

第一，撤销注册商标的理由。商标法第41条第1款规定，已经注册的商标，违反商标法第10条、第11条、第12条规定的，或者是以欺骗手段或者其他不正当手段取得注册的，由商标局撤销该注册商标；其他单位或者个人可以请求商标评审委员会裁定撤销该注册商标。可见，注册商标的撤销包括商标局主动的撤销和公众请求商标评审委员会裁定撤销两种。因这几种原因而被撤销的注册商标权人，不适用除斥期间的规定，主管机关为商标局或者商标评审委员会。

商标法第41条第2款规定，违反商标法第13条、第15条、第16条、第31条规定的，自商标注册之日起5年内，商标所有人或者利害关系人可以请求商标评审委员会裁定撤销该注册商标。对恶意注册的，驰名商标所有人不受5年的时间限制。因这几种原因而被撤销的注册商标权人，适用除斥期间的规定，但请求裁定撤销的主体只限于商标所有人或者利害关系人，而不是任何人，主管机关为商标评审委员会。

要注意的是，按照商标法第42条的规定，对核准注册前已经提出异议并且经过裁定的商标，不得再以相同的事实和理由申请裁定。

第二，按照商标法第41条的规定撤销注册商标的法律后果。按照商标法实施条例第36条的规定，按照商标法第41条的规定撤销的注册商标，其商标专用权视为自始即不存在。有关撤销注册商标的决定或者裁定，对在撤销前人民法院作出并已执行的商标侵权案件的判决、裁定，工商行政管理部门作出并已执行的商标侵权案件的处理决定，以及已经履行的商标转让或者使用许可合同，不具有追溯力。但是，因商标注册人恶意给他人造成的损失，应当给予赔偿。很明显，该条追究的是交易安全和秩序价值。但从立法论的角度而言，考虑到消费者和相关商标使用人、受让人、被许可人之间的关系，和专利权被宣告无效后的法律效果一样，商标权人所获得的赔偿或者转让费用、使用费等，作为不当得利返还给行为人或者受让人、被许可人更为合理。

但是，关于可以撤销注册商标的理由，商标法第44条和第45条也可以成为撤销注册商标的理由，并且主管机关为商标局。结合商标法第44条、第45条的规定，使用注册商标，有下列行为之一的，由商标局责令限期改正或者撤销其注册商标：

1. 自行改变注册商标的。在商标使用过程中，改变注册商标标识有两种情况：第一种情况是改变注册商标标识并且继续使用商标注册号，第二种情况是改变注册商标标识，但不再使用商标注册号。第一种情况下，由于注册商标标识发生了改变，与原注册商标不再属于同一商标，因此可以作为未注册商标处理。改变注册商标并继续使用原注册商标的注册号的行为，属于冒充注册商标的行为，可以根据商标法第48条的规定由地方工商行政管理部门予以制止，限期改正，并可以予以通报或者处以罚款。第二种情况下，由于未使用原注册商标的注册号，所以其行为属于使用未注册商标的正当行为,只是不能产生专用权的效果,商标局完全没有必要干涉。当然,如果由于使用改变后的未注册商标而导致原注册商标连续 3 年没有使用,则可以按照商标法第 44 条第 4 项的规定撤销原注册商标。

可见,自行改变注册商标标识的行为,完全不应当导致撤销注册商标的后果,除非是由于使用改变后的未注册商标而导致原注册商标连续 3 年没有使用。申请注册的商标一经核准注册,就成为注册者专用的私权。对此种私权必须严肃对待,而不能随意通过公权力加以剥夺,否则极不利于私权利的稳定。

2. 自行改变注册商标的注册人名义、地址或者其他注册事项的。改变注册商标注册人名义、地址或者其他注册事项的,应当提出变更申请。不提出变更申请,就自行加以改变,不利于注册商标的管理,因此应当由商标局责令限期改正。但是否就因此可以撤销其注册商标,也存在疑问。

3. 自行转让注册商标的。按照商标法第 39 条的规定,注册商标的转让应当由转让人和受让人共同向商标局提出申请,并经核准公告。受让人自核准公告之日起享有商标专用权。由此可见,自行转让注册商标,只是产生受让人不能取得注册商标专用权的法律后果,商标法第 44 条规定可由商标局撤销注册商标显然过于严厉。

4. 连续 3 年停止使用的。注册商标连续 3 年停止使用,不但会造成大量商标闲置的现象,而且会妨碍他人选择商标的自由,因此加以撤销理所当然。问题是,商标法以及相关司法解释对如何适用这项规定都没有作出规定或者解释。本书主要结合商标法实施条例第 39 条的规定和该项的立法趣旨详细探讨适用该项规定撤销注册商标时需要具备的要件。

(1)从使用主体上看,注册商标权人、注册商标独占许可使用权人、排他许可使用权人、普通许可使用权人都没有使用注册商标。也就是说,只要上述任何一个主体使用了注册商标,就认为注册商标已进行了使用,从而不能再以停止使用为由撤销注册商标。但是,注册商标普通许可使用权人不包括先使用权人。

(2)从使用行为本身看,上述主体没有符合商标法实施条例第 3 条规定的商标使用行为。

按照商标法实施条例第 3 条的规定,所谓商标的使用,不仅指将注册商标标识附着在有关商品或者服务上,而且包括将商标用于商品、商品包装或者容器以及商品交易文书上,或者将商标用于广告宣传、展览以及其他商业活动中。但是,为了防止不使用撤销程序被滥用,对不使用撤销程序中的"商标使用"应当进行宽泛的理解。也就是说,不但本条款规定的使用称之为商标的使用,而且稍微改变注册商标中的非关键标识的下列使用也应当作为商标法实施条例第 3 条所讲的使用:

第一,仅仅改变注册文字商标的书写方法进行的使用,属于注册商标的使用。理由在于,虽然该文字商标的书写方法进行了变更,注册商标外观上有了变化,但是该注册商标的称呼和观念仍然没有改变,从社会的一般观念上看,书写方法改变后的注册商标仍然和原注册商标属于同一个商标。

第二，注册文字商标使用汉字和汉语拼音相互进行变更但是称呼和观念没有变化的使用，属于注册商标的使用。

第三，使用和注册图形商标外观上具有同一视觉效果的商标时，属于注册商标的使用。

第四，使用其他社会普遍认为和注册商标具有同一性的商标，也属于注册商标的使用。比如将注册商标和其他文字、图形等结合在一起使用在商品包装或者广告文书上，整体上不管和注册商标是否近似，只要其中的一部分包含了注册商标，也称之为注册商标的使用。再比如，仅仅改变色彩的使用，属于注册商标的使用。

作出上述理解应当说是符合巴黎公约第 5 条 C（2）的规定的。按照巴黎公约第 5 条 C（2）的规定，只有细节不同而并未改变其主要特征的，商标所有人变更注册商标的标识进行使用，不影响注册商标权的效力，注册商标的保护也不得因此而减少。

在日本实践中，下列商标的使用都被认为属于注册商标的使用。如注册商标为 ROADMASTER，而使用商标为 ROADMASTER TT100，理由在于 TT100 属于商品型号，而且书写方法和商标的不同；注册商标为イネス，而使用商标为靴のイネス；注册商标为アーバークロンビーアンドフィッチ，使用商标为 ABERCROMBIE AND FITCH，理由是称呼同一，社会普遍观念认为属于同一个商标；注册商标为 SHL，使用商标为 SHL−1BUC；注册商标为 LIITTEWORLD リトルワールド，使用商标为黑体字书写的 LITTLEWORLD リトルワールド，理由是外观虽有不同，但是称呼和观念相同；注册商标为めでたや，使用商标为 MEDETAYA，理由是称呼和观念相同；注册商标为 DON ドン，使用商标为黑体 DON，理由是观念相同；注册商标为和汉研究丽姿，使用商标为和汉研究丽姿 LIQUID FOUNDATION 方形の囲み，理由是附加部分没有区别识别力，从社会普遍观念看并不损害两个商标的同一性；注册商标为 NETMARKS，使用商标为分开并排竖写的 NET MARKS。

但是，以下注册商标的使用被认为不属于注册商标的使用。如注册商标为 MAGIC，使用商标为 ALOE/MAGIC、MAGIC COLOR、LIP MAGIC，理由是这些商标本身都具有识别力；注册商标为 VUITTON，使用商标为 LOUIS VUITTON，理由是 VUITTON 完全失去了独立性；注册商标为 Colmaコルマ，使用商标为 COL-MAR コルマー；注册商标为 RIVA，使用商标为リバテープ。[①]

不使用的法律拟制。实践中，有的商标权人由于熟知商标法知识，为了避免商标遭受不使用而撤销的命运，往往在得知提出不使用撤销请求的事实后，立即通过

---

① 上述案例全部是东京高等裁判所判决的案例。参见青木博通平成 18 年度（2006 年）集中讲义：《デザインとブランドの保护》，212～213 页，日本，北海道大学大学院法学研究科，2006。

广告等形式象征性地使用注册商标，或者通过许可方式使用注册商标，从而达到规避商标法的目的。为了防止这种现象的发生，有些国家的商标法设置了不使用拟制制度。按照日本商标法第50条第3款的规定，不使用拟制制度的含义是指，提出不使用撤销请求之日前3个月开始到撤销请求预告登记日期间，在日本国内，注册商标权人、注册商标独占许可使用权人、排他许可使用权人、普通许可使用权人在指定的商品或者服务范围内使用注册商标，如果请求人能够证明该使用是在得知提出不使用撤销请求提出后开始的行为，则不属于第50条第1款所说的使用注册商标的行为。但是，被请求人有正当理由的除外。据此，不使用拟制制度必须具备如下条件：

第一，注册商标的使用发生在提出不使用撤销注册商标请求之日前3个月开始到撤销注册商标请求预告登记日期间。在提出不撤销请求之日前3个月以上或者撤销请求预告登记日之后进行使用的，视为合法使用。

第二，请求人必须证明使用行为发生在被请求人得知提出撤销注册商标请求之后。这意味着只有被请求人在得知请求人提出了撤销注册商标请求后为了避免注册商标被撤销的使用才属于拟制的不使用，而且请求人应当负担证明责任。如果请求人不能证明，或者被请求人是在不知道请求人已经提出了撤销注册商标请求的情况下使用注册商标的，不属于拟制的不使用。

第三，没有正当理由。如果有正当理由，比如被请求人在知道之前已经作好了明确的使用计划、进行了商标许可使用的谈判或者正在谈判，即使在主观上得知了提出不使用撤销注册商标的请求的事实，在上述期限内的使用也不属于拟制的不使用。

（3）从时间上看，上述主体必须从提出撤销请求之日起往前推算，连续3年以上在我国国内没有使用注册商标。这个要件实际上包含了以下两个小要件：

一是没有使用的时间必须从核准注册之日起连续达到3年或者3年以上。所谓"连续"，不但是指不使用的时间必须持续不断地达到3年或者以上，而且是指在提出撤销请求之前3年内，不使用的状态一直在持续。不使用的时间必须连续不断地达到3年以上，意味着只要注册商标权人在3年时间内进行了符合商标法规定的使用，哪怕只有一次，也不能再提出撤销注册商标的请求。

关于3年或者3年以上时间的计算问题。在注册商标权发生转移的情况下，3年或者3年以上不使用的时间应当分别转让前的使用者和转让后的使用者单独进行计算。否则，对注册商标权将过于苛刻。这种情况下，注册商标的转让本身应当被作为使用事实对待，并因此而使转让前连续3年不使用的事实中断，转让后连续3年不使用的事实应当重新计算。

二是商标使用的事实必须发生在我国国内。在我国以外使用的，即使一直在使用，也不能免除不使用撤销的结果。但是，在判断是否在我国国内使用时，应当考虑报纸、杂志、电视台、广播电台，特别是互联网对使用地域的影响。如果广告宣传达到了让我国国内需要者知晓的状态，也应当认为是在我国国内的使用。

（4）没有在指定商品或者服务范围内进行使用。

如果指定的商品或者服务只有一个，没有使用就是指没有在这个单一的商品或者服务上使用注册商标。但是，商标法允许一个商标指定两个或者两个以上的商品或者服务，在这种情况下，如果注册商标只是在其中一个或者几个商品或者服务上使用，而在另外的商品或者服务上没有使用，此时是否属于注册商标的使用呢？如果不属于，是视为完全没有使用，允许请求撤销注册商标在所有指定商品或者服务的使用；还是视为部分没有使用，只允许请求撤销没有使用的那部分指定商品或者服务的注册商标权呢？比较来看，部分没有使用说比较合理。按照部分使用说，允许请求撤销没有在指定商品或者服务上的注册商标权的效力，其他使用的部分应当继续有效。实际上，商标法实施条例第41条对此也作出了较为明确的规定。按照此规定，商标局、商标评审委员会撤销注册商标，撤销理由仅及于部分指定商品的，撤销在该部分指定商品上使用的注册商标。

是否在指定商品或者服务范围内使用的另外一个重要问题是，不管注册商标指定的商品或者服务为单数还是复数，如果注册商标权人不在指定商品或者服务范围内使用注册商标，而在类似商标或者服务上甚至是非类似的商品或者服务上使用该注册商标，或者是在指定商品或者服务上使用和注册商标近似的商标，是否能够免除注册商标权人不使用撤销的命运呢？从商标法第51条的规定看，商标法将注册商标权的专有使用权限定在指定商品或者服务上，如果允许注册商标权人在类似商品或者服务上甚至非类似的商品或者服务上使用注册商标，或者在指定商品或者服务上使用和注册商标近似的商标，无异于将商标专用权的积极效力扩大到了类似或者非类似的商品或者服务范围内，或者扩大到了近似商标上，有违商标法第51条规定的根本精神。因此，在类似范围内使用近似商标，不能免除不使用撤销的后果。

（5）不使用没有正当的理由。

注册商标没有在指定商品或服务上使用，如果具有正当理由，则不得请求撤销。

所谓正当的理由，主要包括根据特别立法在一定时期内注册商标的使用被禁止，注册商标权人由于生病、天灾等不可抗力无法进行营业因而不能使用注册商标，法人由于破产清算而不能使用注册商标，等等，但是注册商标权人死亡不能视为正当事由。因为在存在继承人的情况下，注册商标权人一死亡继承就开始，不管是否进行登记，继承人也就负有了使用注册商标的义务。

是否具有不使用的正当理由，注册商标权人（包括注册商标独占许可使用权人、排他许可使用权人、普通许可使用权人），即被请求人负有举证证明的责任。

不使用的证明问题。注册商标的使用，由于没有具体场所的限制，在全国任何地方的使用都构成使用，从而可以免除不使用撤销的命运。这样，注册商标到底有没有使用的证明就变得非常困难。

为了解决不使用举证上的困难，强化使用者的义务，使不使用撤销制度具有实际效果，有必要转换举证责任的负担，规定在发动了不使用撤销程序时，只要被请求人即商标权人没有举证证明在提出撤销请求之日前3年以内具有使用注册商标的事实，就不能免除注册商标因为不使用撤销的后果。

不使用撤销请求人。按照商标法实施条例第39条第2款的规定，任何人都可以向商标局申请撤销该注册商标。

不使用撤销的后果。不使用撤销请求经过商标局审查后，如果符合所有要件，商标局应当作出撤销注册商标的决定。按照商标法实施条例第40条的规定，原注册商标专用权自商标局的撤销决定作出之日起终止。

撤销决定究竟应该溯及到何时为止？对此可以有两种选择：一是一直溯及到不使用开始的时间；二是溯及到不使用撤销请求登记之日。虽然注册商标在提出撤销请求前3年之内一直没有使用，但在这之前的使用也在商标中积聚了一定的信用，这种信用在3年不使用的很长一段时间内并不一定会消失，因此将审查决定的溯及力一直溯及到提出不使用撤销请求前3年难以排除他人"搭便车"的现象，对这3年之内他人的使用行为注册商标权人不能行使差止请求权和损害赔偿请求权的话，对商标权人显得过分不公平。因此，采用第二种选择比较合理。据此，从不使用撤销请求登记之日开始他人使用原注册商标的行为，都是合法行为，原注册商标权人既不能行使差止请求权，也不能行使损害赔偿请求权。

5. 使用注册商标，其商品粗制滥造，以次充好，欺骗消费者的，由各级工商行政管理部门分别不同情况，责令限期改正，并可以予以通报或者处以罚款，或者由商标局撤销其注册商标。按照此条规定，注册商标权人违反此条规定的，由商标局撤销其注册商标应该不成问题。但是，如果是注册商标的被许可使用人违反了该条规定的义务，商标局是否可以撤销注册商标，该条规定并不明确。为了强化注册商标权人的监督管理义务，确保需要者的利益，商标法应当规定，注册商标的被许可使用人违反第45条规定的义务的，也可以由商标局撤销所涉注册商标。

（二）注册商标的争议

由于商标局审查的原因，实践中常发生同时对相同或者类似范围内的先后两个或者两个以上的商标注册申请进行重复授权的现象。这种现象的发生很难归咎于在后的商标注册申请人。但为了避免造成混淆，应当允许注册在先的商标权人对注册在后的商标提出争议。按照商标法第41条第2款的规定，对已经注册的商标有争议的，可以自该商标经核准注册之日起5年内，向商标评审委员会申请裁定撤销。申请该裁定时，同样应当受商标法第42条的限制，即对核准注册前已经提出异议并且经过裁定的商标，不得再以相同的事实和理由申请裁定。

注册商标争议发生的根本原因在于违反商标法第28条的规定，即申请注册的商标，同他人在同一种或者类似商品上已经注册的商标相同或者近似。因此，如果在审查阶段发现了，可由商标局驳回申请，不予公告；如果在异议阶段发现了，可由商标局裁定，并可由商标评审委员会复审，以及法院对该复审进行审判，从而得到解决；如果在这些阶段都没有发现，则完全可以交由事后的撤销程序加以解决，而没有必要再在撤销程序之外规定一个多余的争议程序。

第四节　特殊商标注册制度

特殊商标注册制度主要包括联合商标、集体商标、证明商标注册制度。

一、联合商标注册制度

我国商标法未对联合商标注册制度作出明确规定，但在商标申请注册实践中，同一商标注册申请人在相同或者类似商品上申请注册近似商标的情形却大量存在。为了从立法上解决这一问题，下面以日本商标法对联合商标的废止和商标制度上的调整为例，阐释联合商标的相关问题。

所谓联合商标，是指由同一个主体在相同或者类似商品上申请注册的具有相互结合关系、不能分离转让的近似商标。在近似商标、相同商品或者服务，相同商标、类似商品或者服务，近似商标、类似商品或者服务中的商标，都属于联合商标。联合商标除了不能分开进行转让外，和独立的商标并没有什么不同。联合商标制度虽然可以适应市场经济不断变化的需要，有利于扩大商标注册人禁止权的范围、确保商标注册人专用权的行使，但是，在学者们的推动下，1996 年日本在修改其商标法时却废除了联合商标的注册制度。在 1996 年废除联合商标制度之前，日本学者就指出了联合商标注册制度存在的三个弊端：联合商标制度过度地保护了商标权，剥夺了他人选择商标的自由，赋予了商标权人滥用本制度以获取不当权利主张的机会；联合商标审查实务上非常烦琐，加重了审查机关的负担；在这一制度下，裁判所和特许厅过于宽松地认定商标以及商品或者服务的类似范围，对商标侵权行为的认定和管理过于严格，而且经常活用不正当竞争防止法给商标权提供保护，即使不进行联合商标的注册，商标权也能得到严格地保护。[①]

后来，又有学者提出了联合商标应该废除的以下五个方面的理由：

1. 联合商标助长和加重了注册商标囤积现象。按照日本 1996 年之前的商标法第 50 条第 2 款但书的规定，在联合商标制度下，只要使用了其中一个商标的话，没有使用的其他联合商标也不能以连续 3 年没有使用为由加以撤销，而且按照日本 1996

---

①　参见 ［日］ 藤原龙治：《商标と商标法》，64 页，日本，东洋经济新报社，1957。

年之前的商标法第16条之2第2款的规定，在更新注册时也承认这些商标处于使用状态。这样，势必加重不使用而以囤积为目的的商标注册申请现象，延缓特许厅的商标审查效率，妨碍他人选择商标的自由。

2. 加剧为了使识别力弱的商标权利化而使用商标的行为。由于联合商标注册可以使申请人达到囤积商标的目的，申请人势必通过大规模地使用，将没有识别力或者识别力很弱的商标申请注册为联合商标，从而阻止需要者的使用，这样需要者使用商标的自由就会受到很大伤害。

3. 使商标类似的范围固定化。随着市场交易的发展变化，商标类似性的认定也会随之变化，而联合商标只是限定于已经注册的商标。这样，联合商标注册制度所具有的固定化商标类似范围的效果就非常不利于市场交易的实际需要。

4. 增加特许厅审查的负担，构成加入马德里协定的障碍。和德国等不存在联合商标注册制度的国家相比较，联合商标由于要对商标之间的近似性进行审查，因此必然增加特许厅的审查负担，延缓审查的效率。而加入马德里协定必须以短缩审查期间为要件，这样联合商标的存在就必将成为日本加入马德里协定的障碍。

5. 不利于国际交往。在国际层面上，除了日本之外，已经很少有国家维持联合商标制度。如果在日本申请商标注册必须承担联合商标注册的义务，履行一系列的手续，不允许商标在其他国家的自由转移，这非常不利于日本和其他国家的交往。[①]

基于上述种种理由，日本1996年在修改商标法时废除了联合商标注册制度，相应地废除了以下和联合商标注册相关的制度：联合商标注册申请人，在申请联合商标注册时，应当在申请书中明确表明；申请注册的商标不属于近似商标的话，不允许申请注册，近似范围外的商标不能作为联合商标注册；联合商标和独立商标之间可以相互变更申请；联合商标不得分开转让。其他相应的与联合商标有关的条文也被删除掉了。

联合商标被废除后的最大好处在于，注册商标的分离转让不再受限制，而交由商标权人的意思自治加以解决。与此相适应，在商标注册申请审查实务上，日本也废除了所谓的"同意制度"。按照这一制度，商标注册申请人在近似商标范围内申请商标注册的情况下，收到特许厅不予核准注册的拒绝理由通知后，如果能够获得注册商标权人的同意，并且采取了必要的防止混同措施的话，允许获得注册。

由于废除了联合商标制度，为了活用注册商标，日本商标法第24条第1款允许商标权人按照指定的商品或者服务，将注册商标分开进行许可或者转让。但是，为了防止不同商标权人之间商品或者服务出所的混同，日本商标法同时设置了以下重要的措施：

（1）混同防止措施。注册商标分开转移的结果，如果导致不同主体在类似范围

---

① 参见［日］网野诚：《商标》，第6版，613~614页，日本，有斐阁，2002。

内都享有商标权的现象，难免产生商品或者服务出所混同的现象。为了防止这种现象的发生，日本商标法第24条之4设置了混同防止表示请求权。按照这一规定，不同商标注册权人之间认为对方对商标的使用存在出所混同危险、可能危害自己的利益时，有权请求对方在自己的商品或者服务上附加适当的区别性标记。

(2) 对具有不正当竞争目的的使用行为的制裁。注册商标分离转移的结果是近似范围内的商标权分别属于不同的人，不同的人在相同或者类似商品或者服务范围内使用近似商标，如果不采取防止混同措施，难免产生相互搭便车的现象。为了防止这种通过混同搭便车的现象发生，日本商标法第52条之2规定，出于不正当竞争目的使用注册商标、存在混同危险的，任何人都可以提出准司法审查，请求撤销被使用的注册商标。如果被使用的商标是周知商标，利益受损害者还可以按照日本不正当竞争防止法第2条第1款第1项、第3条和第4条的规定，行使差止请求权和损害赔偿请求权。

日本上述立法经验应该是值得我国商标法借鉴的。

二、集体商标注册制度

(一) 集体商标的含义和申请注册的要件

商标法第3条第1款和第2款明确规定了集体商标注册和保护制度。根据该款规定，集体商标，是指以团体、协会或者其他组织名义注册，供该组织成员在商事活动中使用，以表明使用者在该组织中的成员资格的标志。国家工商行政管理总局2003年发布施行了《集体商标、证明商标注册和管理办法》。根据该管理办法，申请集体商标注册时，形式上必须具备以下三个要件：

第一，申请人应当提交其依法成立的主体资格证明文件。主体资格证明文件包括企业的营业执照，事业单位、社会团体依法成立的批准文件等。

第二，申请人应当提交材料详细说明该集体组织成员的名称、地址。以地理标志作为集体商标申请注册的，应当附送主体资格证明文件并应当详细说明其所具有的或者其委托的机构具有的专业技术人员、专业检测设备等情况，以表明其具有监督使用该地理标志商品的特定品质的能力。

第三，申请人应当提交集体商标使用管理规则。使用管理规则应当包含下列内容：使用集体商标的宗旨；使用该集体商标的商品的品质；使用该集体商标的手续；使用该集体商标的权利、义务；成员违反其使用管理规则应当承担的责任；注册人对使用该集体商标商品的检验监督制度。

根据商标法实施条例第6条第1款的规定，地理标志可以作为集体商标申请注册。但是，无论是以地理标志标示地区的名称还是以能够标示某商品来源于该地区的其他可视性标志作为地理标志，以地理标志作为集体商标申请注册的，除了具备上述基本要件外，还应当遵守以下特别规定：

　　1. 主体资格要件。（1）申请以地理标志作为集体商标注册的团体、协会或者其他组织，应当由来自该地理标志标示的地区范围内的成员组成。（2）以地理标志作为集体商标注册的，申请人应当附送管辖该地理标志所标示地区的人民政府或者行业主管部门同意申请该地理标志的批准文件。主体资格证明文件包括企业的营业执照，事业单位、社会团体依法成立的批准文件等。（3）外国人或者外国企业申请以地理标志作为集体商标的，申请人应当提供该地理标志以其名义在原属国受法律保护的证明。

　　2. 使用地理标志作为集体商标的商品要件。使用地理标志作为集体商标的商品必须具备特定品质，应该具有特定质量、信誉或者其他特征。比如：

指定使用商品：香梨（库尔勒香梨，皮薄肉脆，核小。采摘时表皮黄绿色，稍加存储后转金黄色，并发出独特香味。含糖量为 10.4％以上，维生素 C 每百克为 4.4 毫克左右，可食部分为 83.6％左右。）

指定使用商品：大葱（章丘大葱可高达 1.5 米，葱白长 0.5 米～0.6 米，茎粗 3 厘米～5 厘米，重有 1 斤多，被称为"葱王"。章丘大葱辣味淡，清香润甜，葱白肥大脆嫩，久藏而不变质，嚼之无丝，汁多味甘。）

　　使用地理标志的集体商标使用的商品是否具备特定的品质，应当综合考察该地理标志所标示地域内的自然因素和人文因素进行判断。比如：

指定使用商品：鲜葡萄（新疆吐鲁番地区独特的水土、光热等自然资源决定了"吐鲁番葡萄"具有皮薄、肉脆、高糖低酸、高出干率等独特品质。）

指定使用商品：茶叶（"安溪铁观音"属半发酵茶，产于福建省安溪县境内，产区属亚热带海洋性季风气候，群山环抱，土层厚，有机质含量高。产区的土壤、海拔、积温、降水、温度和湿度，加上独特的初制工艺，造就了"安溪铁观音"外形紧结重实、色泽乌绿油润，冲泡后香气浓郁持久、汤色金黄明亮、浓艳

清澈、滋味醇厚、鲜爽甘甜的独特品质。）

绍兴黄酒 指定使用商品：黄酒（绍兴黄酒的特定品质是由鉴湖水及独特的生产工艺所决定的。产地内四季分明，雨水充沛，适宜酿酒所需的微生物生长。鉴湖水系水质清澄，富含微量元素和矿物质。绍兴黄酒采用精白糯米为原料，配以鉴湖水酿制，形成色泽橙黄、清亮透明，味醇厚、柔和鲜爽的品质），

指定使用商品：织物、装饰织品（南京云锦是明代早期南京织锦艺人发明的工艺技法，已有 1 500 多年的手工织造历史。其"木机妆花"工艺是在我国织锦历史中唯一流传至今且不可被机器取代，只凭人口传心授的编织工艺。）

3. 以地理标志申请集体商标注册的，地理标志所标识商品的生产地域范围应当符合要求。申请人对于地理标志所标示商品的生产地域范围应在省级或省级以上的行业主管部门出具的证明中予以确认。但是，该地域范围无须与所在地区的现行行政区划名称、范围完全一致。生产地域范围可以下列方式之一界定：经纬度的方式；自然环境中的山、河等地理特征为界限的方式；地图标示的方式；其他能够明确确定生产地域范围的方式。

4. 申请书的特别规定。按照《集体商标、证明商标注册和管理办法》第 7 条的规定，以地理标志作为集体商标申请注册的，应当在申请书中说明下列内容：

（1）该地理标志所标示的商品的特定质量、信誉或者其他特征。

（2）该商品的特定质量、信誉或者其他特征与该地理标志所标示的地区的自然因素和人文因素的关系。

（3）该地理标志所标示的地区的范围。

（二）集体商标的使用和管理

1. 集体成员的权利。按照商标法实施条例第 6 条第 2 款的规定，以地理标志作为集体商标申请注册的，其商品符合使用该地理标志条件的自然人、法人或者其他组织，可以要求参加以该地理标志作为集体商标注册的团体、协会或者其他组织，该团体、协会或者其他组织应当依照其章程接纳为会员。但是，不要求参加以该地理标志作为集体商标注册的团体、协会或者其他组织的，也可以正当使用该地理标志，该团体、协会或者其他组织无权禁止。非会员非正当使用地理标志的，应当受商标法或者反不正当竞争法规制。

按照《集体商标、证明商标注册和管理办法》第 17 条、第 19 条、第 14 条的规定，集体商标获得注册后，集体商标注册人的集体成员，在履行该集体商标使用管理规则规定的手续后，可以使用该集体商标。集体商标不得许可非集体成员使用。

使用集体商标的，注册人应发给使用人《集体商标使用证》。集体商标注册人的成员发生变化的，注册人应当向商标局申请变更注册事项，并由商标局公告。

2. 集体商标的转移。按照《集体商标、证明商标注册和管理办法》第 16 条的规定，申请转让集体商标的，受让人应当具备相应的主体资格，并符合相关规定。集体商标发生移转的，权利承继人应当具备相应的主体资格，并符合相关规定。

(三) 有关罚则

按照《集体商标、证明商标注册和管理办法》第 21 条的规定，集体商标注册人没有对该商标的使用进行有效管理或者控制，致使该商标使用的商品达不到其使用管理规则的要求，对消费者造成损害的，由工商行政管理部门责令限期改正。拒不改正的，处以违法所得 3 倍以下罚款，但最高不超过 3 万元。没有违法所得的，处以 1 万元以下罚款。

按照《集体商标、证明商标注册和管理办法》第 22 条的规定，违反商标法实施条例第 6 条规定，不符合申请集体商标注册的主体资格，违反本办法第 14 条的规定，集体商标注册人成员发生变化没有申请变更注册的，违反第 17 条规定，没有履行集体商标管理规则就使用集体商标，或者允许非集体成员使用集体商标的，由工商行政管理部门责令限期改正。拒不改正的，处以违法所得 3 倍以下罚款，但最高不超过 3 万元。没有违法所得的，处以 1 万元以下的罚款。

三、证明商标注册制度

(一) 证明商标的含义和申请注册的要件

商标法第 3 条第 1 款和第 3 款规定了证明商标注册和保护制度。按照第 3 款的规定，证明商标，是指由对某种商品或者服务具有监督能力的组织所控制，而由该组织以外的单位或者个人使用于其商品或者服务，用以证明该商品或者服务的原产地、原料、制造方法、质量或者其他特定品质的标志。比如，国际上流行的纯羊毛标志。

1. 主体资格要件。按照《集体商标、证明商标注册和管理办法》第 5 条的规定，申请证明商标注册的，应当附送主体资格证明文件并应当详细说明其所具有的或者其委托的机构具有的专业技术人员、专业检测设备等情况，以表明其具有监督该证明商标所证明的特定商品品质的能力。按照《集体商标、证明商标注册和管理办法》第 6 条的规定，申请以地理标志作为证明商标注册的，还应当附送管辖该地理标志所标示地区的人民政府或者行业主管部门的批准文件。外国人或者外国企业申请以地理标志作为证明商标的，申请人应当提供该地理标志以其名义在其原属国受法律保护的证明。

2. 申请书的特别要求。按照《集体商标、证明商标注册和管理办法》第 7 条的规定，以地理标志作为证明商标申请注册的，申请书件中应当说明下列内容：

（1）该地理标志所标示的商品的特定质量、信誉或者其他特征。

（2）该商品的特定质量、信誉或者其他特征与该地理标志所标示的地区的自然因素和人文因素的关系。

（3）该地理标志所标示的地区的范围。

申请书除了必须说明上述内容外，还必须按照《集体商标、证明商标注册和管理办法》第11条的规定，提交证明商标的使用管理规则。管理规则应当包含以下内容：使用证明商标的宗旨；该证明商标证明的商品的特定品质；使用该证明商标的条件；使用该证明商标的手续；使用该证明商标的权利、义务；使用人违反该使用管理规则应当承担的责任；注册人对使用该证明商标商品的检验监督制度。

3. 使用地理标志作为证明商标的商品要件。使用地理标志作为证明商标的商品必须具备特定品质。

（二）证明商标的使用和管理

1. 使用人的权利和义务。按照《集体商标、证明商标注册和管理办法》第18条、第19条、第20条、第13条的规定，凡符合证明商标使用管理规则规定条件的，在履行该证明商标使用管理规则规定的手续后，可以使用该证明商标，注册人不得拒绝办理手续。使用证明商标的，注册人应当发给使用人《证明商标使用证》。证明商标的注册人不得在自己提供的商品上使用该证明商标。证明商标注册人对使用管理规则的任何修改，应当报经商标局审查核准，并自公告之日起生效。

2. 证明商标的转移。按照《集体商标、证明商标注册和管理办法》第15条、第16条的规定，证明商标注册人准许他人使用其商标的，注册人应当在一年内报商标局备案，并由商标局公告。证明商标发生转移的，受让人或者权利承继人必须具备相应的主体资格。

（三）有关罚则

按照《集体商标、证明商标注册和管理办法》第21条的规定，证明商标注册人没有对该商标的使用进行有效管理或者控制，致使该商标使用的商品达不到其使用管理规则的要求，对消费者造成损害的，由工商行政管理部门责令限期改正。拒不改正的，处以违法所得3倍以下罚款，但最高不超过3万元。没有违法所得的，处以1万元以下罚款。

按照《集体商标、证明商标注册和管理办法》第22条的规定，违反商标法实施条例第6条规定，不符合申请集体商标注册的主体资格，违反本办法第15条的规定，允许他人使用证明商标没有按照规定备案的，违反本办法第18条规定，没有履行证明商标管理规则就使用证明商标，或者非法拒绝合格使用人使用证明商标的，由工商行政管理责令限期改正。拒不改正的，处以违法所得3倍以下罚款，但最高不超过3万元。没有违法所得的，处以1万元以下的罚款。

第五节　注册商标权的效力及其限制

一、注册商标权的效力

(一) 专有使用权

注册商标权的效力包括两个方面：一是专用权，二是禁止权。按照商标法第51条的规定，注册商标专用权，是指在核定使用的商品或者服务上使用注册商标的专有权利。就专有使用权来说，不管是一般注册商标还是驰名注册商标，没有任何分别，都只限于在核定使用的商品或者服务上使用注册商标。这意味着两个方面的含义：一方面，将注册商标使用于未核定使用的商品或者服务上的，在该未核定使用的商品或者服务上该未注册商标不享有专用权。在这种情况下，如果注册商标权人使用商标注册号，则其行为应当作为冒充注册商标行为处理。当然，这并不绝对意味着他人在该未核定使用的商品或者服务上就可以使用和该注册商标相同或者近似的商标。理由是，注册商标在未核定使用的商品或者服务上虽然并不享有专用权，但仍然可能享有禁止权。如果该未核定使用的商品或者服务和注册商标指定使用的商品或者服务类似，则注册商标权人仍然有权禁止使用。如果是驰名注册商标的话，即使该未核定使用的商品或者服务和注册商标指定使用的商品或者服务不相同也不类似，驰名注册商标权人也有禁止使用权。另一方面，不使用注册商标，而将未注册商标使用在核定使用的商品或者服务上的，注册商标权人对该未注册商标当然不拥有专有使用权，而且注册商标可能因为 3 年不使用而被撤销。但对于实际使用的未注册商标，可能因为先使用而享有先使用利益，从而受到商标法的消极保护和反不正当竞争法的积极保护。

(二) 禁止权

为了使注册商标权人的专有使用权得到实现，必须赋予其禁止权。禁止权对于注册商标权人而言，具有更为重要的意义。虽然专有使用权的行使不依赖于禁止权，但是专有使用权受到侵害时，要想得到保护则必须仰仗禁止权。禁止权内涵比较宽泛，包括禁止他人直接使用注册商标的权利和禁止他人间接危害注册商标的权利。

禁止他人直接使用注册商标的权利，由于受注册商标专用权范围的限制，因而是指禁止他人在和注册商标指定使用的商品或者服务相同或者类似的商品或者服务上使用和该注册商标相同或者近似的商标的行为。但注册商标为驰名商标时，禁止的范围不以和注册商标指定使用的商品或者服务相同或者类似的商品或者服务为限。也就是说，对于驰名商标注册人而言，即使对和注册商标指定使用的商品或者服务既不相同也不类似的商品或者服务内使用和注册与驰名商标相同或者近似的商标的行为，也有权加以禁止。

禁止他人间接危害注册商标的权利，则包括禁止除了直接使用注册商标的行为以外的、商标法所列举的其他所有危害注册商标的行为。关于这些行为，在后文中详述。

明确注册商标权的范围，对于注册商标权的行使和保护以及他人选择商标的自由，都具有非常重要的意义。

二、注册商标权效力的终止

注册商标权将由于下列原因之一而终止：

1. 注册商标权人申请注销其注册商标权的。注册商标权人欲终止其注册商标专用权的，可以申请注销其注册商标。按照商标法实施条例第46条的规定，商标注册人可以申请注销其注册商标或者注销其商标在部分指定商品上的注册。申请注销的，该注册商标专用权或者该注册商标专用权在该部分指定商品上的效力自商标局收到其注销申请之日起终止。

但是，在注册商标权设定了被许可使用权、质权等情况下，随便注销注册商标专用权可能会造成被许可使用权人、质权人等利害关系人利益的损害，因此注册商标权人必须征得这些利害关系人的同意才能申请注销其注册商标权。

2. 注册商标被撤销的。由于各种原因导致注册商标被商标局决定撤销，或者被商标评审委员会裁定撤销的，注册商标权终止。但因撤销原因不同，因此终止日期也不一样。由于商标法第41条规定的原因而被撤销的注册商标，按照商标法实施条例第36条的规定，商标专有权视为自始不存在。由于商标法第44条、第45条规定的原因而被撤销的注册商标，注册商标专用权自商标局的撤销决定作出之日起终止。

3. 注册商标期满未申请续展的。商标法第37条规定，注册商标的有效期为10年，自核准注册之日起计算。商标法第38条规定，注册商标有效期满，需要继续使用的，应当在期满前6个月内申请续展注册。在此期间未能提出申请的，可以给予6个月的宽展期。宽展期满仍未提出申请的，注销其注册商标。每次续展注册的有效期为10年。续展注册经核准后，予以公告。续展注册商标有效期自该商标上一届有效期满次日起计算。

对于在续展宽展期内使用原注册商标的行为，按照最高人民法院2002年《关于受理商标民事纠纷案件适用法律若干问题的解释》第5条的规定，商标注册人或者利害关系人在注册商标续展宽展期内提出续展申请，未获核准前，以他人侵犯其注册商标专用权提起诉讼的，人民法院应当受理。最高人民法院的司法解释虽然便利了原注册商标权人维护自己的利益，但从解释论的角度看，由于注册商标专用权的保护期限为10年，因此只要10年期满，注册商标专用权就应当终止，注册商标权人也不能再行使请求权。该司法解释赋予原注册商标权人在续展宽展期内以停止侵害注册商标专用权的请求权和侵害注册商标专用权的损害赔偿请求权，明显将注册商标专用权的保护期限延长了半年时间。因此，这种司法解释和商标法关于注册商标专用权保护期限的规定明显是相违背的，是不可取的。

在续展宽展期内的原注册商标信誉犹在，擅自在相同或者类似范围内使用该商标的行为，显然会引起需要者的混同，因而对该种使用行为确实有加以规制的必要。但因处于续展宽展期内的商标尚未真正成为注册商标，因此不能赋予该商标专有使用权，而只能作为民法上一般性的合法利益，通过商标法或者民法通则（商标法没有作出特别规定的，适用民法通则的一般性规定）进行保护，并且只能赋予该商标的拥有者侵害合法利益的债权性请求权。但是，宽展期内的续展申请一旦得到核准，宽展期内法律状态不明确的商标法律状态立即变得明确，即成为有效的注册商标，对于宽展期内的使用行为，可以再行使停止侵害注册商标专用权的请求权和侵害注册商标专用权的损害赔偿请求权。

4. 注册商标权人死亡或者终止，无人继承又无人受遗赠，并且注册商标不存在其他法律状态的（比如破产财产、设定担保）。对于这种注册商标，商标法实施条例第47条规定，自商标注册人死亡或者终止之日起1年期满，该注册商标没有办理移转手续的，任何人可以向商标局申请注销该注册商标。注册商标因商标注销人死亡或者终止而被注销的，该注册商标专用权自商标注册人死亡或者终止之日起终止。

5. 构成反垄断法上的犯罪行为的。由于滥用注册商标专用权构成反垄断法规定的犯罪行为的，司法机关可以判决剥夺注册商标权，从而导致注册商标专有权的终止。

三、注册商标权的限制

专利法明确规定了对专利权的各种限制，著作权法也明确规定了对著作权的各种限制，商标法除规定了注册商标权的保护期限限制（商标法第37条）和商品的通用名称、图形、型号以及表示商品特点的标识对注册商标权的限制（商标法实施条例第49条）外，没有作出其他任何限制。对于他人选择商标的自由和行动自由来说，这是非常不利的。商标法正面临新一次的修改，为了提供立法借鉴，下面以日本商标法为例，说明对注册商标权的各种限制。

（一）基于公益或者其他私益原因对注册商标禁止权的限制

基于公益或者其他私益原因注册商标权中的禁止权受到限制的情形，也就是日本商标法第26条第1款规定的各种情况。日本商标法第26条第1款所列举的限制和第3条第1款第1项到第3项列举的不允许申请注册的事由、第4条第1款第8项列举的不允许申请注册的事由大体相当。据此，注册商标权的效力不及于采用普通方法将自己肖像、姓名或者名称等作为商标使用的行为，采用普通方法将商品普通名称、产地、销售地等属性作为商标使用的行为，在和注册商标指定使用的商品或者服务相同或者类似的商品或者服务上使用惯用商标的行为，等等。这些标识由于是生产者、销售者广泛而自由使用的标识，不能由个人进行独占，因此不允许作为商标申请注册。即使由于特许厅审查上的失误而核准进行了注册，也可以利用无效准司法程序宣告其无效。更为重要的是，即使超过无效准司法审查关于5年除斥期间的限制，这些标识的使用者也可以直接排除商标权人行使禁止权。这样，在由于过失核准了注册的情况下，善意第三人的利益就可以得到合法保护。

按照日本商标法第26条第1款的规定，注册商标权的效力不但不及于由第26条第1款规定的各种标识构成的商标，而且即使这些标识只是构成注册商标的一部分，他人使用和该部分相同或者近似的商标的行为，注册商标也不能行使禁止权。

要注意的是，虽然日本商标法第26条第1款文字上规定注册商标的效力不及于该款规定的标识构成的商标，但是并不能理解为只有当这些标识用来作为商品识别标识即商标时才具有排除注册商标禁止权的效力。即使这些标识没有作为商标使用，只是作为一般的表示，也能够排除注册商标的禁止权。

日本商标法第26条第1款第1项到第5项的具体规定如下：

1. 自己的肖像、姓名或者名称，著名的雅号、艺名或者笔名，或者姓名、名称、雅号、艺名、笔名等的著名略称采用普通方法表示的商标，注册商标权不得禁止使用。但是按照第26条第2款的规定，出于不正当目的使用自己的肖像、姓名、名称，著名的雅号、艺名或者笔名，或者姓名、名称、雅号、艺名、笔名的著名的略称的，注册商标权有权加以禁止。所谓不正当目的，主要是指利用注册商标权人的信誉以获取不当利益。没有不正当目的，仅仅知道注册商标的存在，注册商标权不得禁止这些表示的使用。相反，如果具有明显的不正当目的，即使没有将肖像、姓名等作为商品标识即商标使用，只是作为一般的肖像、姓名、名称等使用，按照第26条第2款的规定，注册商标权人也有权加以禁止。

2. 注册商标指定使用的商品或者与此类似的商品的普通名称、产地、销售地、原材料、效能、用途、数量、形状（包括包装的形状）、价格、生产方法、使用方法、使用时间，或者和注册商标指定使用商品类似的服务的普通名称，提供的场所、质量、供提供所用的物品、效能、用途、数量、样态、价格、提供方法、提供时间，采用普通的方法表示的商标。这些表示商品或者服务特征的标识，不管是作为一般的标识还是作为商标，注册商标权都不得加以禁止。

3. 注册商标指定使用服务或者与此类似服务的普通名称、提供场所、质量、供提供所用的物品、效能、用途、数量、样态、价格、提供方法、提供时间，或者和注册商标指定使用服务类似的商品的普通名称、产地、贩卖地、原材料、效能、用途、数量、形状（包括包装的形状）、价格、生产方法、使用方法、使用时间，采用普通方法表示的商标，注册商标权不得加以禁止。

4. 注册商标指定使用商品或者服务或者与此类似的商品或者服务使用的惯用商

标。注册商标属于惯用商标，如果他人使用的和已经注册的惯用商标近似的商标也属于惯用商标的话，该注册的惯用商标当然没有权利加以禁止。但是当注册商标属于和惯用商标近似的商标的情况下，该注册商标能否禁止和该注册商标近似的商标的使用，对此日本学者之间存在分歧。有的认为，和惯用商标近似的商标并不一定就是惯用商标，没有理由不让申请注册人独占。[1] 有的认为，商标权效力所不及的范围从一开始就不及于和惯用商标近似的商标的话，显得非常不合理。[2] 这个问题需要具体分析。在商标注册人申请注册的是和惯用商标近似的商标的情况下，如果他人使用的和该注册商标近似的商标正好又是惯用商标，商标注册人当然没有权利加以禁止。如果他人使用的和该注册商标近似的商标不再是惯用商标，则应当具体情况具体分析。在和惯用商标近似的商标不再属于惯用商标的情况下，该商标的注册人应当有权禁止和其近似的商标的使用；如果和惯用商标近似的商标主要特征仍然属于惯用商标，则该商标的注册人应当没有权利禁止和其近似的商标的使用。

5. 确保商品或者商品包装的机能所不可欠缺的立体形状构成的商标。商品或者商品包装的形状采用普通的方法表示时，没有识别力，按照日本商标法第 3 条第 1 款第 3 项不允许申请注册。但是如果商品或者商品包装的形状通过使用获得了识别力，按照第 3 条第 2 款的规定，可以申请注册。然而即使如此，如果该形状是确保商品或者商品包装的机能所不可欠缺的立体形状，按照日本商标法第 4 条第 1 款第 18 项，不管是否具有识别力，仍然不得注册。与此相适应，如果由于特许厅审查的失误而获得了注册，则该注册商标权也不得禁止他人使用确保该商品或者商品包装的机能不可欠缺的立体形状。

（二）基于他人特许权、实用新案权、意匠权或者著作权注册商标权受到的限制

由于特许权、实用新案权、意匠权、著作权和商标权之间并不存在先后申请的关系，因此经常会发生内容相抵触的权利进行重复设置的现象。为了正确处理这几种权利之间的关系，就像日本特许法第 72 条、实用新案法第 17 条、意匠法第 26 条一样，日本商标法第 29 条也专门设置了一个处理注册商标权和特许权、实用新案权、意匠权以及著作权相抵触的条款。按照该条规定，注册商标权人或者被许可实施权人对其注册商标在指定商品或者服务上的使用如果和商标注册申请日之前他人申请的特许权、实用新案权、意匠权以及注册申请日之前他人产生的著作权相抵触的时候，不得行使和这些权利相抵触部分的注册商标权。

1. 注册商标权和意匠权的抵触。随着商标设计的意匠化，商标和意匠之间的抵触也越来越多见。所谓商标设计的意匠化，是指商标设计者为了强化商标的顾客吸引力，在商标设计中参入审美因素，使商标同时能够发挥意匠的作用。由于商标的

---

① 参见 ［日］网野诚：《商标》，6 版，770 页，日本，有斐阁，2002。

② 参见 ［日］萼优美：《改正工业所有権法解说》，652 页，日本，帝国地方行政学会，1971。

构成标识中，图形、立体形状等同时也能够作为商品的意匠申请意匠权，因此商标权和意匠权不可避免地会发生抵触。在这种情况下，如果他人的意匠权在商标注册申请日之前产生，则商标权人不能使用其注册商标，即使只和意匠的一部分相抵触，注册商标对该抵触部分也没有权利。而且，和注册商标近似的商标如果和意匠相抵触，商标权人也不得使用其注册商标。

如果意匠权后于注册商标权产生，根据日本意匠法第 26 条的规定，和注册商标权相抵触的部分意匠权人不得实施。而且即使意匠只是和注册商标近似的商标发生抵触，意匠权人也不得实施其意匠权。但是，要特别注意的是，按照日本意匠法第 26 条的规定，和商标权相抵触时，仅仅发生意匠不得实施的后果，因此，意匠权的禁止效力仍然可以及于商标权的禁止范围，和注册商标近似的商标与意匠权发生抵触的时候，该抵触部分双方都不得使用。

由于存在抵触关系，注册商标权人要想使用和意匠权相抵触部分的注册商标或者与此近似的注册商标，必须事先获得意匠权人的许可。意匠权人也是一样，要想实施和注册商标相抵触的部分的意匠，也必须获得商标权人的同意。但是，由于注册商标权的专用权不及于和注册商标近似的商标，因此，该范围内的使用权不得进行许可或者转让，在这种情况下，意匠权人要想获得完整的实施权，就必须通过合同获得商标权类似范围内的实施权，或者获得和商标权不相抵触的意匠权，以排除注册商标权的禁止效力。

2. 商标权和特许权、实用新案权的抵触。日本在 1996 年之前的商标法规定，注册商标的标识只限于文字、图形等平面商标，因此权利内容不会和特许权、实用新案权发生抵触。但是 1996 年修改商标法引入立体商标之后，由于立体形状同时可以申请特许权和实用新案权，因此就产生了注册商标权和特许权、实用新案权的抵触问题。一旦发生抵触，也应当根据权利产生的先后，来确定哪种权利应当受到限制，不得使用。

3. 商标权和著作权的抵触。由于作为商标的文字、图形等通常属于作品的范围，可以获得著作权，因此注册商标权和著作权之间也会发生抵触。日本著作权法和世界上大多数国家的著作权法一样，采取创作完成产生著作权的基本原则，因此在确定著作权和商标权的先后关系时，应当根据商标注册申请日和著作创作完成日的先后来进行确定。当著作权先发生时，在相抵触的范围内注册商标权不得行使。但是，由于注册商标权本身不能在禁止权的范围内使用其注册商标，因此禁止权并不及于著作权。相反，商标注册申请在先时，如果和著作权发生抵触，由于注册商标在禁止权的范围内没有积极使用的权利，因此双方都不得使用。但是，在著作权和注册商标权发生抵触的情况下，日本著作权法中并没有设置限制著作权行使的规定，从解释论上看，如果著作权产生在商标权之后，著作权应当可以自由使用，不受先申请获得的注册商标的限制。

总的来看，在商标权和著作权发生抵触时，商标权侵犯著作权的情况多见，而著作权侵犯商标权的情况很少见。

（三）因为先使用事实注册商标受到的限制

1. 立法趣旨。申请商标注册的时候，如果已经存在周知商标，按照日本商标法第4条第1款第10项的规定，该周知商标可以阻止他人相同或者近似商标在相同或者类似商品或者服务范围内申请商标注册。即使由于特许厅审查的失误而核准注册了和现有周知商标相抵触的商标，现有周知商标的使用者自商标设定注册之日起5年之内，也可以请求无效准司法审查，宣告该注册商标无效。如果注册商标权人具有不正当目的，5年的除斥期间经过后，周知商标使用者还可以提出注册商标无效的准司法审查。但如果周知商标的使用权人在5年的除斥期间内不提出注册商标无效的准司法审查，其使用权又应当如何得到救济呢？按照日本商标法第32条第1款的规定，在商标注册申请人提出商标注册申请之前，他人没有不正当目的在日本国内使用和申请注册的商标相同或者近似的商标，而且标识的产品或者服务也和申请注册的商标标注的产品或者服务相同或者类似，并且在需要者中间被广泛认知时，则可以继续进行使用。简单地说就是，周知商标使用者在一定条件下享有先使用利益。

由此可见，先使用是为了弥补注册主义原则带来的弊端而设置的一项制度，目的在于保护已经使用并且体现了一定信用的商标，可以说是对社会事实的一种保护。该种使用事实的存在不但可以构成阻止商标申请注册的事由，而且可以构成注册商标权利限制的事由。

正由于是对已经周知使用的社会事实的保护，所以在存在两个以上周知商标的时候，如果其中一个申请注册，按照注册主义和先申请注册的基本原则，先申请的应该允许注册。但是即使先申请的获得注册，没有申请的也应当按照日本商标法第32条第1款的规定享有先使用权。此外，按照日本商标法第68条第3款的规定，即使存在防护商标注册申请，如果在其申请时已经存在周知商标的先使用事实，防护商标注册后，其禁止权也应当受到先使用利益的限制。

2. 先使用的要件。要想享有先使用利益，按照日本商标法第32条第1款的规定，必须具备下列条件：

（1）在他人提出商标注册申请之前，已经在日本国内使用和申请注册的商标与申请注册商标类似。这个要件包含两层意思：一是先使用的事实应当发生在日本国内，在日本国外即使存在先使用的周知事实，也不能在日本国内主张先使用利益。但是，如果通过杂志、报纸、电视台、广播电台、互联网等媒介在日本进行大量的宣传、报道，从而使得某个商标在日本国内被广为人知时，仍然应当判断为在日本国内的使用。二是使用的商标和申请注册的商标属于类似范围内的使用。所谓类似范围内的使用，是指使用和申请注册的商标相同或者近似的商标，而且标识的产品或者服务也和注册商标标注的产品或者服务相同或者类似。如果使用的商标和申请注册的商标不相同也不近似、标注的商品或者服务也不相同或者类似，则不存在先使用的问题。

（2）在他人提出商标申请注册前，使用者的使用没有不正当竞争目的。日本1959 年之前的商标法使用的是善意的概念。所谓善意，按照旧的裁判例和学说的理解，是指没有不正当地利用他人的注册商标进行不正当竞争的恶意。① 由于善意难以从正面进行明确解释，所以日本现行商标法改而使用"没有不正当竞争目的"的概念。所谓没有不正当竞争的目的，是指没有利用他人信用谋取不正当利益的目的。② 一般来说，如果在他人申请商标注册前一直在使用该周知商标，应当推定为没有不正当竞争的目的。但是，如果两个商标都是周知商标，并且处于竞争状态，就不能单凭一直在使用的事实就断定没有不正当竞争的目的。是否存在不正当竞争目的，应当由周知商标的使用者而不是商标注册申请人负担举证责任。③

在他人提出商标注册申请时没有不正当竞争目的，但在他人提出商标注册申请后具有不正当竞争目的的，是否能够享有先使用利益呢？有的日本学者认为，承认先使用，目的在于防止不正当竞争，与这个目的相适应，这种情况下的先使用不应当得到承认。④ 另有日本学者认为，根据日本商标法第 32 条的规定，至少从文理解释上看，商标法只要求在他人提出商标注册申请时没有不正当竞争目的就可以享有先使用利益，因此，即使在此之后使用者产生了不正当竞争的目的，也应当承认其基于使用而产生的利益。但是，尽管先使用是对注册商标的一种限制性利益，这种利益也不得被滥用，在具有明显不正当竞争目的的情况下，不应当承认先使用利益较为妥当。⑤ 既然日本商标法明确以申请商标注册日为先使用是否发生的时间判断点，就应当坚持法定主义的原则来解释法律。据此，只要在他人提出商标注册申请时先使用者没有不正当竞争目的，即使以后产生了不正当竞争目的，也应当承认其先使用利益。至于其出于不正当竞争目的的使用行为，商标权人可以按照日本民法第 709 条的规定追究其不法行为的责任。

（3）他人在提出商标注册申请的时候，和申请注册的商标相同或者近似的商标，在自己业务所属的商品或者服务范围内，已经在需要者之间被广泛地认知。简单地说，就是先使用的商标必须在他人提出商标注册申请时已经达到周知的状态。日本1959 年之前的商标法要求先使用的商标必须在他人提出商标注册申请之前几年之内一直在使用，否则难以认定为周知商标。但是日本现行商标法对他人提出注册申请

---

① 参见［日］三宅発士郎：《日本商标法》，253 页，日本，厳松堂，1931。大判大 9.5.21·大 9（オ）169·民录 26 辑第 715 页，东京高判昭 28.4.18·昭 27（ネ）499。

② 参见［日］吉原隆次：《商标法说义》，171 页，日本，帝国判例法规出版社，1960。

③ 参见［日］三宅発士郎：《日本商标法》，254 页，日本，厳松堂，1931。

④ 参见［日］三宅発士郎：《日本商标法》，253 页，日本，厳松堂，1931。

⑤ 参见［日］网野诚：《商标》，6 版，777 页，日本，有斐阁，2002。

之前先使用的时间长短并没有严格限制，因此先使用者只要证明自己先使用的商标达到周知的状态就足够了。

这里所说的提出商标注册申请的时间，是指申请人最先提出商标注册申请的时间，而不是指提出续展注册的时间。但是按照日本商标法第32条第1款但书的规定，在判断提出申请注册日期的时候，如果存在申请书补正等情况，则申请书补正提出之日视为申请日。因此在提出补正书的时候，和申请注册的商标相抵触的商标如果是周知商标，也可以主张先使用利益。

所谓在需要者之间被广泛认知的商标，日本学者普遍的意见是，相比日本商标法第4条第1款第10项规定的阻止他人申请商标注册的先使用商标的周知性，作为商标权限制事由的第32条第1款规定的周知商标的周知性，应该进行缓和解释。[①] 也就是说，作为阻止他人效力及于全国的商标注册的先使用商标，要求的周知性必须大于作为注册商标权限制事由的先使用商标的周知性。由于作为注册商标限制事由的周知商标的保护，是对已经存在的社会事实的保护，因此只要求在一定地域范围内的相关需要者中间具有最低限度的知名性就足够了。而作为阻止商标注册的先使用商标的周知性，必须在比较广大的地域范围内为相关的需要者所认知。

在他人提出商标注册时先使用的商标具有周知性，如果在此之后随着市场的变动丧失了周知性，先使用者是否还能主张先使用利益？从日本商标法第32条规定的文理上进行解释，既然周知性是获得先使用利益的必要条件，在周知性丧失的情况下，似乎进行先使用者不能再享有先使用利益的解释为妥当。但是，先使用并不仅仅是一种简单的事实，而且是一种合法利益，日本商标法仅仅规定周知性是获得先使用利益的条件，而没有要求保持周知性是保有先使用利益的要件，因此不能简单地以周知性的事实不存在就否定其合法利益的存在。再者，周知性本身是一个随市场变化而变化的因素，此时丧失了周知性，彼时可能又获得了周知性，如果将先使用利益的保有完全放置在这样一个受市场左右的事实上面，不但显得很不严肃，而且会给裁判所、特许厅造成很多麻烦。

此外，在他人提出商标注册申请时获得周知性的商标，必须是作为自己所属业务范围的商品或者服务的标识所获得的周知性。因此，如果是使用他人的周知商标进行商品销售或者服务的提供，不得主张先使用利益。[②]

（4）继续在原来的商品或者服务上使用其商标。为了获得先使用利益，先使用者必须从他人提出商标注册申请之日开始，继续使用其商标。这个要件首先要求先

---

① 参见［日］涩谷达纪：《商标法の理论》，281～287页，日本，东京大学出版社，1973；［日］豊崎光卫：《工业所有权法》（新版）（法律学全集），419页，日本，有斐阁，1975；［日］田村善之：《知的财产法》，4版，143页，日本，有斐阁，2006；［日］网野诚：《商标》，6版，778～779页，日本，有斐阁，2002。

② 参见大版控判昭9.12.13·昭8（ネ）1034·新闻3795号，18页。

使用者必须继续使用其先使用的商标，如果没有了使用的事实，先使用利益也就不可能存在。继续使用并不要求先使用者的营业处于持续不断的状态，即使由于季节性的销售而暂时中断，或者由于事业者一时的困境或者其他原因而中断使用，也应当认为先使用的商标处于继续使用状态。① 但是，如果先使用者将自己先使用的商标和自己的营业进行了分开转让或者将自己的商标进行了许可使用，先使用者是否还能主张先使用利益呢？按照日本学者的见解，在这种情况下，先使用人不能再主张先使用利益。② 理由在于，先使用的商标获得的周知性是和其标识的特定商品或者服务联系在一起的。一旦使用的商标和其标注的商品或者服务进行了分离，将难以判断该商标的周知性，也就失去他人申请商标注册时该先使用的商标保障特定产品或者服务的作用。

3. 先使用的效果。在满足上述要件的前提下，和注册商标相同或者近似的商标的使用者，即使已经存在他人的注册商标，先使用者也拥有继续使用的权利。

（1）先使用权的法律性质。先使用是日本商标法为了保护体现了一定信用的先使用商标的继续使用、排除注册商标的禁止权而设置的一种抗辩权，因此和注册商标权并不属于同等层次的物权性质的权利。正因为这样，先使用并不能当然地产生日本商标法第 36 条和第 37 条规定的禁止权，对于第三者的使用并不存在可以不问故意或者过失直接对其使用行为行使禁止权的权利。对于第三者的使用行为，先使用者只能根据日本不正当竞争防止法第 2 条第 1 款第 1 项和第 2 项关于周知表示和著名表示的保护来行使差止请求权和损害赔偿请求权。或者利用日本民法典第 709 条关于不法行为的规定来请求损害赔偿，但是在利用民法第 709 条的规定时，先使用者负有证明行为人主观上存在故意或者过失的义务。

（2）先使用的内容。先使用是先使用者对和注册商标相抵触的商标在先使用的商品或者服务范围内继续使用的合法利益，因此其使用范围以先使用的商标和该商标指定的商品或者服务为限，不得排除近似商标、类似商品或者服务范围内注册商标拥有的禁止权。同时，对于注册商标以外的其他和先使用的商标相同或者近似的商标，也不能当然地承认先使用者拥有先使用利益。对于注册商标权而言，在和第三人的关系上，并不能因为先使用的存在就缩小权利的范围，因此商标权人对第三者仍然可以主张该注册商标的全部权利。③

对于先使用者能否扩大自己的营业规模的问题，日本商标法没有明确规定。扩大营业规模是和先使用的事实相伴随而必然发生的另一个事实，日本商标法既然允

---

① 参见［日］尊优美：《改正工业所有权法解说》，659 页，日本，帝国地方行政学会，1971。

② 参见［日］谦子一、染野义信：《工业所有权法》，802 页，日本，评论社，1960。［日］网野诚：《商标》，6 版，779 页，日本，有斐阁，2002。

③ 参见［日］谦子一、染野义信：《判例工业所有权法》（1～5），876 页，日本，第一法规出版社，1954 年以后。大判昭 2.2.1·大 15（才）1181。

许先使用利益的存在，就没有理由像专利法对先使用的限制那样，将先使用者的营业规模限制在原有的范围内，因此，只要不引起混同或者品质误认，或者不存在其他不正当竞争行为，应当允许先使用者扩大自己的营业规模。至于先使用者是否有能力扩大自己的营业规模，那是另一个层次的问题。

（3）先使用利益的承继。按照日本商标法第 32 条第 1 款的规定，在先使用者的营业发生转移的时候，允许先使用利益发生承继。但是，在注册商标权、被许可使用权和使用者所属的业务分别发生转移的时候，如果和其业务分离仅仅转让先使用利益，则不得允许。理由在于，先使用是对由于特定的人先使用而产生的事实关系的保护，没有注册商标权一样的对世效果。至于业务的转移是发生在商标注册申请之前还是之后，在所不问。

（4）附加适当表示的义务。按照日本商标法第 32 条第 2 款的规定，商标权人、独占被许可使用权人有权要求先使用人在其业务所属的商品或者服务上附加适当的区别性标记，以防止和商标权人、独占被许可使用权人之间的商品或者服务发生混同。简单地说就是，先使用人负有附加区别性标记的义务。所谓适当的区别性标记，并不要求先使用人附加和注册商标非类似的标记，否则先使用将失去存在的意义。因此只要先使用人附加的标记足以防止出所的混同就足够了。①

（四）基于中用权受到的限制

1. 立法趣旨。由于特许厅审查失误，不该获得注册的商标获得了注册，在提起无效准司法审查宣告其无效之前，该注册商标至少从形式上看属于有效的注册商标，商标注册申请人应当拥有正当的权利。在这种情况下，基于信赖特许厅审查和注册商标的商标权人，就完全可能将该商标使用在指定的商品或者服务范围内，并且通过广告等手段放心地营造自己的商标信誉、开拓自己的市场。但是，事后如果有人出于某种原因提起无效准司法审查程序，该注册商标就面临被宣告无效的危险。在这种情况下，如果不给予商标注册人一定的保护，商标注册人在其商标被宣告无效前营造的市场信誉就会完全丧失，既不符合活用注册商标的政策，也不符合公平原则。为此，日本商标法第 33 条规定，在无效准司法审查请求登录之前，不知道注册商标无效事由的存在，注册商标已经在需要者之间被广泛认知的情况下，即使存在他人相抵触的注册商标，原注册商标权人、原注册商标的独占被许可使用权人、经过登记的普通被许可使用权人也可以排除注册商标的禁止权而继续使用其商标。这种使用商标的权利也就是日本商标法上规定的所谓中用权。

尽管发生的原因不同，但是从既得利益的角度看，中用权和前面讲过的先使用利益并没有什么本质的区别。由于日本特许厅审查非常严格，很少出现失误的情况，因此日本商标法实践中有关中用权纠纷的案件并不多见。

---

① 参见［日］粤优美：《改正工业所有権法解说》，660 页，日本，帝国地方行政学会，1971。

2. 中用权的构成要件。

(1) 存在两个相互抵触的注册商标，其中一个因为提起无效准司法审查而被宣告无效，或者注册商标无效后，与此相抵触的商标作为正当权利人的商标获得注册。比如，由于特许厅的过失，将后申请的商标先核准注册，先申请的商标在后申请先注册的商标被宣告无效后，先申请人变为正当权利人获得注册，就属于发生中用权的情形。

和无效后的注册商标相抵触的商标如果属于防护商标，按照日本商标法第68条第3款准用第33条的规定，也适用中用权的规定。

(2) 无效注册商标权人、独占被许可使用权人、经过登记的通常使用权人，不知道注册商标无效事由的存在。知道存在无效事由的，不得享有中用权。

(3) 无效的注册商标，在无效准司法审查请求进行预告登记之前，作为在自己业务所属的商品或者服务范围内的标识，已经在需要者之间被广泛认知，即获得了周知性。

注册商标无效准司法审查预告登记后，注册商标权人、独占被许可使用权人、经过登记的通常使用权人已经可以预见到商标无效的理由，即使通过大规模的广告活动使注册商标迅速达到周知状态，也没有必要再给其提供保护。关于周知性的程度以及判断，和先使用权中的周知性判断一样。

(4) 在无效准司法审查预告登记后，继续在原注册商标指定使用的商品或者服务相同或类似的商品或者服务上使用与原注册商标相同或者近似的商标。

3. 中用权的效果。(1) 中用权的内容。因符合上述要件而导致注册商标无效后，原注册商标的商标权人、专用权人或者通常使用权人，可以排除注册商标的禁止权，继续使用该商标。和先使用权的法律性质一样，中用权也是对注册商标禁止权的一种限制权，属于一种消极的抗辩权。在商标法上，中用权和先使用一样不得行使禁止权。但是在不正当竞争防止法上，作为周知表示，中用权仍然应当可以根据日本不正当竞争防止法第2条第1款第1项和第2项的规定行使差止请求权和损害赔偿请求权，并且可依日本民法第709条的规定，行使损害赔偿请求权。

(2) 中用权人的对价支付义务。本来，作为既得权，中用权和先使用没有什么区别，中用权人也应当无偿使用注册商标。但是，日本特许厅和有的学者认为，中用权从一开始就和先使用不一样，原本是打算作为注册商标支付注册费用、更新注册费用继续使用的，在排除他人注册商标的禁止权转化为中用权之后，不再需要支付更新注册费用明显违反公平原则。为此，日本商标法第33条第2款赋予了注册商标权利人请求中用权人支付相当对价的权利。①

关于相当对价额的支付标准，日本商标法并没有明确加以规定。学界一般理解

---

① 参见〔日〕网野诚：《商标》，6版，786页，日本，有斐阁，2002。

为应当按照基于合同通常许可使用权的价额作为基准来计算。

（3）中用权的承继。和先使用一样，商标连同业务转移时中用权也可以发生转移。

（4）附加适当表示的义务。和先使用人一样，中用权人也负有附加适当表示以避免出所混同的义务。

（五）再审恢复后注册商标权效力受到的限制

注册商标无效、撤销或者经过异议被撤销的决定发生法律效力，如果通过特许厅内部的再审程序恢复了注册商标权的效力，就会产生在再审之前他人由于信赖特许厅所作出的无效、撤销、或者经过异议撤销的发生法律效力的决定而善意使用原注册商标的行为是否侵犯恢复后的注册商标的效力问题。为了平衡不同的利益关系，日本商标法第59条和第60条分别对再审恢复后的商标权的效力作出了限制。

第59条的规定可以简称为善意使用保护对注册商标权的限制。其具体内容是：注册商标无效、撤销或者经过异议撤销的决定发生法律效力后到再审请求预告登录前，在注册商标专用权范围内或者禁止权范围内善意使用原注册商标的，通过再审恢复后的注册商标权没有溯及力。但是，该等使用行为不得延及到再审请求预告登录之后。在再审请求预告登录之后，不但不得再继续将原注册商标使用在指定商品或者服务上，而且在此之前贴附商标的商品或者提供服务所涉及的物品也不得再进行生产、销售、展示、输入。但是，和日本特许法第175条的规定不一样，通过再审特许权恢复后的效力及于在再审请求预告登录之前的物品本身，而通过再审恢复后的注册商标权，只要再审预告请求登录后不再贴附原注册商标，则即使是再审预告请求登录之前生产的商品或者提供服务使用的物品，再审恢复后的注册商标权也不得禁止其生产、销售、输入、展示。[①]

第60条的规定，日本有的学者也称之为中用权的限制。其主要内容是：注册商标无效、撤销或者经过异议撤销的决定发生法律效力后到再审请求预告登录前，善意使用与该注册商标相抵触的商标，并且到再审请求预告登录时，作为特定商品或者服务的表示已经成为周知商标时，则即使注册商标权通过再审恢复了效力，该商标也可以继续在该商品或者服务上使用。这种使用性质上相当于第32条的先使用。由于性质上和第32条规定的先使用相同，日本商标法第60条对这种使用采取了和先使用相同的处理模式，使用者无须支付任何对价，使用者负有附加混同防止表示的义务。

---

① 参见［日］日本特许厅编：《工业所有権法逐条解说》，16版，1235页，社团法人発明协会，2001。［日］网野诚：《商标》，6版，788页，日本，有斐阁，2002。

（六）特许权等存续期间届满后使用注册商标的权利

1. 特许权等存续期满后使用注册商标的权利。按照日本商标法第 33 条之 2 第 1 款的规定，在商标注册申请日之前或者和商标注册同日申请而获得的特许权，在和注册商标相抵触的情况下，在特许权期满后，原特许权人在原特许权的范围内，有权继续使用继续有效的注册商标或者与此近似的注册商标，但是，不得有不正当竞争的目的。

这种情形主要发生在注册商标为立体商标的情况下，因为立体商标同时可以申请特许权、实用新案权和意匠权。由于特许权产生在注册商标申请日之前或者同日，注册商标权的行使应当受到特许权的限制。但是，在特许权存续期满后，相抵触的注册商标还可能继续存在。从特许法的角度看，一旦特许权期限届满，特许就应当自动进入公有领域，任何人都应当可以使用。但是由于注册商标权依然存在，结果在相互抵触的部分，变成了原特许权人在内的任何人都不得再使用。为了消除这种不合理性，日本商标法第 33 条之 2 第 1 款规定，只要没有不正当竞争目的，原特许权人有权在实施原特许发明的范围内，继续实施和注册商标相同或者近似的商标。所谓不正当竞争目的，主要是指不正当地利用注册商标权的信用或者损害其合法利益。

此外，原特许权人享有此种权利只限于特许权保护期满的情形，在特许权人放弃特许权或者由于其他原因导致特许权消灭的情况下，原特许权人都不得享有此种权利。

为了防止混同，日本商标法第 33 条之 2 第 2 款规定准用商标法第 32 条第 2 款的规定，赋予注册商标权人、独占被许可使用权人请求实施注册商标的原特许权人附加防止混同的适当表示的权利。

上述规则，在商标权和实用新案权、意匠权相抵触的情况下，同样适用，即实用新案权、意匠权期满后，可以继续实施相抵触的注册商标。

2. 特许权人（包括实用新案权人、意匠权人）的独占被许可实施权人、通常被许可实施权人的权利。按照日本商标法第 33 条之 3 条的规定，在特许权等和注册商标权发生抵触的情况下，只要特许权在注册商标申请日之前或者同日产生，则特许权等期满后，原特许权人的原独占被许可实施权人、具有登录要件的原通常被许可实施权人，如果没有不正当竞争目的，也有权实施继续有效的注册商标权。但是和特许权等权利人本人不一样，由于独占被许可实施权人、登录的通常被许可实施权人在特许权期满后，本来应该没有权利了，因此对其救济的处理方式和中用权相同，独占被许可实施权人、登录的通常被许可实施权人必须向注册商标权人支付相应的对价。

（七）商标品让渡后的使用行为对注册商标权构成的限制

这种限制是日本司法机关创造性适用商标法的结果。

1. 判断商标品让渡后的使用行为是否合法的理论。商标品让渡后的使用行为，即贴附商标的商品基于商标权人的意思投放市场后的使用行为，主要包括转售、真正商品的平行进口（以下简称为平行进口）以及为了转售、平行进口而进行的广告行为。这些行为目前在日本原则上被认为是构成对注册商标权限制的合法行为。在日本有关商标法的判例和学说中，已经形成了商标机能论、重复得利机会论、流通阻害防止论、默示许可论等几种理论来说明商标品让渡后的使用行为的合法性。①

重复得利机会论主张，由于商标品第一次让渡后注册商标权人已经获得了对价，如果再允许商标权人对商标品的转售行为和平行进口行为行使许可权而获取多次对价，则过度地保护了商标权人的利益。由此可以推断出对商标品进行转售和平行进口等行为不应当受注册商标权人的控制。

流通阻害防止论主张，如果商标品的每一次转售和平行进口都要经过商标权人的许可，商标品的正常流通必将受到阻害，交易安全将无法得到保证，因而对商标品进行转售和平行进口等行为不应当受注册商标权人权利的控制。

默示许可论主张，商标品的转售和平行进口行为属于注册商标权人的默示许可行为。和该种理论相对应的另一种说法则是权利用尽论。权利用尽主张商标品的转售和平行进口行为属于注册商标权权利用尽范围内的合法行为。

但是，在日本影响最大的还是商标机能论，下文将详细阐述。

2. 商标机能论和平行进口。所谓平行进口，是指将基于商标权人的意思在国外投放市场的真正商品以营业为目的未经许可进口到日本国内的行为。所谓商标机能论，是日本判例和学说广泛采用的阻却平行进口违法性的一种理论。商标具有出所表示、品质保证和广告宣传等三大基本机能。据此，商标品让渡后而使用他人商标的转售和平行进口等行为，只要没有损害商标的这些机能，其使用虽然形式上构成商标侵权行为，但实质上欠缺违法性，因而属于合法行为。

1965 年之前，平行进口行为在日本一直被判决认为属于侵害商标权的行为②，直到 1970 年大阪地方裁判所在"PARKER"案件中第一次运用商标机能论否定平行进口的违法性，对商标品平行进口的看法才发生了根本变化。该案中的被告未经许可将贴附"PARKER"公司注册商标的产品平行进口到日本，被"PARKER"公司的代理店告到大阪地方裁判所。大阪地方裁判所判决认为，平行进口者输入的商品和"PARKER"公司的制品具有相同的品质、"PARKER"公司在日本的代理店的业务的信用和"PARKER"公司具有一体性、平行进口并没有导致需要者对原告和被告产品品质的误认以及损害原告业务上的信用，商标的出所表示机能和品质保证机能都没有因为被告的平行进口行为而受到损害，因此平行进口行为并没有构成对原

---

① 参见［日］涩谷达纪：《知的财产法讲义》（第三册），287～288 页，日本，有斐阁，2005。
② 参见东京地判昭 40·5·29 判夕 178 号第 178 页 "ネスカフェ事件"。

告商标权的侵害。①"PARKER"事件后，日本东京地方裁判所、名古屋地方裁判所等裁判所相继运用商标机能理论，在平行进口的商品属于真正商品、内外权利者具有同一性、内外商品品质具有同一性的条件下，判决平行进口属于合法行为。②

真正具有划时代意义的判例则是2003年日本最高裁判所对"FRED PERRY"案的判决。该案件中的上告人Y通过新加坡V公司购入新加坡O公司许可在中国生产并贴有商标"FRED PERRY"的"开领短袖衬衫"输入到日本进行贩卖。被上告人"FPH"公司通过转让方式从原商标权人FPS公司手中获得商标"FRED PERRY"在日本、中国、新加坡等110个国家的注册商标权。FPS公司在将该商标权转让给被上告人"FPH"公司之前，曾经和新加坡O公司签订有商标使用许可合同，准许新加坡O公司使用注册商标"FRED PERRY"生产"开领短袖衬衫"。但是许可合同禁止新加坡O公司在合同约定地域范围外生产贴附该商标的商品，也不得进行分许可。然而，新加坡O公司违背许可合同规定，在合同规定地域范围外分许可中国某工厂生产贴附商标"FRED PERRY"的"开领短袖衬衫"③。

日本最高裁判判决认为，真正商品的平行进口只有同时满足以下三个要件才能属于欠缺商标权实质性侵害要件的行为：

（1）合法性要件。即注册商标属于在外国的商标权人或者获得其许可者合法贴附在商品上的。这个要件的实质是要求贴附注册商标的商品必须是经过注册商标权人同意投放市场流通的。

（2）同一性要件。外国的注册商标权人和日本国内的注册商标权人属于同一个人，或者从法律或者经济的角度看具有同一性，该注册商标和日本国内的注册商标表示同一个出所。

（3）品质要件。日本的注册商标权人能够直接或者间接对该商品的品质进行管理，该商品和日本国内的注册商标权人贴附注册商标的商品不存在实质性的品质差异。

平行进口如果同时符合上述三个要件，则没有损害注册商标的出所表示机能和品质保证机能，不会损害注册商标使用者的业务信用和需要者的利益，不存在实质的危害性，不属于侵权行为。

日本最高裁判所在这个案件中扩大了内外权利人之间的同一性关系，并不绝对

---

① 参见大阪地判昭45·2·27无体集第27卷第1号第71页"PARKER事件"。［日］松尾和子：《判批》，载《判例评论》第152号（1971年），30页。

② 参见［日］中山信弘：《判批》，村林隆一还历《判例商标法》，761页，日本，发明协会，1991。［日］高部真规子：《知的财产と平行输入》，载《知财ぷりずむ》，第2卷第18号，4页。

③ 详细案情以及评论参见［日］立化市子：《FERD PERRY最高裁判决にみる商标机能论》，载《知的财产法政策学研究》，71～95页，2005（9）。最高裁平成15年（2003年）2月27日第一小法庭判决，民集第57卷第2号，125页。

要求内外权利人属于同一个注册商标权人，只要内外权利人之间具有法律或者经济上可以视为同一人的关系，也视为具有同一性关系；而且明确将商标的品质保证机能范围由品质差异保证机能扩大到品质管理机能，也就是说，如果平行进口行为妨碍了注册商标权人对贴附其商标的商品进行品质管理，也视为商品存在实质性的品质差异。

具体到本案，日本最高裁判所认为，违反商标许可使用合同、超过规定的地域范围和不得进行分许可的限制条款生产产品的行为，妨害了注册商标的出所表示机能和品质管理机能，违反了需要者对注册商标出所表示和品质保证的基本信赖，因而不能认为是真正商品的平行进口，不能认为欠缺实质性的违反性，也就是说属于商标侵权行为。

不过有学者认为，违反商标许可使用合同限制的行为，是否必然损害注册商标的出所表示机能和品质保证机能，不能一概而论。因为违反合同限制属于商标权人和许可使用人之间的内部关系，如果许可使用人生产的产品品质和商标权人的产品之间不存在任何差异的话，对于和需要者之间的外部关系而言，很难说会损害需要者对商标机能的信赖。[①]

第六节　侵害注册商标权的效果

一、侵害注册商标权的构成要件

商标法第51条规定，注册商标专用权，以核准注册的商标和核定使用的商品为限。这说明，注册商标专用权虽然是一种具有对世效果的私权，但也是一种权利效力范围受到严格限定的权利。商标专用权利效力范围的特定性，决定了其禁止权范围的特定性，进而决定了他人在使用注册商标时的行为合法与非法的界线。

1. 商标相同或者近似。行为人使用的商标和注册商标权人的注册商标相同或者近似，是行为人侵害注册商标的第一个要件。行为人使用的商标和注册商标既不相同，也不近似，即使商标所标注的商品或者服务相同或者类似，也不会构成注册商标权侵害。关于商标相同或者近似的判断，本书已经详细阐述过，此不赘述。

2. 商品或者服务相同或者类似。构成注册商标权侵害，行为人不但必须使用和注册商标相同或者近似的商标，而且必须在和注册商标指定使用的商品或者服务相同或者类似的商品或者服务上使用和注册商标相同或者近似的商标。行为人在既不相同也不类似的商品或者服务上使用与注册商标相同或者近似的商标，除非注册商

---

① 参见 [日] 田村善之：《商标法概说》，2版，480～481页，日本，弘文堂，2000。

标为驰名商标，否则就不会构成对注册商标权的侵害。但是，这并不妨碍适用反不正当竞争法对行为人的行为进行规制。

3. 使用行为。构成注册商标权侵害，不但要求行为人在和注册商标指定使用的商品或者服务相同或者类似的商品或者服务上使用和注册商标相同或者近似商标，而且要求行为人将和注册商标相同或者近似的商标作为标注自己商品或者服务的商标的使用行为。虽然使用了和注册商标相同或者近似的标识，但如果不是作为商标进行使用，而是作为说明商品或者服务的名称、产地、质量、数量、功能等特征的，不能作为注册商标侵害行为处理。是否作为商标使用，应当结合具体案情，根据交易圈中的通识进行判断。商标法实施条例第 3 条明确列举的商标使用行为包括：将商标使用于商品、商品包装或者容器以及商品交易文书上，或者将商标使用于广告宣传、展览以及其他商业活动中。

具备上述三个要件的行为，就构成注册商标权的侵害行为。行为人是否具有主观过错，虽然在极为少数的情况下（销售侵权问题）会影响是否应当承担损害赔偿责任，但并不影响侵权行为的认定。行为人的行为客观上虽然常常会导致需要者对商品或者服务来源的混淆，但是和属于行为规制法的反不正当竞争法不同，商标法属于权利授予法，注册商标权的权利范围非常明确，因而注册商标权人在主张侵权行为人的行为客观上可能导致需要者的混淆时，不必像主张不正当竞争行为客观上可能导致需要者的混淆一样，需要加以证明。这是作为特别法的商标法和作为一般法的反不正当竞争法在保护商标时的根本区别。

二、侵害注册商标权行为的种类

（一）直接侵害注册商标权的行为

结合上述侵害注册商标权的三个要件，可以将侵害注册商标权的行为分为三大类。第一类是在和注册商标指定使用的商品或者服务相同的商品或者服务上使用和注册商标相同的商标的行为，未经注册商标权人同意的使用行为，属于侵害注册商标专有使用权的行为。第二类是在和注册商标指定使用的商品或者服务相同的商品或者服务上使用和注册商标近似的商标的行为，未经注册商标权人同意的使用行为，属于侵害注册商标禁止权的行为。第三类是在和注册商标指定使用的商品或者服务类似的商品或者服务上使用和注册商标近似的商标的行为，未经注册商标权人同意的使用行为，和第二类行为一样，也属于侵害注册商标禁止权的行为。不管是侵害注册商标专有使用权还是禁止权的行为，统称为直接侵害注册商标权的行为。上述所讲的侵害注册商标权的构成要件，指的也是直接侵害注册商标权行为的构成要件。

（二）间接侵害注册商标权的行为

有些行为，虽不满足侵害注册商标专有使用权或者禁止权的要件，但也会给注册商标权人造成一定的损害，并且可能损害到需要者的利益，也有禁止的必要。这些行为，统称为间接侵害注册商标权的行为。由于和他人选择、使用商标的自由以及其他方面的行动自由关系极为密切，哪些行为构成间接侵害注册商标权的行为、这些行为需要具备什么要件，都必须由法律明确加以规定。结合商标法第 52 条、商标法实施条例第 50 条、最高人民法院 2002 年《关于审理商标民事纠纷案件适用法律若干问题的解释》第 1 条的规定，下列行为构成间接侵害注册商标权的行为：

1. 销售侵犯注册商标权的商品的行为。

2. 伪造、擅自制造他人注册商标标识或者销售伪造、擅自制造的注册商标标识的行为。

3. 未经商标注册人同意，更换其注册商标并将该更换商标的商品又投入市场的行为。

4. 在同一种或者类似商品上，将与他人注册商标相同或者近似的标志作为商品名称或者商品装潢使用，误导公众的行为。

5. 故意为侵犯他人注册商标专用权行为提供仓储、运输、邮寄、隐匿等便利条件的行为。

6. 将与他人注册商标相同或者近似的文字作为企业的字号在相同或者类似商品上突出使用，容易使相关公众产生误认的行为。

7. 将与他人注册商标相同或者近似的文字注册为域名，并且通过该域名进行相关商品交易的电子商务，容易使相关公众产生误认的行为。

虽然商标法、商标法实施条例、最高人民法院的司法解释意在为注册商标权构筑一个尽可能宽泛的守备范围，却混淆了商标项法和反不正当竞争法各自调整的基本范围。严格说来，上述行为中，只有 1、2、5 项才属于间接侵害注册商标权的行为，应当交由商标法调整，而 3、4、6、7 项四种行为属于不正当竞争行为，应当交由反不正当竞争法调整。

三、侵害注册商标权的效果

(一) 侵害注册商标权案件的管辖

关于注册商标民事纠纷案件的级别管辖，2001 年 12 月 25 日最高人民法院通过并且于 2002 年 1 月 21 日开始施行的《关于审理商标案件有关管辖和法律适用范围问题的解释》第 2 条第 3 款规定，商标民事纠纷第一审案件，由中级以上人民法院管辖。但第 4 款同时规定，各高级人民法院根据本辖区的实际情况，经最高人民法院批准，可以在较大城市确定 1 到 2 个基础人民法院受理第一审商标民事纠纷案件。可见，注册商标侵权纠纷案件，原则上由中级以上人民法院一审管辖。

关于注册商标侵权纠纷案件的地域管辖，基本上与一般民事侵权纠纷案件的地域管辖原则一致。民事诉讼法第29条规定，因侵权行为提起的诉讼，由侵权行为地或者被告住所地人民法院管辖。最高人民法院《关于适用〈中华人民共和国民事诉讼法〉若干问题的意见》第28条规定，民事诉讼法第29条规定的侵权行为地，包括侵权行为实施地、侵权结果发生地。但因附着注册商标商品的流动性，侵害注册商标行为的结果发生地在司法实践中引起了许多不同的理解，导致了管辖上一定的混乱局面。为了统一认识，消除混乱，最高人民法院2002年颁布实施的《关于审理商标民事纠纷案件适用法律若干问题的解释》第6条规定，因侵犯注册商标专用权行为提起的民事诉讼，由商标法第13条、第52条所规定侵权行为的实施地、侵权商品的储藏地或者查封扣押地、被告住所地人民法院管辖。前款规定的侵权商品的储藏地，是指大量或者经常性储存、藏匿侵权商品所在地；查封扣押地，是指海关、工商等行政机关依法查封、扣押侵权商品所在地。据此解释，与最高人民法院对侵害著作权案件管辖的解释一样，侵权结果发生地不再作为确定注册商标侵权案件管辖的依据。

侵权行为实施地，包括假冒或者仿冒他人注册商标行为的实施地、销售侵权商品的销售地、伪造或者擅自制造他人注册商标标识的行为的伪造地或者制造地、销售伪造或者擅自制造的他人注册商标标识的销售地、反向假冒行为的实施地、商品名称或者商品装潢仿冒注册商标的行为实施地、故意为侵害注册商标权行为提供便利条件的行为实施地，等等。

此外，按照最高人民法院2002年《关于审理商标民事纠纷案件适用法律若干问题的解释》第7条的规定，对涉及不同侵权行为实施地的多个被告提起的共同诉讼，原告可以选择其中一个被告的侵权行为实施地人民法院管辖。仅对其中某一被告提起的诉讼，该被告侵权行为实施地的人民法院有管辖权。

（二）侵害商标权行为的法律责任

1. 民事责任。侵害他人注册商标权的，应当承担以下民事责任：

（1）停止侵害行为、排除侵害危险行为。商标法虽规定了侵害注册商标权行为应当承担的停止侵害、排除侵害危险的行政责任，却没有规定侵权行为人停止侵害、排除侵害危险行为的民事责任，但这并不妨碍注册商标权人根据作为一般法的民法通则第118条、第134条的规定，以及最高人民法院《关于审理商标民事纠纷案件适用法律若干问题的解释》第21条的规定，提出要求行为人停止侵害行为、排除侵害危险行为的民事责任。

行为人在承担停止侵害行为、排除侵害危险行为时，无须主观上的过错，因此注册商标权人在行使两个方面的请求权时，没有证明行为人主观上存在过错之必要。

（2）赔偿损失。根据商标法第56条的规定，具体赔偿标准包括以下三个：

一是侵权人在侵权期间因侵权所获得的利益。该利益一般为侵权行为人因侵权所获得的纯利润。该利益难以计算的，根据最高人民法院《关于审理商标民事纠纷案件适用法律若干问题的解释》第14条的规定，可根据侵权商品销售量与该商品单位利润的乘积进行计算；该商品单位利润无法查明的，按照注册商标商品的单位利润计算。在适用这个赔偿标准时，注册商标权人同时可以主张为制止侵权行为所支付的合理开支，包括权利人或者委托代理人对侵权行为进行调查、取证的合理费用，以及符合国家有关部门规定的律师费用。

在适用侵权人在侵权期间所获得的利润标准时，应当注意与侵害专利权所获得的利润相区别。在发生专利权侵权时，虽然商品品质等会对商品的价格发挥一定的作用，但是对商品价格起决定作用的还是专利本身，因此在确定行为人因为侵害专利所获得的利润时，不宜过多地考虑商品品质对于利润的影响，更多地应当考虑专利本身对于利润的作用。但注册商标侵权与此不同。虽然注册商标特别是驰名注册商标会对商品价格产生比较大的影响，但是商品品质本身、广告宣传的力度等因素也会对商品的价格发挥重大作用。由此，在确定侵害商标权人在侵权期间因为侵权所获得的利润时，应当慎重考量贴附注册商标商品本身的品质对该利润的影响，并且酌情从赔偿数额中扣除。

二是被侵权人在被侵权期间因被侵权所受到的损失。该损失难以计算的，最高人民法院《关于审理商标民事纠纷案件适用法律若干问题的解释》第15条规定，可根据权利人因侵权所造成商品销售减少量或者侵权商品销售量与该注册商标商品的单位利润乘积计算。在适用这个赔偿标准时，注册商标权人也可以主张为制止侵权行为所支付的合理开支，包括权利人或者委托代理人对侵权行为进行调查、取证的合理费用，以及符合国家有关部门规定的律师费用。

被侵权人在被侵权期间因被侵权所受到的损失标准的适用，以注册商标权人销售商标商品为前提。而且，在考虑注册商标权人因为侵权所造成商品销售量的减少量时，应当适当扣除注册商标权人因为受经营管理能力、销售渠道等能力限制无法销售的数量，以及因为竞争因素的存在导致的销售量的减少量。

三是法定赔偿标准。侵权人因为侵权所获得的利润或者被侵权人因被侵权所受到的损失均难以确定的，人民法院可以根据当事人的请求或者依照职权判决给予50万元以下的赔偿。根据最高人民法院《关于审理商标民事纠纷案件适用法律若干问题的解释》第16条的规定，人民法院在确定赔偿数额时，应当考虑侵权行为的性质、期间、后果，商标的声誉，商标使用许可费的数额，商标使用许可的种类、时间、范围及制止侵权行为的合理开支等因素综合确定。

根据商标法的规定和最高人民法院的司法解释，在适用法定赔偿标准时，注册商标权人不得再单独请求侵权人赔偿为了制止请求行为支付的合理费用以及合法的律师费用。从立法论的角度看，这种规定和解释是非常不符合实际需要的，也是非常机械的。对于某些重大、疑难的注册商标侵权案件，在明知注册商标权人的损失远远大于 50 万，但又无法适用第一个和第二个赔偿标准时，不得不适用法定赔偿标准，法定赔偿标准不但存在最高额度的限制，而且不允许单独请求为了制止侵权行为支付的合理费用以及合法的律师费，对于注册商标权人来说，是非常不公平的。倒不如吸取国外相关立法的有益经验，将法定赔偿标准修改为普通许可使用费的标准和酌定赔偿标准更加适应司法实践的需要。

"有过错才赔偿"是现代民法的一项基本原则，因此，注册商标权人在行使损害赔偿请求权时，应当证明侵害行为人主观上存在故意或者过失。

(3) 返还不当得利。商标法第 56 条第 3 款规定，销售不知道是侵犯注册商标专用权的商品，能证明该商品是自己合法取得的并说明提供者的，不承担赔偿赔偿。尽管如此，没有故意或者过失的行为人仍然应当按照民法通则第 92 条的规定，返还不当得利。由于注册商标权人丧失的是市场交易机会，不当得利应当以普通许可实施费用作为返还标准。

(4) 消除影响。行为人给注册商标权造成信用损失的，还应当采取适当措施，以消除影响，恢复注册商标权人的市场信用。

除了上述四种基本民事责任外，侵害注册商标权的行为人，还应当接受民事制裁。根据最高人民法院《关于审理商标民事纠纷案件适用法律若干问题的解释》第 21 条的规定，人民法院对于侵权行为人可以作出罚款，收缴侵权商品、伪造的商标标识和专门用于生产侵权商品的材料、工具、设备等财物的民事制裁决定。但是，工商行政管理部门对同一侵犯注册商标专用权行为已经给予行政处罚的，人民法院不得再予以民事制裁。

2. 刑事责任。根据商标法第 59 条、刑法第 213 至 215 条的规定，侵害注册商标权，构成犯罪的，应当承担刑事责任。

(1) 假冒注册商标罪。刑法第 213 条规定，未经注册商标所有人许可，在同一种商品上使用与其注册商标相同的商标，情节严重的，处 3 年以下有期徒刑或者拘役，并处或者单处罚金；情节特别严重的，处 3 年以上 7 年以下有期徒刑，并处罚金。根据《关于办理侵犯知识产权刑事案件具体应用法律若干问题的解释》第 1 条的规定，有下列情形之一的，属于情节严重：非法经营数额在 5 万元以上或者违法所得数额在 3 万元以上的；假冒两种以上注册商标，非法经营数额在 3 万元以上或者违法所得数额在 2 万元以上的；其他情节严重的情形。具有下列情形之一的，属于情节特别严重：非法经营数额在 25 万元以上或者违法所得数额在 15 万元以上的；假冒两种以上注册商标，非法经营数额在 15 万元以上或者违法所得数额在 10 万元以上的；其他情节特别严重的情形。

根据上述司法解释第 12 条第 1 款的规定，所谓非法经营数额，是指行为人在实施侵害行为过程中，制造、储存、运输、销售侵权产品的价值。已销售的侵权产品的价值，按照实际销售的价格计算。制造、储存、运输和未销售的侵权产品的价值，按照标价或者已经查清的侵权产品的实际销售平均价格计算。侵权产品没有标价或者无法查清其实际销售价格的，按照被侵权产品的市场中间价格计算。多次实施侵害行为的，未经行政处理或者刑事处罚的，非法经营数额、违法所得数额或者销售金额累计计算。

按照上述解释第 13 条的规定，实施假冒注册商标犯罪，又销售该假冒注册商标的商品，构成犯罪的，以假冒注册商标罪定罪处罚。实施假冒注册商标犯罪，又销售明知是他人的假冒注册商标的商品，构成犯罪的，实行数罪并罚。

(2) 销售假冒注册商标商品罪。刑法第 214 条规定，销售明知是假冒注册商标的商品，销售金额数额较大的，处 3 年以下有期徒刑或者拘役，并处或者单处罚金；销售金额数额巨大的，处 3 年以上 7 年以下有期徒刑，并处罚金。根据司法解释第 2 条的规定，销售金额在 5 万元以上的，属于数额较大。销售金额在 25 万元以上的，属于数额巨大。所谓销售金额，是指销售假冒注册商标的商品后所得和应得的全部违法收入。有下列情形之一的，认定为明知：知道自己销售的商品上的注册商标被涂改、调换或者覆盖的；因销售假冒注册商标的商品受到过行政处罚或者承担过民事责任、又销售同一种假冒注册商标的商品的；伪造、涂改商标注册人授权文件或者知道该文件被伪造、涂改的；其他知道或者应当知道是假冒注册商标的商品的情形。

(3) 伪造、擅自制造他人注册商标标识罪。刑法第 215 条规定，伪造、擅自制造他人注册商标标识，情节严重的，处 3 年以下有期徒刑、拘役或者管制，并处或者单处罚金；情节特别严重的，处 3 年以上 7 年以下有期徒刑，并处罚金。根据上述解释第 3 条的规定，具有下列情形之一的，属于情节严重：伪造、擅自制造注册商标标识数量在 2 万件以上，或者非法经营数额在 5 万元以上，或者违法所得数额在 3 万元以上的；伪造、擅自制造两种以上注册商标标识数量在 1 万件以上，或者非法经营数额在 3 万元以上，或者违法所得数额在 2 万元以上的；其他情节严重的情形。具有下列情形之一的，属于情节特别严重：伪造、擅自制造的注册商标标识数量在 10 万件以上，或者非法经营数额在 25 万元以上，或者违法所得数额在 15 万元以上的；伪造、擅自制造两种以上注册商标标识数量在 5 万件以上，或者非法经营数额在 15 万元以上，或者违法所得数额在 10 万元以上的；其他情节特别严重的情形。本犯罪中的非法经营额，与假冒他人注册商标罪中的非法经营额的理解相同。

(4) 销售伪造、擅自制造的注册商标标识罪。刑法第 215 条规定，销售伪造、擅自制造的注册商标标识，情节严重的，处 3 年以下有期徒刑、拘役或者管制，并处或者单处罚金；情节特别严重的，处 3 年以上 7 年以下有期徒刑，并处罚金。根据上述解释第 3 条的规定，具有下列情形之一的，属于情节严重：销售伪造、擅自制造注册商标标识数量在 2 万件以上，或者非法经营数额在 5 万元以上，或者违法所得数额在 3 万元以上的；销售伪造、擅自制造两种以上注册商标标识数量在 1 万件以上，或者非法经营数额在 3 万元以上，或者违法所得数额在 2 万元以上的；其他情节严重的情形。具有下列情形之一的，属于情节特别严重：销售伪造、擅自制造的注册商标标识数量在 10 万件以上，或者非法经营数额在 25 万元以上，或者违法所得数额在 15 万元以上的；销售伪造、擅自制造两种以上注册商标标识数量在 5 万件以上，或者非法经营数额在 15 万元以上，或者违法所得数额在 10 万元以上的；其他情节特别严重的情形。本犯罪中的非法经营额，与假冒他人注册商标罪中的非法经营额的理解相同。

按照上述解释第 15 条的规定，单位实施上述犯罪行为的，按照上述解释规定的相应个人犯罪的定罪量刑标准的 3 倍定罪量刑。按照上述解释第 16 条的规定，明知他人实施上述犯罪，而为其提供贷款、资金、账号、发票、证明、许可证件，或者提供生产、经营场所或者运输、储存、代理进出口等便利条件、帮助的，以侵犯知识产权犯罪的共犯论处。

3. 行政责任。商标法第 53 条规定，对于侵犯注册商标权的行为，工商行政管理部门认定侵权成立的，可以责令立即停止侵权行为，没收、销售侵权商品和专门用于制造侵权商品、伪造注册商标标识的工具，并可处以罚款。关于罚款的数额，根据商标法实施条例第 52 条的规定，为非法经营额 3 倍以下。非法经营额无法计算的，罚款数额为 10 万元以下。第 55 条规定，工商行政管理部门在查处侵权行为时，可以行使下列职权：询问有关当事人，调查与侵犯他人注册商标专用权有关的情况；查阅、复制当事人与侵权活动有关的合同、发票、账簿以及其他有关资料；对当事人涉嫌从事侵犯他人注册商标专用权活动的场所实施现场检查；检查与侵权活动有关的物品；对有证据证明是侵犯他人注册商标专用权的物品，可以查封或者扣押。工商行政管理部门依法行使前款规定的职权时，当事人应当予以协助、配合，不得拒绝、阻挠。

（三）诉前禁止令、财产保全、证据保全

为了减少权利人的损失，切实保护权利人的利益，保证将来可能发生的诉讼的顺利进行，商标法和专利法、著作权法一样，规定了权利人的诉前禁止令、财产保全请求权、证据保全请求权。商标法第 57 条规定，商标注册人或者利害关系人有证据证明他人正在实施或者即将实施侵犯其注册商标专用权的行为，如不及时制止，将会使其合法权益受到难以弥补的损害的，可以在起诉前向人民法院申请采取责令停止有关行为和财产保全的措施。按照 2002 年最高人民法院发布实施的《关于诉前停止侵犯注册商标专用权行为和保全证据适用法律问题的解释》第 1 条的规定，利害关系人，包括商标适用许可合同的被许可人、注册商标财产权利的合法继承人。注册商标使用许可合同被许可人中，独占使用许可合同的被许可人可以单独向人民法院提出申请；排他使用许可合同的被许可人在商标注册人不申请的情况下，可以提出申请；普通使用许可合同的被许可人是否可以申请，该司法解释没有作出规定。

司法实践中的做法是，经过注册商标权人的同意，也可以提出申请。

商标法第 58 条规定，为了制止侵权行为，在证据可能灭失或者以后难以取得的情况下，商标注册人或者利害关系人可以在起诉前向人民法院申请保全证据。人民法院接受申请后，必须在 48 小时内作出裁定。裁定采取保全措施的，应当立即开始执行。人民法院可以责令申请人提供担保，申请人不提供担保的，驳回申请。申请人在人民法院采取保全措施后 15 日内必须起诉，不起诉的，法院应当解除保全措施。

四、侵害注册商标权的诉讼时效

侵害注册商标权原则上采取 2 年的普通诉讼时效，自商标注册人或者利害关系人知道或者应当知道侵权行为之日起计算。但是，按照最高人民法院《关于审理商标民事纠纷案件适用法律若干问题的解释》第 18 条的规定，商标注册人或者利害关系人超过 2 年起诉的，如果侵权行为在起诉时仍在持续，在该注册商标专用权有效期限内，人民法院应当判决被告停止侵权行为，侵权损害赔偿数额应当自权利人侵权人向人民法院起诉之日起向前推算 2 年计算。

第七节　注册商标权的经济利用

一、转让

转让是利用注册商标权的基本方式之一。由于注册商标权的转让涉及消费者利益和注册商标的管理，因此注册商标权的转让并不完全采取合同自由的原则。根据商标法第 39 条、商标法实施条例第 25 条等的规定，注册商标权的转让应当遵守下列规定：

1. 转让人和受让人应当签订转让协议，并共同向商标局提出申请。具体由受让人办理申请等手续。

2. 受让人必须保证使用该注册商标的商品质量。对于集体商标、证明商标、必须使用注册商标的商品商标，受让人必须符合相应的主体资格。

3. 转让必须经过核准公告，受让人自公告之日起享有商标专用权。但是，核准公告究竟是注册商标权转让合同的生效要件还是注册商标权转移的要件？或者既是注册商标权转让合同的生效要件又是注册商标权转移的要件？对此，商标法第 39 条采取了模棱两可的态度。为了给注册商标权人提供自由选择的机会，最大效率地市场化利用其注册商标权，将核准公告作为注册商标权转移的要件而不是转让合同的生效要件应当是比较可取的选择。比如，某甲拥有的注册商标，卖给乙 50 万元，卖给丙 100 万元，卖给丁 150 万元，这样，只要丁及时办理了核准公告手续，丁就可以获得该注册商标的专用权，乙方和丙方只能追究甲方合同不履行的责任。

4. 联合商标必须一同转让。虽然商标法没有明确规定联合商标注册制度，实践中却也没有明确禁止，从而导致很多申请联合商标注册的现象。商标局大概是出于防止来源混淆的考虑，因而在商标法实施条例第 25 条第 2 款规定，注册商标人对其在同一种或者类似商品上注册的相同或者近似的商标，应当一并转让。未一并转让的，由商标局通知其限期改正。期满未改正的，视为放弃转让该注册商标的申请。

在作出上述禁止性规定的同时，商标法实施条例第 25 条第 3 款进一步规定，对可能产生误认、混淆或者其他不良影响的转让注册商标申请，商标局不予核准。据此推理，将注册商标在指定使用的复数商品或者服务上的专用权分割进行转让，极有可能被商标局一个注册商标分属不同主体从而可能产生误认、混淆为理由不予核准。商标法的这种规定以及商标局的这种做法过分夸大了注册商标权分割转让可能导致的混淆后果，非常不利于注册商标权的市场利用。从立法论的角度而言，只要能够消除同一个注册商标分属不同主体可能导致的混淆后果，并且从制度上规定其中任何一方都负有附加混同防止表示的义务，以及规定任何一方出于不正当目的进行混淆性使用的，任何人都可以请求撤销其注册商标专用权，就完全应当允许注册商标权进行分割转让。日本商标法第 24 条之 2、之 4 和第 52 条之 2 正是如此处理的。这种以市场为中心处理注册商标权转让的做法是非常值得我国借鉴的。

5. 注册商标权共有的情况下，必须经过其他共有者的同意，才能转让自己所有的份额。目的是为了防止受让者给其他共有者造成不必要的损害。

6. 注册商标权的转让不得对抗转让前已经生效的商标使用许可合同的效力，但商标使用许可合同另有约定的除外。但是，没有备案的商标使用许可合同难以产生公示效果，因此不分具体情况，规定所有已经生效的商标使用合同都具有对抗注册商标权转让的效果值得商榷。

二、因继承、合并、赠与等而发生的转移

除了因为合同而发生的转让外，由于继承、合并、赠与等原因，注册商标权也会发生转移。商标法实施条例第 26 条规定，注册商标专用权因转让以外的其他事由发生转移的，接受该注册商标专用权转移的当事人应当凭有关证明文件或者法律文书到商标局办理注册商标专用权转移手续。注册商标专用权转移的，注册商标专用权人在同一种或者类似商品上注册的相同或者近似的商标，应当一并转移。未一并转移的，由商标局通知其限期改正；期满不改正的，视为放弃该移转注册商标的申请。

按照上述规定，注册商标权由于继承、合并等而发生的转移，接受该注册商标专用权转移的当事人应当凭有关证明文件或者法律文书到商标局办理注册商标专用

权转移手续。这里所说的转移手续究竟是一个备案性质的要件，还是注册商标权发生转移的生效要件？从商标法实施条例第26条的规定本身根本看不出答案。

继承、合并等是一个带有自然性质的事实，而注册商标使用的商品或者服务的营业具有持续性，如果注册商标需要办理转移手续后承继人才能使用，其营业的持续性必然受阻，从而遭受不必要的损害。为此，在发生继承、合并等事实的情况下，就应当视为注册商标权发生了移转，事后办理的转移手续应当作为便于续展注册等管理需要的备案程序处理。

三、设定质权

注册商标权和专利权、著作权等知识产权一样，可以用来设定质权，但必须经过核准公告才能发生法律效力，质权的转移、变更、消灭等也是一样。由于继承、合并等一般承继原因而发生的质权转移，以及混同或者被担保债权消灭而发生的质权消灭，虽可不经核准公告，但由于一般承继原因而发生的质权转移，事后必须立即向商标局申请备案。

注册商标设定质权后，除非合同有特别规定，质权人不得在指定商品或者服务上使用注册商标。但是，对于注册商标权转让或者使用许可所获得的利益，质权人可以行使物上代位权。注册商标权人放弃注册商标权，必须经过质权人的同意。

在注册商标权共有的情况下，各共有者可以就各自享有的份额设定质权，但是必须经过其他共有者的同意。

四、使用许可

使用许可是注册商标权人使用注册商标的最常见的方式之一。和注册商标权的转让一样，在注册商标指定使用的商品或者服务为复数的情况下，只要附加区别性标记，防止混淆的发生，也应当允许分割使用许可。

(一) 独占使用许可

独占使用许可，是指商标注册人在约定的期间、地域和以约定的方式，将该注册商标仅许可一个被许可人使用，商标注册人依约不得使用该注册商标的许可方式。

1. 设定。独占使用许可，应当向商标局备案。备案程序虽不是独占使用许可合同发生效力的要件，但应当作为对抗第三人的要件。也就是说，在注册商标权人进行多重独占使用许可的情况下，只有经过备案的独占使用许可人才能获得该独占使用许可权。同时，在注册商标权发生转移的情况下，也只有经过备案的独占使用许可人才能对抗新的注册商标权人。

在注册商标权共有的情况下，必须经过全体共有人一致同意才能设定独占许可使用权，以防独占使用许可权人给其他共有人造成损害。

2. 效力。在合同约定的范围内，独占使用许可权人在指定商品或者服务上拥有独占使用注册商标的权利。在独占使用许可权共有的情况下，除非合同有特别约定，没有其他共有者的同意，任何一个共有者都可以使用注册商标。注册商标权人放弃注册商标，必须经过独占使用许可权人的同意。

没有经过独占使用许可权人同意，使用注册商标的，即使是注册商标权人本人，也构成独占使用许可权的侵害。

经过注册商标权人同意，独占使用许可权人可以转让该权利。和独占使用许可专利权不同，独占使用许可商标权即使连同事业一同转让，也必须经过注册商标权人同意。但是，通过继承、合并等一般承继方式发生的转移，无须经过注册商标权人的同意。但是，无论哪种方式的转移，都必须向商标局申请备案。

经过注册商标权人同意，独占使用许可权人可以就独占使用许可权设定质权和普通许可使用权。独占使用许可权的放弃必须经过质权人和普通使用许可权人的同意。在获得商标权人和独占使用许可权人的双重同意情况下，该普通使用许可权可以转让和设定质权。

在发生注册商标专用权被侵害时，独占使用许可权人可以独立向人民法院提起诉讼，行使停止侵害、排除侵害危险的请求权和损害赔偿请求权。

（二）排他使用许可

排他使用许可，是指商标注册人在约定的期间、地域和以约定的方式，将该注册商标权仅许可一个被许可人使用，商标注册人依约定可以使用该注册商标但不得另行许可他人使用该注册商标的使用许可。

1. 设定。设定排他使用许可，应当向商标局备案。没有申请备案的，排他使用许可合同虽然发生效力，但不得对抗通过转让或者其他转移方式获得注册商标权的新的商标权人、独占使用许可权人等善意第三人。在注册商标权共有的情况下，各共有者可以设定排他使用许可，但必须经过其他共有人同意。

2. 效力。在合同约定的范围内，排他使用许可权人拥有在指定商品或者服务上使用注册商标的权利。没有经过排他使用许可权人同意，注册商标权人不得放弃注册商标权。

经过注册商标权人同意，排他使用许可权可以转让。在继承、合并等情况下，无须经过注册商标权人同意，也可以发生转移。但是，不管是转让还是转移，不向商标局申请备案的，不得对抗善意第三人。排他使用许可的变更、消灭亦是如此。

经过注册商标权人同意，排他使用许可权可以设定质权。但需经过备案，不经备案的，不得对抗善意第三人。质权的转移、变更亦是如此。

经过注册商标权人同意，排他使用许可权人可以就其使用权进行再许可使用；

在发生注册商标权侵害的时候，排他使用许可权人可以和注册商标权人共同起诉，也可以在注册商标权人不起诉的时候，自行提起诉讼，行使停止侵害、排除侵害危险请求权和损害赔偿请求权。

(三) 普通使用许可

普通使用许可，是指商标注册人在约定的期间、地域和以约定的方式，许可他人使用其注册商标，并可自行使用该注册商标和许可其他人使用其注册商标的使用许可。

1. 设定。普通排他使用许可，应当向商标局备案。没有申请备案的，普通使用许可合同虽然发生效力，但不得对抗通过转让或者其他转移方式获得注册商标权的新的商标权人、独占使用许可权人等善意第三人。在注册商标权共有的情况下，各共有者可以设定普通使用许可，但必须经过其他共有人同意。

2. 效力。在合同约定的范围内，普通被许可人拥有在指定商品或者服务上使用注册商标的权利。没有经过普通使用许可权人同意，注册商标权人不得放弃注册商标权。

经过注册商标权人同意，普通使用许可权可以转让。在继承、合并等情况下，无须经过注册商标权人同意，也可以发生转移。但是，不管是转让还是转移，不向商标局申请备案的，不得对抗善意第三人。普通使用许可权的变更、消灭亦是如此。

经过注册商标权人同意，普通使用许可权可以设定质权。但需经过备案，不经备案的，不得对抗善意第三人。质权的转移、变更亦是如此。

经过注册商标权人同意，普通使用许可权人可以就其使用权进行再许可使用。

在发生注册商标权侵害的时候，普通使用许可权人经过注册商标权人明确授权，可以提起诉讼，行使停止侵害、排除侵害危险请求权和损害赔偿请求权。

(四) 反垄断法的适用

注册商标使用许可合同中，注册商标权人通常会加入一些限制竞争的条款。一般说来，以下几个方面的限制条款应当作为合法条款对待：

1. 为了保证注册商标的品质保证机能，而不得不对使用者的市场自由进行限制的条款，比如，商标品是食品的时候，合同中对使用者课以品质维持义务（包装限制、保鲜限制、运输限制等），应当作为合法的限制条款对待。

2. 购入单位限制条款。作为许可使用注册商标的要件，对原材料、设备等购入单位或者事后的维修单位进行限制的条款，如果属于为了保证注册商标的品质保证机能而不可欠缺的条款，则应当作为合法的限制条款对待。

3. 为了确保注册商标的识别机能，而不得不对使用者的市场自由进行限制的条款，应当作为合法的限制条款对待。比如，对注册商标商品生产地的限制，就属于这种情况。

第八节　驰名商标的特殊保护

一、驰名商标特殊保护的趣旨

商标经过长期使用获得高度的知名度，会凝聚使用者几乎所有的有形财产和无形财产投入，并形成具有强烈冲击力的识别机能、品质保证机能和广告机能，成为使用者市场信用的最集中体现。未经驰名商标人许可使用其驰名商标，不仅会节省大量的投资，而且会获得巨大的市场竞争力。任其发展，必将减杀市场主体营造市场信用的激励。驰名商标商品或者服务价格往往较同类商品更为昂贵，对需要者特别是消费者而言，假冒驰名商标销售商品或者提供服务将是一场价格盘剥运动。从商标侵权角度看，驰名商标也更加容易成为行为人攻击的对象。如果侵权人粗制滥造，则会给驰名商标拥有者造成巨大的经济损失和信用损失。

由上可见，不管是从驰名商标自身的价值，还是从激励市场信用的营造，抑或是从需要者利益的保护和侵权的频繁性、侵权后果的严重性看，驰名商标都应当给予较一般商标特殊的保护。

理论界通常从淡化角度说明驰名商标特殊保护的必要性。淡化理论认为，将驰名商标使用在跨类的商品或者服务上时，将会减少驰名商标识别商品或者服务的唯一性。然而，市场是复杂的，在同类商品上擅自使用他人驰名商标，非但不会减杀驰名商标的识别力，反而会强化其识别的唯一性。在跨类的商品或者服务上擅自使用驰名商标，看似会弱化其识别的唯一性，但同时也会扩大其在跨类商品或者服务上的知名度。所以说，以淡化理论说明驰名商标保护的特殊性，并不能令人十分信服。

二、驰名商标商标法特殊保护的着眼点

1. 实行注册主义的我国商标法，不管是普通商标还是驰名商标，要想享有专有使用权，必须以获得注册为前提，而且即使获得了注册，其专有使用权的范围也只限于核定使用的商品或者服务。未获得注册的商标，虽然完全可能通过使用获得高度的知名度，成为驰名商标，却不能享有专有使用权。从商标法的角度而言，虽然可以赋予未注册的驰名商标和未注册的知名商标消极的禁止权，以阻止他人将相同或者近似的商标在相同或者类似的商品或者服务范围内申请注册，却无法赋予其积极意义上的专有使用权。如果赋予积极意义上的使用权和跨类范围内的禁止使用权，经过注册的驰名商标和未经过注册的驰名商标就没有任何实质区别。由此可见，商标法给予特殊保护的只能是注册的驰名商标；未注册的驰名商标，最多只能赋予在

类似范围阻止他人申请注册的权利。对于未注册驰名商标的保护，更多地应当委任给反不正当竞争法。反不正当竞争法属于行为规制法，对商标的保护不以注册为前提，因而只要行为人使用的商标和驰名商标相同或者近似，不管使用的商品或者服务是否相同或者类似，就可以给予保护，从而发挥商标法无法发挥的作用。

2. 商标法保护驰名商标，不仅应当重在注册驰名商标，而且以商标经过使用获得驰名为前提。没有经过任何使用的商标无法和需要者发生联系，自然无法成为驰名商标。使用必须是在我国境内的使用，未在我国使用的商标，根本无法和我国的需要者发生交易关系，不能作为驰名商标进行保护。商标法第13条第1款规定，就相同或者类似商品申请注册的商标是复制、摹仿或者翻译他人未在中国注册的驰名商标，容易导致混淆的，不予注册并禁止使用。最高人民法院《关于审理商标民事纠纷案件适用法律若干问题的解释》第2条规定，复制、摹仿、翻译他人未在中国注册的驰名商标或其主要部分，在相同或者类似商品上作为商标使用，容易导致混淆的，应当承担停止侵害的民事法律责任。未在我国注册的驰名商标中，很大一部分是未在我国注册同时又没有在我国使用的外国驰名商标，虽然在外国属于驰名商标，但由于没有在我国使用，这类商标根本就不会和我国需要者发生交易关系，因此根本就不能作为驰名商标进行保护。商标法和最高人民法院的司法解释不分情况，一概对未在我国注册的驰名商标给予保护，是非常令人不解的。

3. 驰名商标的驰名，应当是在指定使用的商品或者服务上的驰名。如果驰名商标申请注册时，指定使用的商品或者服务为复数，就要区别究竟是在哪一种商品或者服务范围内的驰名。道理很简单，在其中一种商品或者服务范围内的驰名并不意味着同时在另一种商品或者服务范围内的驰名。然而，正如前文已经指出的那样，这并不影响驰名商标的跨类保护即特殊保护。理由在于，行为人之所以在跨类商品或者服务上擅自使用驰名商标，目的就是要借用驰名商标已经形成的高度知名度，从而获得某种市场优势。由此，商标被跨类非法使用的商标权人，只要证明其商标在指定使用的复数商品或者服务中的某一种商品或者服务上获得驰名即可，而不必证明在行为人非法使用的跨类商品或服务范围内也获得了驰名。否则，驰名商标的跨类保护就会失去存在的意义。要求驰名商标权人证明其商标在行为人非法使用的跨类商品或服务范围内也属于驰名商标，相当于要求驰名商标权人必须将其商标在该类商品或者服务范围内进行使用，否则其商标就无法在该类商品或者服务范围内获得驰名。作为注册的驰名商标而言，在某一种商品或者服务上拥有专有使用权的前提是申请注册，所以要求驰名商标权人证明其商标在行为人非法使用的跨类商品或服务范围内也属于驰名商标，间接地相当于要求驰名商标权人必须在行为人非法跨类使用的商品或者服务上申请注册（在这种情况下，只要是注册商标，根本就用不着是驰名商标，就可以禁止他人非法使用了）。对于任何驰名商标而言，这都是无法实现的苛刻要求。

因而，有人在讨论证明一个商标是否为驰名商标时，是否应当区分指定使用的商品或者服务类别，并且根据商标法第14条规定的标识分别进行证明的问题，这种讨论的前提和价值都是令人怀疑的。

4. 最后要再一次强调指出两个问题。所谓驰名商标的特殊保护，并不是指其专有使用权比一般注册商标多，而是指其禁止权的范围相比一般注册商标的要大，即驰名注册商标权的禁止范围可以扩大到和其指定使用的商品或者服务不相同也不类似的商品或者服务范围内。此其一。其二，采取注册主义的我国商标法，性质上属于权利授予法，与作为行为规制法、权利范围不明确的反不正当竞争法不同，按照商标法，经过核准注册的商标，无论是其专有使用权的范围，还是其禁止权的范围，都是非常明确的，因此只要行为人实施了商标法明确禁止的行为，不管客观上是否导致了混淆，就属于侵害注册商标权的行为。可是，令人费解的是，商标法第13条、最高人民法院《关于审理商标民事纠纷案件适用法律若干问题的解释》第1条第2项、第2条，以及国家工商行政管理局发布的《驰名商标认定和保护规定》第6条，在规定侵害驰名商标的行为时，无一例外地要求使用他人驰名商标的行为客观上必须存在导致混淆或者误导公众的后果，因而完全混淆了商标法和反不正当竞争法之间的界线，将商标法降格为了一般性的行为规制法。

三、驰名商标认定和保护中存在的问题以及解决办法

(一) 驰名商标认定和保护中存在的问题

2001年商标法修改之后，驰名商标的认定由单一的行政认定、主动认定改为行政认定、主动认定和司法认定、被动认定、个案认定相结合的认定方式。本来，作为解决案件需要的司法认定、被动认定、个案认定的方式，相比行政认定、主动认定，更加适合商标市场发展的需要，但由于对司法认定的种种误解，在具体的操作过程中，出现了种种问题。最突出的表现在以下几个方面：

1. 司法控制不严，出现了大量虚假诉讼的现象。本来，驰名商标的司法认定只是法院为了审理某些注册商标侵权案件而不得不采用的一种手段，属于被动的个案认定，认定结果没有对世效果。然而，商标拥有者却将司法认定作为获得具有对世效果的驰名商标的一种快捷、廉价的手段，律师则将驰名商标的司法认定作为获得高额报酬的一个手段，地方政府则将驰名商标的司法认定作为迅速提高地方政绩的一个手段，在这三个因素的推动下，出现了大量意图获得驰名商标的司法认定的虚假诉讼现象。受制于地方政府等诸多方面的压力，审理案件的法院在驰名商标的认定方面出现了很多控制不严、随意认定的现象，已经影响到司法正义、竞争秩序的维护。

2. 严重的虚假宣传现象。获得驰名商标的司法认定之后，商标拥有者不管其商标的真实状况，就在各种媒体上开始大肆宣传报道，宣称其商标为"中国驰名商

标"，严重地扰乱了竞争秩序，误导了需要者。

（二）解决办法

显然，最高人民法院《关于审理商标民事纠纷案件适用法律若干问题的解释》第 22 条在赋予司法机关认定驰名商标的司法权力时，没有认识到驰名商标司法认定可能造成的不利后果以及应对办法。那么，究竟怎样解决目前存在的问题呢？在驰名商标行政认定和司法认定双轨制并行的情况下，可以采取以下两个方面的措施：

1. 严格执行驰名商标的认定标准。驰名商标由于享受特殊保护，禁止权的范围及于不同种类的商品或者服务，根据权利和义务对等的原则，对驰名商标的认定标准应当从严解释。特别是在驰名商标的地域标准方面，应当严格加以把握。我国地域非常广大，在某个或者某几个地区有名甚至非常有名的商标，在其他地区可能根本就没有人知道，在这种情况下，该商标就不能被认定为驰名商标。考虑现代传媒手段对商标驰名的影响，一个商标，最起码应当在全国绝大部分地区知名，才能被认定为驰名商标。这样，在判断商标是否驰名的各种因素中，商标持续使用的时间、地域，广告宣传的持续时间、地域、程度，需要者对商标的认知程度等单个方面的因素应当着重加以考虑。在认定之前的几年时间里是否连续盈利，并不是认定驰名商标最关键的因素。道理很简单，商标是否驰名和是否盈利之间并没有必然的关系。

2. 强化反不正当竞争法、广告法的作用，加强工商管理机关的监督管理职能。驰名商标的司法认定，属于个案认定，没有对世效果，目的在于解决商标侵权案件。某个商标被司法认定为驰名商标后，是否能够宣传，属于一个事实问题，应当由广告法、反不正当竞争法进行调整。从广告法的角度，可以考虑对经过司法认定的驰名商标的广告宣传进行审查，或者直接规定不得进行广告宣传活动。从反不正当竞争法的角度，则可以利用其第 9 条关于禁止虚假宣传的规定，对驰名商标存在虚假宣传的，追究虚假宣传的责任。

第九节　注册商标与其他商业标记的共存

能够发挥识别商品或者服务来源作用的商业标记除了注册商标，还包括未注册商标、商号、域名、商品特有名称、包装、装潢等各种标记。由于法定的或者约定的原因，这些商标标记之间会发生所有或者使用意义上的共存现象。

一、注册商标与其他商业标记共存的发生原因和种类

（一）法定共存和约定共存

根据共存是由商标法直接规定还是由当事人约定，可以将共存分为法定共存和约定共存。

法定共存是商标法直接规定的共存。目前，我国商标法直接规定的共存主要是在先使用标识和注册商标之间的共存。在先使用的标识主要包括未注册商标，商号，域名，商品特有名称、包装、装潢。在商标申请注册前，已经有人在相同或者类似商品或者服务上使用与申请注册的商标相同或者近似的标识，如果没有不正当目的，并且已经形成了一定的市场信用，则这些标识的使用构成在先使用，在申请注册的商标获得注册后，注册商标权人不得禁止在先使用人继续使用，因而与注册商标之间发生共存现象。这种情况下的共存，在先使用的标识构成对在后获得的注册商标权的限制。

有些国家的商标法规定，注册商标权指定使用的商品或者服务为复数时，可以分割使用许可或者转让；在分割使用许可的情况下，就会发生同一个商标由不同主体拥有专用权和使用权的共存现象；在分割转让的情况下，则会发生同一个商标由不同主体在不同商品或者服务上拥有专用权的共存现象。在分割使用许可的情况下，专用权人和使用权人之间形成许可使用的合同关系；在分割转让的情况下，在转让的平等关系形成后，进一步形成完全平等的注册商标权人之间的平等关系。

约定共存，则是由当事人通过合同约定而形成的共存。约定共存经常发生在商标注册申请公告异议阶段。在这个阶段，如果申请注册的商标与异议人的商业标识发生冲突，则商标注册申请人可以与异议人达成允许申请注册的协议，从而发生注册商标权与其他商业标记权之间的共存现象。但是，这种共存要得以实现，有赖于商标法制度上允许商标注册申请人与异议人达成共存协议。在国外的商标法实践中，比如日本，曾经出现过联合商标申请注册制度，与此制度相适应，商标法制度上曾经允许过类似范围内的不同申请人在达成协议并且附加区别性标记的情况下，可同时获得注册，从而发生类似范围内的注册商标属于不同主体的共存现象的制度。

（二）注册商标专用权之间的共存和注册商标专用权与许可使用权或者在先使用利益之间的共存

根据共存属于专用权之间的共存，还是属于专用权与许可使用权或者在先使用利益之间的共存，可以将共存分为专用权之间的共存和专用权与许可使用权或者在先使用利益之间的共存。

注册商标专用权之间的共存是指对于相同标识，不同主体同时拥有专用权而发生的共存。比如上述由于注册商标权分割转让而发生的共存，就属于专用权之间的共存。

注册商标专用权与许可使用权之间的共存，是指由于注册商标权许可使用而发生的注册商标专用权与注册商标使用权同时属于不同主体而发生的共存。比如上述由于注册商标权分割许可使用而发生的共存，就属于注册商标专用权与许可使用权之间的共存。

注册商标专用权与在先使用利益之间的共存，是指作为权利的注册商标专用权与作为利益的在先使用标识之间的共存。比如上述的注册商标权与在先使用的未注册商标，商号，域名，商品特有名称、包装、装潢之间的共存。实践中大量发生的共存属于这种性质的共存。

二、注册商标与其他商业标记之间共存出现的问题及其解决办法

(一) 问题

注册商标与其他商业标记之间共存之后，由于相同或者近似商业标记的权益属于不同主体，因而可能发生三个方面的问题：一是导致商品或者服务来源的混淆，二是引发不正当竞争行为，三是共存权益人之间存在非法的限制竞争行为，因此，必须引起高度重视，切实从制度上加以防范。

(二) 解决办法

1. 为了防止商品或者服务来源的混淆，应当规定相关行为人附加区别性标记的义务。对于由于注册商标权分割转让而发生的专用权之间的共存，以及由于在异议过程中达成协议而发生的专用权之间的共存，由于当事人之间属于平等关系，因此，各专用权人之间相互负有附加区别性标记的义务。由于注册商标与在先使用标识之间发生的共存，由于注册商标权属于具有特定内容的财产权，而在先使用的标识只是拥有合法的利益，属于权利和利益之间的共存，不属于一个位阶的关系，因此应当赋予注册商标权人请求在先使用人附加区别性标记的权利，在先使用者则负有附加区别性标记的义务。

2. 为了防止不正当竞争行为的发生，从商标法的角度而言，可以规定由于注册商标权分割转让而发生的专用权共存人之间，以及由于在异议过程中达成协议而发生的专用权共存人之间，任何一方出于不正当竞争目的混淆性使用注册商标的，包括相对方在内的任何人都可以请求撤销其注册商标权。对于在先使用人有不正当竞争行为的，则可以按照侵害注册商标权行为或者不正当竞争行为进行处理。

3. 为了防止共存权益人之间非法的限制竞争行为，从商标法的角度而言，可以规定，任何人都可以请求撤销其注册商标；从反垄断法的角度而言，则可以将其定性为非法的合谋行为，并规定相应的民事、行政、刑事责任。

第二章

信用的保护(2)——知名商品特有名称、包装、装潢的保护

第一节 立法趣旨

虽然商品名称、包装、装潢不像注册商标一样，经过申请注册可以在特定商品或者服务范围内获得专用权，但经过市场主体长期、反复的使用，也可以积聚一定的市场信用，并使其获得某种区别性特征和竞争上的优势。未经商品名称、包装、装潢保有者许可，擅自使用和其商品名称、包装、装潢相同或者近似的名称、包装、装潢，意图引发需要者混淆，不但可以达到借用他人信用的目的，而且可以节省自己的开发成本，减少市场竞争成本。对此行为如果不加任何规制，不但会增加需要者的搜索成本，使需要者购买不到自己真正想要的商品，从而损害需要者的利益，而且会减杀市场主体开发新颖、别致的商品名称、包装、装潢的激励。正是因为如此，才必须将商品特有名称、包装、装潢作为市场主体合法的先行利益，通过反不正当竞争法加以保护。

第二节 擅自使用他人知名商品特有名称、包装、装潢行为的构成要件

擅自使用知名商品特有名称、包装、装潢的行为，按照反不正当竞争法第 5 条第 2 项以及国家工商行政管理局 1995 年发布的《关于禁止仿冒知名商品特有的名称、包装、装潢的不正当竞争行为的若干规定》第 2 条的规定，是指行为人不经知名商

品特有名称、包装、装潢保有者许可，擅自使用和知名商品特有名称、包装、装潢相同或者近似的名称、包装、装潢，造成和他人知名商品混淆，使购买者误认为是该知名商品的行为。构成擅自使用他人知名商品特有名称、包装、装潢行为，必须具备下列构成要件：

一、主观要件

根据行为性质，擅自使用知名商品特有名称、包装、装潢行为，行为人主观上只能为故意，不存在过失情况。

二、客观要件

（一）行为要件

行为要件表现为擅自对知名商品特有的商品名称、包装、装潢作相同或者近似使用。

1. 所谓知名商品，是指在市场上具有一定知名度，为相关公众所知悉的商品。这里的相关公众是指可能和使用特有名称、包装、装潢的知名商品发生交易关系的不特定人群，还是指可能和行为人的商品发生交易关系的特定人群，或者是两者的交叉人群？由于擅自使用知名商品特有名称、包装、装潢的行为目的在于使需要者将其商品误认为知名商品并且加以交易，因此两者的商品种类必须是相同的。这样，在判断商品是否知名时，当原被告的交易圈在地域上重合时，区分是在原告还是在被告的交易圈内知名就没有实质意义。也就是说，由于原被告的商品种类相同，经营的地域范围也相同，因此它们的相关公众也是重合的，在这种情况下，判断原告的商品是否知名时，没有必要区分该商品到底是为原告的相关公众所知悉，还是为被告的相关公众所知悉。

但是，在原被告经营的地域范围不同时，比如，原告在西藏阿里地区，被告在湖北武汉市，原告的商品知名是要求在西藏阿里地区，还是湖北武汉市？由于擅自使用他人知名商品特有名称、包装、装潢行为的目的在于使需要者将自己的商品误认为他人的知名商品，如果原告的商品仅仅在西藏阿里地区知名，而在湖北武汉市没有任何知名度，即使被告在武汉市进行了生产、销售，武汉市的需要者也不可能对原被告的商品发生任何误认。这样，擅自对他人知名商品特有名称、包装、装潢作相同或者近似使用行为的成立，只要求原告商品在被告地域范围内知名即可。

然而，上述例子属于极端情况。理由是，现代社会交通十分发达，人员流动性非常巨大，原被告的需要者相互流动的现象非常普遍。比如，上述例子中，原告的需要者如果到武汉市出差，就很可能将被告的商品误认为原告的商品加以购买。这样，仅仅要求原告商品在被告经营地域范围内知名就难以制止擅自对他人知名商品特有的名称、包装、装潢作相同或者近似使用的行为。

综合考虑上述情况，擅自对他人知名商品特有的名称、包装、装潢作相同或者近似使用的行为成立所需要的商品知名性，指的应当是在原告经营地域范围内的知名性。

从立法论上讲，将商品是否知名作为商品特有名称、包装、装潢的保护要件是没有任何意义的。商品虽然知名，但其名称、包装、装潢都是商品所通用的，该名称、包装、装潢一样不受保护。相反，商品即使不知名，如果其名称、包装、装潢是特有的，照样应该进行保护。也就是说，法律保护的着眼点应该在于商品富有创意的特有名称、包装、装潢，规制的着眼点也应该在于擅自使用商品富有创意的特有名称、包装、装潢的行为，只有这样才有实质意义。将商品知名作为特有名称、包装、装潢保护的前提，大大增加了原告证明的负担和法院审理以及行政执法机关执法的负担。

当然，即使将规制的重心放在擅自使用商品特有的名称、包装、装潢行为上，也要求该商品特有的名称、包装、装潢必须是知名的商品名称、包装、装潢。原因在于，商品特有名称、包装、装潢的使用不存在专利和注册商标那样的公告程序，不能通过公告达到公示效果，因此只有具备一定知名度的商品特有名称、包装、装潢，他人才具备预见的可能性。也只有这样的商品名称、包装、装潢，才值得付出立法、司法成本，进行保护。

为了减轻申请人的证明责任和行政执法机关的审查负担，国家工商行政管理局1995年发布的《关于禁止仿冒知名商品特有的名称、包装、装潢的不正当竞争行为的若干规定》第4条第1款规定，商品名称、包装、装潢被他人擅自作相同或者近似使用，足以造成购买者误认的，该商品即可认定为知名商品。由于该若干规定属于行政规章，对法院没有约束力，因此要想根本解决问题，还有赖于立法上的修正或者司法解释的出台。

2. 使用的必须是商品特有的名称、包装、装潢。特有，是指商品名称、包装、装潢非相关商品所通用，并具有显著的区别性特征。商品特有的名称，是指商品独有的与通用名称有显著区别的商品名称，但该名称已经作为商标注册的除外。已经作为商标注册的商品名称，依法享受商标法关于注册商标的保护，因此不再适用反不正当竞争法进行保护。新开发的商品名称，比如方便面，虽然以往没有出现过，也应当作为商品的通用名称对待。

商品包装，是指为识别商品以及方便携带、储运而使用在商品上的辅助物和容器。

商品装潢，是指为识别与美化商品而在商品或者其包装上附加的文字、图案、色彩及其排列组合。按照最高人民法院《关于审理不正当竞争民事案件应用法律若干问题的解释》第3条的规定，由经营者营业场所的装饰、营业用具的式样、营业人员的服饰等构成的具有独特风格的整体营业形象，也可以认定为商品装潢。

商品名称、包装、装潢是否特有，应当依据使用在先原则进行认定。所谓依据使用在先原则进行认定，是指某些名称、包装或者装潢，即使从某一角度看属于某一类人或者事物的通用名称或者某一类商品的通用包装或者装潢，但如果转用到其他商品上时产生了特别的标识意义，也应当判定为其他商品特有的名称、包装或者装潢。也就是说，即使是通俗名称、包装或者装潢，通过长期转用也可能转变为某种商品特有的名称、包装或者装潢。

贵阳南明老干妈风味食品有限公司使用的风味豆豉名称"老干妈"就是典型例子。"老干妈"用于对人的称呼时虽然属于通俗称呼，但用于风味豆豉时却不是通俗称呼，因此应当作为风味豆豉的特有名称对待。

当然，在将某些对人或者对事的称呼转用于某种商品时，也应当注意是否会发生商品品质误认的情况。比如，用香肠来称呼面包，面包里却没有任何香肠时，则可能构成反不正当竞争法所禁止的其他行为，比如市场误导行为。

3. 应当对商品特有名称、包装、装潢作相同或者近似使用。相同，就是一模一样，或者没有实质性差别。近似，是指原被告使用的商品名称、包装、装潢从整体上或者主要部分看，一般需要者施以普通注意力足以发生误认。如果原被告使用的商品名称、包装、装潢既不相同，也不近似，则不会存在不正当竞争问题。

（二）结果要件

擅自使用知名商品特有名称、包装、装潢的行为，不但需要具备行为要件，而且需要具备结果要件。即该行为的成立不但需要行为人对知名商品特有名称、包装、装潢作相同或者近似使用，而且要求这种使用足以造成与他人的知名商品相混淆，使需要者误认为自己交易的是该知名商品的后果。需要者事实上已经发生误认属于误认自不待言；需要者事实上虽未发生误认，但从需要者一般的注意力看，足以造成误认的，也属于误认。

一般来说，对商品名称、包装、装潢作相同或者近似使用就足以导致需要者的误认，但相同或者近似的使用并不是误认成立的充分条件。相同或近似使用是否足以导致误认，需要结合需要者的普通注意力等因素进行综合判断。

三、知名商品特有名称、包装、装潢利益和其他知识产权的关系

1. 和注册商标权的关系。具体包含两个方面的关系。一是将知名商品特有名称、包装、装潢作为商标申请注册；二是将注册商标作为商品特有名称、包装、装潢进行使用。对于第一种情况，按照商标法第9条的规定，申请注册的商标，应当有显著特征，便于识别，并不得与他人在先取得的合法权利相冲突。据此，商品特有名称、包装、装潢的保有者享有在先利益，可以阻止他人将相同或者近似的标识作为

商标申请注册。但是，能够阻止他人效力及于全国的商标注册申请的特有名称、包装、装潢必须具备知名性。在第二种情况下，按照商标法实施细则第50条第1款的规定，在同一种或者类似商品上，将与他人注册商标相同或者近似的标志作为商品名称或者装潢使用，误导公众的，属于侵犯注册商标专用权的行为。但是，严格说来，此种行为性质上应当属于不正当竞争行为，而不属于侵犯商标法意义上的注册商标专用权的行为。

2. 和著作权的关系。商品名称、包装、装潢本身享有著作权，但著作权人和商品特有名称、包装、装潢利益人不一致的情况下，就会产生如何处理商品特有名称、包装、装潢利益人和著作权人之间的关系问题。如果商品特有名称、包装、装潢属于委托作品，则按照著作权法关于委托作品著作权归属的规定处理。即著作权的归属由委托人和受托人通过合同约定。合同没有约定或者约定不明确的，著作权属于受托人，但委托人在业务范围内享有免费的使用权。如果商品特有名称、包装、装潢属于职务作品，则按照著作权法关于职务作品著作权归属的方式处理。即一般职务作品著作权由创作者享有，但单位在业务范围内享有优先使用权。特殊职务作品，除了署名权属于创作者以外，其他著作权由单位享有。

3. 和专利权的关系。按照现行专利法，商品包装和装潢都可以申请外观设计专利权。未经商品特有包装、装潢利益人许可，将相同或者近似的包装、装潢作为商品外观设计申请专利的，按照专利法第23条的规定，不能授予外观设计专利权。如果由于专利局审查的错误将与他人商品特有包装、装潢相同或者近似的包装、装潢作为外观设计授予了专利，则商品特有包装、装潢的拥有者可以按照专利法第45条的规定提出外观设计专利权无效宣告请求。如果没有提出无效宣告请求，法院仍然应当根据反不正当竞争法的规定，认定被告拥有专利权但和原告商品包装、装潢相同或者近似的外观设计的混淆性使用构成擅自使用知名商品特有包装、装潢的不正当竞争行为。相反，将他人已经拥有专利权的外观设计专利作为商品包装或者装潢使用，只要和外观设计专利保护范围中以图片或者照片表示的外观设计专利产品相同或者近似，则构成专利侵权行为，应当承担外观设计专利侵权责任。

第三节 擅自使用知名商品特有名称、包装、装潢行为的法律效果及其适用例外

一、法律效果

擅自使用知名商品特有名称、包装、装潢的行为，应当承担民事、行政和刑事责任。按照反不正当竞争法第20条的规定，擅自使用知名商品特有名称、包装、装潢而给被侵害的经营者造成损害的，应当承担损害赔偿责任，被侵害的经营者的损

失难以计算的，赔偿额为侵权人在侵权期间因侵权所获得的利润，同时应当承担被侵害的经营者因调查该经营者侵害其合法权益的不正当竞争行为所支付的合理费用。

按照反不正当竞争法第21条第2款的规定，经营者擅自使用和知名商品特有的名称、包装、装潢相同或者近似的名称、包装、装潢，造成和他人的知名商品相混淆，使购买者误认为是该知名商品的，监督检查部门应当责令停止违法行为，没收违法所得，同时可以根据情节处以违法所得1倍以上3倍以下的罚款，情节严重的，可以吊销营业执照。同时，根据国家工商行政管理局1995年发布的《关于禁止仿冒知名商品特有的名称、包装、装潢的不正当竞争行为的若干规定》第8条，工商行政管理机关对侵权物品可作如下处理：收缴并销毁或者责令并监督侵权人销毁尚未使用的侵权的包装和装潢；责令并监督侵权人消除现存商品上侵权的商品名称、包装和装潢；收缴直接专门用于印制侵权的商品包装和装潢的模具、印版和其他作案工具；采取前三项措施不足以制止侵权行为的，或者侵权的商品名称、包装和装潢与商品难以分离的，责令并监督侵权人销毁侵权物品。

此外，按照上述若干规定第9条的规定，销售明知或者应当知道是仿冒知名商品特有的名称、包装、装潢的商品的，也应当承担行政责任。

擅自使用知名商品特有名称、包装、装潢，并且销售伪劣商品，构成犯罪的，依法追究刑事责任，即按照销售伪劣商品罪定罪量刑。

二、适用除外

我国反不正当竞争法并没有明确规定擅自使用知名商品特有名称、包装、装潢的适用除外情况。但如果允许商品的通用名称、包装、装潢被某种程度上的独占使用，必然过度损害其他同业竞争者的利益和行动的自由。因此，使用商品普通名称等的行为应当作为适用除外行为加以规定。即使是新开发的商品种类，比如清凉饮料，虽然最初上市时只有一家企业使用，也似乎有作为商品特有名称加以保护的需要，但如果允许一个企业独占使用，其他企业就不可能再生产或者销售该种商品，因此为了维护正当的竞争秩序，仍然应当将该新开发的商品名称作为普通商品名称处理。

此外，如果商品特有包装属于确保该包装机能不可欠缺的形状，也不能允许独占，因此对该包装的使用行为也应当作为适用除外处理。

上述解释已经有了法律依据。按照最高人民法院《关于审理不正当竞争民事案件应用法律若干问题的解释》第2条第1款的规定，有下列情形之一的，人民法院不认定为知名商品特有的名称、包装、装潢：商品的通用名称、图形、型号；仅仅直接表示商品的质量、主要原料、功能、用途、重量、数量及其他特点的商品名称；仅由商品自身的性质产生的形状，为获得技术效果而需有的商品形状以及使商品具有实质性价值的形状；其他缺乏显著特征的商品名称、包装、装潢。据此，使用这些要素的行为不构成不正当竞争行为。此外，按照该条解释第 3 款的规定，即使知名商品特有的名称、包装、装潢中含有本商品的通用名称、图形、型号，或者直接表示商品的质量、主要原料、功能、用途、重量、数量以及其他特点，或者含有地名，他人因客观叙述商品而正当使用的，也不构成不正当竞争行为。

信用的保护(3)——反不正当竞争法对商业标记的保护

第一节　反不正当竞争法对未注册商标的保护

一、我国反不正当竞争法保护未注册商标立法上的缺陷

采取注册主义的我国商标法，虽然可以保护未注册的知名商标（商标法第 31 条）和未注册的驰名商标（商标法第 13 条第 1 款），阻止他人在类似范围内申请商标注册的消极意义上的、极为有限的禁止权，却无法赋予它们具有特定内容的、积极意义上的专有使用权。否则，就会使注册产生商标专用权的制度失去存在的实际意义，并且减杀申请商标注册的激励。未注册商标的保护，最直接的目的在于防止混淆行为的发生，因而只能委任给不问是否注册、不问是否具有特定财产权内容、重在考察行为正当性和是否具有混淆后果的反不正当竞争法，而不能委任给必须以注册作为前提的商标法，也不能委任给只具有最一般利益保护原则（民法通则第 5 条：公民、法人的合法的民事权益受法律保护，任何组织和个人不得侵犯）而缺失一般不法行为条款的民法通则。

然而，非常令人遗憾的是，我国反不正当竞争法第 5 条第 1 项的规定（经营者不得采用假冒他人注册商标的手段从事市场交易，损害竞争对手）只是非常低水平的重复了商标法对注册商标的保护，甚至于将仿冒他人注册商标的行为（即在类似范围内使用他人注册商标的行为）排除在了不正当竞争行为的范围外。注册商标在商标法上拥有内容确定、范围特定的专有使用权，并且对侵权行为存在民事、行政、刑事责任的规定，因此足以受到商标法的有力保护，没有必要再由反不正当竞争法进行重复。这种重复造成的后果是，增加了注册商标权人证明侵害行为客观上存在

混淆后果的义务，而在商标法中，虽然侵害注册商标权的行为客观上确实存在这样的混淆后果，但因注册商标权的权利范围明确，因此注册商标权人无须举证证明存在这样的后果。

有很多论者认为，反不正当竞争法第5条第2项（擅自使用知名商品特有的名称、包装、装潢，或者使用与知名商品近似的名称、包装、装潢，造成和他人的知名商品相混淆，使购买者误认为是该知名商品的行为，属于不正当竞争行为）完全可以用来保护未注册商标。不可否认，当未注册商标同时作为知名商品特有的名称、包装、装潢在使用时，反不正当竞争法确实能够为其提供一定范围的保护。但是，当未注册商标根本没有作为知名商品特有的名称、包装、装潢使用时，反不正当竞争法第5条第2项就无法适用。

反不正当竞争法第2条第1款规定的基本原则，即经营者在市场交易中，应当遵循自愿、平等、公平、诚实信用的原则，遵守公认的商业道德，应当说可以为未注册商标提供最一般意义上的保护。但是，有学者认为，按照该条第2款的规定，即反不正当竞争法所称的不正当竞争，是指经营者违反本法规定，损害其他经营者的合法权益，扰乱社会经济秩序的行为，只有反不正当竞争法明确列举的不正当竞争行为才属于应当受规制的不正当竞争行为，因此司法机关难以利用第2条第1款来自由裁量反不正当竞争法没有明确列举的不正当竞争行为。即使反不正当竞争法第2条第1项可以用来保护未注册商标，也过于原则和抽象，其具体适用必须依赖法官的自由裁量，这也对法官提出很高要求。

二、混同行为的规制及其构成要件

（一）混同行为的构成要件

反不正当竞争法对未注册商标的保护是通过禁止擅自使用行为即混同行为实现的。但由于未注册商标性质上不是具有特定内容的知识产权权利，只是一种合法的知识产权利益，作为财产的边界不像注册商标权那样清楚，因此其保护应当具备严格的要件，以防给他人的行动自由造成过大的阻碍。从立法论的角度看，擅自使用他人未注册商标的混同行为，必须具备以下要件：

1. 标识相同或近似。他人使用的标识应当和未注册商标相同或者近似，这是未注册商标受保护的基本前提要件。相同和近似的判断规则与前文所述的注册商标相同或者近似的判断规则一样，此不赘述。

2. 未注册商标具备知名性。未注册商标必须具备一定知名度才能受到保护。这包含两层意思：第一层意思是，未注册商标必须是已经作为商标实际使用的标识。未注册商标的保护是对要件凝聚了一定信用的标识的保护。某个标识要获得一定的信用，必须以使用作为前提。这种使用不是一般的使用，必须是将某个标识作为标注商品或者服务来源标识的使用。没有将某个标识作为商品或者服务来源标识使用的，不能作为未注册商标进行保护。第二层意思是，未注册商标必须是通过使用获得一定知名度的标识。未注册商标的保护必须具备知名性，存在以下几个方面的理由：一是某个标识虽然作为商标进行了使用，但如果未获得任何知名度，则难以成为信用的化体，因而没有必要花费巨大的立法和司法成本专门为其提供保护。二是从不正当竞争行为的角度看，只有具备一定知名度、体现了一定信用的未注册商标才会成为不正当竞争者攻击的对象。三是只有具备一定知名度、具备一定信用的未注册商标才会和需要者特别是消费者的利益发生利害关系，从保护消费者利益的角度看，也只能将具备一定知名度的未注册商标作为保护对象。

所谓知名性，是指未注册商标在需要者之间被广泛认知。知名性的认定包括地域要素和人的要素。从地域要素看，在全国范围内知名当然属于知名，即使没有在全国范围内被需要者广泛认知，只是在一定地域范围内知名，也属于知名。在国外知名但在我国国内不知名的未注册商标不应当受到保护。但是，国外使用者如果通过互联网、电视等媒体，利用广告手段使其未注册商标达到了在我国国内知名的状态，尽管其商品实际没有在我国国内制造、销售，营业没有在我国国内实际展开，也应当为其提供保护。

特别要指出的是，知名性并不要求未注册商标同时在未注册商标所有人和擅自使用人的营业地域范围内具备知名性，而只要求在未注册商标使用人营业地域范围内具备知名性即可。理由如下：

一是未注册商标的知名性只有可能是在其使用者的经营地域范围获得的知名性，同时要求该未注册商标在侵害行为人的经营地域范围内也获得知名性是苛刻的。

二是虽然在未注册商标所有人营业地域范围内知名，但在擅自使用人营业地域范围内不知名的未注册商标，擅自使用人在其经营地域范围内擅自使用时不会造成其经营地域范围内需要者混同的后果，但在人员流动异常频繁的现代社会，未注册商标所有人和擅自使用人的营业地域范围往往相互重叠，截然分开的情况比较少见，因此只要擅自使用了他人未注册的知名商标，就有造成混淆的可能性。

三是从侵害行为人擅自使用他人未注册商标的目的看，无非是为了借用未注册商标已经形成的市场信用。未注册商标使用者的这种市场信用，只可能是在自己的经营地域范围形成的市场信用。

从人的要素看，知名性的认识主体为需要者，既包括消费者，也包括生产者、销售者等营业者；既包括最终需要者，也包括中间需要者。但不管是一般消费者还是特定的生产者、销售者，不管是最终的需要者还是中间层次的需要者，都必须通过交易圈来进行认定。也就是说，需要者应当是有可能和未注册商标商品或者服务发生交易关系的特定主体，而不是指所有商品或者服务范围内的所有消费者、生产者、销售者，因而需要者因为商品或者服务范围不同而不同。比如，药品的需要者主要就是医院、药店和特定的病人，而一般生活用品的需要者则是社会一般的公众。

知名性的取得时间，应当是在擅自使用人侵害行为发生之前。

知名性的具体判断，应当考虑未注册商标本身的显著性、未注册商标所有人营业规模的大小和市场占有率、使用时间、广告宣传的时间和频率以及方法、第三者的评价和需要者的认识等因素进行综合判断。

3. 混同的后果。擅自使用他人知名未注册商标的混同行为，客观上应当存在导致需要者实际混同或者可能混同的后果。对此，未注册商标人应当举证加以证明。

混同包含四层含义：一是对标识本身的混同，二是对商品或者服务的混同，三是对商品生产者或者服务提供者即来源的混同，四是对商品生产者或者服务提供者之间法律或者经济关系（母子公司关系、联合经营关系、特许经营关系、特许经营以外的许可使用关系等等）的混同。不管属于哪一种混同，都属于混同。

由此可见，混同行为的规制并不以行为人和未注册知名商标所有人之间存在直接竞争关系为限。这一点和一般注册商标权的保护具有很大区别。按照商标法的规定，将一般注册商标或者与此近似的商标在核定使用的相同或者类似商品或者服务上的使用行为，不会构成注册商标专用权的侵害。但从反不正当竞争法的角度看，如果该注册商标通过使用获得了应当知名度，与其相同或者近似的商标在核定使用的相同或者类似商品或者服务上的使用行为，只要存在混同的后果，仍然有可能受到保护。此时的注册商标，地位上相当于未注册商标。

（二）混同行为的适用除外

为了保障他人行动的自由，在规制擅自使用未注册知名商标的混同行为时，应当设置以下适用除外条款：

1. 使用商品或者服务普通名称的行为。商品或者服务的普通名称，不能由特定市场主体独占使用，否则会极大地限制市场主体竞争的自由。因此，即使由于某种原因某个市场主体使用商品或者服务普通名称作为未注册商标并且获得了知名度，他人再使用的行为，未注册知名商标所有人也不得加以禁止。

某个市场主体新开发的商品或者服务名称，如果是作为该商品或者服务的普通名称使用的，比如，家庭快递，也不得由其独占使用，开发者如果将该名称作为未注册商标使用，对他人的使用行为，不得以混同行为为由行使相关请求权。

2. 善意使用自己姓名或者名称的行为。在姓名或者名称重合的情况下，当已经有人将该姓名或者名称作为未注册商标使用并且获得了知名度时，姓名权人或者名称权人虽然可以在商业活动中使用自己的姓名或者名称，包括作为商标、商号、域名等进行使用，但不得有不正当目的。同时，为了防止混同，应当赋予知名未注册商标人请求姓名权人或者名称权人附加区别性标记的权利。

3. 先使用。在未注册商标获得知名性之前，没有不正当目的使用和未注册商标相同或者近似的标识的行为，也不应当作为混同行为处理。这主要是为了保护既有的社会事实和利益。但是，为了防止发生混同危险，知名未注册商标人应当有权请求先使用人附加区别性标记。

(三) 法律救济

可以赋予知名未注册商标人停止侵害、排除侵害危险请求权和损害赔偿请求权。

第二节 反不正当竞争法对商号的保护

一、企业名称权的法律保护

企业名称，是一个企业区别于其他企业的标志。企业名称由四部分组成：一是字号，即商号。比如，"全聚德"、"六必居"。二是行业或者经营特点。比如汽车制造。三是组织形式。比如，"有限公司"、"无限公司"。四是地域范围。比如青岛。一个完整的企业名称应当由这四部分组成，比如青岛雪花啤酒有限责任公司。

民法通则第99条第2款规定，法人、个体工商户、个人合伙享有名称权。企业法人、个体工商户、个人合伙有权使用、依法转让自己的名称。民法通则第120条第2款规定，法人的名称权、名誉权、荣誉权受到侵害的，有权要求停止侵害，恢复名誉，消除影响，赔礼道歉，并可以要求赔偿损失。据此，企业名称受到侵害的，比如将他人企业名称作为商标申请注册，作为域名申请注册，作为商品特有名称、包装、装潢使用的，企业名称权人可以依法行使停止侵害，恢复名誉，消除影响，赔礼道歉，赔偿损失等请求权。可以说，民法通则更多保护的是作为人格权的企业名称权。

反不正当竞争法第5条第3项规定，擅自使用他人的企业名称或者姓名，引人误认为是他人的商品的，构成不正当竞争行为。据此，不管将他人企业名称作为自己的企业名称还是作为商标、域名、商品装潢等商业标记使用的行为，只要行为人主观目的在于使需要者将自己的商品或者服务误认为他人的商品或者服务，就构成不正当竞争行为，企业名称权人除了可以按照民法通则第120条第2款的规定行使停止侵害，恢复名誉，消除影响，赔礼道歉，赔偿损失等请求权以外，还可以按照反不正当竞争法第20条、第21条的规定追究行为人不正当竞争行为引起的民事责任和行政责任。与民法通则保护企业名称权的基点不同，反不正当竞争法更多保护的是作为财产权的企业名称权。

在讨论企业名称权的保护时，要特别指出的一个问题是，按照国务院发布的《中华人民共和国企业法人登记管理条例》、国家工商行政管理局发布的《企业名称登记管理规定》的规定，企业对其核准注册的企业名称仅仅在特定地区的同行业中依法享有独占使用权。按照这两个规章的规定，企业享有的名称权仅仅在核准注册的地域范围内的同行业中有效，一旦超过核准注册的地域范围，或者超过同一地域范围内行业的限制，便不再拥有独占使用权。这种规定严重违背了作为基本法律的民法通则和作为法律的反不正当竞争法的规定，缩小了企业名称权的保护范围和空间，不利于企业名称权的保护。按照民法通则和反不正当竞争法的上述规定，企业名称权作为具有财产内容的人格权，根本就不应当受到行业和地域的限制。

二、商号的反不正当竞争法保护

虽然作为具有财产内容的人格权的企业名称权目前已经可以受到民法通则和反不正当竞争法的双重保护，但鉴于企业名称受地域、行业、组织形式的限制，因此，实践中真正侵害企业名称权的行为并不多见，真正成为侵害行为对象的是企业名称中发挥识别作用的最核心部分，即商号。

作为具有识别作用的商业标记，商号性质上属于知识产权范畴，当它作为注册商标使用时，可以受到商标法的保护；当它作为企业名称的一部分使用时，可以和企业名称一起受到民法通则和反不正当竞争法的保护。但是，当商号作为一个独立存在的客体被他人非法使用时，究竟应当如何进行保护呢？

从理论上讲，商号可以作为一个合法利益受到民法通则的一般保护。但民法通则缺乏不法行为的一般条款，第5条的规定又过于原则，需依赖法官行使自由裁量权来为其提供保护，因此民法通则并不是最理想的选择。

商号究竟通过什么法律保护和其作用有关。作为企业名称中最核心的部分，商号的根本作用在于识别不同商品的生产者或者服务的提供者，当商号被他人擅自使用时，很可能导致需要者对商品生产者或者服务提供者产生混淆，因而对这种擅自使用行为必须加以禁止。规制混淆行为的法律除了商标法，就是反不正当竞争法。商标法禁止混淆行为以商业标记申请为注册商标为前提，商号除非申请为注册商标，否则就只能作为一种合法的知识产权利益，通过反不正当竞争法进行保护。

和未注册商标的保护一样，商号的保护也属于已经形成的市场信用的保护（未注册商标不以申请注册为要件；商号虽然以登记为要件，但登记只是发挥人格识别作用，有关的财产部分则委任给反不正当竞争法），因此必须以实际使用并且获得知名度为前提，以标识的相同或者近似、未经许可的使用行为以及客观上存在混淆可能为要件。

本节和上一节都是从立法论的角度讨论商业标记的反不正当竞争法保护问题。进一步而言，为了从整体上解决这个问题，我国反不正当竞争法最好借鉴日本不正当竞争防止法第2条第1款第1项、第2项的立法经验，将所有商业标识区别为知名商业标识和驰名商业标识，规定侵害知名商业标识的不正当竞争行为需要具备标识的相同或者近似性、标识的知名性、混淆的可能性三个要件，侵害驰名商业标识的不正当竞争行为需要具备标识的相同或者近似性、标识的驰名性、标识权益人权益的受侵害性三个要件，并且规定相应的除外条款和法律责任。这样，任何商业标记之间的相互侵害行为，在不能适用商标法进行处理的情况下，都可以按照反不正当竞争法的规定进行处理。

第三节　反不正当竞争法对域名的保护

一、域名的含义、结构、作用和注册

(一) 域名的含义和结构

域名是随着信息技术的发达而新出现的一种商业标记，指的是互联网上识别和定位计算机的层级结构式的字符标识，与该计算机的互联网协议地址形成一一对应关系。

域名呈现出等级状态，被分成顶级域名、二级域名、三级域名等等。顶级域名又有国家顶级域名和国际顶级域名之分。国家顶级域名是目前世界上 200 多个国家和地区按照 ISO3166 国家代码进行分配的顶级域名。比如，中国的国家顶级域名为".cn"，英国的国家顶级域名为".uk"，澳大利亚的国家顶级域名为".au"，等等。这些顶级域名由各国政府指定的机构负责注册。国际顶级域名，又称为通用顶级域名，是指没有国界之分，用以表示域名注册人的类别和功能的顶级域名，主要有代表工商业组织的".com"，代表非营利性组织的".org"，代表网络服务提供者的".net"，以及".firm"、".store（shop）"、".web"、".arts"、".rec"、".info"、".nom"，等等。另外还有 3 个专用顶级域名，它们是".mil"、".edu"、".gov"，分别为军事机构、教育机构和政府机构所专用，任何其他机构，都无权在相应的顶级域名下注册自己的域名。

二级域名也有国家顶级域名下的二级域名和国际顶级域名下的二级域名之分。在国际顶级域名之下，二级域名一般是指由域名使用者自己设计的，能够体现出使用者的特殊性，并据以同其他人的域名相互区别的字符串，也就是域名注册人选择使用的网上名称，例如"263.net"。上网的商业组织常使用自己的商标或商号作为自己的网上名称。在国家顶级域名之下，二级域名一般是指类似于国际顶级域名的表示注册人类别和功能的标志。例如，".com.cn"中的".com"表示商业性组织，".edu.cn"中的".edu"表示教育科研机构。根据各个国家与地区 Internet 网络发展的需求，各个国家或地区还可以设计层次更多的域名系统，以分别代表不同的地域或行业。

我国在国际互联网络信息中心（Internet）正式注册并运行的顶级域名是 CN。在顶级域名 CN 之下，我国目前的 Internet 网络域名系统采用层次结构设置各级域名。二级域名又分行政区域名和类别域名两大类。行政区域名有 34 个，对应于我国

各省、自治区和直辖市即：.bj—北京市；.sh—上海市；.tj—天津市；.cq—重庆市；.he—河北；.sx—山西；.nm—内蒙古；.ln—辽宁；.jl—吉林；.hl—黑龙江；.js—江苏；.zj—浙江；.ah—安徽；.fj—福建；.jx—江西；.sd—山东；.ha—河南；.hb—湖北；.hn—湖南；.gd—广东；.gx—广西；.hi—海南；.sc—四川；.gz—贵州；.yn—云南；.xz—西藏；.sn—陕西；.gs—甘肃；.qh—青海；.nx—宁夏；.xj—新疆；.tw—台湾；.hk—香港；.mo—澳门。类别域名有 6 个，即代表科研机构的".ac"，代表工、商、金融企业的".com"，代表教育机构的".edu"，代表政府部门的".gov"，代表互联网络、接入网络的信息中心和运行中心的".net"，代表各种非盈利性组织的".org"。

由于中国顶级域名 CN 之下的二级域名存在限定，因此表示特定域名注册人网上名称的部分只会在三级或三级以下的域名中出现。例如，北京大学的域名是"pku.edu.cn"，其中".cn"是国家顶级域名，".edu"是二级域名，"pku"是三级域名，可见，只有三级域名才真正表示北京大学的网上名称。

（二）域名的作用

虽然域名是为便于人们发送电子邮件或访问某个网站设计的、连接到互联网上的计算机的地址，但在 Internet 网络已被广泛商业化的时代，域名早已获得了超出网络计算机外部代码的地位，具备了商业或者个人标识符号的功能。随着电子商务广泛发展和网上活动内容的不断丰富，人们上网已经不再仅仅是为了接触一台台计算机，而是为了搜寻到能够为其提供各种有用信息的网络页面所有者。具体说来，域名的作用主要体现在以下几个方面：

1. 地址指示作用。域名最基本的功能在于表明其所有者在网络空间中的具有唯一性的地址。网络空间是一个虚拟的、概念性的、无边无际的空间，它完全依靠计算机信息处理设备、光纤、微波卫星等通信通道相互联通构筑而成。在这个虚拟的、无时无刻"不在自己之外"的世界里，人们要想互相联系，就必须在茫茫的计算机海洋中，找到自己所需要的地址。具有唯一性的域名就是指引人们迅速、准确找到这个地址的指南针。

2. 身份标识作用。身份标识作用，是指域名从技术上看虽然只是网络空间主机的地址编码的外部代码，但实际上可以起到识别特定的人在网络空间的身份的作用。通过域名，人们随时可以与远在天涯的人谈天说地、学术研讨、生意往来，进行任何非接触性的活动。域名的身份标识作用与传统意义上的姓名或名称的身份标识作用存在很大不同，即域名为人们提供了一个很大的隐私空间。

3. 商品或者服务来源的识别作用。随着电子商务的飞速发展，域名更为重要的是发挥了识别商品或者服务来源的作用，成为了信用的化身，因而具有了值得保护的财产价值。

（三）域名的注册

按照我国信息产业部 2004 年发布的《中国互联网络域名管理办法》第 24 条的规定，域名注册服务遵守"先申请先注册"原则，但域名注册管理机构和注册服务机构不得为申请人预留或者变相预留域名。按照《中国互联网络域名管理办法》第 27 条的规定，任何组织和个人注册和使用域名，不得含有下列内容：反对宪法所确定的基本原则的；危害国家安全，泄露国家秘密，颠覆国家政权，破坏国家统一的；损害国家荣誉和利益的；煽动民族仇恨、民族歧视，破坏民族团结的；破坏国家宗教政策，宣扬邪教和封建迷信的；散布谣言，扰乱社会秩序，破坏社会稳定的；散布淫秽、色情、赌博、暴力、凶杀、恐怖或者教唆犯罪的；侮辱或者诽谤他人，侵害他人合法权益的；含有法律、行政法规禁止的其他内容的。

二、域名的反不正当竞争法保护

域名虽具有身份识别作用，但用来从事电子商务活动时，更重要的作用在于识别商品或者服务的来源。和其他识别商品或者服务来源的商业标记一样，当域名通过使用获得一定知名度、凝聚一定市场信用时，就有可能成为被侵害的对象。对此种侵害行为，如果放任自流，难免会损害域名使用者进一步打造市场信用的积极性，并且会使需要者误将行为人的商品或者服务当作域名使用者的商品或者服务，从而购买不到自己真正想要的商品或者服务。为此，必须像保护其他无须像注册商标一样申请核准注册、不管是否拥有专用权的商业标记一样，通过防止混淆的反不正当竞争法加以保护。具体来说，侵害域名的不正当竞争行为和侵害未注册商标、商号的不正当竞争行为一样，也必须具备标识的相同或者近似性、域名的知名性、混淆的可能性三个要件。在判断行为人使用的商业标识和域名是否近似时，应当以域名识别的商品或者服务的需要者的一般认识为依据。比如，域名 www.wahaha.com 中的二级域名 wahaha，如果该域名标识的商品或者服务的需要者一般认为 wahaha 对应的中文就是"娃哈哈"，则两者构成近似，任何人不得将"娃哈哈"作为商标申请注册，或者作为商号、域名进行使用。域名知名性的判断、非法使用他人域名造成的混淆可能性的判断，与未注册知名商标的判断相同，在此不赘述。

要注意的是，侵害域名的不正当竞争行为和获得、使用域名的不正当竞争行为的区别。所谓获得、使用域名的不正当竞争行为，是指行为人未经注册商标权人、未注册商标使用人、商号使用人、域名使用人、知名商品特有名称使用人等商业标记权益人许可，出于不正当目的，将其注册商标、未注册商标、商号、域名、知名商品特有名称相同或者近似的标识申请注册为域名的行为，或者注册为域名后又加以使用的行为。根据最高人民法院 2001 年发布实施的《关于审理涉及计算机网络域名民事纠纷案件适用法律若干问题的解释》第 4 条的规定，获得、使用域名的不正当竞争行为必须具备以下要件：

1. 原告请求保护的民事权益合法有效。

2. 被告域名或者其主要部分构成对原告驰名商标的复制、模仿、翻译或者音译，或者与原告的注册商标、域名等相同或者近似，足以造成相关公众误认的。

3. 被告对该域名或者其主要部分不享有权益，也无注册、使用该域名的正当理由。如果被告对域名或者其主要部分享有商标、商号、域名、姓名等使用权，则只要域名注册人没有混淆性地使用其域名或者其域名的主要部分，不构成不正当竞争行为。

4. 被告对该域名的注册、使用具有恶意。恶意，包括获得不正当利益和加害他人目的，具体来说，包括上述解释第5条规定的下列情形：

（1）为了商业目的将他人驰名商标注册为域名的。

（2）为商业目的注册、使用与原告的注册商标、域名等相同或者近似的域名，故意造成与原告提供的商品、服务或者原告网站的混淆，误导网络用户访问其网站或者其他在线站点的。

（3）曾要约高价出售、出租或者以其他方式转让该域名获取不正当利益的。

（4）注册域名后自己并不使用也未准备使用，而有意阻止权利人注册该域名的。

（5）具有其他恶意情形的。

被告举证证明在纠纷发生前其所持有的域名已经获得一定的知名度，而且能够与原告的注册商标、域名等相区别，或者具有其他情形足以证明其不具有恶意的，人民法院可以不认定被告具有恶意。

由上述司法解释可以看出，注册、使用域名的不正当竞争行为，不但行为主观上必须具备获得不正当利益或者加害他人的目的，而且客观上必须存在将相同或者近似的商业标记注册为域名或者注册后又进行使用的行为，以及由于使用而发生误导公众的后果。将他人商业标记注册为域名后，由于技术限制导致的域名唯一性，就意味着商业标记权益人不能再将相同商业标记申请注册为域名进行使用，或者只能将与自己商业标记近似的商业标记申请注册为域名并进行使用。不管出现哪一种情况，商业标记权人都无法使用最能体现自己信用的标记从事电子商务，因此对商业标记权益人是一种侵害。由此可见，注册、使用域名的不正当竞争行为需要造成误导公众的后果是值得商榷的。

对于注册、使用域名的不正当竞争行为，按照上述司法解释第8条的规定，人民法院可以判令被告停止侵权、注销域名，或者依照原告的请求判令由原告注册使用该域名。给权利人造成实际损害的，可以判令被告赔偿损失。

主要参考法律法规

1. 《中华人民共和国专利法》（简称专利法）

2. 《中华人民共和国专利法实施细则》（简称专利法实施细则）

3. 最高人民法院《关于对诉前停止侵犯专利权行为适用法律问题的若干规定》

4. 最高人民法院《关于审理专利纠纷案件适用法律问题的若干规定》

5. 《专利实施强制许可办法》

6. 《中华人民共和国商标法》（简称商标法）

7. 《中华人民共和国商标法实施条例》（简称商标法实施条例）

8. 《专利审查指南》

9. 最高人民法院《关于审理商标案件有关管辖和法律适用范围问题的解释》

10. 最高人民法院《关于诉前停止侵犯注册商标专用权行为和保全证据适用法律问题的解释》

11. 最高人民法院《关于审理商标民事纠纷案件适用法律若干问题的解释》

12. 《驰名商标认定和保护规定》

13. 《集体商标、证明商标注册和管理办法》

14. 《商标评审规则》

15. 《中华人民共和国著作权法》（简称著作权法）

16. 《中华人民共和国著作权法实施条例》（简称著作权法实施条例）

17. 《计算机软件保护条例》

18. 《计算机软件著作权登记办法》

19. 最高人民法院《关于审理著作权民事纠纷案件适用法律若干问题的解释》

20. 最高人民法院《关于审理涉及计算机网络著作权纠纷案件适用法律若干问题的解释》

21.《著作权行政处罚实施办法》

22.《互联网著作权行政保护办法》

23.《信息网络传播权保护条例》

24.《中华人民共和国反不正当竞争法》（简称反不正当竞争法）

25.《关于禁止仿冒知名商品特有的名称、包装、装潢的不正当竞争行为的若干规定》

26.《关于禁止侵犯商业秘密行为的若干规定》

27. 最高人民法院《关于审理涉及计算机网络域名民事纠纷案件适用法律若干问题的解释》

28.《集成电路布图设计保护条例》

29.《集成电路布图设计保护条例实施细则》

30.《中华人民共和国植物新品种保护条例》

31.《中华人民共和国植物新品种保护条例实施细则》（林业部分、农业部分）

32. 最高人民法院《关于审理植物新品种纠纷案件若干问题的解释》

33. 最高人民法院《关于审理不正当竞争民事案件应用法律若干问题的解释》

主要参考文献（日文）

1. 角田芳正，辰已直彦．知的財産法．2 版．日本：有斐閣，2003

2. 纹谷畅男．无体財産権概論．第 9 版补订版．日本：有斐閣，2001

3. 小野昌延．知的財産法入門．3 版．日本：有斐閣，1998

4. 土肥一史．知的財産法入門．8 版．日本：中央経済社，2005

5. 盛冈一夫．知的財産法概説．2 版．日本：法学書院，2005

6. 田村善之．知的財産法．4 版．日本：有斐閣，2006

7. 日本特許厅．工業財産法逐条解説．16 版．日本：社团法人発明協会，2001

8. 渋谷達紀．知的財産法講義．第 1，2，3 册．日本：有斐閣，2004

9. 竹田和彦．特許知識．7 版，8 版．日本：ダイヤモンド社

10. 仙元隆一郎．特許法講義．4 版．日本：悠悠社，2003

11. 桥本良郎．特许法．2 版．日本：社团法人発明協会，2001

12. 中山信弘．工業所有権法．（上）．2 版增补版．日本：弘文堂，2000

13. 吉藤幸朔．特許法概説．13 版．日本：有斐閣，1998

14. 中山信弘编．注解特許法．3 版．日本：青林書院，2000

15. 纹谷畅男．注释特许法．日本：有斐閣，1996

16. 增井和夫，田村善之．特許判例ガイド．3 版．日本：有斐閣，2005

17. 大渕哲也等．知的財産法判例集．日本：有斐閣，2005

18. 牧野秋利，饭村敏明编．知的財産関係訴訟法．日本：青林書院，2001

19. 加藤恒久．意匠法要説．日本：ぎょうせい，1981

20. 加藤恒久．改正意匠法．日本：日本法令，1999

21. 齐藤瞭二．意匠法概説（补订版）．日本：有斐閣，1985

22. 白石忠志．技術和競争的法的構造．日本：有斐閣，1994

23. 高田忠．意匠．日本：有斐阁，1969

24. 田村善之．竞争法的思考形式．日本：有斐阁，1998

25. 田村善之．不正竞争法概説．日本：有斐阁，1994

26. 丰奇光卫，豊崎光衛．工業所有権法（新版増補）．日本：有斐阁，1980

27. 高林龍．標準特許法．2版．日本：有斐阁，2005

28. 日本特許庁編．工業所有権法解説．16版．日本：社団法人発明協会，2001

29. 渋谷達紀．知的財産法講義（第三冊）．日本：有斐阁，2005

30. 三宅発士郎．日本商標法．日本：厳松堂，1931

31. 豊崎光衛．工業所有権法（新版）（法律学全集）．日本：有斐阁，1975

32. 網野誠．商標．6版．日本：有斐阁，2002

33. 萼優美．改正工業所有権法解説．日本：帝国地方行政学会，1971

34. 萼優美．条解工業所有権法．日本：博文社，1956

35. 工藤莞司．商標審査基準の解説．4版．日本：社団法人発明協会，2004

36. 吉原隆次．商標法説義．日本：帝国判例法規出版社，1960

37. 安達详三．商標法（現代法学全集）．日本：日本評論社，1931

38. 田村善之．商標法概説．2版．日本：弘文堂，2000

39. 兼子一，染野義信．工業所有権法．日本：日本評論社，1960

40. 兼子一，染野義信．判例工業所有権法（1～5）．日本：第一法規出版部，1954年以后

41. 兼子一，染野義信．新特許・商標．日本：青林书院，1962

42. 渋谷達紀．商標法の理論．日本：东京大学出版社，1973

43. 渋谷達紀．知的財産法講義（第三冊）．日本：有斐阁，2005

44. 藤原龍治．商標と商標法．日本：東洋経済新報社，1959

45. 村山小次郎．四法要義．日本：厳松堂，1922

46. 末弘厳太郎．工業所有権法（新法学全集）．日本：日本評論社，1942

47. 田村善之．知的財産法．4版．日本：有斐阁，2006

48. 村林隆一還暦．判例商標法．日本：発明協会，1991

49. 青木博通平成18年度（2006年）集中講義．デザインとブランドの保護．日本：北海道大学大学院法学研究科，2006

50. 清瀬一郎．特許法原理．日本：厳松堂，1929

51. 田村善之．不正当竞争概説．2版．日本：有斐阁，2003

52. 松村信夫．不正競争訴訟の法理と実務．4版．日本：民事法研究会，2004

53. 角田政芳．知的財産権六法．平成19年（2007年）版．日本：三省堂，2007

吟游北海道（代后记）

　　2004 年，一个偶然的机会，结识了日本著名知识产权法专家——北海道大学法学研究科 COE 中心（日本三个知识产权法国家基地之一）负责人田村善之教授，随后受其邀请去了北海道大学，一方面作为研究员研习日本知识产权法，另一方面作为老师给该机构的研究员以及北海道大学法学研究科的知识产权法研究生开设中国知识产权法专题课程，生活简单、充实而快乐。闲暇之际，还对自己心灵殿堂供奉的上帝进行了尽情地倾诉，并且一一记录在案。至 2006 年 9 月回国整理行装时，蓦然发现已达百余首了。为了纪念北海道难忘的粉雪、清天和五月才迟迟绚丽而短暂开放的樱花，下面摘抄其中一部分，真诚献给有缘接触之人。

1

　　我已经走了很久很长的路。在深秋的一个傍晚，我终于走到了你的渡口。

　　河岸边的村落里，家家户户都已经紧闭了屋门。对岸也似乎看不出一点光亮。

　　渡口唯一的渔夫告诉我说：村落里那个快乐而顽皮的少年已经早早地离去。

　　渡我过河吧，我的主人，将我的眼睛连同沉重的躯壳，一起投入对岸无底的黑洞里。

　　跨过生命的这道栅栏，我将变成一片雪花，消融在你温暖的掌心里。

2

　　我该感到欣喜还是悔恨？当我挨家挨户乞讨，最后就要到达你的门前？

　　纵然你不计较月光下我在麦地里长眠不醒的童年，我却不能卸下漫长旅途中的满脸沧桑，生怕你的慷慨成为无法解答的咒语。

　　我该感到悔恨还是欣喜？当诺言穿过时空的隧道，扯下神秘的面纱，就像三月的桃花一样就要在你的帐篷里开放？

纵然你可以闻到我千年的梦想酿造的米酒芳香，我却害怕你真的砸碎了我脚上的镣铐，让我永生陷入灵魂中的陷阱。

3

让北斗星牵引住我的脚步吧，我的主人，就在此时此刻，让我的脚步找到回家的路途。

用你的仁慈铲除我心中的罪恶，不要让我再在罪恶的煎熬中度日如年。

但愿我能在你宽大的怀抱里安眠片刻，静静承接你慈祥的目光为我撒下的永恒的福音。

一直漫无目的地四处漂泊，为的只是追寻那时刻在吸引着我，又让我产生绵绵罪恶感的，唯一真实的亮光。

此时此刻，我的主人，就让我像一只迷途的羔羊热切地将你呼唤。

不要对像蚕茧一样牢牢裹住我心灵的迷雾不理不睬，派出你脚踏闪电和雷鸣的狂风使者卷走它们，直到它们化作细细的春雨，无声地滋润我的心田。

4

我为你唱的歌没有人懂得欣赏，除了那个傻笑着在沙滩上建造自己城堡的傻子。我为你抒写的美丽诗句，他们也只当是疯子的言语。

这一切的箭石都无法射中我的心脏，我的主人，我只生活在和你约定的诺言里。

我还没有看见过你的容颜，也不知你居住在星球的哪个角落。但是，只要我走进茫茫的人海，就可以倾听见你悄悄的脚步声；只要我在漫长的黑夜里辨不出方向，你就会在我的前方发出一声声呼唤。

我不会再抱怨生命的孤独，也不会再感叹岁月的蹉跎。即使失之交臂，我的主人，我们早已经相会过了。

5

冬天已派狂风将锣鼓在大地上敲响，并用冰冷的雪花撒下漫天的欢乐。在它阴冷的嘴唇里，我卑微的生命又将开始漫长的牢狱生涯。我脆弱的心，这薄薄的杯子，已被恐惧的汁液充满。

这是对我的奖赏还是惩罚，我的主人？也许我该找到一个温暖的小火炉，相伴着走过每一个寒冷而孤独的时刻，并让肉体彻底背叛了灵魂许下的诺言？

我的心满是迷惑。我极力想捕捉到你的微笑在时间的碎片上投射的真理的亮光，可是我的心却不时遭受肉体吐出的阴影的围攻。也许我真的永远无法将自己连根拔起，亲手供奉到你的面前，我的主人。

那就让我把肉体抛弃在滚滚尘埃里，只用灵魂和你缔结永生的缘分罢，我的主人。

6

当我终于平静地向自己的背影挥手告别，即使乌云也送来了雪山的圣水。

屋檐的冰挂遥想着远嫁春天的桃树，将冻结的往日向大地诉说成一滴一滴闪亮的心事。

我的歌曲不再忧伤。虽然它的音符依旧跳跃着阴冷的寒流，召唤却清晰地将我引向你的缕缕炊烟。

寒风的哨声里送来的可是我即将离别的世界？那里的尘埃埋藏着一颗颗有待考古的珍宝，不知能否等到哪个有缘之人？

7

我该如何来辩白我的心迹呢？我的主人，我赶着走我不知通向哪里的旅途，你却坚持认为我是去赴一个千年的幽会，在黑暗中紧紧追赶我的脚步。

我是乞丐中的国王，国王中的乞丐。你梦中的归期是我高高的珠穆朗玛，也是我漂流中茫茫的太平洋。

栀子花开的五月，睡梦中闪亮的日子也许会变成一个个久远的传说。那时，我将紧紧抱住自己的碎片和诗歌，醉卧在江南漫长的梅雨季节里。

8

当我在你的慈眉善目里读出了只属于我的咒语，我的心也就在每日的自我迷惑中变得更加清醒。

身后紧跟着的若有若无的脚步声和公园里热闹的风景，常常令我心烦意乱。道路两旁飞驰而过的马车扬起的滚滚烟尘，却让我不再对远方的远方心驰神往。

我的悲伤和欢乐始终是一对孪生兄弟，隐居在灵魂深处那个不易被发觉的角落。我从一开始就成为自己欢乐的掘墓者。

一个声音对我说：打开你的箱子看看吧，或者在秋风中和小草说几句悄悄话。

黑暗中，我摊开自己的双掌，心事重重，两眼饱含泪水。

9

你的梦想是我所遇到的最高的高山，在兴奋的战栗中我感到无比的忧伤。缘分使我相信命运创造的伟大奇迹，无法跨越的距离却让我更加深切地感受到生命的卑微和渺小。

忧伤也是时间凝聚在贝壳里的珍珠，即使只能在远方为熟悉而又陌生的你吟诵动听的歌谣，我的生命也受到了你神圣的洗礼。

当我走到生命的终点，你也许会握着我的手说："我根本不认识你。"那个时刻，彼此也许会在凝望中感受到灵魂最后的孤独。

而我，不管是否有幸得到你最后的收留，都将怀着恐惧而神秘的向往，去草原寻找那个失散已久的牧羊姑娘。

10

我开始相信命运和奇迹，我的主人。我所有的失败都是为了在北国的平原上遇到你。我认识的每一个人，都只是为了把我最后领到你的身边，让我对你一见钟情。

我不知道你是哪个部落的女儿，手里握着什么秘密的法宝，还没有开始的一瞬间，我就又恼怒又欢喜地感觉到，我已经完整地属于了你。

在黑夜失明的眼睛里，我将二十年的心事吐露成整个夏季奔放的热情，就当你是前世偶然失散的伴侣一样。

若干年后，当你独自一人来到我的墓碑前，我的灵魂再次沉浸到丁香的泪泉里。就像若干年前的那个夜晚，我真诚的告白，只是在黑夜失聪的耳朵里化作蛙声中突降的雨点一样。

11

日子已经越来越近。恐惧是无益的。

过去的时光，已经紧紧抱住我美丽的诗句，在流浪者的传说中变得不朽。

虔诚的脚步，即将告别漫长的天路，为什么反而变得无比犹豫？

逃避是徒劳的。日子已经越来越近。

心灵的殿堂，一直秘密燃烧着寻常百姓家的烟火，即使天涯依旧，我也将服帖地走进自己幸福的宿命。

你无时不在将我呼唤，过去，现在，未来；无处不在催促我珍藏着青春的残迹启程，惊愕的人群，华贵的宫廷，纷乱的梦幻里。

当我终于匍匐在地，亲吻你脚下芳香的尘土，在不言不语中，就像眼里的一滴泪花，一切都随烈阳蒸发了。

12

他们都把你当那唯一的丘比特神，我不会再辩解了，我的主人。我在尘世间的时间是有限的，还是让我争取每分每秒来为我所有的朋友——众神以及魔鬼撒旦歌唱吧。

在他们的责问中，我的孤独早已化作苦楝树的沉默、雪梅的独白、萤火虫的光亮，和众神饮宴上的音乐。

我的主人，你常常在我生命薄薄的杯里装满痛苦和绝望的酒水，但你从来就没有让我失望过，从来就没有。

就像每个冬天的深夜，你总是如期用寒冷将我从睡梦中唤醒一样。

13

我从来就没有失去过什么，我的主人，只因你赐予我整个生命的珍宝。

那些离开我远去的，本来就不是属于我的；那些属于我的，早就在不知不觉中汇入我生命的洪流。

一路上的悲欢离合，和所遭遇的全部破铜烂铁，都已经被我投入了生命炽热的熔炉，在那些被人遗忘的平常日子里，铸造成了装饰生命的高贵的奢侈品。

当我终于将自己的天空和道路清扫干净，我反而为自己拥有的宝贝发愁，不知如何才能和世人分享我的欢乐。

我的主人，如果你现在问我需要什么，我只真心地请求你，赐予我一个爱人，让我和她粗茶淡饭，不离不弃，终老一生。

14

爱已注入我心中，我的心中满是光明。我的主人，我再也不知如何为你歌唱。

往昔里数不清的悲欢离合，在不知不觉中早已汇入生命浩瀚的海洋。我那乐于奔跑的脚步，终于感到无比倦怠，渴望在你的客栈里得到永久的安宁。

此刻，我是多么乐于向你倾诉，向你奉献，哪怕你只是派出死亡的使者，给我的心献上无情的一剑，从此结束我在尘世间缤纷的旅程。

昨日那些虚度的光阴，是多么地令我感到惋惜。未来的每分每秒，我不得不在无言的沉默中，发出一声声惆怅的叹息，但是它们再也不会毫无意义地逝去，再也不会，我的主人。

15

江南满春的月夜里，短暂的时光都在漫不经心的闲聊中虚度了。目睹黑夜的倩影消失在黎明的波光里，我的心无数次在焦灼地呐喊，让我在你的岩石里开放成一朵美丽的鲜花吧，我的主人。

短暂的时光却在漫不经心的闲聊中虚度了。在我消瘦的眼眸里，你轻易地走过了江南的蒙蒙烟雨，不是归人，甚至不是过客。

虽然你已经是我的主人，或许我只能永远称呼你为我的朋友。

16

你已经在我的苦痛和坚忍中变成不朽，我的生命也将因你火红的烙印而变得五彩斑斓，源远流长。

夜是漆黑的，叹息也很沉重，朝圣者的道路却并不盲目，只因为你给我灵魂那灼热的一击。

时间长河的峭壁上，开满记忆苦涩的鲜花。沾满晨露的梦的翅膀，终将飞越阳光下带笑的长空。

在佛的洗礼中，当生命再次发出第一声哭泣，我不知道，我究竟是你的谁，你究竟又是我的谁？

李扬

2008 年 2 月 16 日

图书在版编目（CIP）数据

知识产权法总论/李扬著.
北京：中国人民大学出版社，2008
（21世纪民商法学系列教材/王利明总主编）
ISBN 978-7-300-09455-7

Ⅰ. 知…
Ⅱ. 李…
Ⅲ. 知识产权法-法的理论-中国-高等学校-教材
Ⅳ. D923.401

中国版本图书馆 CIP 数据核字（2008）第 096287 号

21世纪民商法学系列教材
总主编　王利明
知识产权法总论
李　扬　著

出版发行	中国人民大学出版社			
社　　址	北京中关村大街 31 号		**邮政编码**	100080
电　　话	010 - 62511242（总编室）		010 - 62511398（质管部）	
	010 - 82501766（邮购部）		010 - 62514148（门市部）	
	010 - 62515195（发行公司）		010 - 62515275（盗版举报）	
网　　址	http://www.crup.com.cn			
	http://www.ttrnet.com（人大教研网）			
经　　销	新华书店			
印　　刷	北京宏伟双华印刷有限公司			
规　　格	170 mm×228 mm　16 开本		**版　　次**	2008 年 7 月第 1 版
印　　张	25.75 插页 2		**印　　次**	2008 年 7 月第 1 次印刷
字　　数	515 000		**定　　价**	38.00 元